Murray N. Rothbard

Die Ethik der Freiheit

Academia Verlag Sankt Augustin

Titel der amerikanischen Originalausgabe: "The Ethic of Liberty"
(Humanities Press, Atlantic Highlands, N. J.)
Übersetzung aus dem Amerikanischen: Guido Hülsmann

Deutsche Erstausgabe

Bibliografische Information der Deutschen Bibliothek
Die Deutsche Bibliothek verzeichnet diese Publikation in der Deutschen Nationalbibliografie; detaillierte bibliografische Daten sind im Internet über http://dnb.ddb.de abrufbar.

ISBN 978-3-89665-598-1

4. Auflage 2013

Bahnstr. 7, D-53757 Sankt Augustin
Internet: www.academia-verlag.de
E-mail: info@academia-verlag.de

Printed in Germany

Murray N. Rothbard · Die Ethik der Freiheit

Klassiker der Freiheit

herausgegeben vom
Liberalen Institut der
Friedrich-Naumann-Stiftung

Band 4

Im Andenken an

Frank Chodorov
F.A. "Baldy" Harper
und meinen Vater
David Rothbard

Inhalt

Die Vernunft sagt uns, daß alle Menschen von Natur aus gleich geboren sind, d.h. mit einem gleichen Recht an ihrer Person und mit einem ebenso gleichen Recht auf Selbsterhaltung [...] und da ein jeder ein Eigentum an seiner eigenen Person hat, ist die Arbeit seines Körpers und das Werk seiner Hände einwandfrei sein Eigen, worauf niemand als er selbst ein Recht hat; es folgt daraus, daß, wenn man irgendetwas aus dem Zustand löst, in dem es die Natur bietet und belassen hat, man seine Arbeit damit vermengt und ihm etwas Eigenes hinzufügt und es dadurch zu seinem Eigentum macht [...] Da mithin jeder Mensch ein natürliches Recht an seiner eigenen Person und seinen eigenen Handlungen und seiner Arbeit hat (bzw. Eigentümer dessen ist, was wir Eigentum nennen), folgt sicherlich, daß niemand ein Recht an der Person und dem Eigentum eines anderen haben kann. Und wenn jeder Mensch ein Recht an der eigenen Person und an seinem Eigentum hat, hat er auch ein Recht, sie zu verteidigen [...] und ein ebensolches Recht, alle Verletzungen seiner Person und seines Eigentums zu bestrafen."

Rev. Elisha Williams
(1744)

Über Murray N. Rothbard

Von Detmar Doering[1]

In einem 1949 veröffentlichten Vortrag meinte einmal der große liberale Ökonom und spätere Nobelpreisträger *Friedrich August von Hayek*, daß die liberalen Intellektuellen wieder den "Mut zur Utopie" fassen sollten. Ein "liberaler Radikalismus" sei nötig, um die öffentliche Meinung zu beeinflussen.

Wenn es in diesem Jahrhundert einen Denker gegeben hat, der diesem Auftrag in konsequenter Weise nachgekommen ist, dann war es der amerikanische Ökonom *Murray N. Rothbard*. Rothbards Eintreten für einen marktwirtschaftlichen Liberalismus, der so folgerichtig und radikal war, daß der Übergang zum Anarchismus mehr als fließend wurde, mag manche Leser seiner Werke schockiert haben. Aber vielleicht gerade deswegen wurde seine (wegen des Mißbrauchs, den die sozialistische Linke in Amerika mit dem Begriff "liberal" treibt) meist als "libertär" bezeichnete Philosophie zu einem Gegenstand der Diskussion, dem sich niemand wirklich entziehen konnte. Mit Rothbard gingen seit den 70er Jahren die Anhänger von Markt und Freiheit in die Offensive gegen den sozialistischen und etatistischen Zeitgeist der 68er-Aera, nachdem sie zuvor nur noch Rückzugsgefechte geführt hatten.

Rothbard wurde 1926 in New York geboren, wo er an der dortigen Universität Schüler des 1938 in die USA emigrierten großen radikalliberalen Ökonomen *Ludwig von Mises* wurde. Während *Friedrich August von Hayek*, der andere prominente Schüler von Mises, sich später einem recht vage antirationalistsichen "Evolutionismus" mit stark konservativen Untertönen hingab, versuchte Rothbard den überaus rationalistischen und kohärenten Unterbau der Mises'schen ökonomischen Theorie noch rationalistischer und kohärenter zu durchdenken. Mises hatte insbesondere in seinem Werk *Die Gemeinwirtschaft* 1922 auf der Basis rein theoretischer Prämissen nachgewiesen, daß der planwirtschaftliche Sozialismus unweigerlich wirtschaftlich scheitern müsse. Auf der Annahme basierend, daß Menschen zielgerichtet handeln und ihr Handeln koordinieren müssen (Praxeologie), stellte Mises fest, daß nur Marktpreise dem Individuum rationales Kalkulieren ermöglichen können. Auch moderatere Formen staatlichen Interventionismus wären so zum Scheitern verurteilt. Funktionieren würde langfristig nur ein Minimalstaat, der sich auf die Sicherung von Leben und Eigentum beschränke.

---

[1] Detmar Doering, Dr.phil., Jahrgang 1957, Stellvertretender Leiter des Liberalen Instituts der Friedrich-Naumann-Stiftung

Rothbard, der 1962 in seinem Kolossalwerk *Man, Economy, and State* die Misesianische Theorie noch einmal grundlegend zusammenfaßte, hat selbst diese letzte Aufgabe, die Mises dem Staat zubilligt, einer mehr als kritischen Überprüfung unterzogen. Er fragte, wovor Mises wohl noch zurückschreckte: Wenn Individuen nur unter freien Marktbedingen effizient wirtschaften können, warum sollte dies dann nicht auch im Bereich der Sicherheit gelten? Rothbard faßte die Antwort auf diese Frage in seinem 1973 erschienenen Buch *For A New Liberty* zusammen. In dem Buch, das schon bald so etwas wie die "Bibel" der libertären Bewegung in Amerika wurde, fordert er (neben anderen Dingen, wie die Legalisierung von Drogen) die Entstaatlichung von Polizei, Rechtswesen und Armee. Als "Anarcho-Kapitalismus" bezeichnete man diese Denkrichtung schon bald. So sehr Kritiker dies alles (wohl nicht immer zu Unrecht) in den Bereich der Utopie verweisen konnten, so sehr wirkte *For A New Liberty* doch in hohem Maße inspirierend. Die gnadenlose Logik hinter Rothbards Theorien baute Denkblockaden ab, eröffnet neue Horizonte und gab jedem Marktliberalen ein geistiges Instrumentarium in die Hand, um auch jede noch so harmlos aussehende Form von Staatseingriff doch einmal kritisch zu hinterfragen.

Aber Rothbard war mehr als nur ein marktliberaler Ökonom. Die nun hier erstmals in deutscher Sprache veröffentlichte Essaysammlung *The Ethics of Liberty* (Die Ethik der Freiheit), die im amerikanischen Original 1980 erschien, zeigt, daß Rothbard seine Ideen auch philosophisch abzusichern verstand. Auch hier zeigen seine Auseinandersetzungen mit anderen politischen Denkern wie Hayek oder Nozick einen bemerkenswerten Mut zum konsequenten Denken. Rothbard ergänzt dabei den noch gänzlich utilitaristisch fundierten *methodologischen* Individualismus der Mises'schen Ökonomie um einen strikten *normativen* Individualismus, der vom Begriff der "self-ownership" ausgeht. Ähnlich wie schon John Locke im 17. Jahrhundert (*Two Treatises of Government*) sieht Rothbard das Recht eines jeden Menschen, über sich selbst und sein legitim erworbenes Eigentum unbeschränkt zu verfügen, als unantastbar an. Kaum je hat aber ein Denker so konsequent gezeigt, welche radikalen Forderungen sich aus dieser Annahme ergeben.

Auch zeigt *Ethics of Liberty*, daß Rothbard stets ein außergewöhnliches Interesse an den geschichtlichen und geistesgeschichtlichen Grundlagen der Freiheitsidee hatte. So verfaßte er von 1974 bis 1979 eine vierbändige Geschichte der amerikanischen Kolonialzeit und des Unabhängigkeitskampfes unter dem Titel *Conceived in Liberty.* Sein Geschichtswissen war so enorm, daß er nie die Zeit fand, es vollständig zu verwerten. Aus der Arbeit an seiner großangelegten Dogmengeschichte der Ökonomie, *An Austrian Perspective on the History of Economic Thought,* riß ihn 1995 in Las Vegas, wo er zuletzt lehrte, der Tod - gerade nachdem die ersten beiden (im übrigen auch in ihrer Unvollständigkeit immer noch höchst lesenswerten) Bände fertigestellt waren.

So vermittelt das Buch *Die Ethik der Freiheit* in seiner Vielschichtigkeit vielleicht noch am ehesten einen kleinen Eindruck von der intellektuellen Schaffenskraft Murray Rothbards. Sicher: gerade mancher (ungewohnter) deutscher Leser wird erst einmal einen Gewöhnungsschock durchleben müssen, wenn er sich auf die Radikalität und Leidenschaft einlassen will, mit der Rothbard seinen Glauben an den uneingeschränkten Wert der Freiheit des einzelnen verficht. In einer Zeit, da die sklerotisch gewordenen Wohlfahrtsstaaten Westeuropas - insbesondere die Bundesrepublik - an den Folgen von zu wenig Freiheit ersticken zu drohen, kann indes eine solche Provokation kaum schaden.

Vorwort

Alle meine Arbeiten drehen sich um die zentrale Frage der menschlichen Freiheit. Wenn auch jeder Zweig der Wissenschaft selbständig und für sich abgeschlossen ist, hängen nach meiner Überzeugung letztlich alle Wissenschaften und Einzelfächer des menschlichen Handelns zusammen und können in eine "Wissenschaft" von der individuellen Freiheit vereinigt werden.

Um ins einzelne zu gehen: Mein Werk *Man, Economy, and State* (2 Bde., 1962) hatte eine umfassende Untersuchung der Marktwirtschaft zum Gegenstand. Obgleich die Analyse praxeologisch und wertfrei war und keine direkten politischen Schlußfolgerungen gezogen wurden, traten hier die großen Tugenden des freien Marktes und die Übel von Zwangseingriffen in diesen Markt deutlich zum Vorschein. In dem Folgeband *Power and Market* (1970) führte ich die Analyse von *Man, Economy, and State* in mehrere Richtungen fort: (a) eine systematische Analyse der Typen von Regierungseingriffen in die Wirtschaft zeigt die zahlreichen unvorteilhaften Folgen solcher Eingriffe; (b) zum ersten Mal in der modernen Literatur zur politischen Ökonomie wurde modellhaft die Art und Weise skizziert, in der eine vollkommen staatsfreie und daher gänzlich freie (oder anarchische) Marktwirtschaft erfolgreich funktionieren könnte; (c) eine praxeologische und daher immer noch wertfreie Kritik wurde an der mangelnden Sinnhaftigkeit und Folgerichtigkeit verschiedener Typen von ethischen Angriffen auf den freien Markt geübt. Diese Kritik schritt von der reinen Ökonomie zur ethischen Kritik, blieb aber innerhalb der Grenzen der Wertfreiheit und wagte sich somit an keine positive ethische Theorie der individuellen Freiheit. Dennoch war ich mir bewußt, daß letzteres eine Aufgabe von dringendster Notwendigkeit war.

Wie in dem vorliegenden Werk noch deutlich werden wird, glaubte ich niemals daran, daß wertfreie Analysen – wie die der Wirtschaftswissenschaft oder des Utilitarismus' – jemals reichen können, um die Sache der Freiheit zu begründen. Die Wirtschaftswissenschaft kann dazu beitragen, einer liberalen Position viele Ausgangsdaten zu verschaffen, doch sie selber kann diese politische Philosophie nicht begründen. Denn politische Urteile sind notwendigerweise Werturteile, und daher muß ein positives ethisches System dargelegt werden, um die politische Philosophie der individuellen Freiheit zu begründen.

Zudem war mir klar, daß sich niemand damit befaßte, diese unerträgliche Lücke zu füllen. Zum einen gab es bis vor kurzem in diesem Jahrhundert eigentlich keine liberalen politischen Philosophen, und selbst im weit liberaleren neunzehnten Jarhundert legte nur Herbert Spencers großes Werk *Social Statics* (1851) eine echte und systematische Theorie der Freiheit dar. In *For A New Liberty* (1973) war ich zum ersten Mal in der Lage, zumindest die knappen Umrisse meiner Theorie der Freiheit darzustellen und auch die "anarchokapitalistische" politische Lehre weit stichhaltiger zu begründen und zu verteidigen als in *Power and Market*. Doch *For A New Liberty* war eher ein populäres als ein gelehrtes Werk, und es konzentrierte sich hauptsächlich auf die Anwendung der liberalen Lehre auf wichtige soziale und wirtschaftliche Problemfelder in der US-amerikanischen Gesellschaft. Die große Notwendigkeit einer systematischen Theorie der Freiheit blieb weiterhin bestehen.

Das vorliegende Werk versucht, diese Lücke zu füllen und eine systematische Ethik der Freiheit darzulegen. Es ist jedoch kein Werk über Ethik an sich, sondern nur über jenes Teilgebiet der Ethik, das sich mit der politischen Philosophie befaßt. Daher versucht es nicht, die Ethik bzw. Ontologie des Naturgesetzes, die der in diesem Buch dargelegten politischen Theorie als Grundlage dient, zu beweisen oder zu begründen. Das Naturgesetz ist von anderen Ethikern treffend vorgetragen und verteidigt worden, und daher werden im einleitenden Teil I nur die Grundgedanken des Naturrechts erläutert, ohne eine umfassende Verteidigung dieser Theorie anzustreben.

Teil II ist der Kern des Werkes, in dem meine Theorie der Freiheit dargelegt wird. Wie bei den besten ökonomischen Abhandlungen steht hier die Analyse einer "Robinson-Welt" am Anfang, nur daß aus Robinsons Handlungen und aus der Lage, in der er sich befindet, keine ökonomischen Begriffe abgeleitet werden. Vielmehr geht es um die Elementarbegriffe einer naturgesetzlichen Moralität – insbesondere um den Begriff der natürlichen Grenzen von Eigentum und um den Begriff des Eigentumsrechts. Diese Begriffe bilden die Grundlage der Freiheit. Das Robinson-Modell versetzt uns in die Lage, das menschliche Handeln in der äußeren Welt zu untersuchen, bevor die mit zwischenmenschlichen Beziehungen einhergehenden Komplikationen in Betracht gezogen werden.

Der Schlüssel zur Theorie der Freiheit ist die Begründung der Rechte an privatem Eigentum, denn die gerechtfertigten Grenzen der freien Betätigung eines jeden Individuums können nur dargelegt werden, wenn dessen Eigentumsrechte untersucht und begründet werden. "Verbrechen" können dann als gewaltsamer Eingriff bzw. als Verletzung des berechtigten Eigentums eines anderen Individuums (einschließlich des Eigentums an seiner eigenen Person) definiert und einwandfrei analysiert werden. Die positive Theorie der Freiheit wird dann eine Analyse dessen, was als Eigentumsrecht und was dementsprechend als Verbrechen angesehen werden kann. Verschiedene schwierige aber lebenswichtige Probleme können dann analysiert werden, darunter die Rechte von Kindern, die richtige Vertragstheorie als eine Theorie der Übertragungen von Eigentumstiteln, die heiklen Fragen der Rechtsdurchsetzung, der Bestrafung und viele andere.

Da Fragen von Eigentum und Verbrechen eigentlich Rechtsfragen sind, legt unsere Theorie der Freiheit notwendig eine ethische Theorie dessen dar, was das Gesetz konkret sein sollte. Wie es einer Naturrechtstheorie angemessen ist, legt sie mithin eine normative Rechtstheorie dar – in unserem Fall eine Theorie des "liberalen Rechts".

Obwohl das vorliegende Buch die allgemeinen Umrisse eines Systems liberalen Rechts begründet, ist es jedoch nur ein Grundriß, ein Prolegomenon für das, was nach meiner Hoffnung ein voll ausgebildetes liberales Gesetzbuch der Zukunft sein wird. Es steht zu hoffen, daß liberale Juristen und Rechtstheoretiker auftauchen werden, um das System des liberalen Rechts im Detail auszuarbeiten; denn ein solches Gesetzbuch wird notwendig sein, damit das, was nach unserer berechtigten Hoffnung die liberale Zukunftsgesellschaft sein wird, wirklich erfolgreich funktionieren wird.

Im Mittelpunkt dieses Werkes stehen die positive Ethik der Freiheit und die Umrisse liberalen Rechts. Im Rahmen einer solchen Diskussion ist keine detaillierte Analyse oder Kritik des Staates erforderlich. Teil III legt in aller Kürze meine Sicht auf den Staat als den natürlichen Feind von Freiheit und von wirklichem Recht dar. Teil IV behandelt die wichtigsten modernen Theorien, die eine politische Philosophie der Freiheit zu begründen versuchen: insbesondere jene von Mises, Hayek, Berlin und Nozick. Ich versuche nicht, ihr Werk im Detail zu besprechen. Vielmehr konzentriere ich mich auf die Gründe, aus denen ihre Theorien in meinen Augen das Ziel verfehlen, eine Ideologie der Freiheit zu begründen. Teil V wagt sich schließlich an die eigentliche Pionierarbeit, mit der Darlegung einer Theorie der Strategie des Übergangs vom gegenwärtigen System zu einer Welt der Freiheit zu beginnen. Hier werden auch die Gründe dargelegt, aus denen ich höchst optimistisch hinsichtlich der langfristigen – und selbst der kurzfristigen – Aussichten für das Erreichen des edlen Ideals einer liberalen Gesellschaft insbesondere in den Vereinigten Staaten von Amerika bin.

Danksagungen

Dies ist buchstäblich ein Lebenswerk, denn mein brennendes Interesse am Liberalismus begann in der Kindheit und hat sich seitdem immer mehr verstärkt. Es ist infolgedessen schlichtweg unmöglich, all die Menschen oder Einflüsse, von denen ich lernte und denen ich zutiefst dankbar bin, zu erwähnen und mich ihnen erkenntlich zu zeigen. Vor allem hatte ich das Glück, von zahllosen Diskussionen, vielfältigem Meinungsaustausch und Korrepondenz mit einer großen Zahl ideenreicher und gelehrter Liberaler zu profitieren, von denen alle dazu beitrugen, meine Gedanken und mithin dieses Werk zu formen. Dies wird meine Rechtfertigung sein, nicht jeden einzelnen zu erwähnen und meine Danksagungen auf jene begrenzen müssen, die mir speziell bei diesem Buch halfen.

Als einzige Ausnahme zu dieser Regel möchte ich meine Dankbarkeit gegenüber meinem Vater David Rothbard zum Ausdruck bringen. Bis in meine zwanziger Lebensjahre hinein schien es mir, als sei er der einzige andere Liberale auf der Welt, und daher bin ich besonders dankbar für seinen Zuspruch, seine endlose Geduld und seine Begeisterung. Durch ihn lernte ich zuerst die Grundgedanken der Freiheit kennen, und dann, nachdem ich im Winter 1949/50 zu einem richtigen und konsistenten Liberalen wurde, war er der erste, den ich bekehrte.

Um nun auf das Buch zu sprechen zu kommen, so befand es sich sehr lange in der Bearbeitung und unterlief einige völlige Umgestaltungen. Es begann in den frühen 1960er Jahrern in Diskussionen mit Dr. Ivan R. Bierly von der William Volker Stiftung in Burlingham, Kalifornien, mit der Idee, den Liberalen das Naturgesetz und den Konservativen die Freiheit näherzubringen. Dieses Konzept des Buches ist schon vor langem aufgegeben worden und hat sich in die weit kühnere Aufgabe verwandelt, eine systematische Ethik der Freiheit vorzulegen. Auf diesem langen und steinigen Weg ließ mich die Geduld und der Zuspruch von Floyd Arthur ("Baldy") Harper und von Kenneth S. Templeton Jr. – beide ursprünglich von der William Volker Stiftung und dann vom Institute for Humane Studies in Menlo Park, Kalifornien – nie im Stich.

Ich möchte den Organisatoren der Libertarian Scholars Conference in New York City danken und jenen, die bei dieser Gelegenheit Teile dieses Buches kommentiert haben. Ich bin dankbar, daß Randy E. Barnett und John Hagel III es für angebracht hielten, meine Verteidigung verhältnismäßiger Bestrafung in ihr Werk *Assessing the Criminal* aufzunehmen. Der Zeitschrift *Ordo* gilt mein Dank für die Veröffentlichung meiner Kritik an F.A. Hayeks Konzept der Freiheit.

Williamson M. Evers von der Fakultät für politische Wissenschaften an der Universität Stanford hat mir während des Jahres, das ich mit der Arbeit an diesem Buch in Palo Alto, Kalifornien, zubrachte (1975), über alle Maßen geholfen. Ich verdanke ihm anregende Diskussionen über die liberale Theorie und eine Vielzahl hilfreicher Vorschläge. John N. Gray, Dozent am Jesus College in Oxford, und James A. Sadowsky, S.J. von der philosophischen Fakultät der Universität Fordham lasen jeweils das gesamte Manuskript, und ihre freundlichen Kommentare machten mir großen Mut bei der Erstellung der Endfassung. Dr. David Gordon aus Los Angeles und vom Center for Libertarian Studies las das gesamte Manuskript und gab detaillierte und äußerst hilfreiche Anregungen. Seine Belesenheit und sein philosophischer Scharfsinn inspirieren alle, die ihn kennen. Die Hingabe und die Begeisterung, die Leonard P. Liggio, der heutige Vorsitzende des Institute for Humane Studies, diesem Werk entgegenbrachte, war für seine Veröffentlichung unerläßlich. Ich möchte auch Dr. Louis Spadaro, dem vormaligen Vorsitzenden des Institute for Humane Studies, und George Pearson von der Koch Stiftung und vom Institute danken.

Ich bin der Volker Stiftung und dem Institute for Humane Studies für wiederholte Forschungsbeihilfen verbunden. Besonders dankbar bin ich Charles G. Koch aus Wichita, Kansas, für seine Hingabe an dieses Werk und die Ideale der Freiheit und dafür, daß er es mir ermöglichte, mich im Jahr 1974/75 aus der Lehre zurückzuziehen, um an diesem Buch zu arbeiten.

Trotz meiner enormen Dankbarkeit gegenüber jenen Freunden und Kollegen, die mich beim langen und einsamen Kampf um die Entwicklung des Liberalismus und die Förderung der Sache der Freiheit begleitet haben, kann sie sich nicht mit der unsäglichen Schuld gegenüber meiner Frau Joey messen, die mir seit beinahe dreißig Jahren eine unentwegte Quelle von Unterstützung, Begeisterung, Einsicht und Glück ist.

Murray N. Rothbard
New York City, Mai 1980

I. TEIL
EINFÜHRUNG: DAS NATURGESETZ

1 Naturgesetz und Vernunft

Für Intellektuelle, die sich selbst als "Wissenschaftler" ansehen, ist die Rede von der "menschlichen Natur" häufig ein rotes Tuch. "Der Mensch *hat* keine Natur!" lautet der moderne Kampfruf, und typisch für die Gefühlslage heutiger politischer Philosophen war die Behauptung einer berühmten politischen Theoretikerin vor einigen Jahren auf einer Tagung der *American Political Science Association*, daß "die Natur des Menschen" ein rein theologischer Begriff sei, der aus wissenschaftlichen Diskussionen verbannt werden müsse.[1]

Bei dem Streit über das menschliche Wesen und über den weiteren und umstritteneren Begriff des "Naturgesetzes" haben beide Seite wiederholt bekundet, daß Naturgesetz und Theologie unauflöslich ineinander verschlungen seien. Eine Folge war, daß viele Verteidiger des Naturgesetzes zu verstehen gaben, rationale, philosophische Methoden allein *könnten* ein solches Recht *nicht* begründen. Theologischer Glaube sei notwendig, um jenen Begriff zu verteidigen. Dadurch haben sie ihre Sache in wissenschaftlichen oder philosophischen Kreisen stark geschwächt. Hingegen haben die Gegner des Naturgesetzes dieser Argumentation schadenfroh zugestimmt. Da der Glaube an das Übernatürliche für notwendig gehalten werde, um vom Naturgesetz überzeugt zu sein, müsse dieser letztere Begriff aus dem wissenschaftlichen, weltlichen Diskurs entfernt werden und der mystischen Sphäre der Gottesstudien überlassen bleiben. Infolgedessen ist die Idee eines auf Vernunft und rationale Untersuchungen gegründeten Naturgesetzes praktisch verlorengegangen.[2]

---

1 Die politische Theoretikerin war Hannah Arendt. Für eine typische Kritik des Naturrechts durch einen Gesetzespositivisten siehe Hans Kelsen, *General Theory of Law and State*, New York, Russell and Russell, 1961, S. 8ff.

2 Und dennoch wird das Naturgesetz in *Black's Law Dictionary* auf eine rein rationalistische und untheologische Weise definiert: "*Jus Naturale*. Das natürliche Gesetz oder auch Naturgesetz; rechtliche bzw. gesetzliche Grundsätze, die durch das Licht der Natur oder durch abstrakte Überlegung zu entdecken sein bzw. von der Natur allen Nationen und Menschen in gleicher Weise gelehrt werden sollen; auch Recht, das alle Menschen und Völker in einem Naturzustand leiten soll, d.h. welches organisierten Regierungen und Gesetzeserlassen vorgängig ist." (3. Aufl., S. 1044) Professor Patterson definiert das Naturgesetz überzeugend und knapp als "Prinzipien des menschlichen Verhaltens, die von der ,Vernunft' in den Grundneigungen der menschlichen Natur entdeckt werden können und die absolut, unwandelbar und von universeller Gültigkeit für alle Zeiten und Orte sind. Dies ist die Grundauffassung des scholastischen Naturrechts [...] und der meisten Naturrechtsphilosophen." Edwin W. Patterson, *Jurisprudence: Men and Ideas of the Law*, Brooklyn, The Foundation Press, 1953, S. 333.

Wer von einem rational begründeten Naturgesetz überzeugt ist, muß daher mit der Feindschaft beider Lager rechnen: Die eine Gruppe wähnt in dieser Haltung einen Widerstand gegen die Religion, und bei der anderen Gruppe entsteht der Verdacht, daß Gott und Mystizismus durch die Hintertür eingeschmuggelt werden. Zu der ersten Gruppe muß man sagen, daß bei ihr eine extreme augustinische Position ihren Niederschlag findet, der zufolge nicht die Vernunft, sondern der Glaube das einzig gerechtfertigte Werkzeug zur Erforschung des menschlichen Wesens und der dem Menschen angemessenen Ziele ist. Kurz gesagt hat in dieser fideistischen Denktradition die Theologie die Philosophie vollständig verdrängt.[3] Die thomistische Tradition war hingegen genau das Gegenteil: Sie behauptete die Unabhängigkeit der Philosophie von der Theologie und verkündete, die menschliche Vernunft sei fähig, zu den physischen und ethischen Gesetzen der Naturordnung vorzudringen und sie zu verstehen. Wenn die Auffassung, daß es eine systematische Ordnung von Naturgesetzen gibt, die der Entdeckung durch die menschliche Vernunft offensteht, *an sich* bereits religionsfeindlich ist, dann waren auch Thomas von Aquin und die späteren Scholastiker sowie der fromme protestantische Jurist Hugo Grotius religionsfeindlich. Kurzum, die Erklärung, daß es eine Naturgesetzordnung gibt, läßt die Frage offen, ob Gott diese Ordnung geschaffen hat oder nicht; und die Behauptung, daß die menschliche Vernunft dazu taugt, die Naturordnung zu entdecken, läßt die Frage offen, ob dem Menschen jene Vernunft von Gott gegeben wurde oder nicht. Zu behaupten, daß es eine Ordnung von Naturgesetzen gibt, die von der menschlichen Vernunft entdeckt werden kann, ist an sich weder religionsfreundlich noch -feindlich.[4]

Da diese Position heutzutage die meisten Menschen verblüfft, sollten wir die thomistische Position ein wenig weiter erkunden. Die Aussage, daß das Naturgesetz absolut unabhängig von der Frage der Existenz Gottes ist, findet sich bei Thomas von Aquin eher stillschweigend als in einer entschiedenen Erklärung. Doch wie so viele Hintergründe des Thomismus wurde sie von Suarez und den anderen glänzenden spanischen Scholastikern des späten 16. Jahrhunderts ans Tageslicht gebracht. Der Jesuit Suarez legte dar, daß sich viele Scholastiker der Position angeschlossen hätten, daß das Naturgesetz der Ethik – das Gesetz von dem, was gut und schlecht für den Menschen ist – nicht von Gottes Willen abhängt. Einige Scholastiker waren in der Tat soweit gegangen zu sagen:

---

3 Die Verfechter einer theologischen Ethik sind heutzutage typischerweise Gegner des Begriffs des Naturrechts. Siehe die Erörterung der Kasuistik durch den unorthodoxen protestantischen Theologen Karl Barth, *Church Dogmatics III*, 4, Edinburgh, T. & T. Clark, 1961, S. 7ff.

4 Für eine Diskussion der Rolle der Vernunft in der Philosophie Aquins siehe Etienne Gilson, *The Christian Philosophy of St. Thomas Aquinas*, New York, Random House, 1956. Eine wichtige Untersuchung der thomistischen Naturrechtstheorie ist Germain Grisez, "The First Principle of Practical Reason," in Anthony Kenny, Hg., *Aquinas: A Collection of Critical Essays*, New York, Anchor Books, 1969, S. 340-382. Eine Geschichte des mittelalterlichen Naturrechts findet sich bei Odon Lottin, *Psychologie et morale aux xiie et xiiie siècles*, 6 Bände, Louvain, 1942-1960.

Falls es im Menschen ein solches Diktat rechter Vernunft gibt, ihn zu leiten, so hätte es – selbst wenn Gott nicht existierte oder von seiner Vernunft keinen Gebrauch machte oder die Dinge nicht richtig beurteilte – das gleiche Wesen eines Gesetzes gehabt, das es nun hat.[5]

Oder, wie ein moderner thomistischer Philosoph erklärt:

Wenn das Wort "natürlich" überhaupt etwas bedeutet, so bezieht es sich auf das Wesen eines Menschen, und wenn es zusammen mit "Gesetz" gebraucht wird, so muß "natürlich" sich auf eine Anordnung beziehen, die sich in den Neigungen des menschlichen Wesens erweist, und auf nichts anderes. Daher hat Aquins "Naturgesetz" an und für sich nichts Religiöses oder Theologisches.[6]

Der holländische protestantische Jurist Hugo Grotius erklärte in seinem Werk *De Iure Belli ac Pacis* (1625):

Was wir gesagt haben, würde selbst dann in gewissem Maße gelten, wenn wir das zugeständen, was nicht ohne allergrößte Niedertracht zugestanden werden kann, daß es nämlich keinen Gott gibt [...]

Und weiter:

Wenn Gottes Macht auch ohne Maß ist, so kann dennoch gesagt werden, daß es gewisse Dinge gibt, über die sich jene Macht nicht erstreckt [...] Genau wie selbst Gott es nicht bewirken kann, daß zweimal zwei nicht vier ergibt, so kann er nicht bewirken, daß das, was schon an sich schlecht ist, nicht schlecht sei.[7]

D'Entrèves schlußfolgerte, daß

[Grotius'] Definition des Naturgesetzes nichts Revolutionäres an sich hat. Wenn er behauptet, daß das Naturgesetz jene Reihe von Regeln ist, die der Mensch durch Gebrauch seiner Vernunft zu entdecken vermag, so formuliert er lediglich aufs Neue den scholastischen Begriff einer rationalen Grundlegung der Ethik. In der Tat liegt seine Absicht eher darin, diesen Begriff, der vom extremen Augustianismus gewisser protestantischer Denkströmungen erschüttert worden war, wieder in sein Recht zu setzen. Wenn er erklärt, daß diese Regeln bereits in sich selbst gültig sind, unabhängig von der Tatsache, daß

---

5 Aus Francisco Suarez, *De Legibus ac Deo Legislatore* (1619), lib. II, Cap. vi. Suarez bemerkte auch, daß viele Scholastiker "daher logischerweise zugestehen, daß das Naturrecht nicht von Gott als Gesetzgeber stammt, da es nicht von Gottes Willen abhängt [...]" Zit. n. A.P. d'Entrèves, *Natural Law*, London, Hutchinson University Library, 1951, S. 71.

6 Thomas E. Davitt, S.J., "Saint Thomas Aquinas and the Natural Law," in Arthur L. Harding, Hg., *Origins of the Natural Law Tradition*, Dallas / Texas, Southern Methodist University Press, 1954, S. 39. Siehe auch Brendan F. Brown, Hg., *The Natural Law Reader*, New York, Oceana Pubs., 1960, S. 101-104.

7 Zit. n. d'Entrèves, a.a.O., S. 52f. Siehe auch Otto Gierke, *Natural Law and the Theory of Society, 1500 to 1800*, Boston, Beacon Press, 1957, S. 98f.

Gott sie wollte, so wiederholt er eine Behauptung, die bereits von einigen Scholastikern aufgestellt wurde [...][8]

Es war Grotius' Ziel, fügt D'Entrèves hinzu, "ein System von Gesetzen zu konstruieren, das zu einer Zeit überzeugen konnte, als theologischem Streit zunehmend die Überzeugungskraft fehlte." Grotius und seine juristischen Nachfolger – Pufendorf, Burlamaqui und Vattel – machten sich daran, diese unabhängige Sammlung natürlicher Gesetze in einem rein weltlichen Zusammenhang auszuarbeiten, ganz in Übereinstimmung mit ihren eigenen besonderen Interessen, die im Gegensatz zu denen der Scholastiker nicht in erster Linie theologischer Natur waren.[9] Tatsächlich waren selbst die Rationalisten des achtzehnten Jahrhunderts, die in vieler Hinsicht die erklärten Feinde der Scholastiker waren, gerade in ihrem Rationalismus zutiefst von der scholastischen Tradition beeinflußt.[10]

Man sollte daher keinen Fehler aufkommen lassen: In der thomistischen Tradition ist das Naturgesetz ein ethisches wie auch ein physisches Gesetz; und das Werkzeug, mit dem der Mensch solche Gesetze erkennt, ist seine *Vernunft* – nicht Glaube oder Intuition oder Gnade, Offenbarung oder irgendetwas anderes.[11] In der heutigen geistigen Atmosphäre einer scharfen Zweiteilung zwischen Naturgesetz und Vernunft – und vor allem angesichts der irrationalen Geisteshaltung des "konservativen" Denkens – kann dies nicht häufig genug unterstrichen werden. Der heilige Thomas von Aquin, um mit den Worten des hervorragenden Philosophiehistorikers Pater Copleston zu sprechen, "betonte die Stellung und die Rolle der Vernunft im moralischen Verhalten. [Aquin] teilte mit Aristoteles die Ansicht, daß es der Besitz der Vernunft ist, der den Menschen vor den Tieren auszeichnet" und der "ihn in die La-

8 D'Entrèves, a.a.O., S. 51f. Siehe auch A.H. Chroust, "Hugo Grotius and the Scholastic Natural Law Tradition," *The New Scholasticism* (1943) und Frederick C. Copleston, S.J., *A History of Philosophy*, Westminster / Md., Newman Press, 1959, III, S. 330f.

Zum vernachlässigten Einfluß des spanischen Scholastikers Suarez auf moderne Philosophen, siehe José Ferrater Mora, "Suarez and Modern Philosophy," *Journal of the History of Ideas*, Oktober 1953, S. 528-547.

9 Siehe Gierke, a.a.O., S. 289. Siehe auch Herbert Spencer, *An Autobiography*, New York, Appleton and Co., 1904, I, S. 415.

10 Siehe etwa Carl L. Becker, *The Heavenly City of the Eighteenth-Century Philosophers*, New Haven, Yale University Press, 1957, S. 8.

11 In einem bedeutenden Artikel erklärte John Wild, ein Philosoph des Realismus: "Die realistsiche [Naturrechts-] Ethik wird heute häufig als theologisch und autoritär verworfen. Doch das ist ein Mißverständnis. Ihre fähigsten Vertreter, von Platon und Aristoteles bis Grotius haben sie allein auf der Grundlage empirischer Beweise verteidigt, ohne jegliche Berufung aud eine übernatürliche Autorität. John Wild, "Natural Law and Modern Ethical Theory," *Ethics*, Oktober 1952, S. 2 und S. 1-13. Siehe auch die Erklärung des katholischen Sozialphilosophen Orestes Brownson, daß es soetwas wie "christliche Philosophie" genauso wenig geben könne wie "christliche Hüte und Schuhe." Thomas T. McAvoy, C.S.C., "Orestes A. Brownson and Archbishop John Hughes in 1860," *Review of Politics*, Januar 1962, S. 29.

ge versetzt, willentlich in Verfolgung des bewußt erfaßten Zieles zu handeln, und ihn über die Ebene rein instinktiven Verhaltens erhebt."[12]

Aquin erkannte ferner, daß Menschen immer absichtsvoll handeln, doch er ging darüber hinaus und argumentierte, daß die Vernunft auch Ziele als entweder objektiv gut oder schlecht für den Menschen erfassen kann. Für Aquin gibt es daher, in den Worten Coplestons, "Veranlassung für den Begriff einer ‚rechten Vernunft', einer Vernunft, die des Menschen Handlungen zum Erreichen des für den Menschen objektiv Guten leitet." *Moralisches* Verhalten ist somit ein Verhalten in Übereinstimmung mit rechter Vernunft: "Wenn gesagt wird, daß moralisches Verhalten rationales Verhalten ist, so ist damit gemeint, daß es ein Verhalten in Übereinstimmung mit rechter Vernunft ist, mit Vernunft, die das für den Menschen objektiv Gute erfaßt und die Mittel aufgibt, dieses zu erreichen."[13]

In der Naturgesetzphilosphie ist die Vernunft daher nicht, wie in der modernen Philosophie nach Hume, darauf verpflichtet, ein bloßer Sklave der Leidenschaften zu sein, dessen Aufgabe darauf beschränkt ist, die Mittel zu willkürlich gewählten Zwecken auszuhecken. Denn die Zwecke selbst werden unter Gebrauch der Vernunft gewählt; und "rechte Vernunft" diktiert dem Menschen die ihm angemessenen Ziele wie auch die Mittel, sie zu erreichen. Für den thomistischen Naturgesetztheoretiker ist das allgemeine Sittengesetz des Menschen ein besonderer Fall des Systems der Naturgesetze, das alle Dinge der Welt regiert, von denen jedes ein eigenes Wesen und eigene Zwecke hat. "Für ihn ist das Sittengesetz [...] ein besonderer Fall des allgemeinen Prinzips, daß alle endlichen Dinge durch die Entwicklung ihrer Fähigkeiten ihrem Ziele zustreben."[14] Hier gelangen wir nun zu einem entscheidenden Unterschied zwischen unbeseelten bzw. auch nicht-menschlichen lebendigen Geschöpfen und dem Menschen selbst. Jene sind nämlich gezwungen, in Übereinstimmung mit den von ihrer jeweiligen Natur gesetzten Zielen fortzuschreiten, während der Mensch, "das rationale Tier", Vernunft besitzt, um solche Ziele zu entdecken, und freien Willen, um zu wählen.[15]

---

12 Frederick Copleston, S.J., *Aquinas*, London, Penguin Books, 1955, S. 204.

13 Ebenda, S. 204f.

14 Ebenda, S. 212.

15 So sagt Copleston: "unbeseelte Köper verhalten sich gerade deshalb in bestimmter Weise, weil sie sind, was sie sind, und sie können sich nicht anders verhalten. Sie können keine Handlungen ausführen, die ihrer Natur widersprechen. Und Tiere sind instinktgeleitet. Letztlich haben alle Tiere unterhalb des Menschen unbewußt an jenem ewigen Gesetz teil, welches sich in ihren natürlichen Neigungen erweist, und sie besitzen nicht die Freiheit, die erfordert ist, um in einer mit diesem Gesetz unvereinbaren Weise zu handeln. Es ist daher wesentlich, daß [der Mensch] das ewige Gesetze kenne, insofern es ihn betrifft. Doch wie kann er es kennen? Er kann sozusagen die Gedanken Gottes nicht lesen [... doch] er kann die grundlegenden Neigungen und Bedürfnisse seiner Natur erkennen, und indem er sie überdenkt, kann er Wissen über das natürliche Sittengesetz erlangen [...] Jeder Mensch besitzt [...] das Licht der Vernunft, mit dem er über das Naturgesetz nachdenken [...] und sich mit ihm vertrautmachen kann, wobei das Naturgesetz die Gesamtheit der allgemeinen Vorschriften oder Diktate rechter Vernunft ist, die das zu verfolgende Gute und das zu meidende Schlechte betreffen [...]" Ebenda, S. 213f.

Die Frage, *welche* Lehre wirklich als rational zu gelten hat, die Naturgesetzlehre oder die ihrer Kritiker, wurde von Leo Strauss bei einer eingehenden Kritik des Wertrelativismus in der politischen Theorie Professor Arnold Brechts treffend beantwortet. Im Gegensatz zur Naturgesetzlehre

> ist die positive Sozialwissenschaft [...] gekennzeichnet von der Preisgabe der Vernunft bzw. von der Flucht vor ihr [...] Nach der positivistischen Deutung des Relativismus, der in der heutigen Sozialwissenschaft vorherrscht [...], kann die Vernunft uns sagen, welche Mittel welchen Zwecken dienen. Sie kann uns nicht sagen, welche erreichbaren Ziele welchen anderen erreichbaren Zielen vorgezogen werden sollen. Die Vernunft kann uns nicht sagen, daß wir uns für erreichbare Ziele entscheiden sollten. Wenn jemand "Menschen schätzt, die das Unmögliche begehren", so mag die Vernunft ihm sagen, daß er irrational handelt, aber sie kann ihm nicht sagen, daß er rational handeln sollte oder daß irrationales Handeln ein schlechtes oder niedriges Handeln ist. Wenn rationales Verhalten darin besteht, die richtigen Mittel für den richtigen Zweck zu wählen, dann lehrt der Relativismus letzten Endes, daß rationales Verhalten unmöglich ist.[16]

Die einzigartige Stellung der Vernunft in der Naturgesetzphilosophie wurde schließlich von dem modernen thomistischen Philosophen Pater John Toohey bestätigt. Toohey definierte gute Philosophie wie folgt: "Philosophie in dem Sinne, in dem dieses Wort gebraucht wird, wenn die Scholastik anderen Philosophien gegenübergestellt wird, ist ein Versuch der bloßen menschlichen Vernunft, eine grundlegende Erklärung der Natur der Dinge zu geben."[17]

2 Naturgesetz als "Wissenschaft"

Es ist in der Tat verwunderlich, daß so viele moderne Philosophen über den bloßen Ausdruck "Natur" als einem Eindringen von Mystizismus und Übernatürlichem die Nase rümpfen sollten. Wenn ein Apfel fallengelassen wird, fällt er zu Boden; wir alle beobachten das, und wir gestehen zu, daß es *in der Natur* des Apfels (wie der

---

16 Leo Strauss, "Relativism," in H. Schoeck und J.W. Wiggins, Hg., *Relativism and the Study of Man*, Princeton / N.J., D. van Nostrand, 1961, S. 144f.

Eine vernichtende Kritik des Versuches eines relativistischen Politikwissenschaftlers, die Sache der Freiheit und der Selbstentfaltung der Persönlichkeit "wertfrei" zu begründen, findet sich bei Walter Berns, "The Behavioral Sciences and the Study of Political Things: The Case of Christian Bay's *The Structure of Freedom*," *American Political Science Review*, September 1961, S. 550-559.

17 Toohey fügt hinzu, daß "die scholastische Philosophie diejenige Philosophie ist, die die Gewißheit jenes menschlichen Wissens lehrt, das mit Hilfe von Sinneserfahrungen, Bezeugungen, Nachsinnen und Überlegung erworben wird [...]" John J. Toohey, S.J., *Notes on Epistemology*, Washington D.C., Georgetown University, 1952, S. 111f.

der Welt im allgemeinen) liegt. Werden zwei Wasserstoffatome und ein Sauerstoffatom kombiniert, so ergibt sich ein Molekül Wasser – ein Verhalten, das in einzigartiger Weise an der *Natur* von Wasserstoff, Sauerstoff und Wasser liegt. An solchen Beobachtungen ist nichts Geheimnisvolles. Warum wird dann am Begriff der "Natur" herumgenörgelt? In der Tat besteht die Welt aus einer gewaltigen Anzahl von beobachtbaren *Dingen* oder *Wesenheiten*. Dies ist sicherlich eine beobachtbare Tatsache. Da die Welt nicht aus einem homogenen Ding bzw. einer einzigen Wesenheit besteht, so folgt daraus, daß jedes dieser verschiedenen Dinge verschiedene Eigenschaften besitzt, denn andernfalls wären sie alle dasselbe Ding. Doch wenn A, B, C usw. verschiedene Eigenschaften haben, so folgt unmittelbar, daß sie verschiedene *Naturen* haben.[18,19] Es folgt auch, daß das *Ergebnis*, das entsteht, wenn diese verschiedenen Dinge in Berührung kommen und aufeinander einwirken, präzise abgegrenzt und definiert werden kann. Kurz gesagt: Spezifische, abgrenzbare *Ursachen* haben spezifische, abgrenzbare *Wirkungen*.[20] Das beobachtbare Verhalten jeder dieser Wesenheiten ist das Gesetz ihrer Naturen, und dieses Gesetz schließt das ein, was sich als Folge ergibt, wenn sie aufeinander einwirken. Die Gesamtheit, die

---

18 "Wir müssen auf einen älteren Begriff zurückgreifen statt auf jenen, der nun unter zeitgenössischen Wissenschaftlern und Wissenschaftsphilosophen in Mode gekommen ist [...] in jener alltäglichen Welt schlichten Daseins, in der wir Menschen trotz aller wissenschaftlichen Verfeinerungen wohl kaum aufhören können zu leben, uns zu bewegen und unser Dasein zu führen, stellen wir sicherlich fest, daß wir ständig auf einen älteren Begriff von ‚Natur' und ‚Naturgesetz' bezug nehmen, der zudem entschieden dem gesunden Menschenverstand entspricht. Denn erkennen wir denn nicht alle, daß eine Rose von einer Aubergine verschieden ist, und ein Mensch von einer Maus und Wasserstoff von Mangan? Solche Unterschiede an Dingen zu erkennen, bedeutet sicherlich zu erkennen, daß sie sich unterschiedlich verhalten: Von einem Menschen erwartet man nicht ganz die gleichen Dinge, die man von einer Maus erwartet und umgekehrt. Außerdem liegt der Grund dafür, daß unsere Erwartungen sich hinsichtlich dessen unterscheiden, was verschiedene Typen von Dingen oder Wesen tun werden bzw. wie sie agieren und reagieren werden, schlichtweg darin, daß sie nun einmal verschiedene Arten von Dingen sind. Sie haben verschiedene ‚Naturen', wie man unter Verwendung der altmodischen Terminologie sagen könnte." Henry B. Veatch, *For an Ontology of Morals: A Critique of Contemporary Ethical Theory*, Evanston / Ill., Northwestern University Press, 1971, S. 7.

"Sokrates wich von seinen Vorgängern ab, indem er die Wissenschaft von [...] allem, das ist, mit dem Verständnis dessen, was jedes der Wesen ist, gleichsetzte. Denn ‚sein' bedeutet, ‚etwas zu sein' und mithin anders als Dinge zu sein, die ‚etwas anderes' sind: ‚sein' bedeutet daher, ‚ein Teil zu sein'." Leo Strauss, *Natural Right and History*, Chicago, University of Chicago Press, 1953, S. 122.

19 Eine Verteidigung des Naturbegriffs findet sich bei Alvin Plantinga, *The Nature of Necessity*, Oxford, Clarendon Press, 1974, S. 71-81.

20 Siehe H.W.B. Joseph, *An Introduction to Logic*, 2. Aufl., Oxford, Clarendon Press, 1916, S. 407-409.

Für eine äußerst treffende Verteidigung der Ansicht, daß Ursächlichkeit ein notwendiges Verhältnis zwischen Dingen behauptet, siehe R. Harré und E.H. Madden, *Causal Powers: A Theory of Natural Necessity*, Totowa, N.J., Rowman and Littlefield, 1975.

wir aus diesen Gesetzen bilden können, kann als die Ordnung der *Naturgesetze* bezeichnet werden. Was ist daran "mystisch"?[21]

Im Bereich rein physischer Gesetze wird dieser Begriff von der modernen positivistischen Terminologie lediglich auf einer hohen philosophischen Ebene abweichen. Wenn er aber auf den *Menschen* angewendet wird, ist der Begriff weitaus umstrittener. Doch wenn Äpfel und Steine und Rosen jeweils spezifische Naturen haben, ist der Mensch dann die einzige Wesenheit, das einzige Wesen, das keine solche hat? Und wenn der Mensch eine Natur hat, warum kann dann nicht auch sie einer rationalen Beobachtung und Überlegung offenstehen? Wenn alle Dinge Naturen haben, dann ist des Menschen Natur sicherlich einer näheren Prüfung zugänglich. Die übliche schroffe Verwerfung des Begriffs der menschlichen Natur ist mithin willkürlich und *a priori*.

Eine häufige schnodderige Kritik, die von Gegnern des Naturgesetzes geübt wird, lautet: *Wer* soll die angeblichen Wahrheiten über den Menschen festsetzen? Die Antwort ist nicht *wer*, sondern *was*: die menschliche Vernunft. Die menschliche Vernunft ist *objektiv*, d.h. sie kann von allen Menschen gebraucht werden, um Wahrheiten über die Welt hervorzubringen. Zu fragen, *was* des Menschen Natur ist, fordert die Antwort heraus: Mach' Dich selber daran, sie zu studieren, und finde sie heraus! Es ist, als wenn jemand behauptete, daß die Natur von Kupfer einer rationalen Untersuchung offensteht, und ein Kritiker ihn herausforderte, dies sofort zu "beweisen", indem er noch an Ort und Stelle alle Gesetze darlegt, die über Kupfer entdeckt worden sind.

Ein weiterer häufiger Vorwurf ist, daß Naturgesetztheoretiker untereinander uneins sind und daß aus diesem Grunde alle Naturgesetztheorien fallengelassen werden müssen. Dieser Vorwurf ist seltsam ungereimt, wenn er – wie so häufig – von utilitaristischen Ökonomen vorgetragen wird. Denn die Nationalökonomie ist eine bekanntermaßen umstrittene Wissenschaft gewesen – und dennoch sind nur wenige Leute dafür, die ganze Ökonomie aus diesem Grund aufzugeben. Zudem sind Meinungsverschiedenheiten keine Entschuldigung dafür, alle Seiten eines Streites *ad acta* zu legen. Verantwortlich handelt derjenige, der seine Vernunft gebraucht, um die verschiedenen Argumente zu prüfen und sich eine eigene Meinung zu bilden.[22] Er sagt nicht einfach *a priori* "verflucht seid Ihr und Eure Häuser!" Daß der Mensch vernunftbegabt ist, bedeutet nicht, daß Irrtum unmöglich ist. Selbst solche "harten" Wissenschaften wie die Physik und die Chemie haben ihre Irrtümer und ihre leiden-

---

21 Siehe Murray N. Rothbard, *Individualism and the Philosophy of the Social Sciences*, San Francisco, Cato Institute, 1979, S. 5.

22 Es gibt noch einen weiteren Punkt: Die bloße Existenz einer Meinungsverschiedenheit scheint zu bedeuten, daß es etwas Objektives gibt, über das Meinungsverschiedenheiten bestehen können; denn andernfalls gäbe es keinen Widerspruch zwischen den verschiedenen "Meinungen" und keine Sorge über diese Konflikte. Ein ähnliches Argument zur Verwerfung des Subjektivismus findet sich bei G.E. Moore, *Ethics*, Oxford, 1963 [1912], S. 63ff.

schaftlichen Streite gekannt.[23] Niemand ist allwissend oder unfehlbar – dies übrigens ein Gesetz der menschlichen Natur.

Die Naturgesetzethik verfügt, daß für alle lebendigen Dinge "das Gute" in der Erfüllung dessen liegt, was für die betreffende Art Geschöpf am besten ist. "Das Gute" bezieht sich daher auf die Natur des betreffenden Geschöpfes. So schreibt Professor Cropsey: "Nach der klassischen [Naturgesetz-] Lehre ist jedes Ding in dem Maße hervorragend, in dem es diejenigen Dinge tun kann, für die seine Art von Natur aus gerüstet ist [...] Warum ist das Natürliche gut? [... Weil] es zum Beispiel weder eine Möglichkeit noch einen Grund gibt, uns selber davon abzuhalten, zwischen nutzlosen und dienstbaren Tieren zu unterscheiden; und [...] der erfahrungsnächste und [...] rationalste Maßstab für das Dienstbare bzw. für die Grenzen der Betätigung des Dinges sind durch seine Natur gegeben. Wir sagen nicht, daß Elefanten gut sind, weil sie natürlich sind; oder weil die Natur moralisch gut ist – was das auch immer heißen würde. In unserem Urteil ist ein bestimmter Elefant im Lichte dessen gut, was die Elefantennatur Elefanten zu tun und zu sein ermöglicht."[24] Für den Fall des Menschen behauptet die Naturgesetzethik, daß das Gute bzw. das Schlechte mit der Erfüllung bzw. Vereitelung dessen bestimmt werden kann, was am besten für die menschliche Natur ist.[25]

Das Naturgesetz erhellt ferner, was für den Menschen am besten ist – welche Ziele der Mensch verfolgen sollte, die mit seiner Natur harmonieren und sie am meisten zu erfüllen neigen. In einem bedeutenden Sinne verschafft das Naturgesetz dem Menschen daher eine "Glückswissenschaft" mit den Pfaden, die zu seinem wahren Glück führen werden. Hingegen behandelt die Praxeologie oder Nationalökonomie "das Glück" in dem gleichen, rein *formalen* Sinn wie die utilitaristische Philosophie,

23 Der Psychologe Michael Carmichael schreibt: "zu keiner Zeit wenden wir uns von dem ab, was wir über Astronomie wissen, nur weil wir vieles nicht wissen oder weil so vieles, von dem wir einst dachten, daß wir es wüßten, nicht mehr als wahr erkannt wird. Kann das gleiche Argument nicht auch für unser Denken über ethische und ästhetische Urteile akzeptiert werden?" Leonard Carmichael, "Absolutes, Relativism and the Scientific Psychology of Human Nature," in Schoeck und Wiggins, *Relativism and the Study of Man*, S. 16.

24 Joseph Cropsey, "A Reply to Rothman," *American Political Science Review*, Juni 1962, S. 355. Wie Henry Veatch schreibt: "Zudem liegt es eben an der Natur eines Dinges – d.h. daran, daß es die Art von Ding ist, die es ist – daß es agiert und sich so verhält, wie es das tut. Liegt es nicht auch an der Natur einer Sache, daß wir häufig meinen, wir seien fähig, zu beurteilen, was das Ding sein könnte, aber vielleicht nicht ist? Eine Pflanze zum Beispiel mag als unterentwickelt oder in ihrem Wachstum behindert angesehen werden. Ein Vogel mit verletztem Flügel ist ganz offensichtlich nicht in der Lage, so gut zu fliegen wie andere der gleichen Art [...] Und so kommt es, daß man über die Natur einer Sache nicht nur als diejenige denken kann, dank welcher das Ding handelt oder sich in der Weise verhält, wie es das tut, sondern auch als eine Art Maßstab, an dem wir ermessen können, ob die Handlung bzw. das Verhalten des Dinges all das ist, was es hätte sein können." Veatch, *For an Ontology of Morals*, S. 7-8.

25 Eine ähnliche Herangehensweise an die Bedeutung des Guten findet sich bei Peter Geach, "Good and Evil," in Philippa R. Foot, Hg., *Theories of Ethics*, London, Oxford University Press, 1967, S. 74-82.

mit der diese Wissenschaft eng verbunden gewesen ist, nämlich als ein Erreichen derjenigen Ziele, die die Menschen – aus welchen Gründen auch immer – weit oben auf ihrer Wertskala einordnen. Das Erreichen jener Ziele verschafft dem Menschen seinen "Nutzen" oder seine "Befriedigung" oder sein "Glück".[26] Werte im Sinne von Wertung oder Nützlichkeit sind rein subjektiv und werden von jedem Individuum bestimmt. Diese Vorgehensweise ist der formalen Wissenschaft der Praxeologie bzw. der Ökonomie vollkommen angemessen, aber das muß nicht unbedingt überall so sein. Denn in der Naturgesetzethik wird gezeigt, daß Ziele für den Menschen in unterschiedlichen Maßen gut oder schlecht sind. Werte sind hier *objektiv* – sie bestimmen sich nach dem Naturgesetz des menschlichen Wesens, und des Menschen "Glück" wird hier im üblichen *inhaltlichen* Sinne verstanden.

Wie Pater Kenealy es ausdrückte: "Diese Philosophie behauptet, daß eine *objektive Moralordnung* tatsächlich in Reichweite der menschlichen Intelligenz liegt, daß menschliche Gesellschaften nach allem, was recht und billig ist, verpflichtet sind, sich nach dieser Ordnung zu richten, und daß von ihr Frieden und Glück des persönlichen, nationalen und internationalen Lebens abhängen."[27] Und der herausragende englische Jurist Sir William Blackstone faßte das Naturgesetz und seine Beziehung zum menschlichen Glück wie folgt zusammen: "Dies ist die Grundlage dessen, was wir Ethik oder Naturgesetz nennen [...] der Beweis, daß diese oder jene Handlung zum wahren Glück des Menschen beiträgt, und mithin die gerechtfertigte Schlußfolgerung, daß ihre Ausführung Teil des Naturgesetzes ist; oder andererseits, daß diese oder jene Handlung einer Zerstörung des wahren Glücks des Menschen gleichkommt und daß das Naturgesetz es daher verbietet."[28]

Ohne die Terminologie des Naturgesetzes zu verwenden, hat der Psychologe Leonard Carmichael aufgezeigt, wie mit wissenschaftlichen Methoden, die sich auf biologische und psychologische Untersuchungen stützen, eine objektive, absolute Ethik für den Menschen begründet werden kann:

> Da das genetisch bestimmte, anatomische, physiologische und psychologische Rüstzeug des Mensch unveränderlich und uralt ist, gibt es Grund zu der Annahme, daß zumindest einige der "Werte", die er als gut oder schlecht erkannte, beim gesellschaftlichen Zusammenleben menschlicher Individuen im Verlaufe von tausenden von Jahren entdeckt wurden bzw. hervorgetreten sind. Gibt es irgendeinen Grund zu der Vermutung, daß diese Werte, nachdem sie erkannt und erprobt wurden, nicht als in hohem Maße fest und unveränderlich

26 Vergleiche dagegen Wild: "Die realistische Ethik fußt auf der grundlegenden Unterscheidung zwischen menschlichen Bedürfnissen und unkritisierter individueller Begierde oder Lust, eine Unterscheidung, die sich im modernen Utilitarismus nicht findet. Die grundlegenden Begriffe sogenannter ‚naturalistischer' Theorien sind psychologisch, während die des Realismus existentiell und ontologisch sind." Wild, "Natural Law," S. 2.

27 William J. Kenealy, S.J., "The Majesty of the Law," *Loyola Law Review*, New Orleans, 1949-50, S. 112-113; abgedruckt in Brown, *Natural Law Reader*, S. 123.

28 Blackstone, *Commentaries on the Law of England*, Buch I, zit n. Brown, *Natural Law Reader*, S. 106.

aufgefaßt werden dürfen? Wenn zum Beispiel die mutwillige Ermordung eines Erwachsenen durch einen anderen zum rein persönlichen Vergnügen der Person, die den Mord begeht, erst einmal als grundsätzliches Unrecht erkannt wurde, wird es wahrscheinlich immer als solches erkannt werden. Solch ein Mord hat unvorteilhafte individuelle und soziale Wirkungen. Oder, um ein milderes Beispiel aus der Ästhetik zu wählen, der Mensch wird das harmonische Verhältnis zweier Komplementärfarben wahrscheinlich immer in besonderer Weise empfinden, weil er mit besonders beschaffenen menschlichen Augen auf die Welt kommt.[29]

Ein üblicher philosophischer Einwand gegen die Naturgesetzethik ist, daß sie den Realismus von *Sein* und *Sollen* verwechselt bzw. gleichsetzt. Für die Zwecke unserer kurzen Erörterung mag John Wilds Erwiderung genügen:

> Wir können darauf mit dem Hinweis antworten, daß [die Anhänger der Naturgesetzethik] Werte nicht mit Existenz gleichsetzen, sondern vielmehr mit der Erfüllung von Neigungen, die in der Struktur des existierenden Wesens angelegt sind. Weiterhin setzen sie das Schlechte nicht mit Nicht-Existenz, sondern vielmehr mit einer Existenzweise gleich, in der die natürlichen Neigungen vereitelt und ihrer Verwirklichung beraubt werden [...] Die junge Platane, deren Blätter aus Lichtmangel verwelken, ist nicht nicht-existent. Sie existiert, aber in einer ungesunden oder notleidenden Weise. Der Behinderte ist nicht nicht-existent. Er existiert, aber mit einer natürlichen Begabung, die zum Teil nicht verwirklicht ist [...]
>
> Dieser metaphysische Einwand fußt auf der üblichen Annahme, daß die Existenz ganz fertig oder vollständig ist [... Doch] was gut ist, ist die Erfüllung des Wesens [...][30]

---

29 Carmichael, "Absolutes," in Schoeck & Wiggins, Hg., *Relativism*, S. 9.

30 Wild, "Natural Law," S. 4-5. Wild führt weiter aus: "Existenz ist [...] keine Eigenschaft, sondern eine strukturierte Aktivität. Solche Aktivitäten sind eine Art Tatsache. Sie können beobachtet und mit Urteilen beschrieben werden, die wahr oder falsch sind: Das menschliche Leben erfordert materielle Erzeugnisse; technologische Bestrebungen brauchen rationale Lenkung; das Kind hat Erkenntnisfähigkeiten, die der Erziehung bedürfen. Werturteile gründen sich auf der direkt verifizierbaren Tatsache der Neigung bzw. der Notwendigkeit. Werte oder Verwirklichungen werden nicht nur von uns gefordert, sie sind es durch die existierende Tendenz zu ihrer Erfüllung. Aus einer treffenden Beschreibung und Analyse der gegebenen Tendenz können wir den durch sie begründeten Wert ableiten. Darum sagen wir nicht, daß moralische Grundsätze bloße Tatsachenbehauptungen sind, sondern vielmehr, daß sie durch Tatsachen ‚begründet' sind." Wild, "Natural Law," S. 11.

An anderer Stelle erklärt Wild: "Die Ethik des Naturgesetzes [...] erkennt verbindliche Sittengesetze an, doch sie behauptet, daß sich diese auf tendenzmäßigen Tatsachen gründen, die beschrieben werden können [...] Das Gute [...] muß [...] dynamisch verstanden werden als eine Daseinsweise, als Verwirklichung einer natürlichen Neigung. Nach dieser Sicht besteht die Welt nicht allein aus bestimmten Strukturen, sondern aus bestimmten Strukturen in einer Daseinshandlung, die sie zu weiteren angemessenen Daseinshandlungen bestimmen. [...] Keiner be-

Nachdem er für den Menschen wie für jedes andere Wesen feststellt, daß die Ethik durch die Erforschung von verifizierbaren bestehenden Neigungen des betreffenden Wesens bestimmt wird, stellt Wild eine für alle nicht-theologischen Ethiken entscheidende Frage: "Warum empfindet man solche Prinzipien als bindend?" Wie werden solche universellen Neigungen der menschlichen Natur in die subjektive Wertskala einer Person aufgenommen? Weil

> die faktischen Bedürfnisse, die dem gesamten Vorgang zugrunde liegen, allen Menschen gemein sind. Die durch sie begründeten Werte sind allgemein. Wenn ich daher bei meiner Neigungsanalyse der menschlichen Natur keinen Fehler begehe, und wenn ich mich selbst verstehe, so muß ich die Neigung belegen und sie subjektiv als zwingenden Drang zum Handeln empfinden.[31]

David Hume wird von modernen Philosophen als derjenige angesehen, der die Naturgesetzlehre nachhaltig und vernichtend kritisiert hat. Humes "vernichtende Kritik" folgte zwei Stoßrichtungen: Er brachte die angebliche "Soll-Ist" Dichotomie auf und verhinderte damit, daß das Sollen vom Sein abgeleitet wird;[32] und er war der Ansicht, daß die Vernunft immer nur ein Sklave der Leidenschaften ist und sein kann. Kurzum, im Gegensatz zu der Naturgesetz-Sichtweise, daß die menschliche Vernunft diejenigen Ziele entdecken kann, die der Mensch billigerweise verfolgen sollte, behauptete Hume, daß in letzter Hinsicht nur Emotionen menschliche Ziele setzen können, und daß die Stellung der Vernunft die eines Technikers und Handlangers der Emotionen ist. (Moderne Sozialwissenschaftler seit Max Weber sind Hume hierin gefolgt.) Nach dieser Auffassung sind die Emotionen der Menschen vorrangige und unaufschlüsselbare Gegebenheiten.

---

stimmten Struktur kann ohne bestimmende aktive Neigungen Existenz verliehen werden. Wenn eine solche Neigung in Übereinstimmung mit dem Naturgesetz erfüllt wird, so sagt man, das Ding sei in einer stabilen, gesunden oder soliden Lage – all dies sind Werteigenschaften. Wenn sie gehemmt oder verdreht wird, so sagt man, daß Ding sei in einer instabilen, kranken oder unsoliden Lage – Eigenschaften des Unwertes. Das Gute und das Schlechte im ontologischen Sinne sind keine Phasen abstrakter Struktur, sondern vielmehr Daseinsweisen, Weisen, in denen die von solchen Strukturen bestimmten existentiellen Neigungen entweder erfüllt oder kaum in einem mangelhaften, verkümmerten Zustand erhalten sind." Ebenda, S. 2-4.

31 Ebenda, S. 12. Für eine Verteidigung der Naturgesetzethik siehe John Wild, *Plato's Modern Enemies and the Theory of Natural Law*, Chicago, University of Chicago Press, 1953; Henry Veatch, *Rational Man: A Modern Interpretation of Aristotelian Ethics*, Bloomington / Ind., University of Indiana Press, 1962; sowie Veatch, *For An Ontology of Morals: A Critique of Contemporary Ethical Theory*, Evanston / Ill., Northwestern University Press, 1971.

32 In der Tat bewies Hume mitnichten, daß Werte nicht aus Tatsachen abgeleitet werden können. Häufig wird behauptet, daß im Schlußsatz eines Argumentes nichts sein kann, was nicht in einer der Voraussetzungen enthalten war, und daß demzufolge ein "Soll-" Schluß nicht aus deskriptiven Voraussetzungen folgen kann. Doch ein Schluß folgt aus beiden Voraussetzungen zusammengenommen. Das "Soll" muß in keiner der beiden Voraussetzungen vorliegen, solange es gültig abgeleitet worden ist. Zu sagen, daß es so nicht gefolgert werden kann, ist eine *petitio principii*. Siehe Philippa R. Foot, *Virtues and Vices*, Berkely, University of California Press, 1978, S. 99-105.

Professor Hesselberg hat jedoch gezeigt, daß Hume im Gang seiner eigenen Erörterung gezwungen war, wieder einen Naturgesetzbegriff in seine Sozialphilosophie und insbesondere in seine Theorie der Gerechtigkeit einzuführen – was Etienne Gilsons spöttisches Bonmot veranschaulicht, daß das "Naturgesetz stets seine Leichengräber begräbt." Denn Hume, so Hesselberg, "erkannte und akzeptierte, daß die gesellschaftliche [...] Ordnung eine unerläßliche Voraussetzung für menschliche Wohlfahrt und menschliches Glück ist; und daß dies eine Ist-Aussage ist [...]" Die gesellschaftliche Ordnung *muß* daher vom Menschen aufrechterhalten werden. Hesselberg weiter:

> Doch eine Sozialordnung ist nur dann möglich, wenn der Mensch begreifen kann, was sie ist und welches ihre Vorteile sind. Er muß auch jene Verhaltensnormen begreifen, die zu ihrer Begründung und Bewahrung notwendig sind, nämlich jenen Respekt für die Person und das rechtmäßige Eigentum anderer Menschen, der das Wesen der Gerechtigkeit ausmacht [...] Doch Gerechtigkeit ist ein Erzeugnis der Vernunft, nicht der Leidenschaften; und Gerechtigkeit ist die notwendige Stütze der gesellschaftlichen Ordnung, und die gesellschaftliche Ordnung ist notwendig für des Menschen Wohlfahrt und sein Glück. Wenn dem so ist, müssen die Normen der Gerechtigkeit die Leidenschaften leiten und lenken, nicht umgekehrt.[33]

Hesselberg schließt, daß "Humes anfängliche ‚These des Vorrangs der Leidenschaften' daher für seine Sozialtheorie und politische Theorie völlig unhaltbar ist [...] er ist gezwungen, die Vernunft wieder als einen kognitiv-normativen Faktor in menschliche soziale Beziehungen einzuführen."[34]

In der Tat war Hume bei der Erörterung der Gerechtigkeit und der Bedeutung von Privateigentumsrechten zu schreiben gezwungen, daß die Vernunft eine solche Sozialethik begründen kann: "mit dem Urteil und dem Verstand verschafft die Natur ein Gegenmittel gegen das, was in den Gefühlen zügellos und nicht zweckdienlich ist" – kurzum, die Vernunft kann den Leidenschaften überlegen sein.[35,36]

---

33 A. Kenneth Hesselberg, "Hume, Natural Law and Justice," *Duquesne Review*, Frühling 1961, S. 46-47.

34 Ebenda.

35 David Hume, *A Treatise of Human Nature*, zit. n. Hesselberg, "Hume, Natural Law and Justice," S. 61. Wachen Auges fügt Hesselberg hinzu, daß Humes scharfe Soll-Ist-Dichotomie in den ersten Kapiteln von Humes *Treatise* daher rührte, daß er die Bedeutung der "Vernunft" darauf einschränkte, Lust-Schmerz-Objekte zu finden und Mittel zu bestimmen, um sie zu erlangen. Doch in den späteren Kapiteln über Gerechtigkeit sah sich Hume gerade durch die Natur dieses Begriffes gezwungen, "der Vernunft eine dritte Rolle zuzuweisen, nämlich ihre Fähigkeit, Handlungen gemäß deren Schicklichkeit bzw. Übereinstimmung oder Nicht-Übereinstimmung mit der sozialen Natur des Menschen zu beurteilen, und so ebnete er den Weg für die Rückkehr zu einem naturgesetzlichen Begriff der Gerechtigkeit." Ebenda, S. 61-62.

36 Zweifel, ob Hume selber beabsichtigte, die Soll-Ist-Dichotomie zu behaupten oder nicht, kommen zum Ausdruck bei A.C. MacIntyre, "Hume on ‚Is' and ‚Ought'," in W.D. Hudson, Hg., *The Is-Ought Question*, London, Macmillan, 1969, S. 35-50.

In unserer Erörterung ist deutlich geworden, daß die Naturgesetzlehre – die Ansicht, daß eine objektive Ethik durch Vernunft begründet werden kann – in der modernen Welt zwei mächtigen Gegnergruppen die Stirn bieten mußte, die beide darauf bedacht waren, der menschlichen Vernunft die Fähigkeit abzusprechen, über des Menschen Geschick zu entscheiden: die Fideisten, die glauben, daß der Mensch nur durch übernatürliche Offenbarung zur Ethik gelangen kann, und die Skeptiker, die meinen, der Mensch müsse seine Ethik aus willkürlichen Launen oder Emotionen beziehen. Schließen wir nun mit Professor Grants strengem aber scharfsinnigen Urteil über

> das eigenartige heutige Bündnis zwischen denen, die das Vermögen der menschlichen Vernunft im Namen des Skeptizismus (der wahrscheinlich ursprünglich wissenschaftlich war) bezweifeln, und jenen, die seine Fähigkeiten im Namen offenbarter Religion verunglimpfen. Man braucht nur das Denken Ockhams zu studieren, um zu sehen, wie alt dieses seltsame Bündnis ist. Denn bei Ockham ist zu sehen, wie der philosophische Nominalismus – unfähig, der Frage der praktischen Gewißheit entgegenzutreten – dieses Problem mit der willkürlichen Annahme der Offenbarung löst. Der vom Verstand losgelöste Wille (wie es im Nominalismus sein muß) kann Gewißheit nur durch solche willkürlichen Annahmen erlangen [...]
>
> Die geschichtlich gesehen interessante Tatsache ist, daß diese zwei antirationalistischen Traditionen – die des liberalen Skeptikers und die des protestantischen Revelationisten – ursprünglich zwei [...] entgegengesetzten Menschenbildern entstammen. Das protestantische Vertrauen auf Offenbarung entstand aus einem großen Pessimismus hinsichtlich der menschlichen Natur [...] Die unmittelbar erfaßten Werte des Liberalen entstammen einem großen Optimismus. Aber ist die vorherrschende Tradition in Nordamerika nicht [...] letztlich ein durch pragmatische Technologie und liberales Trachten umgebildeter Protestantismus?[37]

3 Naturgesetz versus positives Gesetz

Wenn also das Naturgesetz durch die Vernunft in den "grundlegenden Neigungen der menschlichen Natur" entdeckt wird, wenn es "absolut, unwandelbar und zu allen Zeiten und an allen Orten allgemein gültig" ist, so folgt daraus, daß das Naturgesetz uns eine Reihe objektiver ethischer Normen an die Hand gibt, mit denen menschliches Handeln zu jeder Zeit und an jedem Ort beurteilt werden kann.[38] Das Naturgesetz ist von seinem Wesen her eine zutiefst "radikale" Ethik, denn es hält dem be-

---

37 George P. Grant, "Plato and Popper," *The Canadian Journal of Economics and Political Science*, Mai 1954, S. 191f.

38 Patterson, *Jurisprudence*, S. 333.

stehenden *Status quo*, der das Naturgesetz möglicherweise grob verletzt, das schonungslose und unnachgiebige Licht der Vernunft entgegen. Im Bereich der Politik bzw. im Bereich staatlichen Handelns versieht das Naturgesetz den Menschen mit einer Reihe von Normen, die dem bestehenden, vom Staat auferlegten *positiven Gesetz* in durchaus radikaler Weise kritisch gegenüberstehen können. An dieser Stelle brauchen wir lediglich zu betonen, daß die bloße Existenz eines durch Vernunft entdeckbaren Naturgesetzes eine potentiell mächtige Bedrohung des *Status quo* und ein dauernder Vorwurf gegen die Herrschaft blind traditionellen Brauches bzw. die Willkür des Staatsapparates ist.

In der Tat können die gesetzlichen Grundsätze einer jeden Gesellschaft auf drei verschiedene Arten aufgestellt werden: (a) durch Befolgung des herkömmlichen Brauches der Sippe oder Gemeinschaft, (b) durch Gehorsam gegenüber der Ad-hoc-Willkür derjenigen, die den Staatsapparat beherrschen, oder (c) durch Gebrauch der menschlichen Vernunft, um das Naturgesetz zu entdecken – kurzum, durch sklavische Anpassung an den Brauch, durch willkürliche Launen oder durch Gebrauch der menschlichen Vernunft. Im wesentlichen sind dies die einzigen möglichen Wege, um positives Recht aufzustellen. Unterstreichen wir hier lediglich, daß die dritte Methode dem Menschen in seiner edelsten und vollsten Menschlichkeit am meisten entspricht und gleichzeitig das größte "Revolutionspotential" gegenüber jedwedem *Status quo* hat.

In unserem Jahrhundert hat eine weitverbreitete Unkenntnis der bloßen Existenz des Naturgesetzes und eine ebensolche Geringschätzung für dieses Gesetzes dazu geführt, daß sich die Verteidigung gesetzlicher Ordnungen auf (a) oder (b) oder irgendeine Mischung zwischen beiden beschränkte. Das trifft selbst auf jene zu, die versuchen, einer Politik individueller Freiheit den Weg zu bahnen. Da sind etwa jene Liberalen, die einfach dem *Common Law* trotz dessen zahlreicher anti-liberaler Fehler unkritisch anhängen. Andere – wie Henry Hazlitt – würden alle verfassungsmäßigen Beschränkungen des Staates über Bord werfen, um sich ausschließlich auf den Mehrheitswillen, wie er in der Legislative zum Ausdruck kommt, zu stützen. Keine von beiden Gruppen scheint den Begriff einer Ordnung rationaler Naturgesetze zu verstehen, welcher als Wegweiser zur Gestaltung und Umgestaltung positiver Gesetze – egal, welche positiven Gesetze gerade existieren mögen – gebraucht wird.[39]

---

39 Hazlitts Reaktion auf meine eigene kurze Erörterung derjenigen gesetzlichen Normen, die für jede freie Marktwirtschaft unerläßlich sind (in *Man, Economy, and State: A Treatise on Economic Principles*, Princeton, D. van Nostrand, 1962) war eigenartig. Obgleich er andere Schriftsteller für ihre blinde Anhängerschaft zum *Common Law* kritisierte, konnte Hazlitt nur mit Verwunderung auf meinen Ansatz reagieren. Er nannte ihn "abstrakte, doktrinäre Logik" und "extremen Apriorismus," und er rügte mich für den "Versuch, seine eigene gegenwärtige Rechtslehre an die Stelle von *Common-Law*-Prinzipien zu setzen, die die menschliche Erfahrung über Generationen hinweg angesammelt hat." Es ist eigenartig, daß nach Hazlitts Empfindung das *Common Law* willkürlichen Mehrheitsentscheidungen unterlegen und dennoch der menschli-

Zwar wurde die Naturgesetzlehre häufig irrtümlicherweise zur Verteidigung des politischen *Status quo* herangezogen, doch Lord Acton, der große katholische liberale Historiker, verstand glänzend ihre radikale und "revolutionäre" Bedeutung. Acton sah deutlich, daß der Begriff der Naturgesetzphilosophie bei den alten Grie chen – und ihren modernen Nachfolgern – mit einem schweren Fehler behaftet war: Sie setzten Politik und Moral gleich, um dann aus dem Staat das höchste gesellschaftliche Moralwerkzeug zu machen. Von Platon bis Aristoteles gründete sich die vorgebliche Oberhoheit des Staates auf ihre Ansicht, daß "sich Sittsamkeit nicht von Religion unterschied und die Politik nicht von der Moral; und in Religion, Moralität und Politik gab es nur einen Gesetzgeber und nur eine rechtmäßige Macht."[40]

Acton fügte hinzu, daß die Stoiker die richtigen, nicht-staatlichen Grundsätze der Naturgesetzphilosophie entwickelten, die dann in der Moderne von Grotius und seinen Nachfolgern wiederbelebt wurden. "Seither wurde es möglich, Politik zu einer Sache von Grundsätzen und Gewissen zu machen." Der Staat reagierte mit Schrecken auf diese theoretische Entwicklung:

> Als Cumberland und Pufendorf die wahre Bedeutung von [Grotius'] Lehre entfalteten, fuhren alle eingewurzelten Autoritäten, alle siegreichen Interessen entsetzt zusammen. [...] Es war offenkundig, daß alle Personen, die gelernt hatten, daß die politische Wissenschaft eine Angelegenheit des Gewissens und keine der Macht und der Nützlichkeit ist, ihre Gegner als prinzipienlose Menschen ansehen müssen. [...][41]

Acton sah deutlich, daß alle objektiven, in der menschlichen Natur wurzelnden Moralprinzipien unvermeidlich mit Brauch und positivem Recht in Konflikt geraten müssen. Für Acton war dieser nicht zu unterdrückende Konflikt eine wesentliche Eigenheit des klassischen Liberalismus: "Der Liberalismus will, was sein soll, ohne Rücksicht auf das, was ist."[42] Himmelfarb schrieb über Actons Philosophie:

> Der Vergangenheit wurde keine Autorität zugestanden, außer wenn sie der Sittlichkeit entsprechen sollte. Diese liberale Geschichtstheorie ernstzunehmen, "dem, was sein soll," gegenüber "dem, was ist," den Vorrang zu geben,

---

chen Vernunft *überlegen* ist! Henry Hazlitt, "The Economics of Freedom," *National Review*, 25. September 1962, S. 232.

40 John Edward Emerich Dalberg-Acton, *Essays on Freedom and Power*, Glencoe / Ill., The Free Press, 1948, S. 45. Siehe auch Gertrude Himmelfarb, *Lord Acton: A Study in Conscience and Politics*, Chicago, University of Chicago Press, 1962, S. 135.

41 Acton, *Essays*, S. 74. Himmelfarb bemerkte richtigerweise, daß "die Politik für Acton eine Wissenschaft – die Anwendung sittlicher Grundsätze – war." Gertrude Himmelfarb, "Introduction," ebenda, S. xxxvii.

42 Himmelfarb, *Lord Acton*, S. 204. Vergleiche dagegen den Ausruf von Befremdnis und Schrecken, den der führende deutsche Konservative, Adam Müller, von sich gab: "Ein Naturrecht, das sich vom positiven Recht unterscheidet!" Siehe Robert W. Lougee, "German Romanticism and Political Thought," *Review of Politics*, Oktober, 1959, S. 637.

bedeutete nach seinem Eingeständnis, praktisch eine “permanente Revolution” einzurichten.[43]

Somit befindet sich das mit naturgesetzlichen Moralprinzipien gewappnete Individuum in Actons Augen in einer festen Position, aus der bestehende Regierungsformen und Institutionen kritisiert werden können, um sie dem starken und strengen Licht der Vernunft auszusetzen. Selbst der weit weniger politisch orientierte John Wild hat das durch und durch radikale Wesen der Naturgesetzlehre scharfsinnig beschrieben:

> Die Naturgesetzphilosophie verteidigt die rationale Würde des menschlichen Individuums und sein Recht und seine Pflicht, jede bestehende Institution oder Gesellschaftsordnung unter Bezugnahme auf jene allgemeinen Moralprinzipien, die vom bloßen individuellen Verstand erfaßt werden können, in Wort und Tat zu kritisieren.[44]

Wenn die bloße Idee des Naturgesetzes von ihrem Wesen her “radikal” ist und bestehenden politischen Institutionen zutiefst kritisch gegenübersteht, wie kam es dann, daß das Naturgesetz allgemein als “konservativ” eingestuft wurde? Professor Parthemos hält das Naturgesetz für “konservativ”, weil seine Prinzipien allgemein, feststehend, unwandelbar und mithin “absolute” Prinzipien der Gerechtigkeit sind.[45] Sehr richtig – doch warum bedeutet eine solche Beständigkeit “Konservatismus”? Ganz im Gegenteil macht die Tatsache, daß Naturgesetztheoretiker aus der bloßen Natur des Menschen eine festliegende, von Zeit und Ort ebenso wie von Gewohnheit, Autorität oder Gruppennormen unabhängige Gesetzesordnung ableiten, dieses Gesetz zu einer mächtigen Kraft für radikalen Wandel. Die einzige Ausnahme wäre der sicherlich seltene Fall, daß das positive Gesetz zufällig in jeder Hinsicht mit dem Naturgesetz, wie es von der menschlichen Vernunft wahrgenommen wird, übereinstimmt.[46]

---

43 Himmelfarb, *Lord Acton*, S. 205.

44 Wild, *Plato's Modern Enemies*, S. 176. Bemerkenswert ist die ähnliche Einschätzung durch den konservativen Otto Gierke, der dem Naturrecht aus diesem Grunde feindlich gesinnt war: “Im Gegensatz zur positiven Rechtslehre, die weiterhin eine konservative Neigung aufwies, war die naturrechtliche Staatstheorie durch und durch radikal. [...] Sie richtete sich auch [...] nicht auf den Zweck einer wissenschaftlichen Erklärung der Vergangenheit, sondern auf die Darlegung und Rechtfertigung einer neuen Zukunft, die ins Leben gerufen werden sollte.” Otto Gierke, *Natural Law and the Theory of Society, 1500 to 1800*, Boston, Beacon Press, 1957, S. 35f.

45 George S. Parthemos, “Contemporary Juristic Theory, Civil Rights, and American Politics,” *Annals of the American Academy of Political and Social Science*, November 1962, S. 101f.

46 Der konservative Politologe Samuel Huntington erkennt die Seltenheit dieses Ereignisses: “Keine ideenbildende Theorie kann gebraucht werden, um bestehende Institutionen befriedigend zu verteidigen, selbst wenn diese Institutionen im allgemeinen die Werte dieser Ideologie widerspiegeln. Das vollkommene Wesen des Ideals der Ideologie und das unvollkommene Wesen und die unvermeidliche Wandlung der Institutionen erzeugen eine Lücke zwischen beiden. Das Ideal wird zum Maßstab, an dem die Institutionen gemessen werden, sehr zum Ärger derjenigen, die

4 Naturgesetz und Naturrechte

Wie bereits angedeutet wurde, besteht der große Fehler der Naturgesetztheorie – von Platon und Aristoteles bis zu den Thomisten und bis zu Leo Strauss und seinen Nachfolgern in der Gegenwart – darin, zutiefst staatsorientiert statt individualistisch gewesen zu sein. Diese "klassische" Naturgesetzlehre erblickte im Staat den Ort guter und tugendhafter Handlungen, wobei die Individuen den staatlichen Handlungen strikt untergeordnet waren. Von Aristoteles' richtigem Wort, daß der Mensch ein "geselliges Tier" sei, daß seine Natur zur gesellschaftlichen Zusammenarbeit bestens geeignet sei, sprangen die Klassiker daher voreilig und unberechtigterweise zu einer praktischen Gleichsetzung von "Gesellschaft" und "Staat" und mithin zum Staat als dem Hauptort tugendhafter Handlungen.[47,48] Es waren hingegen die Leveller und vor allem John Locke im England des siebzehnten Jahrhunderts, die das klassische Naturgesetz in eine Theorie umwandelten, die sich auf einen methodologischen und folglich politischen Individualismus gründete. Aus Lockes Betonung des Individuums als der Handlungseinheit, als der denkenden, fühlenden, wählenden und handelnden Einheit, entsprang seine Auffassung, daß das Naturgesetz in der Politik die natürlichen *Rechte* jedes Individuums begründet. Die Lokke'sche individualistische Tradition beeinflußte zutiefst die späteren amerikanischen Revolutionäre und die vorherrschende Tradition liberalen politischen Denkens in der revolutionären neuen Nation. Auf dieser Tradition des Naturrechtsliberalismus versucht das vorliegende Werk aufzubauen.

Lockes gefeierte "Zweite Abhandlung über Regierungen" war sicherlich eines der ersten Werke, in denen die liberale, individualistische Naturrechtstheorie systematisch entwickelt wurde. In der Tat wird die Ähnlichkeit zwischen Lockes Sicht und der weiter unten dargelegten Theorie aus der folgenden Passage deutlich hervorgehen:

> [...] Jeder Mensch hat ein *Eigentum* an seiner eigenen *Person.* Daran hat niemand außer ihm selbst irgendein Recht. Von der Arbeit seines Körpers und vom *Werk* seiner Hände dürfen wir sagen, daß sie einwandfrei das Seinige sind. Was er daher auch immer aus der Lage entfernt, in der die Natur es dar-

---

an das Ideal glauben und doch die Institutionen weiterhin verteidigen möchten." Huntington fügt dann die Fußnote an: " Folglich ist jede Naturrechtstheorie als ein Satz von transzendentalen und universellen Moralprinzipien von Natur aus nicht-konservativ." Samuel P. Huntington, "Conservatism as an Ideology," *American Political Science Review*, Juni 1957, S. 458f. Sie auch Murray N. Rothbard, "Huntington on Conservatism: A Comment," ebenda, September 1957, S. 784-787.

47 Eine Kritik solcher typischen Verwechslungen durch einen modernen Thomisten findet sich bei Murray N. Rothbard, *Power and Market*, 2. Aufl., Kansas City, Sheed Andrews and McMeel, 1977, S. 237f.

48 Leo Strauss' Verteidigung des klassischen Naturrechts und sein Angriff auf die individualitische Naturrechtstheorie findet sich in seinem Werk *Natural Rights and History*, Chicago, University of Chicago Press, 1953.

bot und beließ, damit hat er seine Arbeit vermischt, und das hat er mit etwas, das sein Eigen ist, verbunden und es dadurch zu seinem *Eigentum* gemacht. Da es durch ihn aus der gemeinen Lage entfernt worden ist, in die die Natur es brachte, hat es durch diese *Arbeit* etwas Hinzugefügtes, das das gemeine Recht anderer Menschen ausschließt. Denn da diese *Arbeit* das unbestreitbare Eigentum des Arbeiters ist, kann niemand außer ihm ein Recht auf das haben, mit dem diese Arbeit erst einmal verbunden wurde [...]

Wer sich von Eicheln nährt, die er unter einer Eiche aufsammelt, oder von Äpfeln, die er von den Bäumen im Walde pflückt, hat sich diese zweifellos angeeignet. Niemand kann bestreiten, daß die Nahrung die Seinige ist. Ich frage daher: Wann begann sie, die Seinige zu sein? [...] Und das ist offensichtlich: Wenn das erste Aufsammeln sie nicht zur Seinigen machte, dann könnte nichts das tun. Jene *Arbeit* schuf einen Unterschied zwischen ihr und dem Gemeinen. Das fügte ihr etwas über das hinaus hinzu, was die Natur, die gemeinschaftliche Mutter von allem, getan hatte, und somit wurde sie sein privates Recht. Und will irgendeiner sagen, er hätte kein Recht an diesen Eicheln und Äpfeln, die er sich somit aneignete, weil er nicht die Zustimmung der gesamten Menschheit hatte, sie zu Seinigen zu machen? [...] Wenn eine derartige Zustimmung notwendig wäre, so wäre der Mensch trotz der Fülle, die Gott ihm gab, verreckt. Wir sehen anhand des *Gemeindelandes*, das infolge von Verträgen als solches verbleibt, daß mit dem Nehmen eines Teils vom Gemeinen und mit dem Entfernen dieses Teils aus der Lage, in der die Natur es beließ, *das Eigentum beginnt*; ohne dieses ist das Gemeine nutzlos.[49]

Es sollte nicht überraschen, daß Lockes Naturrechtstheorie – wie Geistesgeschichtler gezeigt haben – von Widersprüchen und Ungereimtheiten durchsät war. Schließlich sind die Bahnbrecher jeder Disziplin dazu bestimmt, unter Widersprüchen und Lücken zu leiden, die von jenen berichtigt werden, die nach ihnen kommen. Abweichungen von Locke im vorliegenden Werk überraschen nur diejenigen, die in jener unglücklichen modernen Mode befangen sind, die praktisch jede konstruktive politische Philosophie zugunsten eines bloß antiquarischen Interesses an älteren Texten abgeschafft hat. In der Tat wurde die liberale Naturrechtstheorie nach Locke ständig erweitert und bereinigt, um im neunzehnten Jahrhundert den Höhepunkt in den Werken Herbert Spencers und Lysander Spooners zu erreichen.[50]

---

49 John Locke, *An Essay Concerning the True Origin, Extend, and End of Civil Government*, V., S. 27-28, in *Two Treatises of Government*, P. Laslett, Hg., Cambridge, Cambridge University Press, 1960, S. 305-307.

50 Heutige Gelehrte – von Marxisten bis Straussianern – halten eher Thomas Hobbes als Locke für den Gründer der systematischen individualistischen Naturrechtslehre. Eine Widerlegung dieser Ansicht und eine Rechtfertigung der älteren Auffassung über Hobbes als einen Anhänger des Drigismus' und einen Totalitaristen findet sich bei Williamson M. Evers, "Hobbes and Liberalism," *The Libertarian Forum*, Mai 1975, S. 4-6.

Vgl. auch Evers, "Social Contract: A Critique," *The Journal of Libertarian Studies*, 1., Sommer 1977, S. 187f.

Die unzähligen Naturrechtstheoretiker nach Locke und den Levellern brachten ihre Ansicht klar zum Ausdruck, daß diese Rechte von der Natur des Menschen und der ihn umgebenden Welt herrühren. Um nur einige wenige Beispiele anzuführen, wo dies eindrucksvoll gesagt wird: Im neunzehnten Jahrhundert schrieb der deutsch-amerikanische Theoretiker Francis Lieber in seiner früheren und liberaleren Abhandlung: "Das Naturrecht [...] ist das Gesetz, die Gesamtheit der Rechte, die wir aus der notwendigen Natur des Menschen ableiten." William Ellery Channing, der prominente amerikanische unitarische Minister im neunzehnten Jahrhundert, meinte: "Alle Menschen haben die gleiche rationale Natur und sind ebenso mit Gewissen begabt, und alle sind in gleicher Weise für die unbegrenzte Verbesserung dieser göttlichen Fähigkeiten geschaffen und für das Glück, das in deren tugendhaftem Gebrauch zu finden ist." Und nach Theodore Woolsey, einem der letzten systematischen Naturrechtstheoretiker im Amerika des neunzehnten Jahrhunderts, sind natürlichen Rechte jene Rechte, "mit denen der Mensch, indem man sie aus seinen gegenwärtigen physischen, moralischen, sozialen und religiösen Eigenheiten billig ableitet, versehen werden muß, [...] um die Zwecke zu erfüllen, zu denen ihn seine Natur beruft."[51]

Wenn, wie wir gesehen haben, die Naturgesetzlehre von ihrem Wesen her eine revolutionäre Theorie ist, so gilt dies umso mehr von ihrem individualistischen Zweig der Naturrechte. Wie es der amerikanische Naturrechtstheoretiker Elisha P. Hurlbut im neunzehnten Jahrhundert formulierte: "Die Gesetze sollen lediglich natürliche Gesetze und natürliche Unrechtmäßigkeiten zum Ausdruck bringen, und [...] was auch immer für die Naturgesetze unerheblich ist, soll von der menschlichen Gesetzgebung unbeachtet bleiben [...] und Gesetzestyrannei entsteht immer dann, wenn von diesem einfachen Grundsatz abgewichen wird."[52]

Ein bemerkenswertes Beispiel für den revolutionären Gebrauch von Naturrechten ist natürlich die amerikanische Revolution, die in einer radikal revolutionären Fortentwicklung der Locke'schen Theorie während des achtzehnten Jahrhunderts wurzelte.[53] Wie es Jefferson selbst klarstellte, verkündeten die berühmten Worte der Unabhängigkeitserklärung nichts Neues, sondern sie waren einfach ein glänzend geschriebenes Destillat der von den damaligen Amerikanern geteilten Ansichten:

Eine Betonung des Hobbes'schen Absolutismus durch einen Hobbes wohlgesinnten deutschen politischen Theoretiker findet sich bei Carl Schmitt, *Der Leviathan in der Staatslehre Thomas Hobbes*, Hamburg, 1938. Schmitt war ein Theoretiker, der für einige Zeit mit den Nazis sympathisierte.

51 Francis Lieber, *Manual of Political Ethics* (1838); Theodore Woolsey, *Political Science* (1877); zit. n. Benjamin F. Wright Jr., *American Interpretations of Natural Law*, Cambridge, Harvard University Press, 1931, S. 261ff, 255ff, 276ff. William Ellery Channing, *Works*, Boston, American Unitarian Association, 1895, S. 693.

52 Elisha P. Hurlbut, *Essays on Human Rights and Their Political Guarantees* (1845), zit. n. Wright, *American Interpretations*, S. 257ff.

53 Siehe Bernard Bailyn, *The Ideological Origins of the American Revolution*, Cambridge / Mass., The Belknap Press of Harvard University Press, 1967.

Wir halten diese Wahrheiten für selbstersichtlich, daß alle Menschen gleich geschaffen sind, daß sie von ihrem Schöpfer mit gewissen unveräußerlichen Rechten versehen sind, daß zu diesen Rechten Leben, Freiheit und das Streben nach Glück zählen [die üblichere Triade war damals "Leben, Freiheit und Eigentum"]. Daß Menschen zur Sicherstellung dieser Rechte Regierungen einrichten, die ihre berechtigte Macht von der Zustimmung der Regierten ableiten. Daß, wann auch immer irgendeine Regierungsform diese Zwecke zerstört, das Volk berechtigt ist, sie zu ändern oder abzuschaffen [...]

Besonders eindrucksvoll ist die flammende Prosa des großen Abolitionisten William Lloyd Garrison, der die Naturrechtstheorie in revolutionärer Weise auf die Sklavenfrage anwandte. So schrieb Garrison in seinem Manifest der *American Anti-Slavery Convention* vom Dezember 1833:

Das Recht auf Freiheit ist unveräußerlich [...] Jeder Mensch hat ein Recht auf seinen eigenen Körper – auf die Früchte seiner Arbeit – auf den Schutz des Gesetzes [...] Daß all diese Gesetze, die nun in Kraft sind und das Recht der Sklaverei erlauben, daher vor Gott völlig null und nichtig sind [...] und daher sollten sie sofort aufgehoben werden.[54]

Im vorliegenden Werk werden wir durchgängig von "Rechten" sprechen, vor allem von den Rechten der Individuen auf Eigentum an ihren Personen und materiellen Gegenständen. Doch wie definieren wir "Rechte"? "Recht" wurde überzeugend und präzise von Professor Sadowsky definiert: "Wenn wir sagen, jemand habe das Recht, gewisse Dinge zu tun, so meinen wir dies und nur dies, daß es für jemand anderen – ob nun für sich allein oder im Zusammenwirken mit weiteren – unmoralisch wäre, ihn durch Gebrauch physischer Gewalt oder die Androhung derselben daran zu hindern, dies zu tun. Wir meinen *nicht*, daß jeder Gebrauch, den ein Mensch innerhalb der dargelegten Grenzen von seinem Eigentum macht, notwendigerweise ein *moralischer* Gebrauch ist."[55]

Sadowskys Definition hebt die kritische Unterscheidung hervor, die wir in diesem Werk zwischen dem *Recht* eines Menschen und der Sittlichkeit oder Unsittlichkeit seiner Ausübung dieses Rechtes machen werden. Wir werden die Behauptung aufstellen, daß ein Mensch das Recht hat, mit der eigenen Person zu tun, was immer ihm beliebt. Es ist sein Recht, bei der Ausübung dieses Rechtes nicht belästigt bzw. durch Gewalt dabei beeinträchtigt zu werden. Doch was die moralischen oder unmoralischen Arten der Ausübung dieses Rechtes sind, ist eher eine Frage der persönlichen Ethik als der politischen Philosophie – welche sich einzig mit Rechtsdingen beschäftigt und mit der berechtigten oder unberechtigten Ausübung physischer Gewalt in menschlichen Beziehungen. Die Bedeutung dieser kritischen Unterscheidung

54 In W. und J. Pease, Hg., *The Antislavery Argument*, Indianapolis, Bobbs-Merrill Co., 1965, S. 68.

55 James A. Sadowsky, S.J., "Private Property and Collective Ownership," in T. Machan, Hg., *The Libertarian Alternative*, Chicago, Nelson-Hall C., 1974, S. 120f.

kann nicht stark genug betont werden. Wie Elisha Hurlbut treffend formulierte: "Die Ausübung einer Fähigkeit [durch ein Individuum] ist der einzige Gebrauch, der von ihr gemacht werden kann. Die *Art* ihrer Ausübung ist die eine Sache; *das* schließt eine Frage der Moral ein. Das *Recht* auf ihre Ausübung ist eine andere Frage."[56]

5 Die Aufgabe der politischen Philosophie

Es liegt nicht in der Absicht dieses Buches, die Naturgesetzlehre ausführlich zu erläutern oder zu verteidigen bzw. eine naturgesetzliche Ethik für die persönliche Sittlichkeit des Menschen auszuarbeiten. Die Absicht besteht darin, eine Sozialethik der Freiheit darzulegen, d.h. jenen Teil des Naturgesetzes auszuarbeiten, der den Begriff der Naturrechte ausbaut und sich mit der angemessenen Sphäre der "Politik" befaßt, d.h. mit Gewalt und Gewaltfreiheit als Seinsweisen interpersoneller Beziehungen. Kurzum geht es darum, eine politische Philosophie der Freiheit darzulegen.

Zweifellos besteht in unseren Augen die Hauptaufgabe der "politischen Wissenschaft" oder besser der "politischen Philosophie" darin, das Gebäude des Naturgesetzes in bezug auf die politische Szene auszugestalten. Daß diese Aufgabe in unserem Jahrhundert von Politologen beinahe vollkommen vernachlässigt wurde, ist nur allzu deutlich. Die Politologie hat entweder – in vergeblicher Nachahmung der Methodenlehre und des Inhalts der Naturwissenschaften – eine positivistische und szientistische "Modellierung" verfolgt oder sie hat sich mit rein empirischer Faktenhuberei befaßt. Der heutige Politologe glaubt, er könne die Notwendigkeit moralischer Urteile umgehen und zur Gestaltung staatlicher Politik beitragen, ohne sich zu irgendeiner ethischen Position zu bekennen. Und doch: Sobald irgendjemand *irgendeine* Politikempfehlung abgibt, wie eng oder begrenzt sie auch sei, hat er wohl oder übel ein – begründetes oder unbegründetes – ethisches Urteil gefällt.[57] Der Unterschied zwischen dem Politikwissenschaftler und dem politischen Philosophen besteht darin, daß die Moralurteile des "Wissenschaftlers" verdeckt und stillschweigend sind, daher keiner detaillierten Überprüfung unterliegen und folglich mit größerer Wahrscheinlichkeit unbegründet sind. Zudem führt die Vermeidung ausdrücklicher ethischer Urteile Politologen zu einem alles überragenden hintergründigen Werturteil – jenes zugunsten des politischen *Status quo*, wie er in jeder beliebigen Gesellschaft gerade vorliegt. Es läßt sich zumindest sagen, daß der Mangel an einer systematischen politischen Ethik den Politologen daran hindert, irgendjemanden vom Wert irgendeiner Veränderung des *Status quo* zu überzeugen.

Unterdessen beschränken sich heutige politische Philosophen – ebenfalls in wertfreier Manier – im allgemeinen auf antiquarische Beschreibungen und Exegesen der Ansichten *anderer* politischer Philosophen, die lange schon verblichen sind. Dadurch weichen sie der Hauptaufgabe der politischen Philosophie aus, die in den

56 Hurlbut, zit. n. Wright, *American Interpretations*, S. 257ff.

57 Vgl. W. Zajdlic, "The Limitations of Social Sciences," *Kyklos*, IX., 1., 1956, S. 68-71.

Worten Thomas Thorsons darin besteht, "politikrelevante Wertpositionen philosophisch zu begründen."[58,59]

Um eine öffentliche Politik zu rechtfertigen, muß daher eine systematische soziale bzw. politische Ethik geformt werden. In früheren Jahrhunderten war dies die wichtigste Aufgabe der politischen Philosophie. Doch in der heutigen Welt hat die politische Theorie die ethische Philosophie im Namen einer falschen "Wissenschaft" vertrieben, und sie selber ist dem forschenden Bürger als Führer nutzlos geworden. Gleiches hat sich in jedem Fach der Sozialwissenschaften und der Philosophie zugetragen, in dem die Vorgehensweise der Naturgesetzforschung aufgegeben wurde. Vertreiben wir also die Schreckgespenster der Wertfreiheit, des Positivismus, des Szientismus. Mißachten wir die gebieterischen Forderungen eines willkürlichen *Status quo* und – wenn es auch ein abgedroschenes Cliché ist – arbeiten wir einen Naturgesetz- und Naturrechte-Maßstab aus, nach dem die Weisen und Ehrlichen sich richten können. Streben wir insbesondere darnach, die politische Philosophie der Freiheit und der richtigen Grenzen von Gesetz, Eigentumsrechten und Staat zu begründen.

---

58 Wie Thorson darlegt, ist die politische Philosophie daher eine Unterabteilung der Ethik – im Gegensatz zur "politischen Theorie" oder zur positivistischen analytischen Philosophie. Thomas Landon Thorson, "Political Values and Analytic Philosophy," *Journal of Politics*, November 1961, S. 712, Fußnote.

59 Vielleicht liegt Professor Holton richtig, daß "der Niedergang der politischen Philosophie Teil eines allgemeinen Niedergangs" nicht nur der Philosophie selbst, sondern auch "der Stellung von Rationalität und Ideen als solcher ist." Holton fügt hinzu, daß die zwei wichtigsten Herausforderungen der echten politischen Philosophie in den letzten Jahrzehnten vom Historizismus – der Ansicht, daß alle Ideen und Wahrheiten sich nur auf besondere historische Bedingungen beziehen – und vom Szientismus, der Nachahmung der Naturwissenschaften, ausgegangen sind. James Holton, "Is Political Philosophy Dead?," *Western Political Quarterly*, September 1961, S. 75ff.

II. TEIL
EINE THEORIE DER FREIHEIT

6 Eine Sozialphilosophie für Robinson

Eines der am meisten belächelten Gedankenbilder der klassischen ökonomischen Theorie ist die "Robinson-Ökonomie", die Untersuchung eines isolierten Menschen, der mit der Natur konfrontiert ist. Und doch hat dieses scheinbar "unrealistische" Modell, wie ich an anderer Stelle zu zeigen versucht habe, höchst wichtige und sogar unverzichtbare Anwendungen.[60] Es dient dazu, den Menschen in seinem Verhältnis zur Natur zu isolieren, und dieses Verhältnis wird geklärt, indem anfangs von interpersonellen Beziehungen abgesehen wird. Später kann die Mensch-Natur-Analyse ausgeweitet und auf die "wirkliche Welt" angewendet werden. Nach der Untersuchung strikter Robinsonscher Isolation dient dann die Einbringung von "Freitag" oder von einer oder mehreren anderen Personen dazu, den Einfluß aufzuzeigen, den die Einbeziehung anderer Personen auf die Erörterung hat. Die sich daraus ergebenden Schlußfolgerungen können dann auch auf die heutige Welt angewendet werden. Die Abstraktion, nur einige wenige Personen in ihrem Umgang auf einer Insel zu analysieren, ermöglicht mithin eine klare Erfassung der grundlegenden Wahrheiten über interpersonelle Beziehungen. Diese Wahrheiten blieben verborgen, wenn wir darauf bestünden, auf die heutige Welt zuerst nur als ungeteiltes Ganzes zu schauen.

Wenn die Robinson-Ökonomie die unverzichtbare Grundlage für den gesamten Aufbau der ökonomischen Theorie und der Praxeologie – der allgemeinen, formalen Analyse menschlichen Handelns – bietet, so sollte ein ähnliches Vorgehen auch der Sozialphilosophie – der Analyse der grundlegenden Wahrheiten über die Natur des Menschen in seinem Verhältnis zur Natur seiner Umwelt wie auch der Welt anderer Menschen – eine solche Grundlage geben können. Dieses Vorgehen kann viel zur Lösung politischer Probleme beitragen, die mit der Natur und der Rolle von Freiheit, Eigentum und Gewalt zusammenhängen.[61]

Betrachten wir Robinson, der auf seiner Insel gelandet und, um die Dinge zu vereinfachen, sein Gedächtnis verloren hat. Mit welchen unausweichlichen Tatsachen hat es Robinson zu tun? Er findet sich zunächst einmal selber vor, mit der Urtatsache seines eigenen Bewußtseins und seines eigenen Körpers. Er findet zweitens die

---

60 *Man, Economy, and State*, Princeton, van Nostrand, 1962, I, Kapitel 1 und 2.

61 Konstrukte des 17. und 18. Jahrhunderts wie "der Naturzustand" oder "der Gesellschaftsvertrag" waren keine völlig gelungenen Versuche, eine solche logische Analyse aufzubauen. Versuche dieser Art waren jedoch weit bedeutender als irgendwelche konkreten *geschichtlichen* Behauptungen, die bei der Entwicklung dieser Begriffe aufgestellt wurden.

natürliche Welt um ihn herum vor, den naturgegebenen Lebensraum und die Ressourcen, die von Ökonomen in dem Begriff "Land" zusammengefaßt werden.[62] Er findet drittens, daß er in scheinbarem Gegensatz zu Tieren kein eingeborenes instinktives Wissen besitzt, das ihn auf jenen Weg drängt, der der Befriedigung seiner Bedürfnisse und Wünsche angemessen ist. In der Tat beginnt er sein Leben in dieser Welt damit, daß er buchstäblich nichts weiß; alles Wissen muß von ihm *gelernt* werden. Er lernt erst, daß er zahlreiche Ziele hat, die er zu erreichen sucht und von denen er viele erreichen *muß*, um sein Leben zu erhalten: Nahrung, Schutz, Bekleidung usw. Nachdem die Grundbedürfnisse befriedigt sind, findet er "fortgeschrittenere" Wünsche, auf die er abzielt. Unabhängig davon, wie viele dieser Wünsche (die er gemäß ihrer jeweiligen Bedeutung für sich bewertet) Robinson befriedigen will, muß er auch lernen, *wie* er sie verwirklicht; kurz gesagt muß er "technologisches Wissen" bzw. "Rezepte" erwerben.

Robinson hat mithin mannigfache Wünsche, die er zu befriedigen sucht, Ziele, die zu erreichen er sich bemüht. Einige dieser Ziele können mit geringstem Aufwand seinerseits erreicht werden; wenn das Land entsprechend strukturiert ist, kann er eßbare Beeren von nahen Sträuchern pflücken. In solchen Fällen ist sein "Konsum" eines Gutes bzw. eines Dienstes mitunter schnell und beinahe sofort zu erlangen. Doch bei fast all' seinen Wünschen findet Robinson, daß die ihn umgebende natürliche Welt sie *nicht* unmittelbar und sofort befriedigt; kurz gesagt befindet er sich *nicht* in einem Garten Eden. Um seine Ziele zu verwirklichen, muß er – so schnell und produktiv wie er nur kann – die naturgegebenen Ressourcen nehmen und sie in nützliche Gegenstände *umwandeln*, muß sie in Formen und an Orte bringen, die für ihn am nützlichsten sind, auf daß er seine Wünsche befriedigen kann.

Kurzum muß er (a) seine Ziele wählen, (b) lernen, sie unter Gebrauch naturgegebener Ressourcen zu verwirklichen, und dann muß er (c) seine Arbeitskraft darauf verwenden, diese Ressourcen in nützlichere Formen und Orte umzuwandeln, d.h. in "Kapitalgüter" und schließlich in "Konsumgüter", die er direkt verbrauchen kann. So könnte Robinson sich etwa aus den gegebenen natürlichen Rohmaterialien eine Axt (Kapitalgut) schaffen, mit der er Bäume fällt, um eine Hütte (Konsumgut) zu bauen. Er mag ein Netz (Kapitalgut) knüpfen, um damit Fische (Konsumgut) zu fangen. In jedem Fall wendet er sein erlerntes technologisches Wissen an, um seine Arbeitskraft bei der Umwandlung von Land in Kapitalgüter und schließlich in Konsumgüter zu verausgaben. Dieser Vorgang der Umwandlung von Landressourcen stellt seine "Produktion" dar. Kurz gesagt muß Robinson *produzieren*, bevor er *konsumieren* kann und damit er konsumieren kann. Und durch diesen Vorgang der Produktion, der Umwandlung, formt und ändert der Mensch seine naturgegebene Umgebung nach seinen Zwecken, anstatt von dieser Umgebung einfach wie ein Tier bestimmt zu werden.

---

62 Dieses ökonomische "Land", zu dem alle naturgegebenen Ressourcen zählen, bedeutet nicht notwendig "Land" im geläufigen Sinne, da es Teile des Meeres – z.B. Fischereigewässer – einschließen mag und Verbesserungen der Erde durch Menschenhand ausschließt.

Und so muß der Mensch, dem eingeborenes, instinktives, automatisch erworbenes Wissen über seine eigenen Ziele bzw. über die Mittel, mit denen sie erreicht werden können, fehlt, diese erlernen, und um sie zu erlernen, muß er seine Beobachtungs-, Abstraktions- und Denkgabe nutzen – kurzum: seine Vernunft. Die Vernunft ist für den Menschen ein Wissenswerkzeug und ein Werkzeug für sein schieres Überleben; der Gebrauch und die Erweiterung seines Verstandes, der Erwerb von Wissen über das, was für ihn am besten ist und wie er es erreichen kann, ist die einzigartig *menschliche* Daseins- und Schaffensmethode. Und in einzigartiger Weise liegt hierin die Natur des Menschen; wie Aristoteles darlegte, ist der Mensch das rationale Tier oder genauer gesagt das rationale Wesen. Durch seine Vernunft beobachtet der individuelle Mensch sowohl die Tatsachen und den Lauf der äußeren Welt als auch die Tatsachen seines eigenen Bewußtseins einschließlich seiner Emotionen. Anders gesagt betreibt er sowohl Extraspektion als auch Introsprektion.

Robinson, so sagten wir, lernt seine Ziele kennen und wie er diese erreicht. Doch was genau macht seine Lerngabe – seine Vernunft – wenn er solches Wissen erwirbt? Sie lernt, wie die Dinge in der Welt vor sich gehen, d.h. sie lernt die *Naturen* der verschiedenen besonderen Wesen und Arten von Wesen kennen, die der Mensch vorfindet. Kurzum lernt der Mensch, wie sich die Dinge in der Welt *naturgesetzlich* verhalten. Er lernt, daß ein Pfeil, der von einem Bogen abgeschossen wird, einen Hirschen niederstrecken kann und daß ein Netz eine große Menge von Fischen fangen kann. Weiterhin lernt er seine *eigene* Natur kennen, die Art von Ereignissen und Handlungen, die ihn glücklich oder unglücklich machen. Kurzum, er lernt diejenigen Ziele kennen, die er verwirklichen muß, und jene, die er zu vermeiden trachten sollte.

Dieser Vorgang, diese für das Überleben und das Wohlergehen des Menschen auf Erden notwendige Methode wurde häufig als übermäßig oder sogar rein "materialistisch" verspottet. Doch es sollte klar sein, daß sich in dieser der menschlichen Natur angemessenen Aktivität eine Verschmelzung von "Geist" und Materie vollzogen hat: Der menschliche Geist nutzt die von ihm erlernten Ideen und richtet seine Energien darauf, Materie so umzuwandeln und neu zu formen, daß seine Wünsche erfüllt werden und sein Leben erhalten und gefördert wird. Hinter jedem "produzierten" Gut, hinter jeder Umwandlung natürlicher Ressourcen durch Menschenhand steht eine Idee, die die harte Arbeit als Äußerung des Geistes lenkt.

Bei der Betrachtung der Tatsache seines eigenen Bewußtseins entdeckt der individuelle Mensch auch die natürliche Urtatsache seiner Freiheit: seiner Entscheidungsfreiheit und seiner Freiheit, die eigene Vernunft in bezug auf jeden beliebigen Gegenstand zu gebrauchen oder auch nicht – kurzum, die natürliche Tatsache seines "freien Willens." Er entdeckt auch die natürliche Tatsache, daß sein Geist seinen Körper und dessen Handlungen lenkt, d.h. daß er sich von Natur aus selbst *besitzt*.

Robinson besitzt also seinen Körper; seinem Geist steht es frei, sich jedes gewünschte Ziel zueigen zu machen, und es steht ihm frei, seine Vernunft auszuüben, um zu entdecken, welche Ziele er wählen sollte, und um zu lernen, wie er diese Ziele unter Gebrauch der zuhandenen Mittel erreichen kann. Die bloße Tatsache, daß das für das Überleben und den Fortschritt des Menschen erforderliche Wissen ihm nicht von Geburt an gegeben oder durch äußere Ereignisse bestimmt ist, die bloße Tatsache, daß er seinen Geist gebrauchen muß, um dieses Wissen zu erwerben, *beweist* in der Tat, daß er von Natur aus frei ist, jene Vernunft zu gebrauchen oder nicht zu gebrauchen – d.h. daß er einen freien Willen hat.[63,64] Es liegt sicherlich nichts Empörendes oder Mystisches in der Tatsache, daß sich Menschen von Steinen, Pflanzen oder selbst von Tieren unterscheiden und daß die oben genannten Unterschiede entscheidende Unterschiede darstellen. Die kritischen und einzigartigen Fakten über den Menschen und die Art und Weise, in der er leben muß, um zu überleben – sein Bewußtsein; sein freier Wille und seine freie Wahl; seine Vernunftbegabung; seine Zwangslage, die Naturgesetze der äußeren Welt und seiner selbst zu lernen; sein Selbstbesitz; daß er "produzieren" muß, indem er naturgegebene Materie in konsumierbare Formen bringt – all' dies deckt sich völlig mit der menschlichen Natur und mit der Art, wie der Mensch überleben und blühen kann.

Angenommen nun, daß Robinson vor der Wahl steht, entweder Beeren oder Pilze als Nahrung zu sammeln, und daß – als er sich gerade für die Pilze entscheidet – ein schiffbrüchiger Inselbewohner auf ihn zuläuft und ruft: "Tu das nicht! Das sind giftige Pilze!" Robinsons anschließendes Umschwenken auf Beeren ist keineswegs unerklärlich. Was ist hier geschehen? Beide Menschen haben auf der Grundlage einer Annahme gehandelt, die so so zwingend war, daß sie stillschweigend blieb, nämlich daß Gift *schlecht* ist, schlecht für die Gesundheit und sogar für das Überleben des menschlichen Organismus – kurzum, schlecht für die Fortdauer und die Qualität eines Menschenleben. In dieser stillschweigenden Übereinstimmung über den Wert von Leben und Gesundheit für die Person und über die Übel von Schmerz und Tod sind die beiden Menschen offensichtlich zu der Grundlage einer Ethik gelangt, die auf der Wirklichkeit und auf den Naturgesetzen des menschlichen Organismus fußt.

Wenn Robinson die Pilze gegessen hätte, ohne von ihrer giftigen Wirkung zu erfahren, so wäre diese Entscheidung *unrichtig* gewesen – ein womöglich tragischer Irrtum aufgrund der Tatsache, daß der Mensch kaum automatisch bestimmt ist, immer richtige Entscheidungen zu treffen. Daher sein fehlendes Allwissen und seine Anfälligkeit für Fehler. Wenn Robinson dagegen von dem Gift gewußt und die Pilze dennoch gegessen hätte – vielleicht wegen berauschender Wirkungen oder infolge einer sehr hohen Zeitpräferenz – so wäre seine Entscheidung objektiv *unmoralisch* gewesen, eine Handlung, die absichtlich gegen sein Leben und seine Gesundheit gerichtet wäre. Man mag durchaus fragen, warum das Leben ein objektiver höchster Wert sein *sollte*, warum der Mensch sich für (dauerhaftes und qualitativ hochwerti-

---

63 Siehe Rothbard, *Individualism*, S. 5-10.

64 Eine Person kann nicht gleichzeitig ohne inneren Widerspruch glauben, daß sie Urteile fällt und daß sie von einer fremden Ursache dazu bestimmt wird. Denn was wäre in diesem Fall der Status des Urteils, daß sie bestimmt wird? Dieses Argument wurde von Immanuel Kant benutzt in *Grundlegung der Metaphysik der Sitten*, Frankfurt, Suhrkamp, 1991, S. 93 (S. 115 der zweiten Auflage von 1786).

ges) Leben entscheiden sollte.[65] Zur Erwiderung können wir bemerken, daß eine Aussage den Rang eines *Axioms* einnimmt, wenn gezeigt werden kann, daß derjenige, der sie verneint, gerade bei seiner vermeintlichen Widerlegung auf sie zurückgreift.[66] Nun ist es so, daß *jede* Person, die an irgendeiner Art Diskussion – einschließlich solcher über Werte – teilnimmt, kraft dieser Teilnahme lebt und das Leben bejaht. Denn wenn sie *wirklich* gegen das Leben eingenommen wäre, so fände sie keinen Anlaß zu einer solchen Diskussion, in der Tat fände sie keinen Anlaß, weiterhin zu leben. Daher bejaht der *vermeintliche* Gegner des Lebens dasselbe gerade im Vorgang seiner Diskussion, und folglich hat die Bewahrung und Förderung des eigenen Lebens den Rang eines unbestreitbaren Axioms.

Wir sahen, daß Robinson – wie jeder Mensch – Willensfreiheit hat, Freiheit, den Gang seines Lebens und seine Handlungen zu wählen. Einige Kritiker haben eingewendet, daß diese Freiheit illusorisch sei, da der Mensch durch Naturgesetze gebunden ist. Doch das ist eine falsche Darstellung – eines der vielen Beispiele für die anhaltende moderne Verwechslung von *Freiheit* und *Macht*. Der Mensch ist frei, sich Werte zueigen zu machen und seine Handlungen zu wählen; doch das heißt keineswegs, daß er die Naturgesetze ungestraft verletzen kann – daß er etwa Ozeane in einem Satz überspringen kann. Kurzum, wenn wir sagen, "der Mensch ist nicht ‚frei', den Ozean zu überspringen", so erörtern wir in Wirklichkeit nicht seine mangelnde Freiheit, sondern die ihm fehlende *Macht*, in Anbetracht der Gesetze seiner Natur und der Natur der Welt den Ozean zu überqueren. Robinsons Freiheit, sich Ideen zueigen zu machen, seine Ziele zu wählen, ist unverletzbar und unveräußerlich; da der Mensch andererseits nicht *allmächtig* ist und auch nicht allwissend, findet er stets, daß seine *Macht*, all' die Dinge zu tun, die er gerne tun würde, begrenzt ist. Kurzum, seine Macht ist durch Naturgesetze notwendig begrenzt, nicht aber seine Willensfreiheit. Anders gesagt ist es offensichtlich absurd, die Freiheit eines Wesens zu definieren als dessen Macht, eine Handlung auszuführen, die seiner Natur unmöglich ist![67]

Während der freie Wille eines Menschen, sich Ideen und Werte zueigen zu machen, unveräußerlich ist, ist seine *Handlungsfreiheit* – seine Freiheit, diese Ideen in der Welt zu verwirklichen – nicht in solch' einer glücklichen Lage. Wir sprechen wiederum nicht über jene Begrenzungen der menschlichen Macht, die den Gesetzen seiner eigenen Natur und denen der Naturen anderer Wesen innewohnen. Das, worüber wir nun sprechen, ist die Beeinträchtigung seines Handlungsspielraumes durch

---

65 Dabei hängt der Wert des Lebens nicht davon ab, ob man das Leben selbst für ein glückliches hält. Siehe dazu Philippa Foot, *Virtues and Vices*, S. 41.

66 An anderer Stelle habe ich geschrieben: "wenn jemand eine Aussage nicht machen kann, ohne ihre Negation zu gebrauchen, so ist er nicht nur in einem unausweichlichen Widerspruch befangen; *er gesteht der Negation den Rang eines Axioms zu.*" Rothbard, *Individualism*, S. 8. Siehe auch R.P. Phillips, *Modern Thomistic Philosophy*, Westminster / Md., The Newman Bookshop, 1934-35, II. S. 36f.

67 Siehe Rothbard, *Individualism*, S. 8 und F.A. Hayek, *The Road to Serfdom*, Chicago, University of Chicago Press, 1944, S. 26.

andere Menschen – doch hier eilen wir unserer Diskussion und Robinson Crusoe ein wenig voraus. Halten wir an dieser Stelle nur fest, daß Robinson im Sinne einer *sozialen* Freiheit – Freiheit als *Abwesenheit von Belästigungen durch andere Menschen – vollkommen* frei ist, doch daß eine Welt mit mehr als einer Person weiteres Nachforschen notwendig macht.

Da wir uns in diesem Buch eher für Sozialphilosophie und politische Philosophie als für Philosophie schlechthin interessieren, werden wir uns für den Begriff "Freiheit" eher in seinem sozialen bzw. interpersonellen Sinne interessieren als im Sinne der Willensfreiheit.[68]

Kehren wir nun zu unserer Untersuchung von Robinsons zielbewußter Umgestaltung der Naturgegebenheiten durch Verständnis der Naturgesetze zurück. Robinson findet auf der Insel jungfräuliches, unbenutztes Land vor; kurzum Land, das von niemandem gebraucht und beherrscht wird und folglich *keinen Eigentümer* hat. Indem er Landressourcen findet, indem er lernt, sie zu benutzen, und vor allem indem er ihnen tatsächlich eine nützlichere Form gibt, hat Robinson – nach der denkwürdigen Formel von John Locke – "seine Arbeit mit dem Boden vermischt." Durch diese Tat, indem er ihm das Gepräge seiner Person und seiner Energie verleiht, hat er das Land und dessen Früchte auf natürliche Weise in sein Eigentum verwandelt. Folglich *gehört* dem isolierten Menschen, was er *gebraucht* und *umwandelt*; daher gibt es in seinem Fall kein Problem, was A's Eigentum gegenüber B's sein *sollte*. Jedem Menschen gehört *ipso facto* das, was er *produziert*, d.h. was er durch eigene Anstrengung in Gebrauch nimmt. Sein Eigentum an Land und Kapitalgütern setzt sich über die verschiedenen Produktionsstufen hinweg fort, bis Robinson endlich die Konsumgüter *besitzt*, die er produziert hat, und diese schließlich verschwinden, indem er sie konsumiert.

Solange ein Individuum isoliert bleibt, gibt es daher überhaupt kein Problem, wie weit sich sein Eigentum – seine Besitzerschaft – erstreckt; als ein rationales Wesen mit freiem Willen erstreckt es sich auf seinen eigenen Körper, und es erstreckt sich weiterhin auf die materiellen Güter, die das Individuum mit seiner Arbeit umwandelt. Angenommen, Robinson sei nicht auf einer kleinen Insel gelandet, sondern auf einem neuen und jungfräulichen Kontinent und daß er, auf dem Strand stehend, kraft seiner Erstentdeckung das "Eigentum" an dem ganzen neuen Kontinent für sich in Anspruch nehme. Diese Erklärung wäre schiere, leere Aufgeblasenheit, solange niemand sonst auf den Kontinent käme. Denn die *natürliche Tatsache* ist, daß sein wirkliches Eigentum – seine *tatsächliche Herrschaft* über materielle Güter – sich nur soweit erstrecken würde wie seine tatsächliche Arbeit sie in die Produktion ein-

---

68 Vielleicht liegt der eine große Vorteil des englischen Begriffs "Liberty" gegenüber seinem Synonym "Freedom" darin, daß Liberty im allgemeinen *nur* im sozialen Sinne und nicht in dem rein philosophischen Sinne der Willensfreiheit gebraucht wird und daß er auch weniger mit dem Begriff der Macht verwechselt wird.

Eine exzellente Erörterung der Willensfreiheit findet sich bei J.R. Lucas, *The Freedom of the Will*, Oxford, Clarendon Press, 1970.

brächte. Sein wirkliches Eigentum könnte nicht über seine eigene Leistungsfähigkeit hinausreichen.[69] In ähnlicher Weise würde es leer und bedeutungslos sein, wenn Robinson lostönen würde, daß ihm nicht wirklich einiges oder alles von dem, was er produziert hat, gehören würde (vielleicht ist gerade dieser Robinson ein romantischer Gegner des Eigentumsbegriffs), denn in der Tat hat er es bereits gebraucht und *deshalb* besessen. Robinson besitzt als natürliche Tatsache sein eigenes Selbst und die Erstreckung dieses Selbst in die materielle Welt – weder mehr noch weniger.

7 Interpersonelle Beziehungen: Freiwilliger Tausch

Es wird nun Zeit, andere Menschen in unsere Robinson-Idylle einzubringen und unsere Untersuchung auf interpersonelle Beziehungen auszudehnen. Das Problem liegt dabei nicht einfach in der größeren Anzahl von Menschen. Schließlich könnten wir einfach eine Welt postulieren, in der eine Million Robinsons auf einer Million isolierter Inseln leben, und unsere Untersuchung wäre nicht um ein Jota erweitert. Das Problem besteht darin, den *Verkehr* dieser Menschen zu untersuchen. Freitag mag etwa auf einem anderen Teil der Insel landen und mit Robinson in Berührung kommen, oder er mag auf einer anderen Insel landen und dann später ein Boot bauen, das die erste Insel erreichen könnte.

Die Nationalökonomie hat eine große Wahrheit über die Natur des menschlichen Verkehrs enthüllt: daß nicht nur die *Produkion*, sondern auch der Tausch für die Wohlfahrt und das Überleben des Menschen wesentlich ist. Kurz gesagt könnte Robinson auf seiner Insel oder auf einem Teil derselben Fische produzieren, während Freitag auf seinem Teil Weizen anbaut, anstatt daß jeder von ihnen versucht, beide Waren zu produzieren. Durch den Tausch eines Teiles von Robinsons Fischen gegen etwas von Freitags Weizen können die zwei Menschen sowohl die Fisch-, als auch die Brotmenge, die jedem von ihnen zugute kommt, erheblich verbessern.[70] Dieser große Gewinn für beide Menschen wird durch zwei Urtatsachen der Natur – Naturgesetze – ermöglicht, auf denen die gesamte ökonomische Theorie beruht: (a) die große Verschiedenheit der Fähigkeiten und Interessen individueller Personen und (b) die Verschiedenheit natürlicher Ressourcen in geographischen Landstrichen. Wenn alle Menschen gleich befähigt und an allen Dingen gleich interessiert wären *und* wenn alle Landstriche homogen wären, so gäbe es keine Tauschgelegenheiten. Doch in der Welt wie sie ist, ermöglicht die Spezialisierung auf die besten Verwen-

---

69 Später, wenn andere Menschen auf dem Kontinent ankommen, würden auch sie als natürliche Tatsache die Landstücke besitzen, die sie durch ihre Arbeit umgestalteten; der erste Mensch könnte diese nur in seinen Besitz bringen, indem er mit Gewalt in ihr natürliches Eigentum eingreifen würde oder indem er die Landstücke von den Neugekommenen als freiwilliges Geschenk oder im Tausch erhielte.

70 Zur ökonomischen Analyse dieser Zusammenhänge siehe *Man, Economy, and State*, Kapitel 2.

dungen von Land und Leuten eine ungeheure Vervielfachung der Tauschhandlungen und eine unermeßliche Erhöhung der Produktivität und des Lebensstandards (der Wunschbefriedigung) *aller*, die am Tausch teilnehmen.

Wenn jemand erfassen möchte, wieviel wir den Tauschhandlungen verdanken, so sollte er sich vor Augen führen, was in der modernen Welt geschehen würde, wenn es jedem Menschen plötzlich verboten wäre, irgendetwas mit irgendjemandem zu tauschen. Jede Person wäre gezwungen, alle ihre eigenen Güter und Dienste selbst zu produzieren. Das völlige Chaos, das völlige Verhungern des größten Teils der Menschheit und die Rückkehr zu primitiver Subsistenzwirtschaft durch die verbleibende Handvoll Menschen kann man sich leicht ausrechnen.

Eine weitere bemerkenswerte Tatsache menschlichen Handelns ist, daß A und B sich spezialisieren und zu ihrem gegenseitigen Nutzen tauschen können, *selbst wenn* einer von ihnen dem anderen in *beiden* Produktionszweigen überlegen ist. Robinson kommt es immer noch zugute, sich auf das zu konzentrieren, was er *relativ* am besten kann. Wenn er etwa ein weitaus besserer Fischer, aber nur ein mäßig besserer Landwirt als Freitag ist, so kann er von beiden Produkten mehr erzielen, wenn er sich aufs Fischen konzentriert und dann sein Produkt gegen Freitags Weizen tauscht. Oder um ein Beispiel aus einer fortgeschrittenen Tauschwirtschaft zu wählen: Es lohnt sich für einen Physiker, seinen Schriftverkehr und seine Ablage – *selbst wenn* er diese Tätigkeiten selber besser ausführt – von einem Sekretär erledigen zu lassen, da er sich dadurch seine Zeit für weit produktivere Arbeiten freihält. Diese Einsicht in die Vorteile des Tausches, die von David Ricardo in seinem Gesetz der komparativen Vorteile entdeckt wurden, bedeutet, daß – entgegen weitverbreiteter Annahmen – auf dem freien Markt freiwilliger Tauschhandlungen die "Starken" die "Schwachen" nicht verschlingen oder zermalmen. Im Gegenteil ist es gerade der freie Markt, auf dem die "Schwachen" in den Genuß der Produktivitätsvorteile kommen, weil es den "Starken" nützt, mit ihnen zu tauschen.

Der Tauschprozess ermöglicht es dem Menschen, von primitiver Isolierung zur Zivilisation aufzusteigen: Er bedeutet eine enorme Vergrößerung seiner Möglichkeiten und der Märkte für seine Waren; er ermöglicht es ihm, in Maschinen und an dere "Kapitalgüter höherer Ordnung" zu investieren; er bildet eine Tauschordnung – den freien Markt – die ihn in die Lage versetzt, Kosten und Nutzen höchst komplexer Methoden und Produktionsaggregate ökonomisch zu kalkulieren.

Doch bei der Betrachtung der entscheidenden Bedeutung und der Vorzüge des freien Marktes vergessen Ökonomen zu häufig, *was* genau getauscht wird. Denn es werden *nicht* einfach Äpfel gegen Butter oder Gold gegen Pferde getauscht. Was wirklich getauscht wird, sind die *Eigentumsrechte* an diesen Gütern. Wenn Schmidt einen Sack Äpfel gegen Meiers Pfund Butter tauscht, überträgt er tatsächlich seine *Eigentumsrechte* an den Äpfeln im Tausch gegen die Eigentumsrechte an der Butter, und umgekehrt. Nun, da Schmidt anstelle von Meier der absolute Herr der Butter ist, ist es Schmidt, der sie nach eigenem Belieben essen oder nicht essen darf; Meier hat über sie keine Entscheidungsbefugnis und ist stattdessen der absolute Eigentümer der Äpfel.

Nehmen wir an, indem wir nun zu Robinson und Freitag zurückkehren, daß sich noch mehr Menschen C, D, E usw. zu Robinson und Freitag auf die Insel gesellen. Jeder spezialisiert sich auf verschiedene Produkte; nach und nach bildet sich – infolge solcher Eigenschaften wie hoher Wert, beständige Nachfrage und leichte Teilbarkeit – ein besonderes Gut als ein *Tauschmittel* heraus. Denn man entdeckt, daß der Gebrauch eines Tauschmittels den Tauschbereich und die Wünsche, die auf dem Markt befriedigt werden können, gewaltig erweitert. Ein Schriftsteller oder ein Ökonomielehrer hätte etwa große Schwierigkeiten, seine Unterrichts- bzw. Schreiberdienste gegen Brotscheiben, Radioteile, ein Anzugteil usw. zu tauschen. Ein allgemein akzeptierbares Tauschmittel ist für jedes ausgedehnte Tauschgeflecht und mithin für jede zivilisierte Wirtschaft unerläßlich. Solch ein allgemein akzeptiertes Tauschmittel wird als ein *Geld* definiert.

Auf dem freien Markt hat sich allgemein herausgestellt, daß die Waren, die sich am besten zum Gebrauch als Geld eignen, die Edelmetalle Gold und Silber sind. Die Tauschfolge erscheint nun wie folgt: A, der seinen Körper und seine Arbeit besitzt, findet Land, wandelt es um und produziert Fische, die er dann besitzt; B gebraucht seine Arbeit in ähnlicher Weise zur Produktion von Weizen; C findet Land, das Gold enthält, wandelt es um und produziert Gold, das er dann besitzt. C tauscht dann das Gold gegen andere Dienste, etwa gegen A's Fische. A verwendet das Gold zum Tausch gegen B's Weizen usw. Kurzum, das Gold "kommt in Umlauf", d.h. das Eigentum an ihm wird von Person zu Person übertragen, da es als allgemeines Tasuchmittel verwendet wird. In jedem Fall übertragen die Tauschenden Eigentumsrechte, und in jedem Fall werden Eigentumsrechte auf zwei Arten und nur auf zwei Arten erworben: (a) durch das Finden und die Umwandlung von Ressourcen ("Produzieren") und (b) durch den Tausch des eigenen Produktes gegen das Produkt eines anderen – einschließlich des Tauschmittels bzw. der "Geld"- Ware. Zudem ist es klar, daß die Methode (b) sich logisch auf (a) *zurückführen läßt*, denn die einzige Weise, auf die eine Person etwas im Tausch erhalten kann, besteht darin, ihr eigenes Produkt aufzugeben. Kurz gesagt gibt es nur einen Weg zum Besitz von Gütern: Produktion-und-Tausch. Wenn Schmidt ein Produkt im Tausch gegen ein Gut von Meier aufgibt, das dieser ebenfalls in einem vorangegangenen Tausch erworben hat, so *muß irgendjemand* – ob nun die Person, von der Meier das Produkt kaufte, oder jemand anderes in der Tauschkette zuvor – der ursprüngliche Finder-und-Umwandler der Ressource gewesen sein.

Ein Mensch kann daher "Vermögen" – einen Vorrat an nützlichen Kapital- oder Konsumgütern – erwerben, indem er es entweder selber "produziert" oder indem er seinem Produzenten ein anderes Produkt im Tausch verkauft. Der Tauschprozess läßt sich logisch auf ursprüngliche Produktion zurückführen. Solche Produktion ist ein Vorgang, in dem der Mensch Landressourcen findet und umwandelt, d.h. "seine Arbeit mit dem Boden vermischt", *oder* in dem – wie im Fall des Lehrers oder des Schriftstellers – die eigenen Arbeitsdienste geleistet und verkauft werden. Anders gesagt: Da sich jede Produktion von Kapitalgütern letztlich auf die ursprünglichen Faktoren Land und Arbeit zurückführen läßt, reduziert sich jede Produktion entweder auf Arbeitsdienste oder auf das Finden neuen und jungfräulichen Landes, das der Produktion unter Aufwendung von Arbeitsenergie zugeführt wird.[71]

Ein Mensch kann Vermögen auch auf andere Weise freiwillig erhalten: durch *Geschenke*. So mag Robinson, der an einem anderen Ende der Insel über Freitag stolpert, diesem etwas Nahrung schenken. In einem solchen Fall erhält der Schenkende von der anderen Partei kein anderes veräußerliches Gut oder einen ebensolchen Dienst, sondern die psychische Befriedigung, etwas für den Empfänger getan zu haben. Auch im Falle des Geschenkes läßt sich der Erwerbsvorgang auf Produktion und Tausch zurückführen – und letztlich wiederum auf die Produktion selbst, da einem Geschenk eine Produktion vorhergehen muß, wenn schon nicht (wie in diesem Fall) unmittelbar, so doch irgendwo zuvor in der Kette.

Bislang haben wir den Tauschvorgang für eine Vielzahl von Konsumgütern untersucht. Nun müssen wir unser Bild von der wirklichen Welt vervollständigen, indem wir Tauschhandlungen entlang der Produktionsstruktur untersuchen. Denn Tauschgeschäfte in einer fortgeschrittenen Wirtschaft sind nicht nur "horizontal" (Tausch von Konsumgütern), sondern auch "vertikal": Sie vollziehen sich von der ursprünglichen Umwandlung von Land abwärts über die verschiedenen Typen von Kapitalgütern und schließlich zum letztlichen Konsumzustand.

Betrachten wir ein einfaches vertikales Muster, wie es in der Tauschwirtschaft anzutreffen ist. Schmidt wandelt Landressourcen um und baut eine Axt; anstatt die Axt zu verwenden, um ein anderes Produkt zu erstellen, verkauft Schmidt – als Spezialist in einer riesigen Tauschwirtschaft – seine Axt für Gold (Geld). Schmidt, der Produzent der Axt, überträgt sein Eigentumsrecht auf Meier im Tausch gegen eine gewisse Menge von Meiers Gold – wobei die genaue Goldmenge in freiwilliger Übereinkunft von beiden Seiten festgelegt wird. Meier nimmt nun die Axt und fällt Nutzholz, um dieses anschließend an Müller für Gold zu verkaufen; Müller wiederum verkauft das Holz für Gold an Kausche, einen Bauunternehmer, und Kausche seinerseits baut ein Haus im Tausch gegen das Gold seines Kunden Großkopff. (Es sollte offensichtlich sein, daß dieses vertikale Tauschgeflecht nicht ohne den Gebrauch eines Geldmittels für die Tauschhandlungen statthaben könnte.)

Um unser Bild einer Marktwirtschaft zu vervollständigen, nehmen wir nun an, daß Meier sein Holz gefällt hat, es aber flußabwärts zu schiffen hat, um es Müller zu übertragen; Meier verkauft das Holz daher einem weiteren Mittelsmann, Tries, der die Arbeitsdienste von X, Y und Z *mietet*, um die Baumstämme zu Müller zu transportieren. Was ist hier geschehen und warum verschafft die Verwendung der Arbeit von X, Y und Z zur Umwandlung und zum Transport der Stämme an einen nützlicheren Ort *ihnen* keine Eigentumsrechte an den Stämmen?

---

71 Daß sich Kapitalgüter auf Land und Arbeit als ursprüngliche Faktoren zurückführen lassen, ist eine grundlegende Erkenntnis der Österreichischen Schule der Nationalökonomie. Siehe insbesondere Eugen von Boehm-Bawerk, *Positive Theorie des Kapitals* (Bd. II seines *Kapital und Kapitalzins*), 4. Aufl., Jena, 1921.

Geschehen ist folgendes: Tries überträgt X, Y und Z eine gewisse Menge Gold als Gegenleistung dafür, daß sie ihm ihre Arbeitsdienste zum Transport der Baumstämme verkaufen. Tries hat diesen Personen *nicht* die Baumstämme für Geld verkauft; vielmehr "verkaufte" er ihnen Geld dafür, daß er im Gegenzug ihre Arbeitsdienste auf seine Baumstämme verwenden durfte. Kurz gesagt mag Tries die Stämme von Meier für 40 Unzen Gold gekauft und dann an X, Y und Z jeweils 20 Unzen Gold für den Transport der Stämme bezahlt haben, um *dann* die Stämme an Müller für 110 Unzen Gold zu verkaufen. Folglich erzielte Tries an dem ganzen Geschäft einen Reingewinn von 10 Unzen Gold. Wenn X, Y und Z es gewünscht hätten, so hätten sie selber Meier die Stämme für die 40 Unzen abkaufen, diese für 110 an Müller verkaufen und die 10 Unzen in die eigene Tasche stecken können. Warum taten sie das nicht? Weil sie (a) nicht das *Kapital* hatten; kurz gesagt hatten sie nicht das erforderliche Geld gespart, indem sie ihren Konsum zuvor genügend unter ihr Einkommen gesenkt hatten, um die 40 Unzen anzusammeln; und/oder weil sie (b) Geldzahlungen wünschten, *während sie arbeiteten*, und nicht willens waren, die Anzahl Monate zu warten, die es brauchte, um die Baumstämme zu verschiffen und zu verkaufen; und/oder weil sie sich (c) nicht mit dem *Risiko* belasten wollten, daß die Stämme schließlich doch nicht für 110 Unzen zu verkaufen sind. Die unerläßliche und enorm wichtige Funktion von Tries, dem *Kapitalisten* in unserem Beispiel der Marktwirtschaft, liegt folglich darin, den Arbeitern die Notwendigkeit zu ersparen, ihren Konsum einzuschränken, um das Kapital selbst aufzubringen, und auf ihre Bezahlung zu warten, bis das Produkt weiter unten in der Produktionskette (hoffentlich) mit Gewinn verkauft wird. Weit davon entfernt, dem Arbeiter sein rechtmäßiges Eigentum an dem Produkt vorzuenthalten, ermöglicht der Kapitalist daher lange *vor* dem Verkauf des Produktes eine Zahlung an den Arbeiter. In seiner Eigenschaft als Vorausplaner bzw. *Unternehmer* bewahrt der Kapitalist den Arbeiter zudem vor dem Risiko, daß das Produkt nicht mit Gewinn verkauft wird oder daß er sogar Verluste erleidet.

Der Kapitalist ist daher jemand, der gearbeitet und von seiner Arbeit gespart (d.h. seinen Konsum eingeschränkt) hat und der, in einer Reihe freiwilliger Verträge (a) Eigentumsrechte an Kapitalgütern gekauft und (b) die Arbeiter für ihre Arbeitsdienste bei der Umwandlung dieser Kapitalgüter zu konsumnäheren Gütern bezahlt hat. Man beachte wiederum, daß niemand die Arbeiter daran hindert, selber zu sparen, Kapitalgüter von ihren Besitzern zu kaufen und dann ihre eigenen Kapitalgüter zu bearbeiten, um schließlich das Erzeugnis zu verkaufen und die Gewinne einzustreichen. In der Tat leisten die Kapitalisten diesen Arbeitern einen großen Dienst, indem sie das ganze komplexe vertikale Tauschgeflecht in der modernen Wirtschaft ermöglichen. Denn sie sparen das Geld, das gebraucht wird, um die Kapitalgüter zu kaufen und um die Arbeiter bereits vor dem Verkauf dafür zu bezahlen, daß sie sie "weiterproduzieren".[72]

---

72 In der Fachsprache der Ökonomie verdienen die Arbeiter, indem sie sich dafür entscheiden, ihr Geld vor dem Verkauf zu nehmen, das "diskontierte marginale Wertprodukt" ihrer Ar-

Folglich produziert ein Mensch bei jedem Wegesschritt – indem er nämlich seine Arbeit auf materielle Güter anwendet. Wenn dieses Gut zuvor unbenutzt und herrenlos war, dann bringt seine Arbeit das Gut automatisch in seine Herrschaft, sein "Eigentum." Wenn das Gut bereits jemand anderem gehörte, dann kann der Eigentümer dieses (Kapital–) Gut entweder unserem Arbeiter für Geld verkaufen, wonach dessen Arbeit auf das Gut angewendet wird; *oder* der vorherige Eigentümer kann den Arbeitsdienst für Geld kaufen, um das Gut fortzuentwickeln und es dann dem nächsten Käufer zu verkaufen. Auch dieser Vorgang läßt sich auf die ursprüngliche Produktion unbenutzter Ressourcen und auf Arbeit zurückführen, da der Kapitalist – der vorherige Eigentümer in unserem Beispiel – sein Eigentumsrecht letztlich aus ursprünglicher Produktion, freiwilligem Tausch und dem Sparen von Geld ableitet. Folglich läßt sich jedes Eigentumsrecht auf dem freien Markt letztlich zurückführen auf: (a) das Eigentum jedes Menschen an seiner eigenen Person und seiner eigenen Arbeit; (b) das Eigentum jedes Menschen an dem Land, das er unbenutzt vorfindet und mit seiner eigenen Arbeit umwandelt; und (c) den Tausch der Produkte dieser Mischung von (a) und (b) gegen das entsprechend produzierte Erzeugnis anderer Personen auf dem Markt.

Gleiches gilt auf dem Markt für jedes Eigentum an der Geldware. Wie wir sahen, wird Geld entweder (1) durch eigene, ursprüngliche Ressourcen umwandelnde Arbeit produziert (z.B. in Goldbergwerken); oder man erhält es (2) durch den Verkauf eigener Produkte (oder solcher Produkte, die zuvor vom Erlös eigener Produkte erworben wurden) gegen Gold, das jemand anderem gehört. Wiederum läßt sich (2) letztlich logisch auf (1) zurückführen, da Produktion vor Tausch kommt – genau wie sich (c) im vorangegangenen Absatz logisch auf (a) und (b) zurückführen ließ.

In der von uns beschriebenen freien Gesellschaft läßt sich daher jedes Eigentum letztlich zurückführen auf: das naturgegebene Eigentum, das jeder Mensch an sich selbst hat, *und* auf die Landressourcen, die der Mensch umwandelt und in die Produktion einbringt. Der *freie Markt* ist eine Gesellschaft des freiwilligen und folglich gegenseitig nützlichen Austauschs von Eigentumsrechten zwischen spezialisierten Produzenten. Es wurde häufig geklagt, daß diese Marktwirtschaft auf der niederträchtigen Lehre beruht, daß Arbeit "wie eine Ware behandelt wird." Doch die natürliche Tatsache ist, daß Arbeitsdienste wirklich eine Ware *sind*, denn wie im Falle materiellen Eigentums *kann* man den eigenen Arbeitsdienst veräußern und gegen andere Güter und Dienste tauschen. Der Arbeitsdienst einer Person ist veräußerlich, doch seine *Wille* ist es nicht. Für die Menschheit ist es zudem ein höchst glücklicher Umstand, daß dies so ist; denn diese Veräußerlichkeit bedeutet (1) daß ein Lehrer

---

beit – wobei der Diskont derjenige Wert ist, den die Arbeiter erzielen, indem sie ihr Geld *jetzt* statt *später* erhalten. Indem die Kapitalisten Geld jetzt vorschießen und die Arbeiter der Last entheben, bis später zu warten, verdienen sie den Diskont für die "Zeitpräferenz"; die vorausschauenden unter ihnen verdienen auch – in Form von "Reingewinn" – die Belohnung dafür, besser als andere Kapitalisten unter unsicheren Bedingungen die Zukunft vorherzusagen. Die weniger vorausschauenden Unternehmer erleiden Verluste aufgrund ihrer mangelhaften Handhabung von Entscheidungen unter Unsicherheit. Siehe *Man, Economy, and State*, passim.

oder Physiker oder wer auch immer seine Arbeitsdienste für Geld verkaufen kann; und (2) daß Arbeiter ihre Arbeitsdienste bei der Güterumwandlung an Kapitalisten für Geld verkaufen können. Wäre dies nicht möglich, so könnte die für die Zivilisation erforderliche Kapitalstruktur nicht entwickelt werden und niemandes lebenswichtige Arbeitsdienste könnten von seinen Mitmenschen erworben werden.

Die Unterscheidung zwischen den veräußerlichen Arbeitsdiensten eines Menschen und seinem unveräußerlichen Willlen mag weiter ausgeführt werden: Ein Mensch kann seine Arbeitsdienste veräußern, aber er kann nicht die kapitalisierten Zukunftswerte dieser Dienste *verkaufen.* Kurz gesagt kann er sich von Natur aus nicht als Sklave verkaufen und diesen Verkauf durchsetzen lassen – denn dies würde bedeuten, daß sein zukünftiger Wille über seine eigene Person im voraus abgetreten würde. Kurzum, ein Mensch kann von Natur aus seine Arbeit zum Nutzen eines anderen in der Gegenwart verausgaben, doch selbst wenn er es wollte, kann er sich nicht in das dauerhafte Kapitalgut eines anderen Menschen umwandeln. Denn er kann sich nicht von seinem eigenen Willen frei machen, und dieser mag sich in der Zukunft ändern und die gegenwärtige Vereinbarung verwerfen. Der Begriff der "freiwilligen Sklaverei" ist in der Tat widersprüchlich, denn so lange ein Arbeiter sich dem Willen seines Herrn freiwillig vollkommen unterordnet, ist er kein Sklave, da seine Unterwerfung freiwillig ist; wenn er hingegen seine Meinung änderte und der Herr sein Sklaventum mit Gewalt durchsetzte, so wäre das Sklaventum nicht freiwillig. Doch über Zwang später mehr.

Die Gesellschaft, die wir in diesem Abschnitt beschrieben – die Gesellschaft freier und freiwilliger Tauschhandlungen – könnte die "freie Gesellschaft" bzw. die Gesellschaft "reiner Freiheit" genannt werden. Der größte Teil dieses Werkes dient dem Zweck, die Implikationen solch eines Systems darzulegen. Obgleich der Ausdruck "freier Markt" an und für sich das entscheidend wichtige Geflecht freier und freiwilliger Tauschhandlungen bezeichnet, ist er ungenügend, sobald man über das im engeren Sinne Ökonomische oder Praxeologische hinausgeht. Denn es ist eine grundlegende Erkenntnis, daß der freie Markt im Austausch von Eigentumsrechten besteht und daß er daher notwendig in einer umfassenderen freien Gesellschaft eingebettet ist – mit einer bestimmten Ordnung von Eigentumsrechten und Besitztiteln. Wir haben die freie Gesellschaft als eine solche beschrieben, in der sich Eigentumsrechte auf elementaren natürlichen Tatsachen über den Menschen gründen: auf das Eigentum, das jedes Individuum durch sein Ich an seiner eigenen Person und seiner eigenen Arbeit hat, und auf sein Eigentum an den Landressourcen, die er findet und umwandelt. Die natürliche Veräußerlichkeit materiellen Eigentums wie auch menschlicher Arbeitsdienste ermöglicht das Geflecht freien Austauschs von Eigentumsrechten.

Das System reiner Freiheit – die liberale Gesellschaft – kann als eine Gesellschaft beschrieben werden, in der *keine Eigentumsrechte "verteilt" werden*, in der, kurz gesagt, keines Menschen Eigentum an seiner Person oder materiellen Dingen belästigt oder verletzt wird und in der niemand in dieses Eigentum eingreift. Doch das bedeutet, daß man sich *absoluter Freiheit* im sozialen Sinne erfreuen *kann.* Dies gilt nicht nur für einen isolierten Robinson, sondern für jeden Menschen in jeder Gesellschaft, wie komplex oder fortgeschritten sie auch immer sein mag. Denn jeder Mensch genießt absolute, reine Freiheit, wenn – wie bei Robinson – andere Menschen sein "natürlich" besessenes Eigentum (an seiner Person und an materiellen Dingen) nicht verletzen oder belästigen. Und in einer Gesellschaft freiwilliger Tauschhandlungen kann selbstverständlich jeder Mensch absolute Freiheit genießen, nicht in robinsonhafter Isolierung, sondern – durch den Tausch von Eigentum mit seinen Mitmenschen – in einer zivilisierten, harmonischen, geselligen und weitaus produktiveren Umgebung. Absolute Freiheit muß daher *nicht* als der Preis, den wir für die Entstehung der Zivilisation zu zahlen haben, verloren gehen; Menschen *sind* frei geboren und brauchen nie in Ketten zu sein. Der Mensch kann Freiheit *und* Überfluß, Freiheit *und* Zivilisation erreichen.

Diese Wahrheit wird verdunkelt, wenn wir "Freiheit" weiterhin mit *Macht* verwechseln. Wir sahen bereits die Absurdität der Auffassung, der Mensch habe keinen freien Willen, da es nicht in seiner *Macht* stehe, die Naturgesetze zu verletzen – weil er Ozeane nicht in einem Satz überspringen kann. Ähnlich sinnlos ist es zu sagen, der Mensch sei in der freien Gesellschaft nicht "wirklich" frei, da es in dieser Gesellschaft keinem Menschen freisteht, einen anderen Menschen anzugreifen oder dessen Eigentum zu verletzen. Der Kritiker befaßt sich hier wiederum nicht wirklich mit Freiheit, sondern mit Macht; in einer freien Gesellschaft hätte kein Mensch die Erlaubnis (bzw. niemand würde sich erlauben), das Eigentum eines anderen zu verletzen. Dies würde bedeuten, daß seine Handlungs*macht* begrenzt wäre, ganz wie des Menschen Macht durch seine Natur stets begrenzt ist; es würde *nicht* irgendeine Beschneidung seiner Freiheit bedeuten. Denn wenn wir Freiheit – wie gesagt – als die *Abwesenheit von Verletzungen* der Person oder des Eigentums eines Menschen durch einen anderen definieren, wird die fatale Verwechslung von Freiheit und Macht endlich zu Grabe getragen.[73] Wir sehen somit deutlich, daß eine angebliche "Freiheit zu stehlen oder zu überfallen" – kurz gesagt: anzugreifen – überhaupt kein Freiheitszustand wäre, da dieser es zuließe, daß jemand, nämlich das Opfer eines Überfalls, seines Rechts auf Person und Eigentum beraubt wird – kurz: daß seine Freiheit verletzt wird.[74] Jedes Menschen Macht ist daher stets notwendig begrenzt durch die Tatsachen des menschlichen Daseins, durch die Natur des Menschen und der Welt; doch es ist einer der Vorzüge des menschlichen Daseins, daß jede Person absolut frei sein *kann*, selbst in einer Welt komplexen Verkehrs und Austauschs. Zudem stimmt es weiterhin, daß eines jeden Menschen Macht zu handeln, etwas zu tun und zu konsumieren in einer solchen Welt komplexen Verkehrs ungeheuer viel größer ist als in einer primitiven oder einer Robinson-Gesellschaft.

---

73 Später werden wir sehen, daß diese Definition der Freiheit näher erläutert werden muß. Sie heißt dann "Abwesenheit der Belästigung des rechtmäßigen Eigentums eines Menschen", wobei die Rechtmäßigkeit wiederum ein Eigentumsrecht auf das eigene Selbst, auf das eigene umgewandelte Eigentum und auf die Früchte freiwilliger Tauschhandlungen, die darauf fußen, voraussetzt.

74 Eine Kritik des gegen die liberale Position gerichteten Arguments der "Freiheit zu stehlen oder zu überfallen" siehe Rothbard, *Power and Market*, S. 242.

Ein entscheidender Punkt ist: Wenn wir versuchen, eine Ethik für den Menschen aufzustellen (in unserem Fall: jene Abteilung der Ethik, die sich mit Gewalt befaßt), so muß diese Theorie – um eine gültige Ethik zu sein – für *alle* Menschen gelten, wo sie sich auch immer in Zeit und Raum befinden mögen.[75] Dies ist eine der bemerkenswerten Eigenheiten des Naturrechts – seine Anwendbarkeit auf alle Menschen, ohne Rücksicht auf Zeit und Raum. Das ethische Naturgesetz nimmt somit seinen Platz neben den physischen oder "wissenschaftlichen" Naturgesetzen ein. Aber die Gesellschaft der Freiheit ist die *einzige* Gesellschaft, die die gleiche Grundregel auf jeden Menschen unabhängig von Zeit und Raum anwenden kann. Hier treffen wir auf ein Kriterium, anhand dessen die Vernunft eine Naturrechtstheorie einer anderen vorziehen kann – genau wie die Vernunft zwischen vielen ökonomischen und anderen konkurrierenden Theorien wählen kann. Wenn daher jemand behauptet, die Familie der Hohenzollern oder die der Bourbonen habe ein "natürliches Recht", alle anderen zu beherrschen, so wird diese Art Lehre einfach durch den Verweis auf die Tatsache widerlegt, daß es hier keine einheitliche Ethik für jede Person gibt, da die eigene Stellung in der ethischen Ordnung von dem Zufall abhängt, ein Hohenzoller zu sein oder nicht. Ähnlich liegt der Fall, wenn jemand sagt, jeder Mensch habe ein "natürliches Recht" auf drei anständige Mahlzeiten am Tag. Es ist völlig offensichtlich, daß dies eine falsche Naturrechtstheorie ist; denn es gibt unzählige Zeiten und Orte, wo es physisch unmöglich ist, für die ganze Bevölkerung – oder auch nur für die Mehrheit – drei anständige Mahlzeiten zu beschaffen. Folglich kann nicht behauptet werden, dies sei eine Art "Naturrecht".

Man führe sich dagegen den universellen Status der Ethik der Freiheit und des Naturrechts auf Person und Eigentum, das sich unter einer solchen Ethik ergibt, vor Augen. Denn jede Person kann zu allen Zeiten und an allen Orten unter die elementaren Regeln fallen: Eigentum am eigenen Selbst, Eigentum an den zuvor unbenutzten Ressourcen, die man besetzt und umgewandelt hat, und Eigentum an allen Rechten, die diesem grundlegenden Eigentum – entweder durch freiwillige Tauschhandlungen oder durch freiwillige Geschenke – entlehnt sind. Diese Regeln – die wir die "Regeln natürlichen Eigentums" nennen könnten – können eindeutig angewendet werden, und solches Eigentum kann unabhängig von Zeit und Ort und ohne Rücksicht auf die wirtschaftlichen Errungenschaften der Gesellschaft verteidigt werden. Jedem anderen Gesellschaftssystem ist es unmöglich, als universelles Naturrecht in Frage zu kommen; denn wenn es irgendeine Zwangsherrschaft einer Person oder Gruppe über eine andere gibt (und *jede* Herrschaft nimmt von solcher Hegemonie ihren Ausgang), so ist es unmöglich, die gleiche Regel auf alle anzuwenden; nur eine herrscherlose, rein liberale Welt kann die Anforderungen des Naturrechts bzw., was noch wichtiger ist, die Bedingungen einer universellen Ethik für die gesamte Menschheit erfüllen.

75 Zur Erfordernis, daß ethische Gesetze universell bindend sind, siehe R.M. Hare, *The Language of Morals*, Oxford, Clarendon Press, 1952, S. 162; Marcus Singer, *Generalization in Ethics*, New York, Knopf, 1961, S. 13-33.

8 Interpersonelle Beziehungen: Eigentumsrecht und Aggression

Bislang haben wir die freie Gesellschaft erörtert, die Gesellschaft friedlicher Zusammenarbeit und freiwilliger interpersoneller Beziehungen. Es gibt jedoch noch einen weiteren, gegensätzlichen Typus interpersoneller Beziehungen: den Gebrauch *aggressiver Gewalt* durch einen Menschen gegen einen anderen. Solche aggressive Gewalt bedeutet, daß ein Mensch in das Eigentum eines anderen *eingreift*, ohne die Zustimmung des Opfers zu haben. Das Eingreifen mag sich auf das Eigentum eines Menschen an seiner Person richten – wie im Fall körperlicher Überfälle – und/oder auf sein Eigentum an materiellen Gütern, wie im Fall von Raub und Besitzstörung. In beiden Fällen zwingt der Aggressor seinen Willen dem natürlichen Eigentum eines anderen auf – er nimmt dem anderen Menschen seine Handlungsfreiheit und die volle Ausübung seines natürlichen Selbstbesitzes.

Lassen wir den verwandten aber komplexeren Fall dinglichen Eigentums für einen Augenblick außer Betracht, und konzentrieren wir uns auf die Frage der Eigentumsrechte eines Menschen an seinem eigenen Körper. Hier gibt es zwei Alternativen: Entweder können wir eine Regel aufstellen, daß jedem Menschen das volle Eigentum an seinem eigenen Körper gestattet sein sollte (d.h. daß er das Recht darauf haben sollte), oder wir können bestimmen, daß er solch ein vollständiges Eigentumsrecht *nicht* haben sollte. *Wenn* er es hat, dann liegt das liberale Naturrecht einer freien Gesellschaft vor, wie es oben behandelt wurde. Doch wenn er es *nicht* hat, wenn jeder Mensch *nicht* zum vollen und hundertprozentigen Selbstbesitz berechtigt ist, was liegt dann vor? Es muß dann einer der zwei folgenden Zustände herrschen: (1) Der "kommunistische" eines universellen und gleichen Eigentums-am-anderen oder (2) teilweises Eigentum einer Gruppe an einer anderen – ein System der Herrschaft einer Klasse über eine andere. Dies sind die einzigen logischen Alternativen zu einem Zustand hundertprozentigen Selbstbesitzes für alle.[76]

Betrachten wir Alternative (2); hier ist eine Person oder Gruppe von Personen G berechtigt, nicht nur sich selbst zu besitzen, sondern auch den Rest der Gesellschaft R. Doch abgesehen von vielen anderen Problemen und Schwierigkeiten mit dieser Art System, kann hier *keine* universelle bzw. Naturrechts-Ethik für das Menschengeschlecht vorliegen. Es kann nur eine willkürliche Teil-Ethik vorliegen, ähnlich der Ansicht, daß Hohenzollern von Natur aus dazu berechtigt sind, über Nicht-Hohenzollern zu herrschen. Eine Ethik, die behauptet, Klasse G sei berechtigt, über Klasse R zu herrschen, bedeutet in der Tat, daß R aus Untermenschen besteht, die keinen Anspruch haben, als volle Menschen an jenen Rechten auf Selbstbesitz teil-

76 Professor George Mavrodes vom Fachbereich Philosophie der Universität Michigan wendet ein, daß es eine weitere logische Alternative gibt, nämlich, "daß niemand irgendjemanden besitzt, sei es nun sich selbst oder jemand anderen oder einen Teil von irgendjemandem." Doch da Eigentum der Bereich ist, über den man gebietet, würde dies bedeuten, daß niemand in der Lage wäre, irgendetwas zu *tun*, und die Menschheit würde rasch aussterben.

zuhaben, deren sich G erfreut. Doch dies verletzt natürlich unsere ursprüngliche Annahme, daß wir eine Ethik für Menschen an sich gestalten.

Was ist dann mit der Alternative (1)? Dies ist die Ansicht, daß von den Individuen A, B, C usw. niemand zu einem hundertprozentigen Besitz seiner eigenen Person berechtigt ist. Stattdessen sollte ein gleicher Teil der Besitzerschaft an A's Körper B, C usw. zukommen, und dasselbe sollte für jeden der anderen gelten. Diese Auffassung hat zumindest den Vorteil, eine allgemeine Regel zu sein, unter die jede Person in der Gesellschaft fällt; doch sie bringt zahlreiche andere Schwierigkeiten mit sich.

Zunächst einmal: Wenn es mehr als nur sehr wenige Menschen in der Gesellschaft gibt, muß diese Alternative in der Praxis zusammenbrechen und zu Alternative (2), der teilweisen Herrschaft einiger über andere, führen. Denn es ist physisch unmöglich, daß jeder sich ständig über jeden anderen auf dem laufenden hält und dadurch seinen gleichen Anteil teilweiser Besitzerschaft an jedem anderen ausübt. In der Praxis ist dieses Konzept eines allgemeinen und gleichen Eigentums-am-anderen utopisch und unmöglich. Die Aufsicht und mithin der Besitz anderer Menschen wird notwendigerweise zur spezialisierten Tätigkeit einer herrschenden Klasse. Folglich kann sich keine Gesellschaft, in der es keinen vollen Selbstbesitz für jedermann gibt, einer allgemeinen Ethik erfreuen. Aus diesem Grund allein ist hundertprozentiger Selbstbesitz für jeden Menschen die einzige gültige politische Ethik für die Menschheit.

Aber angenommen, diese Utopie *könnte* verwirklicht werden. Was dann? Zunächst einmal ist es sicherlich sinnlos, zu behaupten, kein Mensch sei berechtigt sich selbst zu besitzen, und *gleichzeitig* zu behaupten, daß jeder von genau diesen Menschen berechtigt ist, einen Teil aller anderen Menschen zu besitzen. Doch mehr noch: Wäre unsere Utopie überhaupt erstrebenswert? Können wir uns eine Welt ausmalen, in der *kein* Mensch frei ist, irgendetwas ohne vorherige Genehmigung durch *jeden anderen* in der Gesellschaft zu unternehmen? Offensichtlich wäre niemand in der Lage, auch nur irgendetwas zu tun, und die Menschheit würde rasch verenden. Doch wenn eine Welt ohne (oder beinahe ohne) Selbstbesitz die Menschheit zum Tode verdammt, dann muß auch jeder Schritt in diese Richtung gegen das Gesetz dessen verstoßen, was für den Menschen und sein Erdenleben am besten ist. Und wie wir oben sahen, verletzt eine Ethik, in der einer Gruppe der volle Besitz an einer anderen eingeräumt wird, die elementarste Regel jeder Ethik: daß sie sich auf jeden Menschen anwenden läßt. Teil-Ethiken sind der Allmacht-für-die-Hohenzollern-Theorie nicht überlegen, auch wenn sie oberflächlich plausibler erscheinen mögen.

Dagegen beruht die Gesellschaft des absoluten Selbstbesitzes für alle auf dem Urtatbestand des natürlichen Selbstbesitzes jedes Menschen, auf der Tatsache, daß jeder Mensch nur leben und sich entfalten kann, wenn er seine natürliche Entscheidungsfreiheit ausübt, Werte annimmt und lernt, diese zu verwirklichen, usw. Kraft seines Menschseins muß er seinen Verstand gebrauchen, um sich Ziele und Mittel zueigen zu machen; wenn ihn jemand angreift, um seinen frei gewählten Weg zu ändern, so verletzt dies seine Natur; es verletzt seine Funktionsweise. Kurz gesagt: Ein Aggressor greift gewaltsam ein, um den natürlichen Weg jener Ideen und Werte, die sich ein Mensch aus freien Stücken angeeignet hat, und der Handlungen, die auf solchen Werten fußen, zu stören.

Wir können die Naturgesetze von Eigentum und Gewalt nicht vollständig erklären, ohne unsere Erörterung auf dingliches Eigentum auszuweiten. Denn Menschen sind keine losen Geister; sie sind Wesen, die nur überleben können, indem sie sich mit dinglichen Gegenständen herumschlagen und sie umwandeln. Kehren wir zu unserer Insel mit Robinson und Freitag zurück. Robinson, der zunächst isoliert war, gebrauchte seinen freien Willen und seinen Selbstbesitz, um seine Wünsche und Werte zu erfahren und um zu lernen, sie dadurch zu verwirklichen, daß er naturgegebene Ressourcen umwandelt, indem er seine eigene Arbeit mit ihnen "mischt". Dadurch hat er Eigentum produziert und geschaffen. Angenommen nun, daß Freitag auf einem anderen Teil dieser Insel landet. Er steht vor zwei möglichen Wegen: Entweder kann er – wie Robinson – ein Produzent werden, unbenutzten Boden mit seiner Arbeit umwandeln und höchstwahrscheinlich sein Produkt gegen das des anderen Menschen tauschen. Kurzum, er könnte sich an Produktion und Tausch, an der Schaffung von Eigentum beteiligen. *Oder* er kann sich für einen anderen Weg entscheiden: Er könnte sich die Mühe von Produktion und Tausch ersparen, hinübergehen und die Früchte von Robinsons Arbeit gewaltsam ergreifen. Er könnte den Produzenten angreifen.

Wenn sich Freitag für den Weg von Arbeit und Produktion entscheidet, so wird er – wie im Fall Robinsons – als natürliche Tatsache das Landgebiet, das er rodet und benutzt, und die Früchte des Produkts besitzen. Doch angenommen, daß Robinson sich dazu entscheidet, mehr als sein natürliches Maß an Besitz einzufordern, und die – oben bereits angedeutete – Behauptung aufstellt, daß kraft der bloßen Tatsache, daß er als erster auf der Insel landete, ihm die ganze Insel "in Wirklichkeit" gehört, auch wenn er zuvor keinen Gebrauch von ihr machte. Wenn er das tut, so dringt er mit seinem Besitzanspruch über die naturrechtlichen Grenzen des Ersterwerbs hinaus, und wenn er aufgrund dieses Anspruchs versucht, Freitag gewaltsam hinauszuwerfen, so greift er Person und Eigentum des zweiten Ersterwerbers illegitimerweise an.

Einige Theoretiker haben in einer Art "Kolumbuskomplex" behauptet, daß der erste Entdecker neuer, unbesessener Inseln und Kontinente das ganze Gebiet durch die bloße Aussprache seines Anspruchs rechtmäßig besitzen kann. (In diesem Fall hätte Kolumbus – wenn er wirklich auf dem amerikanischen Kontinent gelandet wäre und wenn dort keine Indianer gelebt hätten – sein privates "Eigentum" am ganzen Kontinent rechtmäßig behaupten können.) Da Kolumbus jedoch von Natur aus lediglich in der Lage gewesen wäre, einen kleinen Teil des Kontinents wirklich zu benutzen ("seine Arbeit mit ihm zu vermischen"), bleibt der Rest folglich strenggenommen unbesessen, bis die nächsten Ersterwerber ankommen und sich ihr rechtmäßiges Eigentum an Teilen des Kontinents aufbauen.[77]

---

77 Einer Variante dieses "Kolumbuskomplexes" zufolge könnte der erste Entdecker einer neuen Insel oder eines neuen Kontinents berechtigten Anspruch hierauf erheben, indem er die

Lassen wir nun von Robinson und Freitag ab, und betrachten wir den Fall eines Bildhauers, der gerade durch Umwandlung von Ton und anderen Materialien eine Skulptur geschaffen hat (und übergehen wir für den Moment die Frage der Eigentumsrechte am Ton und an den Werkzeugen). Die Frage ist nun: Wer sollte dieses Kunstwerk eigentlich besitzen, wenn es die Hand des Bildhauers verläßt? Wie im Fall des Eigentums an menschlichen Körpern gibt es wiederum nur drei logische Positionen: (1) daß der Bildhauer, der "Schöpfer" des Kunstwerks, das Eigentumsrecht an dieser Schöpfung haben sollte, (2) daß ein anderer Mensch oder eine Gruppe von Menschen das Recht an dieser Schöpfung haben, d.h. das Recht, es ohne Zustimmung des Bildhauers gewaltsam zu enteignen, oder (3) – die "kommunistische" Lösung – daß jedes Individuum in der Welt ein gleiches, anteiliges Recht hat, am Besitz der Skulptur teilzuhaben.

Trägt man diesen Sachverhalt vor, so gibt es sehr wenige Menschen, die bestreiten würden, daß es ein ungeheurliches Unrecht wäre, wenn entweder eine Gruppe oder die Weltgemeinschaft Besitz an der Skulptur ergreift. Denn der Bildhauer hat dieses Kunstwerk tatsächlich "geschaffen" – natürlich nicht in dem Sinne, daß er den Stoff erzeugt hat, sondern in dem Sinne, daß er naturgegebenen Stoff (Ton) in Übereinstimmung mit seinen eigenen Ideen und seiner eigenen Arbeit und Energie in eine andere Form gebracht hat. Wenn jeder Mensch das Recht hat, seinen eigenen Körper zu besitzen und wenn er zu seinem Überleben dingliche natürliche Gegenstände benutzen und umwandeln muß, dann hat er sicherlich das Recht, das Produkt zu besitzen, das er – mit eigener Energie und Anstrengung – zu einer wahrhaftigen Erweiterung seiner eigenen Persönlichkeit gemacht hat. So liegt der Fall beim Bildhauer, der das Rohmaterial mit dem Stempel seiner eigenen Person versehen hat, indem er seine Arbeit mit dem Ton "vermischte". Doch wenn dies beim Bildhauer so ist, dann liegt es so bei jedem Produzenten, der sich die Gegenstände der Natur "angeeignet" bzw. seine Arbeit mit ihnen vermischt hat.

Jede Gruppe, die das Werk des Bildhauers enteignen würde, wäre eindeutig aggressiv und parasitär, da ihr Zugewinn zu Lasten des Enteigneten ginge. Die meisten Leute würden wohl darin übereinstimmen, daß eine solche Gruppe das Recht des Bildhauers an seinem Werk – an der Erweiterung seiner Persönlichkeit – in klarer Weise verletzt; und dies ganz unabhängig davon, ob eine Gruppe oder die "Weltgemeinschaft" die Enteignung vornähme – wenn man davon absieht, daß (wie im Fall des Gemeinschaftsbesitzes an Personen) diese Enteignung in der Praxis von einer Gruppe Menschen im Namen der "Weltgemeinschaft" durchgeführt werden müßte.

Doch wie wir bereits andeuteten: Wenn der Bildhauer das Recht an seinem Produkt oder den umgewandelten Naturstoffen hat, so gilt dies ebenso für die anderen Produzenten. Es gilt für die Menschen, die den Ton aus dem Boden zogen und ihn

---

Insel bzw. den Kontinent umwandert (oder andere dafür bezahlt, dies zu tun) und dadurch eine Grenze für das Gebiet zieht. Nach unserer Sicht würde dieser Anspruch jedoch nur für die Grenze *selbst* gelten und nicht für irgendein Stück Land innerhalb von ihr, denn nur die Grenze wird dann vom Menschen umgestaltet und benutzt worden sein.

dem Bildhauer verkauften, oder für die Menschen, die die Werkzeuge fertigten, mit denen er den Ton bearbeitete. Denn auch diese Menschen waren Produzenten; auch sie vermischten ihre Ideen und ihr technologisches Wissen mit dem naturgegebenen Boden, um alsdann mit einem wertvollen Produkt hervorzutreten. Auch sie vermischten ihre Arbeit und Energie mit dem Boden. Folglich sind auch sie zum Besitz der von ihnen produzierten Güter berechtigt.[78]

Wenn jeder Mensch das Recht hat, seine eigene Person und mithin seine eigene Arbeit zu besitzen, und wenn sich sein Eigentum auf alles ausdehnt, was er "geschaffen" bzw. aus dem zuvor unbenutzten, unbesessenen Naturzustand angesammelt hat, wem gehört dann das Recht, die Erde selber zu besitzen bzw. zu beherrschen? Kurzum, wenn der Sammler das Recht hat, die Eicheln oder Beeren zu besitzen, die er aufliest, und wenn dem Bauern die Weizenernte gehört, wer hat dann das Recht, das Land zu besitzen, auf dem diese Tätigkeiten stattgefunden haben? Die Rechtfertigung für das Eigentum an Grund und Boden ist wiederum die gleiche wie für jedes andere Eigentum. Denn kein Mensch "schafft" jemals Materie: Was er wirklich macht, besteht darin, naturgegebene Materie zu nehmen und sie mithilfe seiner Ideen und seiner Arbeitskraft umzuwandeln. Doch genau das macht der Pionier (der Ersterwerber), wenn er zuvor unbenutztes, jungfräuliches Land rodet und gebraucht und es in seinen Privatbesitz bringt. Genau wie der Bildhauer oder der Bergwerker hat der Ersterwerber den naturgegebenen Boden durch seine Arbeit und seine Persönlichkeit umgewandelt. Der Ersterwerber ist im gleichen Maße ein "Produzent" wie die anderen und daher in ebenso legitimer Weise der Besitzer seines Eigentums. Wie im Fall des Bildhauers ist es schwierig, die Sittlichkeit irgendeiner anderen Gruppe zu erkennen, die das Produkt und die Arbeit des Ersterwerber enteignet (und wie in den anderen Fällen auch, läuft die "kommunistische" Lösung in der Praxis auf eine herrschende Gruppe hinaus). Zudem rennen die Landkommunalis ten, die behaupten, daß "in Wirklichkeit" die gesamte Weltbevölkerung das Land gemeinsam besitzt, gegen die natürliche Tatsache an, daß vor dem Ersterwerber niemand das Land wirklich benutzte und beherrschte und folglich besaß. Der Pionier bzw. Ersterwerber ist derjenige Mensch, der die wertlosen unbenutzten Naturgegenstände als erster in die Produktion und zum Gebrauch bringt.

Daher gibt es für den Menschen nur zwei Wege, Eigentum und Vermögen zu erwerben: Produktion und erzwungene Enteignung. Anders gesagt gibt es – nach der scharfsinnigen Beobachtung des großen deutschen Soziologen Franz Oppenheimer – nur zwei Mittel zum Erwerb von Vermögen. Das eine ist die Methode der Produktion, die im allgemeinen den freiwilligen Tausch der Produkte nach sich zieht. Dieses nannte Oppenheimer das *ökonomische Mittel*. Die andere Methode besteht in der einseitigen Beschlagnahmung der Produkte eines anderen, d.h. in der gewaltsamen

78 Vgl. Locke, *Two Treatises of Government*, S. 307-308.

Enteignung des Eigentums eines anderen Menschen. Diese räuberische Methode, um zu Vermögen zu kommen, nannte Oppenheimer treffend das *politische Mittel*.[79]

Der Mensch, der das Eigentum eines anderen ergreift, lebt nun in grundsätzlichem Widerspruch zu seiner eigenen Menschennatur. Denn wir sahen, daß der Mensch *nur* durch eigene Produktion und Tausch von Produkten leben und gedeihen kann. Der Aggressor hingegen ist kein Produzent, sondern ein Räuber; er lebt *parasitenhaft* von der Arbeit und dem Produkt anderer. Anstatt in Übereinstimmung mit der Natur des Menschen zu leben, ist der Aggressor folglich ein Parasit, der sich nur ernährt, indem er einseitig die Arbeit und Energie anderer Menschen ausbeutet. Offensichtlich liegt hier eine völlige Verletzung jeder Art von universeller Ethik vor, denn *der Mensch* kann offensichtlich nicht als ein Parasit leben; Parasiten brauchen Nicht-Parasiten, Produzenten, um sich zu ernähren. Der Parasit fügt der Gesamtheit der Güter und Dienste in der Gesellschaft nicht nur nichts hinzu; er hängt vollkommen von der Produktion des Gastkörpers ab. Zugleich verringert jeder Zuwachs an erzwungenem Parasitismus *ipso facto* die Menge und das Erzeugnis der Produzenten. Bis schließlich die Produzenten aussterben, worauf ihnen die Parasiten schnell folgen werden.

Parasitismus kann daher keine universelle Ethik sein, und in der Tat wird die Produktion, von der Gastkörper wie Parasiten leben, vom Wachstum des Parasitismus angegriffen und verringert. Erzwungene Ausbeutung bzw. Parasitismus schadet den Produktionsprozessen, die jedem in der Gesellschaft dienen. Wie man die Sache auch dreht und wendet, parasitenhafte Plünderungen und Raub verletzen *nicht nur* die Natur des Opfers (d.h. dessen Selbst und dessen Produkt); sie verletzen auch die Natur des Aggressors selbst, der den natürlichen Weg der Produktion – des Gebrauchs seines Verstandes, um die Natur umzugestalten und um mit anderen zu tauschen – verläßt, um sich auf den Weg der parasitenhaften Enteignung von Arbeit und Produkten anderer begibt. Im tiefsten Sinne schadet der Aggressor sich selber genau wie seinem unglücklichen Opfer. Das gilt in vollem Maße für die komplexe moderne Gesellschaft wie es für Robinson und Freitag auf ihrer Insel gilt.

---

79 "Es gibt zwei grundsätzlich entgegengesetzte Mittel, mit denen der überall durch den gleichen Trieb der Lebensfürsorge in Bewegung gesetzte Mensch die nötigen Befriedigungsmittel erlangen kann: Arbeit und Raub, eigne Arbeit und gewaltsame Aneignung fremder Arbeit. [...] Ich habe [...] vorgeschlagen, die eigne Arbeit und den äquivalenten Tausch eigner gegen fremde Arbeit das *‚ökonomische Mittel'*, und die unentgoltene Aneignung fremder Arbeit das *‚politische Mittel'* der Bedürfnisbefriedigung zu nennen." Franz Oppenheimer, *Der Staat*, Berlin, Libertad Verlag, 1990. S. 19f.

9 Eigentum und Kriminalität

Wir können jemanden, der die Person oder das übrige, produzierte Eigentum eines anderen verletzt, als *Kriminellen* definieren. Ein Krimineller ist jeder, der Gewalt gegen einen anderen Menschen und dessen Eigentum zur Anwendung bringt – jeder, der "politische Mittel" zum Erwerb von Gütern und Diensten einsetzt.[80]

Nun entstehen allerdings ernste Probleme. In der Tat befinden wir uns nun inmitten des ganzen Problems von Freiheit, Eigentum und Gewalt in der Gesellschaft. Eine entscheidende Frage – und eine, die unglücklicherweise von liberalen Theoretikern fast völlig vernachlässigt worden ist – kann anhand der folgenden Beispiele veranschaulicht werden:

Angenommen, wir spazieren die Straße hinunter und sehen einen Menschen A, der B am Handgelenk ergreift und B's Armbanduhr an sich reißt. Ohne Zweifel verletzt hier A sowohl die Person, als auch das Eigentum von B. Können wir diesem Geschehen also einfach entnehmen, daß A ein krimineller Aggressor und B sein unschuldiges Opfer ist?

Sicherlich nicht – denn aus unserer bloßen Beobachtung *wissen wir nicht*, ob A in der Tat ein Dieb ist oder ob A sich lediglich seine eigene Uhr, die ihm zuvor von B gestohlen wurde, wieder aneignet. Kurzum: Obwohl sich die Uhr bis zu dem Moment, da A angriff, zweifellos im Besitz von B befand, wissen wir nicht, ob A zu einem früheren Zeitpunkt der rechtmäßige Besitzer gewesen war. Daher wissen wir noch nicht, welcher der beiden Menschen der *legitime* bzw. *rechtmäßige* Eigentümer ist. Wir können zu der Antwort nur durch Erforschung der konkreten Gegebenheiten des besonderen Falles gelangen, d.h. durch eine "historische" Untersuchung.

Folglich *können wir nicht* einfach sagen, daß die große axiomatische Moralregel der liberalen Gesellschaft im Schutz von Eigentumsrechten besteht, *Schlußaus*. Denn der Kriminelle hat kein wie auch immer geartetes natürliches Recht, das von ihm gestohlene Eigentum einzubehalten; der Aggressor hat kein Recht, irgendwelches Eigentum zu beanspruchen, das er durch Aggression erwarb. Daher müssen wir die Elementarregel der liberalen Gesellschaft abändern oder vielmehr klarstellen und

---

80 Wir benutzen hier die Begriffe "Verbrechen" und "Krimineller" im Sinne der Umgangssprache und nicht in dem der juristischen Fachsprache. In dieser heißen Angriffe bzw. Aggressionen gegen Individuen nicht Verbrechen, sondern *unerlaubte Handlungen*, und diejenigen, die unerlaubte Handlungen begehen, heißen *rechtswidrig Handelnde*. Der juristische Begriff des "Verbrechens" beschränkt sich auf Angriffe gegen den Staat oder die Gemeinschaft. Weiter unten wird zu sehen sein, daß wir diesen letzteren Begriff völlig verneinen und alle gesetzlich strafbaren Angriffe auf Verletzungen der Person bzw. des Eigentums anderer Individuen einschränken. Kurz gesagt entsprechen die "Verbrechen" der liberalen Auffassung den "unerlaubten Handlungen", wie sie im Gesetz bezeichnet werden, obgleich es keinen besonderen Grund gibt, Wiedergutmachung oder Strafen auf geldliche Zahlungen zu begrenzen, wie es im alten Recht der unerlaubten Handlungen der Fall war. Vgl. Sir Henry Maine, *Ancient Law*, New York, E.P Dutton & Co., 1917, S. 217ff.

sagen, daß niemand das Recht hat, das *legitime* bzw. *rechtmäßige* Eigentum eines anderen zu verletzen.

Kurz gesagt können wir nicht einfach vom Schutz von "Eigentumsrechten" oder "Privateigentum" *an sich* sprechen. Denn wenn wir das tun, befinden wir uns in ernster Gefahr, das "Eigentumsrecht" eines kriminellen Aggressors zu verteidigen – in der Tat müssen wir dies logischerweise tun. Wir dürfen daher nur von rechtmäßigem Eigentum oder legitimem Eigentum oder vielleicht auch "natürlichem Eigentum" sprechen; und für konkrete Fälle bedeutet das, daß wir darüber zu entscheiden haben, ob eine vorliegende einzelne Gewalthandlung aggressiv oder defensiv ist – ob bei ihr zum Beispiel der Fall vorliegt, daß ein Krimineller ein Opfer beraubt, oder der Fall, daß ein Opfer versucht, sich sein Eigentum wiederzubeschaffen.

Eine weitere bedeutende Folge dieser Betrachtungsweise ist, daß der utilitaristische Blickwinkel auf Eigentumsrechte und mithin auf den freien Markt hinfällig wird. Denn der Utilitarist, der über *keinen Begriff*, geschweige denn über eine Theorie der Gerechtigkeit verfügt, muß auf die pragmatische, willkürliche Ansicht zurückfallen, daß alle Ansprüche auf Privateigentum, die zu irgendeiner Zeit oder an irgendeinem Ort gerade bestehen, als geltend behandelt und als schutzwürdig hingenommen werden *müssen*;[81] und in der Tat behandeln utilitaristische marktwirtschaftliche Ökonomen die Frage der Eigentumsrechte ausnahmslos in dieser Weise. Man bemerke jedoch, daß es der Utilitarist geschafft hat, in seine Erörterungen eine – ungeprüfte – Ethik einzuschmuggeln: daß nämlich alle Güter, die "jetzt" (zur Zeit und am Ort der Diskussion) als Privateigentum angesehen werden, als solches hingenommen und verteidigt werden müssen. Praktisch bedeutet dies, daß alle Privateigentumsansprüche, wie sie von irgendeiner bestehenden *Regierung* (die überall das Monopol der Eigentumsdefinition an sich gerissen hat) bezeichnet wurden, als solche hingenommen werden müssen. Das ist eine Ethik, die allen Gerechtigkeitserwägungen gegenüber blind ist und die, folgerichtig zuendegedacht, auch jeden Kriminellen in dem Besitz, den es ihm zu enteignen gelang, bestätigen muß. Wir schließen daraus, daß es nichtig und ethisch nihilistisch ist, wie die Utilitaristen einfach einen freien Markt zu loben, der sich auf *alle bestehenden* Eigentumsansprüchen gründet.[82]

Ich bin indes überzeugt, daß der wahre Antrieb für gesellschaftlichen und politischen Wandel in unserer Zeit eine moralischen Empörung gewesen ist, die aus der

---

81 Eine diesbezügliche Kritik des Utilitarismus findet sich bei John Rawls, *A Theory of Justice*, Cambridge, Harvard University Press, 1971, S. 26f, Abschnitte 83f. Eine allgemeinere Kritik des Utilitarismus erfolgt in Peter Geach, *The Virtues*, Cambridge, Cambridge University Press, S. 91ff, 103ff. Geach legt das tatsachenwidrige Wesen der Formel vom "größten Glück für die größte Anzahl Menschen" dar. Eine utilitaristische Verteidigung bestehender Besitzansprüche findet sich bei Ludwig von Mises, *Die Gemeinwirtschaft*, 2. Aufl., 1932 [Neudruck München, 1981], S. 19-21.

82 Weiter unten werden wir näher auf die Rolle von Regierungen und bestehenden Besitzansprüchen eingehen. Eine weitaus mehr ins Einzelne gehende Kritik des utilitaristischen Freihändlertums findet sich unten in Kapitel 26.

falschen Theorie des Mehrwerts entstand: daß die Kapitalisten das rechtmäßige Eigentum der Arbeiter gestohlen haben und daß die bestehenden Ansprüche auf das akkumulierte Kapital daher ungerecht sind. Unter dieser Voraussetzung folgt die übrige Triebkraft sowohl des Marxismus' wie auch des Anarchosyndikalismus' wie von selbst. Aus der Wahrnehmung dessen, was als monströse Ungerechtigkeit erscheint, ergibt sich der Ruf nach der "Expropriation der Expropriateure" und – in beiden Fällen – nach einer Form der "Rückgabe" der Besitzerschaft und der Verfügung über das Eigentum an die Arbeiter.[83] Ihren Argumenten kann nicht mit den Maximen der utilitiaristischen Ökonomie oder Philosophie, sondern nur dadurch erfolgreich begegnet werden, indem man geradewegs das moralische Problem anpackt, das Problem der Berechtigung und Unrechtmäßigkeit verschiedener Eigentumsansprüche.

Marxistische Ansichten können auch nicht mit utilitaristischen Lobgesängen auf die Vorzüge des "sozialen Friedens" entkräftet werden. Sozialer Frieden ist schön und gut, doch wahrer Frieden besteht wesentlich in dem ruhigen, unbelästigten Besitz des eigenen rechtmäßigen Eigentums, und wenn ein Gesellschaftssystem auf lachhaft ungerechten Eigentumsansprüchen gegründet ist, so bedeutet es keinen Frieden, diese Ansprüche nicht zu stören. Vielmehr wird dadurch eine dauerhafte Aggression als Heiligtum bewahrt und festgeschrieben. Ebensowenig können die Marxisten widerlegt werden, indem man mit dem Finger auf ihren Gebrauch gewaltsamer Methoden des Umsturzes zeigt. Natürlich ist es eine folgerichtige Überzeugung – auch wenn ich sie nicht teile – daß *keine* Gewalt jemals von irgendjemandem gegen irgendjemand anderen gebraucht werden sollte, *selbst* nicht von einem Opfer gegen einen Kriminellen. Doch diese Tolstoianisch-Gandhische moralische Einstellung ist hier in Wirklichkeit unerheblich. Denn der springende Punkt ist, ob das Opfer ein moralisches *Recht* darauf hat, Gewalt zu gebrauchen, um seine Person bzw. sein Eigentum vor einem kriminellen Angriff zu schützen oder um sich sein Eigentum von dem Kriminellen wieder zurückzuholen. Der Tolstoianer mag zugestehen, daß das Opfer in der Tat solch ein Recht hat, und dennoch versuchen, es davon zu überzeugen, dieses Recht im Namen einer höheren Sittlichkeit nicht auszuüben. Doch das führt uns von unserer Diskussion weg und zu entfernteren Bereichen der ethischen Philosophie. Ich möchte an dieser Stelle nur anmerken, daß jeder solche vollkommene Gegner der Gewalt dann folgerichtig dafür eintreten muß, daß *kein* Krimineller jemals mit gewaltsamen Mitteln bestraft wird; und man beachte, daß dies nicht nur bedeutet, daß man auf die *Todes*strafe verzichtet, sondern auf jedwede Strafe und in der Tat auf alle Methoden gewaltsamer Verteidigung, die einem Angreifer möglicherweise schaden könnten. Kurzum, um das schreckliche Cliché zu gebrauchen, auf das wir noch zurückkommen werden, der Tolstoianer darf keine

83 Die einzige echte Verwirklichung des Marx'schen Ideals in diesem Sinne ist teilweise in Jugoslawien erfolgt, wo das kommunistische Regime den vergesellschafteten Bereich der Produktion in die Hände – und mithin in die faktische Besitzerschaft – der Arbeiter in jeder einzelnen Fabrik gegeben hat.

Gewalt einsetzen, um jemanden davon abzuhalten, seine Schwester zu vergewaltigen.

Der Punkt, um den es hier geht, ist daß *nur* Tolstoianer berechtigt sind, Einwendungen gegen den gewaltsamen Sturz einer fest eingewurzelten kriminellen Gruppe zu machen; denn jeder, der *kein* Tolstoianer ist, tritt für den Gebrauch von Stärke und Gewalt ein, um sich vor kriminellen Aggressionen zu schützen und um diese zu bestrafen. Er muß daher mit der Sittlichkeit – um nicht zu sagen: der Weisheit – des Gewaltgebrauchs zum Sturz eingewurzelter Kriminalität einverstanden sein. Wenn dies so ist, dann werden wir unmittelbar auf die wirklich wichtige Frage zurückgedrängt: *Wer* ist der Kriminelle und *wer* ist mithin der Aggressor? Oder anders gesagt: Gegen *wen* ist es gerechtfertigt, Gewalt zu gebrauchen? Und wenn wir zugeben, daß kapitalistisches Eigentum moralisch ungerechtfertigt ist, dann können wir nicht das Recht der Arbeiter bestreiten, alle zur Beschlagnahmung des Eigentums erforderliche Gewalt zu gebrauchen – genau wie A in unserem obigen Beispiel berechtigt gewesen wäre, sich seine Uhr gewaltsam wieder anzueignen, wenn B sie zuvor gestohlen hätte.

Die einzige wirkliche Widerlegung der Marx'schen Revolutionsargumente ist daher, daß das Eigentum von Kapitalisten gerecht und nicht ungerecht ist und daß seine Beschlagnahme durch Arbeiter oder irgendjemand anderen an sich selber ungerecht und kriminell sein würde. Doch das bedeutet, daß wir uns mit der Frage der Berechtigung von Eigentumsansprüchen befassen *müssen*, und es bedeutet weiterhin, daß wir uns dieser Frage nicht durch den billigen Versuch entziehen können, revolutionäre Ansprüche zu widerlegen, indem der Mantel der "Gerechtigkeit" über alle und jede bestehenden Eigentumsansprüche geschlagen wird. Eine solche Vorgehensweise wird wohl kaum jene Menschen überzeugen, die glauben, daß man sie oder andere schwer unterdrückt und daß ihre Rechte dauernd verletzt werden. Doch das bedeutet *auch*, daß wir darauf gefaßt sein müssen, Fälle in der Welt zu entdecken, in denen eine gewaltsame Enteignung bestehender Eigentumsansprüche moralisch gerechtfertigt ist, weil diese Ansprüche selber ungerecht und kriminell sind.

Greifen wir wieder zu einem Beispiel, um unsere These deutlich zu machen. Verwenden wir dazu Ludwig von Mises' ausgezeichnetes Verfahren, um solche Fragen getrennt von allen Emotionen zu behandeln, und nehmen wir ein hypothetisches Land "Ruritanien" an. Sagen wir, daß Ruritanien von einem König beherrscht wird, der die Rechte von Personen und das legitime Eigentum von Individuen schwerwiegend verletzt hat, der ihr Eigentum gegängelt und schließlich beschlagnahmt hat. In Ruritanien entwickelt sich eine liberale Bewegung, der es glingt, den größten Teil der Bevölkerung davon zu überzeugen, daß dieses kriminelle System durch eine wahrhaft liberale Gesellschaft ersetzt werden sollte, in der die Rechte jedes Menschen an seiner Person und an dem von ihm gefundenen und geschaffenen Eigentum vollständig respektiert werden. Als der König den Erfolg der Revolte kommen sieht, verfällt er auf einen gerissenen Trick. Er erklärt seine Regierung für aufgelöst, doch kurz vorher teilt er das ganze Land seines Reiches willkürlich in "Eigentum" für sich und seine Verwandten auf. Dann geht er zu den liberalen Rebellen und sagt: "Wohlan, ich habe Euren Wunsch erfüllt und meine Regierung aufgelöst; es gibt jetzt keine gewaltsamen Eingriffe ins Privateigentum mehr. Allerdings *gehört* nun mir und meinen elf Verwandten jeweils ein Zwölftel von Ruritanien, und wenn Ihr uns in diesem Besitz in irgendeiner Weise stört, so werdet Ihr die Unantastbarkeit des höchsten Grundsatzes verletzen, zu dem *Ihr* Euch bekennt: die Unverletzlichkeit *privaten Eigentums*. Daher müßt *Ihr* jedem von uns, wenn wir auch keine ‚Steuern' mehr eintreiben werden, das Recht zugestehen, unseren Pächtern jede von uns gewünschte ‚Miete' abzuverlangen oder das Leben aller Menschen, die es sich herausnehmen, auf ‚unserem' Eigentum zu leben, so zu regeln, wie uns das richtig erscheint. Auf diese Weise werden Steuern vollständig durch ‚private Mieten' ersetzt!"

Was sollten die liberalen Rebellen nun auf diese dreiste Herausforderung antworten? Wenn sie folgerichtige Utilitaristen sind, müssen sie sich dieser List beugen und sich damit abfinden, in einem System zu leben, das nicht weniger despotisch als dasjenige ist, welches sie so lange bekämpften. In der Tat wäre es vielleicht *noch* despotischer; denn nun können der König und seine Verwandten für sich den obersten Grundsatz der Liberalen, das absolute Recht auf Privateigentum, geltend ma chen – eine Absolutheit, die sie zuvor nicht gewagt haben mögen, für sich in Anspruch zu nehmen.

Es sollte klar sein, daß sich die Liberalen zur Widerlegung dieser List auf eine Theorie *gerechten* und *ungerechten* Eigentums stützen müssen; sie können keine Utilitaristen bleiben. Sie würden dem König dann sagen: "Es tut uns leid, aber wir erkennen nur solche Ansprüche auf Privateigentum an, die *gerecht* sind – die aus dem grundlegenden Naturrecht eines Individuums herstammen, sich selbst und das Eigentum zu besitzen, das es entweder aus eigener Kraft umgestaltet hat oder das ihm von solchen Umgestaltern freiwillig geschenkt oder vermacht wurde. Kurz gesagt erkennen wir niemandes Recht an irgendeinem Eigentum an, nur weil er oder jemand anders gesagt hat, daß es das Seinige *ist*. Es kann kein natürliches moralisches Recht geben, das sich aus der willkürlichen Behauptung eines Menschen ableitet, daß irgendein Eigentum seins ist. Daher nehmen wir für uns das Recht in Anspruch, Euer ‚privates' Eigentum und das Eurer Verwandten zu enteignen, um dieses Eigentum jenen individuellen Besitzers wiederzugeben, die Ihr durch die Erzwingung Eures unberechtigten Anspruchs angegriffen habt."

Eine mit dieser Erörterung unmittelbar zusammenhängende Erkenntnis ist von entscheidender Bedeutung für eine Theorie der Freiheit. Es handelt sich darum, daß im tiefsten Sinne *alles* Eigentum "privat" ist.[84] Denn alles Eigentum gehört – wird beherrscht von – irgendwelchen individuellen Personen oder Gruppen von Personen. Wenn der B dem A eine Uhr stiehlt, dann ist die Uhr B's privates "Eigentum" – befindet sich in seiner Herrschaft und in seinem *de facto* Besitz – solange man es zuläßt, daß er sie besitzt und benutzt. Ob die Uhr daher in den Händen von A oder von B ist – sie befindet sich in *privaten* Händen: in einigen Fällen in rechtmäßig-

84 Die Einsicht verdanke ich Herrn Alan Milchman.

privaten, in anderen Fällen in zwar kriminell-privaten, aber doch jedenfalls privaten Händen.

Wie noch zu sehen sein wird, gilt dies auch für Individuen, die sich zu irgendeiner Art Gruppe zusammenschließen. Als etwa der König und seine Verwandten die Regierung bildeten, beherrschten sie – und "besaßen" daher zumindest teilweise – das Eigentum der Personen, deren Rechte sie verletzten. Als sie das Land in "privates" Eigentum für jeden von ihnen aufteilten, teilten sie sich wiederum den Besitz des Landes, wenn auch in formal anderer Weise. Die *Form* des Privateigentums unterschied sich in den beiden Fällen, nicht aber das Wesen. Die entscheidende Frage in der Gesellschaft ist daher *nicht* – wie so viele glauben – ob Eigentum privat oder staatlich sein sollte, sondern vielmehr, ob die *notwendig* "privaten" Eigentümer rechtmäßige Eigentümer oder Kriminelle sind. Denn letztlich gibt es kein "Regierung" genanntes Wesen; es gibt nur Menschen, die miteinander Gruppen bilden, welche "Regierungen" genannt werden, und die in "regierungsmäßiger" Weise handeln.[85] *Alles* Eigentum ist daher immer "privat"; die einzige und entscheidende Frage ist, ob es sich in den Händen von Kriminellen befinden sollte oder in denen der echten und rechtmäßigen Eigentümer. Für Liberale gibt es wirklich nur einen Grund, sich gegen die Bildung staatlichen Eigentums zu wenden bzw. dessen Aufhebung zu fordern: die Erkenntnis, daß die Herrscher der Regierung ungerechte und kriminelle Besitzer solchen Eigentums sind.

Kurz gesagt kann der *laissez-faire*-freundliche Utilitarist nicht einfach "staatliches" Eigentum bekämpfen und privates verteidigen; denn das Problem bei staatlichem Eigentum liegt nicht so sehr darin, daß es *staatlich* ist (denn was wäre dann mit "privaten" Kriminellen wie unserem Uhrendieb?), sondern daß es unberechtigt, ungerecht und kriminell ist – wie im Fall unseres ruritanischen Königs. Und da auch "private" Kriminelle verwerflich sind, sehen wir, daß die gesellschaftliche Frage des Eigentums letztlich *nicht* in utilitaristischen Begriffen als *entweder* privat *oder* staatlich behandelt werden kann. Sie muß in den Begriffen von Gerechtigkeit und Ungerechtigkeit gefaßt werden, als eine Frage berechtigten Eigentums und unberechtigter, krimineller Verletzungen solchen Eigentums, ob die Verletzer nun "privat" oder "öffentlich" genannt werden.

Liberale werden sich nun langsam Sorgen machen. Sie werden sagen: "Angenommen, daß Sie im Grundsatz recht damit haben, daß Eigentumsansprüche erst durch Gerechtigkeit wirksam werden und daß man weder dem Kriminellen die gestohlene Uhr überlassen darf, noch dem König und seinen Verwandten ‚ihr' Land. Doch wie kann Ihr Grundsatz in die Praxis umgesetzt werden? Würde das nicht eine chaotische Untersuchung von jedermanns Eigentumsansprüchen mit sich bringen? Und mit welchem Kriterium können Sie die Gerechtigkeit dieser Ansprüche begründen?"

---

85 Eine weitergehende Erörterung der Rolle von Regierungen findet sich im dritten Teil dieser Arbeit.

Die Antwort ist, daß das Kriterium gilt, wie es oben erläutert wurde: das Recht jeden Individuums auf den Besitz seiner eigenen Person, auf den des Eigentums, das es gefunden und umgestaltet (und mithin "geschaffen") hat, und auf den des Eigentums, das es entweder als Geschenk oder in freiwilligem Tausch von anderen solchen Umgestaltern oder "Produzenten" erhalten hat. Es stimmt, daß bestehende Eigentumsansprüche zu prüfen sind, doch die Lösung des Problems ist viel einfacher als die Frage unterstellt. Denn man sollte sich stets den obersten Grundsatz in Erinnerung rufen: daß alle herrenlosen Ressourcen, alle herrenlosen Güter einwandfrei der ersten Person gehören, die sie findet und in ein nützliches Gut umformt (das "Ersterwerbsprinzip"). Wir sahen dies oben im Fall unbenutzten Landes und unbenutzter natürlicher Ressourcen: Der erste, der sie findet und seine Arbeit mit ihnen vermischt, der sie besitzt und gebraucht, "produziert" sie und wird ihr rechtmäßiger Eigentümer. Angenommen nun, Herr Meier habe eine Uhr; wenn wir *nicht* eindeutig zeigen können, daß Meier oder die Vorbesitzer der Uhr Kriminelle waren, so müssen wir sagen, daß – weil Meier sie besaß und benutzte – *er* wirklich der rechtmäßige und gerechte Eigentümer ist.

Oder anders gesagt: Wenn wir nicht *wissen*, ob Meiers Anspruch auf irgendein gegebenes Eigentum kriminellen Ursprungs ist, dann könnten wir annehmen, daß dieses Eigentum – zumindest vorübergehend – herrenlos war (da wir über den ursprünglichen Anspruch nicht sicher sind) und daß daher der *maßgebliche* Besitzanspruch sofort wieder an Meier als dessen "ersten" (d.h. gegenwärtigen) Besitzer und Benutzer zurückfiel. Kurz gesagt: Wo wir uns hinsichtlich eines Anspruchs nicht sicher sind, dieser aber nicht eindeutig als aus einem Verbrechen stammend identifiziert werden kann, fällt der Anspruch richtiger- und rechtmäßigerweise an seinen gegenwärtigen Besitzer.

Aber nehmen wir nun an, daß ein Besitzanspruch eindeutig als kriminell zu identifizieren *ist*. Bedeutet das zwangsläufig, daß der gegenwärtige Besitzer ihn aufgeben muß? Nein, nicht zwangsläufig. Denn dies hängt von zwei Überlegungen ab: (a) ob das *Opfer* (der Eigentümer, dessen Rechte ursprünglich verletzt wurden) oder seine Erben eindeutig zu identifizieren und jetzt auch zu finden sind; *oder* (b) ob der gegenwärtige Besitzer *selber* der Kriminelle ist, der das Eigentum stahl. Angenommen etwa, daß Meier eine Uhr besitzt und daß wir eindeutig zeigen *können*, daß Meiers Anspruch kriminellen Ursprungs ist, da entweder (1) ihr Vorbesitzer sie stahl oder (2) er oder der Vorbesitzer sie von einem Dieb kaufte (ob wissentlich oder nicht, ist hier ohne Belang). *Wenn* wir nun das Opfer oder seinen Erben identifizieren und finden können, dann ist es klar, daß Meiers Anspruch auf die Uhr völlig ungültig ist und daß diese augenblicklich an ihren wirklichen und rechtmäßigen Besitzer zurückfallen muß. Wenn also Meier die Uhr von jemandem erbte oder kaufte, der sie Schmidt stahl, und wenn Schmidt oder die Erben seines Nachlasses gefunden werden können, so fällt der Anspruch auf die Uhr korrekterweise sofort an Schmidt oder seine Nachkommen zurück, und zwar *ohne* Entschädigung für den momentanen

Besitzer des einem Verbrechen entstammenden "Anspruchs".[86] Wenn daher ein gegenwärtiger Besitzanspruch kriminellen Ursprungs ist *und* das Opfer oder seine Erben gefunden werden können, so sollte der Anspruch unverzüglich an diese zurückfallen.

Doch angenommen, daß Bedingung (a) nicht erfüllt ist, kurzum: daß wir *wissen*, daß Meiers Anspruch kriminell ist, aber das Opfer bzw. seinen gegenwärtigen Erben jetzt nicht finden können. Wer ist nun der rechtmäßige und moralische Eigentümer? Die Antwort auf diese Frage hängt nun davon ab, ob Meier selber der Kriminelle ist, ob Meier der Dieb der Uhr ist. *Wenn* Meier der Dieb ist, dann ist es ganz klar, daß er sie nicht behalten darf, denn man kann nicht zulassen, daß der Kriminelle den Lohn seines Verbrechens zurückbehält; und er verliert die Uhr und wird wahrscheinlich noch auf andere Weise bestraft.[87] Wer bekommt die Uhr in diesem Fall? Die Anwendung unserer liberalen Eigentumstheorie bringt folgendes Ergebnis: Die Uhr ist *jetzt* (nachdem Meier gefaßt ist) herrenlos, und sie muß daher das rechtmäßige Eigentum der ersten Person werden, die sie sich "erschließt" – die sie nimmt und nutzt und sie folglich von einer unbenutzten, herrenlosen Lage in ihr Eigentum und mithin in eine nützliche Lage bringt. Die erste Person, die das tut, wird zum rechtmäßigen, moralischen und gerechten Eigentümer der Uhr.

Angenommen jedoch, daß Meier nicht der Kriminelle ist – daß er nicht der Mensch ist, der die Uhr stahl, sondern daß er sie vom Dieb erbte oder sie gutgläubig von ihm kaufte (und natürlich angenommen, daß weder das Opfer noch dessen Erben gefunden werden können). In *diesem* Fall bedeutet das Verschwinden des Opfers, daß das gestohlene Eigentum korrekterweise herrenlos wird. Aber wir haben gesehen, daß jedes herrenlose Gut als rechtmäßiges Eigentum an die *erste* Person fällt, die kommt und es benutzt – die diese nun besitzerlose Ressource für den menschlichen Gebrauch bestimmt. Doch diese "erste" Person ist eindeutig Meier, der sie die ganze Zeit benutzt hat. Daher schließen wir selbst für den Fall, daß das Eigentum ursprünglich gestohlen wurde: *Wenn* das Opfer oder seine Erben nicht gefunden werden können *und wenn* der gegenwärtige Besitzer nicht selber der Kriminelle war, der das Eigentum stahl, dann gehört der korrekte, gerechte und ethische Anspruch auf dieses Eigentum dem gegenwärtigen Besitzer.

Fassen wir unsere Ergebnisse für Eigentum, das gegenwärtig beansprucht und benutzt wird, zusammen: (a) wenn wir eindeutig *wissen*, daß der gegenwärtige Anspruch keinen kriminellen Ursprung hat, dann ist dieser Anspruch rechtmäßig, gerecht und gültig; (b) wenn wir *nicht* wissen, ob der gegenwärtige Anspruch krimi-

---

86 Oder es könnte an irgendjemand anderen fallen, den Schmidt bezeichnet hat. So mag Schmidt etwa seinen Anspruch auf bzw. sein Recht an der Uhr jemand anderem verkauft haben, und wenn dann dieser Käufer oder seine Erben gefunden werden können, fällt der rechtmäßige Besitzanspruch an ihn.

87 Wir nehmen hier an, daß Kriminelle über die bloße Herausgabe des gestohlenen Eigentums hinaus bestraft werden. Doch wie groß die Strafe sein sollte bzw. auf welcher Theorie (zum Beispiel: Vergeltung, Abschreckung oder Besserung) sie gegründet sein sollte, wird weiter unten behandelt.

nellen Ursprungs ist, aber auch keine Möglichkeit haben, dies herauszufinden, so fällt das hypothetisch "herrenlose" Eigentum augenblicklich und gerechterweise an seinen gegenwärtigen Besitzer; (c) wenn wir wissen, daß der Anspruch *tatsächlich* kriminellen Ursprungs ist, aber das Opfer bzw. seine Erben nicht finden können, dann (c1) fällt er gerechterweise an den gegenwärtigen Besitzer als dem ersten Besitzer einer hypothetisch herrenlosen Resource, wenn er nicht selber der Kriminelle war, der das Eigentum verletzte. Doch (c2) wenn der gegenwärtige Besitzer selber der Kriminelle oder einer der Kriminellen ist, dann muß er eindeutig des Besitzes entledigt werden, worauf dieser an den ersten Menschen fällt, der ihn aus seiner herrenlosen Lage entfernt und zu seinem Gebrauch bestimmt. Und wenn schließlich (d) der gegenwärtige Anspruch einem Verbrechen entstammt *und* das Opfer oder seine Erben gefunden werden können, so fällt der Anspruch unverzüglich an letztere, und zwar ohne Entschädigung des Kriminellen oder der anderen Besitzer des ungerechten Anspruchs.

Es mag eingewendet werden, daß der oder die Besitzer des ungerechten Anspruchs (in jenen Fällen, in denen sie nicht selber die Kriminellen sind) wenigstens auf das Eigentum, das sie dem ihnen nicht rechtmäßig gehörenden Eigentum *hinzufügten*, ein Recht haben sollten bzw. daß sie wenigstens für solche Zusätze entschädigt werden sollten. Darauf ist zu erwidern, daß das Kriterium sein sollte, ob der Zusatz von dem ursprünglichen Eigentum *trennbar* ist oder nicht. Angenommen etwa, daß Braun ein Auto von Schwarz stiehlt und daß Braun das Auto an Hoppe verkauft. Nach unserer Sicht muß das Auto dann unverzüglich und ohne Entschädigung für Hoppe an Schwarz, den wahren Eigentümer, zurückgegeben werden. Daß Schwarz das Opfer eines Diebstahls ist, sollte ihm keine Verpflichtungen auferlegen, jemand anderen zu entschädigen. Natürlich hat Hoppe einen berechtigten Beschwerdegrund gegen den Autodieb Braun, und er sollte Braun aufgrund des betrügerischen Vertrages, den dieser ihm angedreht hat (indem er behauptete, das Auto sei wirklich sein Eigentum), für Rückzahlung oder für Schadenersatz belangen können. Doch angenommen, daß Hoppe in der Zeit, da er das Auto besaß, ein neues Radio in das Auto eingebaut hat; da das Radio vom Auto getrennt werden kann, sollte er das Radio als sein rechtmäßiges Eigentum ausbauen dürfen, bevor er den Wagen wieder an Schwarz zurückgibt. Wenn der Zusatz jedoch nicht trennbar, sondern ein integraler Bestandteil des Eigentums ist (z.B. ein reparierter Motor), dann sollte Hoppe keine Zahlung bzw. kein Eigentum von Schwarz verlangen dürfen (obgleich er vielleicht Braun dazu belangen könnte). Entsprechendes gilt, wenn Braun von Schwarz eine Parzelle Land gestohlen und sie an Hoppe verkauft hätte. Wieder sollte das Kriterium die Abtrennbarkeit dessen sein, was Hoppe dem Eigentum hinzugefügt hatte. Wenn Hoppe zum Beispiel ein paar Gebäude auf das Eigentum gesetzt hätte, so sollte er diese verlegen oder zerstören dürfen, bevor er das Land wieder an Schwarz, den ursprünglichen Landbesitzer zurückgibt.

Unser Beispiel mit dem gestohlenen Auto versetzt uns in die Lage, unmittelbar die Ungerechtigkeit der heutigen gesetzlichen Konstruktion des "begebbaren Wertpapieres" zu erkennen. Im heutigen Gesetz würde das gestohlene Auto in der Tat an den ursprünglichen Besitzer zurückfallen, ohne daß der Eigentümer verpflichtet wäre, den gegenwärtigen Inhaber des ungerechten Anspruchs zu entschädigen. Doch der Staat hat gewisse Güter (z.B. Deutsche-Mark-Banknoten) als "begebbare Wertpapiere" bezeichnet, und der nicht-kriminelle Empfänger oder Käufer solcher Güter wird betrachtet als sei er deren Eigentümer, der nicht gezwungen werden kann, sie an das Opfer zurückzugeben. Eine besondere Gesetzgebung hat auch Pfandleiher zu einer ähnlich bevorrechtigten Klasse gemacht; so daß, wenn Braun eine Schreibmaschine von Schwarz kauft und sie dann bei Hoppe beleiht, der Pfandleiher nicht gezwungen werden darf, die Schreibmaschine an Schwarz, ihren berechtigten Eigentümer zurückzugeben.

Einigen Lesern mag scheinen, unsere Lehre sei hart gegenüber den gutgläubigen Empfänger von Gütern, von denen sich später erweist, daß sie gestohlen sind und sich in unberechtigtem Besitz befinden. Doch wir sollten uns daran erinnern, daß im Falle von *Land*kauf Anspruchsforschungen genau wie Anspruchsversicherungen gegen solche Probleme eine übliche Praxis sind. In der liberalen Gesellschaft wird sich das Geschäft der Anspruchssuche und Anspruchsversicherung vermutlich ausweiten, um sich auf das breitere Gebiet des Schutzes berechtigten und privaten Eigentums zu erstrecken.

Wir sehen daher, daß sich die liberale Theorie bei richtiger Ausarbeitung weder den Utilitaristen anschließt, indem sie jedem gegenwärtigen Besitzanspruch einen willkürlichen und wahllosen Segen erteilt, *noch* daß sie die Sittlichkeit der bestehenden Ansprüche einer vollkommener Unsicherheit und totalem Chaos öffnet. Ganz im Gegenteil leitet die liberale Theorie aus dem grundlegenden Axiom, daß jeder Mensch ein natürliches Recht an seinem Selbst und an den herrenlosen Ressourcen hat, die er findet und zum Gebrauch umwandelt, die absolute Sittlichkeit und Gerechtigkeit aller gegenwärtigen Besitzansprüche ab – *mit Ausnahme* jener Ansprüche, deren Ursprung kriminell ist, *und* (1) bei denen das Opfer oder dessen Erben identifiziert und gefunden werden können *oder* (2) bei denen das Opfer zwar nicht gefunden werden kann, *aber* der gegenwärtige Anspruchsinhaber der betreffende Kriminelle ist. Im ersten Falle fällt das Eigentum an das Opfer bzw. dessen Erben, wie es die allgemeine Gerechtigkeit verlangt; im zweiten Fall wird es das Eigentum des ersten, der seine herrenlose Lage ändert und es sich aneignet.

Wir haben mithin eine Theorie der Eigentumsrechte. Daß jeder Mensch ein absolutes Recht darauf hat, seinen eigenen Körper zu beherrschen und zu besitzen, und auf unbenutzte Landvorkommen, die er findet und umgestaltet. Er hat auch das Recht, solches materielle Eigentum wegzugeben (wenn er auch die Beherrschung seiner eigenen Person und seines eigenen Willens nicht veräußern kann) und es gegen das in entsprechender Weise gewonnene Eigentum anderer zu tauschen. Folglich rührt jedes rechtmäßige Eigentumsrecht von dem Eigentum her, das jeder Mensch an seiner Person hat, sowie von dem "Ersterwerbsprinzip", daß herrenlosen Eigentum rechtmäßig dem ersten Besitzer gehört.

Wir haben auch eine Theorie der *Kriminalität*: Ein Krimineller ist jemand, der solches Eigentum verletzt. Alle kriminellen Besitzansprüche sollten für nichtig erklärt und dem Opfer oder dessen Erben übergeben werden; falls kein Opfer zu finden ist und wenn der gegenwärtige Besitzer nicht selber der Kriminelle ist, denn fällt das Eigentum aufgrund unseres "Ersterwerbsprinzips" rechtmäßig an den gegenwärtigen Besitzer.

Sehen wir nun, wie diese Eigentumstheorie auf verschiedene Kategorien von Eigentum angewendet werden kann. Der einfachste Fall ist natürlich Eigentum *an Personen.* Das grundlegende Axiom der liberalen Theorie besagt, daß jede Person ein Selbst-Besitzer sein muß und daß niemand das Recht hat, in solchen Selbstbesitz einzugreifen. Daraus folgt unmittelbar die völlige Unzulässigkeit von Eigentum an einer anderen Person.[88] Ein bekanntes Beispiel dieser Art von Eigentum ist die Institution der Sklaverei. Vor 1865 bedeutete die Sklaverei zum Beispiel für viele Personen in den Vereinigten Staaten von Amerika einen Anspruch auf "Privateigentum". Die Tatsache, daß solche privaten Ansprüche bestanden, machte diese nicht rechtmäßig; im Gegenteil stellte sie eine *fortwährende* Aggression, eine fortwährende Kriminalität der Herren (und jener, die ihnen halfen, ihre Ansprüche durchzusetzen) gegen ihre Sklaven dar. Denn hier waren die Opfer unmittelbar und eindeutig zu identifizieren, und die Herren begingen jeden Tag Verbrechen an ihren Sklaven. Wir sollten auch herausstellen, daß – wie bei unserem hypothetischen Fall des Königs von Ruritanien – der Utilitarismus keine feste Grundlage bietet, um das "Eigentumsrecht" eines Herren an seinen Sklaven aufzuheben.

Als Sklaverei noch eine übliche Praxis war, wogte eine große Diskussion über die Frage, ob bzw. in welchem Maße der Herr für den Verlust seiner Sklaven in Geld zu entschädigen wäre, falls die Sklaverei abgeschafft werden sollte. Diese Diskussion war augenfällig absurd. Denn was machen wir, wenn wir einen Dieb ergriffen haben und eine gestohlene Uhr sicherstellen? Entschädigen wir den Dieb für den Verlust der Uhr ... oder *bestrafen* wir ihn? Sicherlich ist die Versklavung der Person und des Wesen eines Menschen ein weit abscheulicheres Verbrechen als der Diebstahl seiner Uhr, und es sollte entsprechend bestraft werden. Wie es von einer bissigen Bemerkung des englischen klassischen Liberalen Benjamin Pearson heißt: "es wurde der Vorschlag gemacht, die Sklavenhalter zu entschädigen, und er hatte gedacht, daß wohl eher die Sklaven zu entschädigen wären."[89] Und offensichtlich hätte solch eine Entschädigung nur von den Sklavenhaltern selbst kommen können und nicht von den einfachen Steuerzahlern.

Es sollte hervorgehoben werden, daß die Frage, ob die Sklaverei sofort hätte abgeschafft werden sollen oder nicht, in keinem Zusammenhang mit den Problemen der sozialen Zerrüttung, der plötzlichen Verarmung von Sklavenhaltern oder des Blühens der Südstaatenkultur steht, ganz zu schweigen von der Frage (die natürlich aus anderen Gründen interessant ist), ob Sklaverei gut für den Boden oder für das Wirtschaftswachstum des Südens war oder ob sie in ein oder zwei Generationen ver-

---

88 Der schwierige Fall von *Kindern* wird in Kapitel 14 behandelt.

89 Zit. n. William D. Grampp, *The Manchester School of Economics*, Stanford University Press, 1969, S. 59. Zu Entschädigung und Sklaverei siehe auch weiter unten, S. 209, 238ff.

schwunden wäre. Für den Liberalen, für die Person, die an Gerechtigkeit glaubt, war die einzige Erwägung die ungeheuerliche Ungerechtigkeit und fortwährende Aggression der Sklaverei und mithin die Notwendigkeit, diese Institution so schnell wie möglich abzuschaffen.[90]

10 Das Problem des Landraubs

Eine besonders wichtige Anwendung unserer Theorie der Eigentumsansprüche bezieht sich auf den Fall des Eigentums an *Grund und Boden*. Zunächst einmal ist Land ein festes anteiliges Stück der Erde, und daher hat Grund und Boden praktisch einen dauernden Bestand. Historische Nachforschungen zu Landansprüchen müßten mithin viel weiter zurückgreifen als bei anderen, vergänglicheren Gütern. Doch dies ist kein entscheidendes Problem, da – wie wir sahen – in den Fällen, in denen die Opfer der Vergangenheit nicht mehr aufzuspüren sind, das Land korrekterweise jedem Nicht-Kriminellen gehört, der es gegenwärtig besitzt. Angenommen etwa, daß Heinrich Meier I. ein Stück Land von seinem rechtmäßigen Besitzer Jürgen Schmidt gestohlen hat. Welchen Status hat heute der Anspruch des gegenwärtigen Besitzers Heinrich Meier X.? Oder des Menschen, der der heutige Besitzer ist, weil er das Land von Heinrich Meier X. gekauft hat? Wenn Schmidt und seine Nachkommen in der Vergangenheit verlorengegangen sind, dann gehört – in direkter Anwendung unserer Theorie der Eigentumsansprüche – der Anspruch auf das Land korrekter- und rechtmäßiger Weise dem gegenwärtigen Meier (oder demjenigen, der es von ihm gekauft hat).

Ein zweites Problem – und eines, das Land scharf von anderem Eigentum unterscheidet – liegt darin, daß die bloße *Existenz* von Kapitalgütern, Konsumgütern oder der Geldware zumindest dem ersten Anschein nach beweist, daß diese Güter *in der Tat* benutzt und umgestaltet wurden, daß menschliche Arbeit mit natürlichen Ressourcen vermischt wurde, um sie zu produzieren. Denn Kapitalgüter, Konsumgüter und Geld kommen nicht an sich bereits in der Natur vor; sie müssen geschaffen werden, indem menschliche Arbeit die naturgegebenen Bedingungen verändert. Doch jedes Landgebiet *ist* naturgegeben, und es *könnte* niemals benutzt und umgestaltet worden sein; und daher müßte *jeder* bestehende Besitzanspruch auf niemals benutztes Land als ungültig betrachtet werden. Denn wie wir gesehen haben, entspringen Ansprüche auf eine herrenlose Ressource (wie etwa Land) korrekterweise nur der Verausgabung der Arbeit, die diese Ressource dem Gebrauch zuführt. Wenn daher irgendein Land *niemals* auf diese Weise umgeformt wurde, kann niemand einen rechtmäßigen Anspruch auf seinen Besitz erheben.

Angenommen etwa, daß Herr Grün rechtmäßig eine gewisse Fläche Land besitzt, deren nordwestlicher Teil niemals von Grün oder irgendjemand anderem in seinem

---

90 Weiter unten (S. 255ff) werden wir näher darauf eingehen, daß Liberale im allgemeinen "Abolitionisten" sein müssen.

natürlichen Zustand verändert wurde. Die liberale Theorie wird seinen Anspruch auf den Rest des Landes moralisch bestätigen – vorausgesetzt, wie gesagt, daß es kein identifizierbares Opfer gibt (bzw. daß Grün das Land nicht selber gestohlen hat). Doch die liberale Theorie muß seinen Besitzanspruch auf den nordwestlichen Teil für nichtig erachten. Solange nun kein "Siedler" auftaucht, der das nordwestliche Stück als erster umwandelt, besteht kein wirkliches Problem; Grüns Anspruch mag nichtig sein, aber er ist auch nur bedeutungsloses Gerede. Grün ist noch nicht zu einem kriminellen Aggressor gegen irgendjemand anderen geworden. Doch sollte ein anderer Mensch auftauchen, der das Land umwandelt, und sollte Grün ihn gewaltsam aus dem Eigentum entfernen (oder andere anstellen, dies zu tun), so wird Grün in diesem Moment zu einem kriminellen Aggressor gegen Land, das ein anderer rechtmäßig besitzt. Gleiches würde gelten, wenn Grün Gewalt gebrauchte, um einen anderen Siedler davon abzuhalten, dieses niemals benutzte Land zu betreten und es gebrauchsfähig zu machen.

Um zu unserem Robinson-"Modell" zurückzukehren: Wenn Robinson auf einer großen Insel landet, mag er hochtrabend in den Wind posaunen, er sei der "Eigentümer" der ganzen Insel. Doch die natürliche Tatsache ist, daß er nur den Teil *besitzt*, den er besiedelt und gebrauchsfähig macht. Oder – wie wir oben bemerkten – Robinson könnte ein einsamer Kolumbus sein, der auf einem neuentdeckten Kontinent landet. Doch solange keine andere Person auftaucht, ist Robinsons Anspruch nur leeres Gerede und Wunschvorstellung, ohne durch natürliche Tatsachen begründet zu sein. Sollte aber ein Neuling – Freitag – erscheinen und damit beginnen, unbenutztes Land umzugestalten, dann würde jegliche *Durchsetzung* von Robinsons nichtigem Anspruch eine kriminelle Aggression gegen den Neuling und eine Verletzung seiner Eigentumsrechte bedeuten.

Es ist zu beachten, daß wir nicht sagen, daß das Land *ständig* benutzt werden muß, damit Landeigentum rechtswirksam ist.[91] Das einzige Erfordernis ist, daß das Land einmal in den Dienst gestellt und dadurch zum Eigentum desjenigen wird, der seine Arbeit mit dem Land vermischt – der ihm den Stempel seiner persönlichen Energie verliehen – hat.[92] Nach dieser Benutzung gibt es keinen Grund, ein Brach-

---

91 Das war die Gebrauchstheorie des Grundeigentums, die von Joshua K. Ingalls im neunzehnten Jahrhundert vorgebracht wurde. Zu Ingalls siehe James J. Martin, *Men Against the State*, DeKalb / Ill., Adrian Allen Associates, 1953, S. 142-152.

92 Wie Wolowski und Levasseur beredsam schrieben: "[Der Mensch] hat sich die Natur zu seinem Gebrauch angeeignet; sie ist *Seins* geworden; sie ist sein *Eigentum*. Dieses Eigentum ist rechtmäßig; für den Menschen ist es ein ebenso heiliges Recht wie die freie Ausübung seiner Fähigkeiten. Es ist seins, da es ganz von ihm selber gekommen ist und in keiner Weise etwas anderes ist als eine Äußerung seines Wesens. Vor ihm gab es kaum etwas anderes als Materie; seit ihm und durch ihn gibt es austauschbares Vermögen. Der Produzent hat ein Bruchstück seiner eigenen Person in dem Ding hinterlassen, welches dadurch wertvoll wurde und folglich als eine Verlängerung der menschlichen Fähigkeiten, die auf die äußere Natur einwirken, angesehen werden kann. Als freies Wesen gehört er sich selbst; nun ist er selber die Ursache, d.h. die produktive Kraft; und die Wirkung – d.h. das produzierte Vermögen – ist immer noch er selber. Wer will es wagen, seinen Besitzanspruch zu leugnen, der so deutlich vom Siegel seiner Persön-

liegen des Landes nicht zu gestatten – wie es auch keinen Grund gibt, jemandem das Recht abzuerkennen, seine Uhr in einer Tischschublade aufzubewahren.[93,94]

Eine Form ungültigen Landanspruchs ist daher jeglicher Anspruch auf Land, das niemals in Dienst gestellt wurde. Die Durchsetzung solch eines Anspruchs gegen einen Erstbenutzer wird dann zu einer Gewalthandlung gegen ein legitimes Eigentumsrecht. Es muß dabei beachtet werden, daß es in der Praxis keineswegs schwierig ist, jungfräuliches Land von solchem Land zu unterscheiden, daß irgendwann einmal von Menschen für ihre Zwecke umgewandelt wurde. Die Hand des Menschen wird auf die eine oder andere Weise offensichtlich sein.

Ein Problem der Gültigkeit von Landansprüchen, das zuweilen entsteht, ist allerdings die Frage der "Ersitzung". Nehmen wir an, daß Grün auf ein Stück Land kommt, das augenscheinlich niemandem gehört – vielleicht gibt es keinen Zaun und niemand ist an Ort und Stelle. Grün nimmt an, daß das Land herrenlos ist; er macht sich daran, auf dem Land zu arbeiten, benutzt es eine Zeit lang, und dann erscheint der ursprüngliche Eigentümer des Landes und verlangt dessen Räumung. Wer ist im Recht? Das übliche Ersitzungsrecht verordnet eine willkürliche Spanne von zwanzig Jahren, nach der der Eindringling – trotzdem er das Eigentum eines anderen verletzt – das absolute Eigentumsrecht an dem Land behält. Doch unsere liberale Theorie behauptet, daß Land vom Menschen *nur einmal* umgewandelt werden muß, um in privaten Besitz zu gelangen. Wenn Grün daher auf Land kommt, das in irgendeiner Weise die Spuren früheren menschlichen Gebrauchs trägt, liegt es in seiner Verantwortung, *anzunehmen*, daß das Land jemandem gehört. Jedes Eindringen in dessen Land ohne weitere Nachforschungen muß auf das Risiko erfolgen, daß der Neuling ein Aggressor ist. Natürlich ist es möglich, daß das zuvor benutzte Land *verlassen* wurde; doch der Neuling darf nicht einfach annehmen, daß Land, welches offensichtlich von Menschen umgestaltet wurde, niemandem mehr gehört. Er muß Schritte unternehmen, um herauszufinden, ob sein Anspruch auf das Land eindeutig ist – ganz wie es nach unserer Beobachtung im Gewerbe der Anspruchssucher getan wird.[95] Wenn Grün andererseits auf Land kommt, das offensichtlich niemals von irgendwem umgewandelt wurde, kann er sich sofort und ungestraft darauf begeben,

---

lichkeit bezeichnet wird?" Léon Wolowski und Émile Levasseur, "Property", *Lalor's Cyclopedia of Political Science, etc.*, Chicago, M.B. Cary & Co., 1884, III, 392.

93 Wie ich an anderer Stelle gezeigt habe, gibt es sehr gute ökonomische Gründe, warum insbesondere Land unbenutzt bleiben darf; denn Lebensstandards über dem Subsistenzniveau hängen davon ab, daß das Angebot an Arbeit knapper als das Angebot an Land ist, und wenn diese glückliche Situation gegeben ist, werden beträchtliche Mengen Land "submarginal" sein und mithin brach liegen. Siehe Rothbard, *Man, Economy, and State*, pp.504, 609.

94 Ein faszinierendes Beispiel für periodisch wiederkehrende Landansprüche gemäß einem von zahlreichen Stämmen in Südpersien ausgearbeiteten Wanderkalender findet sich bei Fredrik Barth, "The Land Use Pattern of Migratory Tribes of South Persia," *Norsk Geografisk Tidsskrift*, Bd. XVII, 1959-1960, S. 1-11.

95 Natürlich sollte jeder das *Recht* haben, Eigentum jederzeit aufzugeben; in einer liberalen Gesellschaft kann niemand gezwungen werden, Eigentum zu besitzen, das er aufzugeben wünscht.

denn in der liberalen Gesellschaft kann niemand einen gültigen Anspruch auf Land haben, das niemals umgestaltet wurde.

In der gegenwärtigen Welt, in der die meisten Landgebiete dienstbar gemacht worden sind, hätte die Ungültigkeitserklärung von Landansprüchen wegen niemals erfolgter Benutzung keine weitreichende Bedeutung. Wichtiger wäre heute die Ungültigkeitserklärung eines Landanspruchs wegen einer *anhaltenden* Beschlagnahme von Landeigentum durch Aggressoren. Wir haben bereits den Fall erörtert, daß Meiers Vorfahren eine Parzelle Land der Familie Schmidt ergriffen haben, während Meier das Land heute benutzt und besitzt. Doch angenommen, daß Schmidt vor einigen Jahrhunderten den Boden bestellte und daher das Land rechtmäßig besaß; und daß dann Meier des Weges kam und sich in der Nähe von Schmidt niederließ, daß er unter Gewaltanwendung Anspruch auf Schmidts Land erhob und von Schmidt Zahlungen bzw. "Pacht" erhob für das Vorrecht, den Boden weiterhin zu bestellen. Angenommen, daß nun – Jahrhunderte später – Schmidts Nachfahren (oder auch andere, unverwandte Familien) den Boden bestellen, während Meiers Nachfahren bzw. diejenigen, die ihre Ansprüche erwarben, von den modernen Landwirten weiterhin Tribute erheben. Bei wem liegt das wirkliche Eigentumsrecht in einem solchen Fall? Es sollte offensichtlich sein, daß es sich hier wie im Fall der Sklaverei um *anhaltende* Aggression handelt, die von dem unrechtmäßigen Besitzer des Landes – dem Menschen, dessen ursprünglicher *und anhaltender* Anspruch auf das Land und seine Früchte aus Zwang und Gewalt stammt – gegen die echten Eigentümer, gegen die wirklichen Besitzer ausgeübt wird. Genau wie der erste Meier ein fortwährender Aggressor gegen den ersten Schmidt war, so werden die Rechte der modernen Bauern vom modernen Inhaber der von Meier stammenden Landansprüche verletzt. In diesem Fall – wir können ihn "Feudalismus" oder "Landmonopol" nennen – haben die feudalen bzw. monopolistischen Grundbesitzer keinen rechtmäßigen Anspruch auf das Eigentum. Die gegenwärtigen "Pächter" bzw. Bauern sollten die absoluten Besitzer ihres Eigentums sein, und wie im Fall der Sklaverei sollten die Landansprüche den Bauern ohne Entschädigung der Monopolbesitzer übertragen werden.[96]

Man beachte, daß "Feudalismus" – so wie wir ihn definiert haben – sich nicht nur auf den Fall bezieht, daß der Bauer *auch* gewaltsam dazu gezwungen wird, auf dem Land des Grundbesitzers zu verbleiben, um es weiterhin zu kultivieren (im großen und ganzen die Institution der *Sklaverei*).[97,98] Er ist auch nicht auf Fälle beschränkt,

96 Der Begriff "Feudalismus" – wie er hier gebraucht wird – soll sich nicht auf irgendwelche besonderen Grundeigentums- oder andere Verhältnisse im Mittelalter beziehen; er wird hier gebraucht, um eine einzige Art der Handlung abzudecken: die Beschlagnahme von Land durch Eroberung, die anhaltende Behauptung und Durchsetzung der Besitzerschaft an diesem Land und die Erhebung von Pachtzahlungen von den Landwirten, die den Boden weiterhin bestellen. Ein solcher Gebrauchs des Ausdrucks "Feudalismus" im weiteren Sinne wird von Robert A. Nisbet, *The Social Impact of the Revolution*, Washington / D.C., American Enterprise Institute for Public Policy Research, 1974, S. 4-7, verteidigt.

97 Knechtschaft stellte genau wie Sklaverei eine fortwährende Aggression des Herrn gegen die *Person* des Knechts wie gegen dessen rechtmäßiges Eigentum dar.

in denen auf zusätzliche Gewaltmaßnahmen zurückgegriffen wird, um den feudalen Landbesitz zu stützen und aufrechtzuerhalten (wie die gewaltsame Verhinderung von seiten des Staates, daß irgendein Grundbesitzer sein Land in kleineren Stücken verkauft oder vererbt).[99] "Feudalismus" in unserem Sinne erfordert nur, daß Landbesitz den wirklichen Eigentümern – den Landumwandlern – gewaltsam entrissen wird und daß diese Art Verhältnis über die Jahre andauert. Feudale Landpacht ist daher eine Form dauerhaften Tributs. Man beachte auch, daß die betreffenden Landwirte nicht unbedingt die Nachfahren der ursprünglichen Opfer sein müssen. Denn da die Aggression anhält, solange dieses Verhältnis feudaler Aggression in Kraft bleibt, sind die jetzigen Landwirte die heutigen Opfer und die heutigen rechtmäßigen Eigentümer. Kurz gesagt ist im Falle des Feudallandes bzw. des Monopollandes jede unserer beiden Bedingungen gegeben, um die gegenwärtigen Besitzansprüche für ungültig zu erklären: Denn nicht nur der ursprüngliche, sondern auch der jetzige Landanspruch ist kriminell, *und* die jetzigen Opfer können sehr leicht identifiziert werden.

Unser obiger hypothetischer Fall des Königs von Ruritanien und seiner Verwandten ist ein Beispiel für die Mittel, mit denen der Feudalismus in einem Landgebiet zuwege gebracht werden kann. Nach der Handlung des Königs werden er und seine Verwandten feudale Grundbesitzer ihrer anteiligen Stücke von Ruritanien, und jeder von ihnen erhebt von den Einwohnern Zwangstribute in der Form feudaler "Pachtzinsen".

Natürlich wollen wir nicht zum Ausdruck bringen, daß jede Landmiete ungerechtfertigt und eine Form andauernden Tributs ist. Ganz im Gegenteil gibt es in einer liberalen Gesellschaft keinen Grund, aus dem eine Person, die Land umgestaltet hat, dieses nicht auch an jemanden vermieten oder verkaufen darf; in der Tat wird genau das auch geschehen. Wie können wir dann zwischen feudalen und rechtmäßigen Mieten, zwischen einem feudalem und einem rechtmäßigem Pachtverhältnis unterscheiden? Wiederum wenden wir unsere Regeln an, um über die Gültigkeit von Besitzansprüchen zu entscheiden: Wir schauen nach, ob der Ursprung des Landanspruchs kriminell ist und – im vorliegenden Fall – ob die Aggression gegen die Produzenten des Landes, die Landwirte, noch anhält. Wenn wir *wissen*, daß diese Bedingungen gegeben sind, dann besteht kein Problem; denn die Identifizierung von Aggressor und Opfer ist bemerkenswert eindeutig. Aber wenn wir *nicht wissen*, ob diese Bedingungen gegeben sind, dann folgern wir unter Anwendung unserer Regel und in Ermangelung einer klaren Identifizierbarkeit des Kriminellen, daß der Landanspruch gerecht und berechtigt und nicht feudal ist. In der Praxis ist der Feu-

98 Eine Erörterung verschiedener Definitionen für Feudalismus findet sich bei Marc Bloch, *Feudal Society*, Chicago, University of Chicago Press, 1961, Kap. 1.

99 Zu solchen Maßnahmen zählt die *festgelegte Erbfolge* (die gewaltsame Verhinderung, daß der Grundbesitzer sein Land verkauft) und die *Primogenitur* (das Erstgeborenenrecht: die gewaltsame Verhinderung, daß der Grundbesitzer sein Land nicht intakt an seinen ältesten Sohn vererbt).

dalismus eine der Formen ungültiger Ansprüche, die am leichtesten aufzudecken ist, da die Kriminalität bei feudalen Verhältnissen ebenso alt wie andauernd ist *und* weil die Opfer (die Landwirte) leicht zu identifizieren sind.

11 Das Landmonopol in Vergangenheit und Gegenwart

Es gibt somit zwei Typen ethisch nichtiger Landansprüche[100]: den "Feudalismus", in dem es eine andauernde Aggression der Inhaber von Landansprüchen gegen die Landwirte gibt, die mit der Umwandlung des Bodens befaßt sind; und die vollständige Inanspruchnahme von Land, bei der willkürliche Ansprüche auf jungfräuliches Land dazu benutzt werden, Erstumwandler von diesem Land fernzuhalten. Wir können jede der beiden Aggressionen "Landmonopol" nennen – nicht in dem Sinne, daß irgendeine Person oder Gruppe alles Land in der Gesellschaft besitzt, sondern in dem Sinne, daß in beiden Fällen willkürliche Vorrechte auf Landbesitz behauptet werden, die unvereinbar mit der liberalen Regel sind, daß Land nur von tatsächlichen Umwandlern, deren Erben und Rechtsnachfolgern besessen wird.[101]

Landmonopole sind in der modernen Welt viel weiter verbreitet als die meisten Leute – besonders die meisten US-Amerikaner – glauben. In der unentwickelten Welt, besonders in Asien, dem Mittleren Osten und Lateinamerika ist feudaler Landbesitz ein schwerwiegendes soziales Problem – ob er nun mit einer Quasi-Knechtschaft, die der Landbevölkerung auferlegt wird, einhergeht oder nicht. In der Tat sind die Vereinigten Staaten von Amerika eines der wenigen Länder der Welt, die aufgrund eines glücklichen Zufalls ihrer geschichtlichen Entwicklung praktisch keinen Feudalismus kennen.[102] Da sie selber dem Feudalismus im allgemeinen entgehen, fällt es Amerikanern schwer, das ganze Problem ernstzunehmen. Das trifft insbesondere auf amerikanische *Laissez-faire*-Ökonomen zu, die dazu neigen, ihre Empfehlungen für die rückständigen Länder darauf einzuschränken, die Vorzüge des freien Marktes zu loben. Doch diese Lobeshymnen fallen natürlich auf taube Ohren,

---

100 Abgesehen – natürlich – von *staatlichen* Ansprüchen, die wir noch behandeln werden.

101 Wie ich in Kapitel 10 von *Man, Economy, and State* angedeutet habe, wird "Monopol" korrekterweise definiert als der Empfang eines ausschließlichen Vorrechts auf Eigentum *über* die liberale Regel des Eigentumsrechts hinaus.

102 Diese glückliche Ausnahme gilt nicht für jene mexikanischen Landgebiete, die ihren Eigentümern von den Yankee-Eroberern entrissen wurden, um sie neu zu verteilen – wie anhand der neueren Bewegung mexikanischer Amerikaner zu sehen ist, die unter Führung von Reies Lopez Tijerina die Rückgabe des von den US-Eroberern gestohlenen Landes an die Erben der Opfer fordern. Zum Landraub an den Mexiko-Amerikanern siehe Clark S. Knowlton, "Land-Grant Problems Among the State's Spanish Americans," *New Mexico Business*, Juni 1967, S. 1-13. Siehe auch Clyde Eastman, Garrey Carruthers und James A. Liefer, "Contrasting Attitudes Toward Land in New Mexico," *New Mexico Business*, März 1971, S. 3-20. Zur Tijrina-Bewegung siehe Richard Gardner, *Grito!: Reies Tijerina and the New Mexico Land Grant War of 1967*, New York, Harper & Row, 1971.

da der "freie Markt" für amerikanische Konservative offensichtlich nicht bedeutet, daß Feudalismus und Landmonopolen ein Ende gemacht wird und daß die Ansprüche auf diese Ländereien *ohne Entschädigung* auf die Landbevölkerung übertragen werden. Doch da die Landwirtschaft in den unentwickelten Ländern stets die bei weitem wichtigste Industrie ist, kann ein *wahrhaft* freier Markt, eine wahrhaft liberale Gesellschaft, die Gerechtigkeit und Eigentumsrechten verpflichtet ist, dort nur dann eingerichtet werden, wenn ungerechten feudalen Ansprüchen auf Eigentum ein Ende gesetzt wird. Doch utilitaristische Ökonomen, die sich auf keine ethische Theorie der Eigentumsrechte stützen, können nur darauf zurückfallen, jeden *Status quo*, der gerade bestehen mag, zu verteidigen – in diesem Fall unglücklicherweise den *Status quo* feudalistischer Unterdrückung von Gerechtigkeit und von jedem wirklich freien Markt im Bereich von Land oder Landwirtschaft. Diese Nichtbeachtung des Landproblems bedeutet, daß Amerikaner und Bürger unentwickelter Länder aneinander vorbeireden und daß keiner von ihnen beginnen kann, die Position des anderen zu verstehen.

Besonders amerikanische Konservative gemahnen die rückständigen Länder an die Vorzüge und Bedeutung privater Auslandsinvestitionen aus den fortgeschrittenen Ländern und daran, wie vorteilhaft und wichtig es ist, ein diesen Investitionen günstiges – von staatlicher Schikanierung freies – Klima zu ermöglichen. Das stimmt alles voll und ganz, ist aber wiederum häufig unrealistisch in bezug auf die unentwickelten Länder, weil die Konservativen es beharrlich daran fehlen lassen, den rechtmäßigen, freihändlerischen Auslandsinvestitionen jene Investitionen gegenüberzustellen, die sich auf die Verleihung von Monopolen und auf die Übertragung großer Ländereien von seiten der unentwickelten Staaten stützen. In dem gleichen Maße, in dem Auslandsinvestitionen auf Landmonopole und Verletzungen der Rechte der Landbevölkerung gegründet sind, nehmen ausländische Kapitalisten die Gestalt feudaler Grundherren an, und entsprechend muß mit ihnen verfahren werden.

Ein bewegender Ausdruck dieser Wahrheiten fand sich in einer Botschaft, die der prominente mexikanische Linksintellektuelle Carlos Fuentes an das amerikanische Volk richtete:

> Sie hatten vier Jahrhunderte ununterbrochener Entwicklung innerhalb der kapitalistische Ordnung. Wir hatten vier Jahrhunderte Unterentwicklung innerhalb einer Feudalordnung [...] Sie hatten Ihren Ursprung in der kapitalistischen Revolution [...] Sie begannen bei Null, eine jungfräuliche Gesellschaft, völlig auf der Höhe der modernen Zeit, ohne jeglichen feudalen Ballast. Wir dagegen begannen als ein Anhängsel der verfallenden Feudalordnung des Mittelalters; wir erbten ihre überholten Strukturen, nahmen ihre Übel in uns auf und wandelten sie am äußeren Rand der Revolution der modernen Welt in Institutionen um [...] Wir gelangten von [...] der Sklaverei zur [...] *latifundio* [gewaltige Ländereien unter einem einzigen Grundherren], zur Verneinung politischer, ökonomischer oder kultureller Rechte für die Massen – ein Zollamt, das modernen Ideen verschlossen ist [...] Sie müssen verstehen, daß das lateiname-

kanische Drama dem Fortbestehen dieser feudalen Strukturen über vier Jahrhunderte von Armut und Stagnation zu verdanken ist, während Sie sich inmitten der industriellen Revolution befanden und sich in einer liberalen Demokratie übten [...][103]

Wir brauchen nicht lange nach Beispielen für Landrechtsverletzungen und Landmonopole in der modernen Welt zu suchen; sie sind in der Tat Legion. Wir können ein Beispiel zitieren, das unserem hypothetischen König von Ruritanien nicht ganz unähnlich ist: "Der Schah besitzt mehr als die Hälfte allen urbaren Landes im Iran, Land, das ursprünglich von seinem Vater übernommen wurde. Ihm gehören beinahe 10.000 Dörfer. Bislang hat dieser große Reformer zwei seiner Dörfer verkauft."[104] Ein typisches Beispiel für Auslandsinvestitionen, die mit Landrechtsverletzungen einhergehen, ist eine nordamerikanische Bergbaugesellschaft in Peru, die Cerro de Pasco Corporation. Cerro de Pasco, der sein Land vor einem halben Jahrhundert einem Kloster abgekauft hatte, fing 1959 damit an, in die Ländereien benachbarter indianischer Bauern unberechtigt einzudringen und sie zu beschlagnahmen. Rancas-Indianer, die sich weigerten, Ihr Land zu verlassen, wurden von Bauern im Dienst der Bergbaugesellschaft massakriert; Yerus-Yacán-Indianer versuchten, den Handlungen der Gesellschaft vor Gericht zu entgegenzuwirken, während Angestellte der Gesellschaft Weideland verbrannten und Bauernhütten zerstörten. Als die Indianer ihr Land durch massenhafte gewaltfreie Handlungen wieder in die Hand bekamen, sandte die Regierung von Peru auf Geheiß von Cerro de Pasco und den örtlichen *latifundia*-Besitzern Truppen, um die unbewaffneten Indianer hinauszuwerfen, anzugreifen und sogar zu ermorden.[105]

Was sollte daher unsere Sichtweise auf Investitionen in Öländern sein – einer der wichtigsten Formen von Auslandsinvestitionen in unterentwickelten Länder der heutigen Welt? Der Hauptfehler der meisten Analysen besteht darin, dies entweder pauschal gutzuheißen oder pauschal zu verdammen, denn die Antwort hängt von der Gerechtigkeit des Besitzanspruches ab, wie er in jedem besonderen Fall begründet wird. Wenn etwa eine – inländische oder ausländische – Ölfirma das von ihr entdeckte und angebohrte Ölfeld beansprucht, so ist dies schlicht und einfach "ersterworbenes" Privateigentum, und es ist ungerecht, daß die Regierung des unentwickelten Landes die Firma besteuert oder reguliert. Wenn die Regierung darauf besteht, selber das Eigentum an dem Land zu beanspruchen, und der Firma das Ölfeld

103 Carlos Fuentes, "The Argument of Latin America: Words for the North Americans," in *Whither Latin America?*, New York, Monthly Review Press, 1963, S. 10-12.

104 Michael Parrish, "Iran: The Portrait of a U.S. Ally," *The Minority of One*, Dezember 1962, S. 12.

105 "Von Zeit zu Zeit veröffentlichen die Zeitungen in Lima Berichte, nach denen diese und jene Gemeinde in das Anwesen von Großgrundbesitzern oder Bergbauunternehmen "eingedrungen" sei. Der informierte Leser weiß, was vor sich geht. Empört über ihre Enteignung und in Ermangelung von Gerechtigkeit seitens der Behörden haben die Indianer beschlossen, sich aus eigener Kraft das zu nehmen, was ihnen immer schon gehörte." Sebastian Salazar Bondy, "Andes and Sierra Maestra," in *Whither Latin America?*, S. 116.

nur verpachtet, so ist ihr Anspruch (wie wir weiter unten bei der Erörterung der Rolle von Regierungen noch sehen werden) unberechtigt und nichtig, und die Firma – die sich in der Rolle des Ersterwerbers befindet – ist korrekterweise der Eigentümer und nicht bloß der Pächter des Öllandes.

Andererseits gibt es Fälle, in denen die Ölfirma die Regierung des unentwickelten Landes benutzt, um sich bereits vor dem Bohren ein Monopolrecht an dem gesamten Ölvorkommen eines riesigen Gebietes zu verschaffen, wodurch sich die Regierung zum Gebrauch von Gewalt verpflichtet, um alle konkurrierenden Ölproduzenten, die in diesem Gebiet nach Öl suchen und bohren könnten, gewaltsam hinauszudrängen. In diesem Fall – wie im obigen Fall von Robinsons willkürlichem Gewaltgebrauch, um Freitag wegzudrängen – benutzt die erste Ölfirma die Regierung unrechtmäßigerweise, um Land- und Ölmonopolist zu werden. Ethisch gesehen ist jede neue Firma, die auftaucht, um nach Öl zu forschen und zu bohren, die korrekte Eigentümerin *ihres* "ersterworbenen" Ölgebietes. In umso größerem Maße sind natürlich jene Ölmonopolisten, die den Staat auch benutzten, um Bauern gewaltsam von deren Land zu vertreiben – wie es etwa von der Creole Oil Co. in Venezuela getan wurde – Kollaborateure der Regierung bei der Verletzung der Eigentumsrechte der Landbevölkerung.

Wir sind nun in der Lage, den großen Fehler in den heutigen Programmen zur "Landreform" in den unentwickelten Ländern zu erkennen. (Diese Programme betreffen im allgemeinen kleinere Übereignungen vom unfruchbarsten Land der Grundbesitzer an die Bauern, und dies bei einer völligen Entschädigung der Grundbesitzer, welche häufig über staatliche Hilfen von den Bauern selbst finanziert wird.) Wenn der Anspruch des Grundbesitzers gerecht ist, dann ist *jede* Landreform, die auf solches Land angewendet wird, eine ungerechte und kriminelle Beschlagnahmung seines Eigentums; doch wenn andererseits sein Anspruch ungerecht ist, dann ist die Reform schäbig und die eigentliche Frage wird verfehlt. Denn dann besteht die einzige angemessene Lösung darin, den Anspruch aufzuheben und ihn an die Bauern zu übertragen, und dies sicherlich ohne Entschädigung für den Aggressor, der im Unrecht war, als er ihr Land beschlagnahmte. So kann das Landproblem in den unentwickelten Ländern nur unter Anwendung jener Regeln der Gerechtigkeit gelöst werden, die wir dargelegt haben; und solch eine Anwendung verlangt eine eingehende und umfassende empirische Untersuchung der gegenwärtigen Ansprüche auf Land.

In letzter Zeit hat unter amerikanischen Konservativen die Lehre Verbreitung gefunden, daß der Feudalismus nicht schikanös und ausbeuterisch war, sondern vielmehr ein Bollwerk der Freiheit. Es stimmt, daß der Feudalismus – wie diese Konservativen darlegen – nicht solch ein übles System wie der "orientalische Despotismus" war, doch dieser Hinweis kommt der Aussage gleich, daß Einkerkerung keine so schwere Strafe wie Exekution ist. Der Unterschied zwischen Feudalismus und orientalischem Despotismus war in Wirklichkeit ein gradueller, nicht ein wesentlicher; die willkürliche Herrschaft über das Land und über die Menschen auf diesem Land war in jenem Fall in geographische Segmente aufgebrochen; im letzteren Fall konzentrierte sich das Land eher in den Händen eines – auf sein bürokratisches Gefolge gestützten – unumschränkten Herrschers über das ganze Reichsgebiet. Die Herrschafts- und Unterdrückungssysteme sind sich in ihrer Art ähnlich; der orientalische Despot ist ein einzelner feudaler Oberherrscher mit der sich daraus ergebenden Macht in seinen Händen. Jedes der beiden System ist eine Abwandlung des anderen; keines von beiden ist in irgendeinem Sinne liberal. Und es gibt keinen Grund zu der Annahme, daß eine Gesellschaft sich zwischen ihnen entscheiden muß – daß dies die einzigen Alternativen sind.

Die geschichtliche Auffassung dieser ganzen Angelegenheit wurde von den staatsorientierten deutschen Historikern des späten 19. Jahrhunderts – von Leuten wie Schmoller, Bücher, Ehrenberg und Sombart – auf einen völlig falschen Weg gedrängt.[106] Diese Historiker setzten eine scharfe Zweiteilung und einen inneren Konflikt zwischen Feudalismus auf der einen Seite und absoluter Monarchie bzw. dem starken Staat auf der anderen als gegeben voraus. Sie setzten voraus, daß eine kapitalistische Entwicklung die absolute Monarchie und den starken Staat *erfordert*, um örtliche feudale und gildenartige Beschränkungen zu zerschlagen. Diese Zweiteilung zwischen Kapitalismus *plus* starkem Zentralstaat und Feudalismus wurde auch – aus einem besonderen Blickwinkel – von den Marxisten geteilt, die nicht sonderlich zwischen einer “Bourgoisie”, die Gebrauch vom Staat macht, und einer Bourgoisie, die sich auf dem freien Markt betätigt, unterschieden. Nun haben einige Konservative diese alte Zweiteilung aufgenommen und sie auf den Kopf gestellt. Feudalismus und der starke Zentralstaat werden immer noch als die entscheidenden polaren Gegensaätze angesehen, nur ist der Feudalismus nach dieser Sicht die gute Alternative.

Der Irrtum liegt hier in der Zweiteilung selbst. Tatsächlich waren der starke Staat und der Feudalismus keine Gegensätze; jener war ein logischer Auswuchs des letzteren, mit dem absoluten Monarchen als einem super-feudalen, unumschränkten Herrscher. Als sich der starke Staat in Westeuropa entwickelte, machte er sich nicht daran, die feudalen Handelsbeschränkungen zu zerschmettern; ganz im Gegenteil *überlagerte* er die feudale Ordnung mit seinen eigenen zentralen Beschränkungen und hohen Steuern. Die französische Revolution, die sich gegen die lebendige Verkörperung des starken Staates in Europa richtete, zielte darauf ab, *sowohl* den Feudalismus mit seinen örtliche Behinderungen, *als auch* die von der Zentralregierung hinzugefügten Behinderungen und hohen Steuern zu zerstören.[107] Die wirkliche Zweiteilung lag zwischen der Freiheit auf der einen Seite und den Feudalherren *und* dem absoluten Monarchen auf der anderen Seite. Zudem blühte der freie Markt und der Kapitalismus am frühesten und stärksten gerade in jenen Ländern, in denen *sowohl* der Feudalismus, *als auch* die staatliche Zentralmacht verhältnismäßig am

---

106 Ironischerweise waren Sombarts spätere Jahre dadurch geprägt, daß er den Begriff kapitalistischer Entwicklung angriff. Siehe etwa Werner Sombart, *A New Social Philosophy*, Princeton, Princeton University Press, 1937; ders., *Vom Menschen*, Berlin, 1938.

107 Zu Privateigentum und Feudalismus in der französischen Revolution siehe Gottfried Dietze, *In Defense of Property*, Chicago, Regnery, 1963, S. 140f.

schwächsten waren: in den italienischen Stadtstaaten und im Holland und England des siebzehnten Jahrhunderts.[108]

Daß Nordamerika dem Fluch feudalen Landbesitzes und Landmonopolen relativ entging, lag nicht daran, daß nicht versucht worden wäre, diese einzurichten. Viele der englischen Kolonien unternahmen ernste Versuche, eine Feudalherrschaft zu begründen, und zwar insbesondere dort, wo die Kolonien staatlich konzessionierte Gesellschaften und Einzelunternehmen waren, wie in New York, Maryland, Nord- und Süd-Carolina. Der Versuch scheiterte, weil die Neue Welt ein riesiges und jungfräuliches Landgebiet war. Daher konnten die zahlreichen Empfänger von Feudal- und Monopolrechten – von denen viele gewaltige Ausmaße erreichten – nur dadurch Gewinne erzielen, daß sie Siedler dazu veranlaßten, in die Neue Welt zu kommen und sich auf ihrem Anwesen anzusiedeln. Anders als in der Alten Welt gab es hier keine bereits vorhandenen Siedler auf relativ stark bevölkertem Land, die leicht ausgebeutet werden konnten. Stattdessen wurde das Land von den Grundbesitzern – die zur Förderung von Ansiedlungen gezwungen waren und nach schnellen Einnahmen strebten – ausnahmslos aufgeteilt und an die Siedler verkauft. Es war natürlich unglücklich, daß Rechte auf Land durch willkürliche Ansprüche und staatliche Vorrechte bereits vor der Ansiedlung vergeben wurden. Die Siedler waren infolgedessen gezwungen, einen Preis für Land zu zahlen, das hätte kostenlos sein sollen. Doch *sobald* das Land vom Siedler gekauft wurde, verschwand die Ungerechtigkeit, und der Landanspruch fiel an seinen korrekten Inhaber: den Siedler. Auf diese Weise führte das riesige Angebot an jungfräulichem Land und der Wunsch der Landkonzessionäre nach schnellen Gewinnen überall zu der glücklichen Auflösung von Feudalismus und Landmonopolen und zur Einrichtung eines wahrhaft liberalen Landsystems ind Nordamerika. Einige der Kolonial-Geschäftsleute versuchten, von den Siedlern weiterhin Pachtzinsen – den letzten Überrest feudaler Forderungen – einzutreiben, doch die Siedler weigerten sich, zu zahlen oder das Land als irgendetwas anderes als ihr Eigen zu behandeln. In jedem Fall gaben die Kolonial-Geschäftsleute den Versuch auf, ihre Pachtzinsen einzutreiben, und das schon bevor ihre staatlichen Konzessionen von der britischen Krone eingezogen wurden.[109] Nur in einem kleineren Fall (abgesehen von dem wichtigen Fall der Sklaverei und der riesigen Pflanzungen in den Südstaaten) hielt der feudale Grundbesitz in den englischen Kolonien an: in den Landkreisen des Hudson-Tals in New York, wo die großen Konzessionäre dabei blieben, den Siedlern das Land *nicht* zu verkaufen, sondern es an sie zu verpachten. Infolgedessen leisteten die Landwirte ihren feudalen Grundherren ständigen Widerstand und ergingen sich sogar in offenen Kampfhandlungen. Dieser Widerstand fand in den "Anti-Pacht" Kriegen der 1840er Jahre seinen Höhepunkt, als den

---

108 Zum vernachlässigten Fall der Holländer siehe Jelle C. Riemersma, "Economic Enterprise and Political Powers After the Reformation," *Economic Development and Cultural Change*, Juli 1955, S. 297-308.

109 Zur amerikanischen Erfahrung siehe Murray N. Rothbard, *Conceived in Liberty*, Bd. I, New York, Arlington House, 1975.

Pachtzinsforderungen durch die staatliche Gesetzgebung schließlich ein Ende gesetzt wurde und das letzte Überbleibsel des Feudalismus außerhalb des Südens verschwand.

Die wichtige Ausnahme zu dieser landwirtschaftlichen Idylle war natürlich das Blühen des Sklavensystems in den Südstaaten. Nur die erzwungene Sklavenarbeit ermöglichte das Blühen des großen Plantagensystems für landwirtschaftliche Massenartikel im Süden. Ohne die Fähigkeit, die Arbeit anderer zu besitzen und zu erzwingen, hätten die großen Plantagen – und vielleicht vieles von den Tabak- und später von den Baumwoll-Kulturen – den Süden nicht durchdrungen.

Oben deuteten wir an, daß es auf die Sklavenfrage nur eine mögliche moralische Antwort gab: sofortige und unbedingte Abschaffung ohne Entschädigung der Sklavenhalter. In der Tat hätten etwaige Entschädigungen genau den anderen Weg gehen müssen – den unterdrückten Sklaven hätte ihre lebenslange Sklaverei zurückbezahlt werden müssen. Ein wichtiger Teil solcher notwendigen Entschädigungen hätte darin bestanden, die Plantagenländereien nicht an den Sklavenhalter (der kaum irgendeinen gültigen Anspruch auf irgendein Eigentum hatte), sondern an die Sklaven selbst zu vergeben, deren Arbeit – gemäß unserem "Ersterwerbssprinzip" – bei der Entwicklung der Plantagen mit dem Boden vermischt wurde. Kurz gesagt war es eine Mindestforderung elementarer liberaler Gerechtigkeit, daß die Sklaven nicht nur sofort befreit, sondern daß ihnen auch die Plantagengebiete, auf denen sie im Schweiße ihre Angesichts gearbeitet hatten, ohne Entschädigung der Herren sofort übergeben wurden. Tatsächlich jedoch beging der siegreiche Norden den gleichen Fehler – obwohl "Fehler" noch ein viel zu mildes Wort für eine Handlung ist, die ein ungerechtes und unterdrückerisches Gesellschaftssystem in seinem Wesen bewahrte – den bereits Zar Alexander beging, als er die russischen Knechte 1861 befreite: Die *Körper* der Unterdrückten waren befreit, doch das Eigentum, das sie bearbeitet hatten und das zu besitzen sie überaus verdienten, verblieb in den Händen ihrer vormaligen Unterdrücker. Da die wirtschaftliche Macht somit in ihren Händen blieb, fanden sich die ehemaligen Gebieter erneut als praktische Herren derjenigen wieder, die nun für freie Pächter bzw. Landarbeiter gehalten wurden. Die Knechte und die Sklaven hatten die Freiheit gekostet, doch deren Früchte hatte man ihnen versagt.[110]

---

110 In den letzten Jahren hat eine neue Welle abolitionismusfreundlicher Historiker – wie Staughton Lynd, James McPherson und Willie Lee Rose – erkannt, welche entscheidende Bedeutung die abolitionistische Forderung nach "40 Acres und einem Maulesel" für die Übergabe der alten Plantagen an die Sklaven hatte. Siehe James M. McPherson, *The Struggle for Equality: Abolitionists and the Negro in the Civil War and Reconstruction*, Princeton / N.J., Princeton University Press, 1964; sowie Willie Lee Rose, *Rehearsal for Reconstruction: the Port Royal Experiment*, Indianapolis / Ind., Bobbs-Merrill, 1964.

Siehe auch Claude F. Oubre, *Forty Acres and a Mule: The Freedmen's Bureau and Black Land Ownership*, Baton Rouge, Lousiana State University Press, 1978.

12 Selbstverteidigung

Wenn jeder Mensch das absolute Recht auf sein rechtmäßig abgeleitetes Eigentum hat, so folgt daraus, daß er das Recht hat, dieses Eigentum zu *behalten* – es gewaltsam gegen gewaltsame Verletzungen zu verteidigen. Absolute Pazifisten, die auch ihren Glauben an Eigentumsrechte unterstreichen (wie etwa Robert LeFevre), sind in einem unausweichlichen inneren Widerspruch befangen: Denn wenn ein Mensch Eigentum besitzt und ihm doch das Recht verwehrt ist, es gegen Angriffe zu verteidigen, dann ist ihm offensichtlich ein sehr wichtiger Aspekt dieses Eigentums verwehrt. Indem man sagt, jemand habe das absolute Recht an einem gewissen Eigentum, aber kein Recht, es gegen Angriffe und Verletzungen zu verteidigen, sagt man auch, daß er *kein* völliges Recht an diesem Eigentum hat.

Wenn jeder Mensch das Recht zur Verteidigung seiner Person und seines Eigentums gegen Angriffe hat, dann muß er außerdem das Recht haben, andere Menschen für eine solche Verteidigung anzustellen oder ihre Hilfe dafür anzunehmen: Er darf Verteidiger anstellen oder ihrer Hilfe zusagen, genau wie er Gärtner für die Pflege seines Rasens anstellen bzw. ihrer freiwilligen Hilfe zusagen darf.

Wie weit erstreckt sich das Recht eines Menschen auf Selbstverteidigung von Person und Eigentum? Die grundlegende Antwort muß sein: bis zu dem Punkt, an dem er beginnt, die Eigentumsrechte eines anderen zu verletzen. Denn in diesem Falle würde seine "Verteidigung" selber eine kriminelle Verletzung des gerechten Eigentums eines anderen Menschen bedeuten, wogegen dieser sich korrekterweise verteidigen könnte.

Daraus folgt, daß defensive Gewalt nur gegen eine tatsächliche oder direkt angedrohte Verletzung des Eigentums einer Person gebraucht werden darf – und daß sie nicht gegen irgendeinen gewaltlosen "Schaden" gebraucht werden darf, der am Einkommen oder am Wert des Eigentums einer Person entstehen mag. Angenommen etwa, daß A, B, C, D usw. sich – *aus welchem Grund auch immer* – entscheiden, den Verkauf von Gütern aus Schmidts Fabrik oder dessen Laden zu boykottieren. Sie stellen einen Streikposten auf, verteilen Flugblätter und halten Reden – alles in einer gewaltfreien Art und Weise – und rufen jeden dazu auf, Schmidt zu boykottieren. Schmidt mag große Einkommenseinbrüche erleiden, und sie mögen das alles nur aus unbedeutenden oder gar unmoralischen Gründen tun; doch Tatsache ist, daß sie zur Organisation eines solchen Boykotts vollkommen das Recht haben, und wenn Schmidt versuchen würde, solche Boykottbetätigungen gewaltsam zu unterbinden, so wäre er ein krimineller Verletzer ihrer Eigentumsrechte.

Defensive Gewalt muß sich daher darauf beschränken, Angriffen gegen Person oder Eigentum zu widerstehen. Doch solche Angriffe können zwei natürliche Entsprechungen einer tatsächlichen physischen Aggression beinhalten: *Einschüchterung* bzw. eine direkte Androhung physischer Gewalt; und *Betrug*, der in der Aneignung des Eigentums eines anderen ohne dessen Zustimmung besteht und daher "stillschweigender Diebstahl" ist.

Nehmen Sie etwa an, jemand kommt Ihnen auf der Straße entgegen, zieht eine Schußwaffe und verlangt ihre Brieftasche. Er mag Sie bei diesem Aufeinandertreffen nicht physisch belästigt haben, doch er entzog Ihnen Geld aufgrund einer direkten, offenen Drohung, daß er Sie erschießen *würde*, wenn Sie seine Befehle mißachteten. Er hat die Gewaltdrohung benutzt, um Ihren Gehorsam für seine Befehle zu erhalten, und dies kommt der Gewalt selber gleich.

Es ist allerdings wichtig, daß die Gewaltandrohung deutlich, unmittelbar und direkt ist; kurzum, daß sie Teil der Ingangsetzung einer offenen Handlung ist. Irgendwelche entfernt liegenden oder indirekten Kriterien – irgendwelche "Risiken" oder "Bedrohungen" – sind bloße Ausreden für aggressive Handlungen von seiten des angeblichen "Verteidigers" gegen eine vermeintliche "Bedrohung". Eines der Hauptargumente für die Prohibition von Alkohol in den USA der 1920er Jahre war zum Beispiel, daß der Genuß von Alkohol die Wahrscheinlichkeit erhöhe, daß (nicht näher beschriebene) Menschen verschiedene Arten von Verbrechen begehen; daher galt die Prohibition als eine "defensive" Handlung zur Verteidigung von Person und Eigentum. In Wirklichkeit griff sie natürlich brutal in die Rechte von Person und Eigentum ein, in das Recht, alkoholische Getränke zu kaufen, zu verkaufen und zu gebrauchen. Genauso könnte man vorbringen, daß (a) mangelnder Verzehr von Vitaminen die Leute reizbarer macht, daß daher (b) dieses Versäumnis wahrscheinlich zu mehr Verbrechen führt und daß mithin (c) jeder gezwungen werden sollte, täglich die richtige Menge Vitamine zu sich zu nehmen. Sobald man unbestimmte und zukünftige "Bedrohungen" von Person und Eigentum ins Spiel bringt – d.h. solche, die nicht offen und unmittelbar sind – werden alle Arten der Tyrannei entschuldbar. Vor einem solchen Despotismus kann man sich nur schützen, wenn man an dem Kriterium festhält, daß Übergriffe deutlich und unmittelbar und offen sein müssen, um als solche erkannt zu werden. Denn in dem unvermeidlichen Fall unscharfer oder unklarer Handlungen müssen wir uns rückbesinnen und fordern, daß die Androhung von Übergriffen direkt und unmittelbar sein muß. Alle anderen Handlungen müssen den Leuten daher erlaubt sein. Kurzum, die Beweislast, daß die Aggression wirklich begonnen hat, muß bei der Person liegen, die die defensive Gewalt gebraucht.

Daß Betrug stillschweigender Diebstahl ist, folgt aus dem Recht auf Vertragsfreiheit, welches sich wiederum aus den Rechten an Privateigentum ableitet. Angenommen etwa, daß Schmidt und Meier sich auf einen vertraglichen Tausch von Eigentumsansprüchen einigen: Schmidt wird DM 10.000 für Meiers Auto zahlen. Wenn Schmidt das Auto in Besitz nimmt und sich dann weigert, DM 10.000 an Meier zu übergeben, dann hat er die DM 10.000 in der Tat gestohlen; Schmidt ist ein Aggressor gegen DM 10.000, die nun eigentlich Meier gehören. Einen Vertrag dieser Art nicht zu halten, ist folglich gleichbedeutend mit Diebstahl, und daher mit einer physischen Aneignung des Eigentums eines anderen, die genauso "gewaltsam" ist, wie Hausfriedensbruch oder Einbruch ohne bewaffneten Angriff.

Auch betrügerische *Fälschungen* sind stillschweigender Diebstahl. Wenn Schmidt DM 10.000 zahlt und von Meier nicht eine bestimmte Ausführung eines Autos, sondern ein älteres und schlechter ausgestattetes Modell erhält, dann ist auch das stillschweigender Diebstahl: Wiederum hat sich jemand das Eigentum eines anderen in einem Vertrag angeeignet, ohne ihm sein Eigentums wie vereinbart zu übergeben.[111]

Wir dürfen nicht in die Falle tappen, zu behaupten, daß *alle* Verträge – welches auch ihr Wesen sei – erzwingbar sein müssen (d.h. daß zu ihrer Durchsetzung korrekterweise Gewalt gebraucht werden darf). Der einzige Grund, aus dem die obigen Verträge durchsetzbar sind, liegt darin, daß der Bruch solcher Verträge einen stillschweigenden Diebstahl von Eigentum mit sich bringt. Diejenigen Veträge, die *keinen* stillschweigenden Diebstahl mit sich bringen, sollten in einer liberalen Gesellschaft nicht erzwingbar sein.[112] Angenommen etwa, daß A und B vereinbaren (einen "Vertrag" aufsetzen), sich in sechs Monaten zu verheiraten; oder daß A verspricht, B in sechs Monaten eine gewisse Summe Geldes zu *schenken*. Wenn A diese Vereinbarungen bricht, mag er vielleicht moralisch tadelnswert sein; aber er hat das Eigentum der anderen Person nicht stillschweigend gestohlen, und daher kann solch ein Vertrag nicht durchgesetzt werden. A mit Gewalt zu zwingen, solche Verträge zu erfüllen, wäre ein *ebenso* krimineller Eingriff in A's Rechte wie Schmidts eventuelle Entscheidung, mit Gewalt gegen die Leute vorzugehen, die seinen Laden boykottieren. Bloße *Versprechen* sind also keine korrekterweise durchzusetzenden Verträge, weil ihr Bruch keinen Eingriff in Eigentum oder stillschweigenden Diebstahl mit sich bringt.

Schuldverträge sind nicht deshalb korrekterweise durchzusetzen, weil ein Versprechen gegeben wurde, sondern weil das Eigentum des Gläubigers ohne dessen Zustimmung angeeignet – d.h. gestohlen – wird, wenn die Schuld nicht getilgt wird. Wenn etwa Braun in diesem Jahr Grün DM 10.000 im Tausch gegen eine Zahlung von DM 11.000 im nächsten Jahr leiht und Grün es versäumt, die DM 11.000 zu zahlen, so ist die richtige Schlußfolgerung, daß sich Grün DM 11.000 aus Brauns Eigentum angeeignet hat und dessen Herausgabe verweigert – es also gestohlen hat. Diese rechtliche Art der Behandlung von Schulden – zu entscheiden, daß die Schuld ein *Eigentum* des Gläubigers ist – sollte auf alle Schuldverträge angewendet werden.

Es ist mithin nicht die Aufgabe des *Gesetzes* – richtigerweise der Regeln und Vorkehrungen, mit denen Personen und Eigentum gewaltsam verteidigt werden – Menschen durch den Gebrauch gesetzlicher Gewalt sittsam zu machen. Es ist nicht die eigentliche Aufgabe des Gesetzes, Menschen aufrichtig zu machen und dafür zu sorgen, daß sie ihre Versprechen halten. Es ist die Aufgabe gesetzlicher Gewalt, Personen und deren Eigentum vor gewaltsamen Angriffen zu schützen, vor Belästigungen oder Aneignungen ihres Eigentums, denen sie nicht zugestimmt haben. Mehr zu sagen – etwa, daß bloße Versprechen korrekterweise durchsetzbar sind – bedeutet, aus "Verträgen" einen unbegründeten Fetisch zu machen, während man vergißt,

111 Eine Ausarbeitung liberaler Prinzipien des Fälschungsrechts findet sich bei Wordsworth Donisthorpe, *Law In A Free State*, London, Macmillan & Co., 1895, S. 132-158.

112 Eine weitere Ausarbeitung dieser These findet sich unten, in dem Abschnitt "Eigentumsrechte und Vertragstheorie", Kapitel 19.

warum einige von ihnen erzwingbar sind: Zur Verteidigung der gerechten Eigentumsrechte.

Eine gewaltsame Verteidigung muß sich daher auf gewaltsame Eingriffe beschränken – auf tatsächliche Eingriffe, auf stillschweigende oder solche, die in direkten und offenen Drohungen gegeben sind. Doch *wie weit* – diesen Grundsatz vorausgesetzt – geht das Recht auf gewaltsame Verteidigung? Zunächst einmal wäre es eindeutig grotesk und kriminell, einen Mann auf der anderen Straßenseite zu erschießen, weil sein böser Blick einen Angriff anzukündigen schien. Die Gefahr muß unmittelbar und offen sein, wir könnten auch sagen "eindeutig und gegenwärtig" – ein Kriterium, dessen richtige Anwendung nicht Beschränkungen der Redefreiheit betrifft (was niemals erlaubt werden kann, wenn wir eine solche Freiheit als Teil der Rechte an Person und Eigentum auffassen), sondern das Recht, Zwangsmaßnahmen gegen einen vermutlich drohenden Angriff zu ergreifen.[113]

Zweitens könnten wir fragen: Müssen wir jenen Liberalen zustimmen, die behaupten, ein Ladenbesitzer habe das Recht, einen Burschen zur Strafe dafür, daß er ein Kaugummi stiehlt, zu töten? Das könnte die "maximalistische" Position genannt werden. Sie besagt etwa folgendes: Indem er das Kaugummi stiehlt, stellt sich der Bengel außerhalb des Gesetzes. Durch seine Handlung zeigt er, daß er nicht die korrekte Theorie der Eigentumsrechte vertritt bzw. sie nicht beachtet. Daher verliert er alle seine Rechte, und der Ladenbesitzer handelt im Rahmen seiner Rechte, wenn er den Burschen zur Vergeltung tötet.[114]

Ich meine, diese Position leidet unter einer grotesken Maßlosigkeit. Indem sie sich auf das Recht des Ladenbesitzers an seinem Kaugummi konzentriert, vernachlässigt sie vollkommen ein anderes, höchst wertvolles Eigentumsrecht: das Recht jedes Menschen – einschließlich des Bengels – auf Selbstbesitz. Auf welcher Grundlage müssen wir die Ansicht vertreten, daß man sich durch einen geringfügigen Eingriff in das Eigentum eines anderen den völligen Verlust des eigenen einhandelt? Ich schlage eine andere Grundregel in bezug auf Verbrechen vor: Der Kriminelle bzw. der Eingreifer verliert sein eigenes Recht *in dem Maße*, in dem er einen anderen Menschen um das seinige beraubt hat. Wenn ein Mensch einem anderen etwas von dessen Selbstbesitz oder von dessen Ausdehnung in physisches Eigentum vorenthält, so verliert er in diesem Maße seine eigenen Rechte.[115] Aus diesem Grundsatz folgt

113 Dieses Erfordernis erinnert an die scholastische Lehre der doppelten Wirkung. Siehe G.E.M. Anscombe, "The Two Kinds of Error in Action," *Journal of Philosophy*, 60., 1963, S. 393-401; Foot, *Virtues and Vices*, S. 19-25.

114 Der maximalistischen Position zufolge müßten außerdem Sozialisten, Interventionisten und Utilitaristen wegen ihrer Ansichten exekutiert werden. Diese Einsicht verdanke ich Dr. David Gordon.

115 Der große Liberale Auberon Herbert drückte das so aus: "Habe ich recht, wenn ich sage, ein Mensch habe durch den Angriff auf die Rechte anderer seine eigenen Rechte (in dem Maße der Aggression, die er selber beging) verwirkt? [...] Es mag sehr schwer sein, der Menge der Aggression und der Menge der hieraus entspringenden Beschränkungen einen konkreten Ausdruck zu geben; doch jedes gerechte Gesetz scheint in dem Bemühen zu bestehen, dies zu tun.

unmittelbar die Verhältnismäßigkeitstheorie der Strafe – die am besten in dem alten Sprichwort "Auge um Auge, Zahn um Zahn" zusammengefaßt wird.[116]

Wir schließen also, daß der Ladenbesitzer über diesen verhältnismäßigen Verlust von Rechten hinausging, als er auf den auf Abwege geratenen Bengel schoß und den Kriminellen verwundete oder tötete; diese Übertretung ist *selber* ein Angriff auf jenes Eigentumsrecht des Kaugummidiebes, das dieser an seiner eigenen Person hat. In der Tat ist der Ladenbesitzer zu einem weit größeren Kriminellen als der Dieb geworden, denn er hat sein Opfer getötet oder verwundet – ein weit schwerwiegenderer Eingriff in die Rechte eines anderen als der ursprüngliche Ladendiebstahl.

Als nächstes könnten wir fragen, ob es illegal sein sollte, "das Volk aufzuhetzen"? Angenommen, daß Grün eine Menschenmenge auffordert: "Auf Leute! Brandschatzt! Plündert! Tötet!" und daß sich der Mob daranmacht, genau dies zu tun, ohne daß Grün noch irgendetwas mit diesen kriminellen Aktivitäten zu tun hätte. Da es jedem Menschen freisteht, sich jede gewünschte Handlungsweise zueigen zu machen oder nicht, können wir nicht sagen, daß Grün die Mitglieder des Mobs zu ihren kriminellen Betätigungen *bestimmte*; wir können ihn keineswegs wegen seiner Forderungen für *ihre* Verbrechen verantworlich machen. "Das Volk aufzuhetzen" ist daher eine reine Ausübung des Menschenrechtes, zu sprechen, ohne sich dadurch eines Verbrechens schuldig zu machen. Wenn Grün andererseits daran beteiligt sein sollte, verschiedene Verbrechen zu planen oder sich mit anderen dazu verabredet, und wenn er ihnen darauf sagt, sich nun an die Sache zu machen, so ist es offensichtlich, daß er an den Verbrechen genauso schuldig ist wie die anderen – und noch schuldiger, wenn er der führende Kopf der Bande sein sollte. Diese scheinbar spitzfindige Unterscheidung ist in der Praxis sonnenklar – es liegen Welten zwischen dem Anführer einer Verbrecherbande und dem Seifenkistenredner bei einem Aufruhr; dem ersten ist richtigerweise nicht einfach nur "Anstiftung" anzulas

Durch unsere Erörterung der Verteidigung sollte ferner deutlich geworden sein, daß jeder Mensch das absolute Recht hat, Waffen zu tragen – ob zur Selbstverteidigung oder zu irgendeinem anderen erlaubten Zweck. Das Verbrechen kommt nicht davon, Waffen zu *tragen*, sondern davon, sie für Zwecke angedrohter oder tatsächlicher Gewalt zu *gebrauchen*. Nebenbei gesagt ist es seltsam, daß das Gesetz insbesondere *versteckt getragene* Waffen verbietet, während es gerade *offen* und unverborgen getragene Waffen sind, die für Einschüchterungen verwendet werden können.

Wir bestrafen einen Menschen in gewisser Weise, wenn er mir ein Unrecht zufügt, das mich für einen Tag ans Bett fesselt; in anderer Weise, wenn er mir das Leben nimmt [...] Allgemein liegt [dem Gesetz] die (wie ich denke, wahre) Ansicht zugrunde, daß die Strafe bzw. die Wiedergutmachung in zivil- wie in strafrechtlichen Angelegenheiten an der Menge der Aggression zu bemessen ist; in anderen Worten, daß der Aggressor – nach einer harten Sitte – soviel Freiheit verliert wie er anderen nahm." Auberon Herbert und J.H. Levy, *Taxation and Anarchism*, London, The Personal Rights Association, 1912, S. 38.

116 Eine Ausarbeitung dieser Theorie der Strafe findet sich unten im Abschnitt "Bestrafung und Verhältnismäßigkeit," Kapitel 13.

Bei jedem Verbrechen, bei jeder Rechtsverletzung vom geringfügigsten Vertragsbruch bis zu Mord sind immer zwei Parteien (oder Parteigruppen) beteiligt: das Opfer – der Klagende – und der vermeintliche Kriminelle, der Beklagte. Zweck jedes gerichtlichen Verfahrens ist es, so gut es geht herauszufinden, *wer* im jeweils vorliegenden Fall der Kriminelle ist und wer es nicht ist. Im allgemeinen dienen die Gerichtsregeln dazu, in für weite Kreise hinnehmbarer Weise herauszufinden, wer die Kriminellen sein könnten. Aber Liberale haben einen alles überragenden Vorbehalt gegen diese Verfahren: Gegen Nicht-Kriminelle darf keine Gewalt gebraucht werden. Denn jedwede physische Gewalt, die gegen einen Nicht-Kriminellen gebraucht wird, stellt eine Verletzung der Rechte dieser unschuldigen Person dar und ist mithin selber kriminell und unzulässig. Man nehme etwa das übliche polizeiliche Verfahren, Verdächtige zu schlagen und zu quälen – oder zumindest ihre Telephone abzuhören. Wer sich gegen solche Praktiken wendet, wird unfehlbar von Konservativen beschuldigt, "Verbrecher zu verhätscheln". Doch der ganze Punkt ist, daß *wir nicht wissen*, ob diese Menschen Verbrecher sind oder nicht; und bis sie verurteilt werden, muß von ihnen angenommen werden, daß sie keine Verbrecher sind, und sie müssen alle Rechte des Unschuldigen genießen, nach dem berühmten Wort: "Sie sind unschuldig, bis das Gegenteil erwiesen ist." (Die einzige Ausnahme gälte für ein Opfer, das sich an Ort und Stelle gegen einen Angreifer verteidigt; denn dieses Opfer weiß, daß der Kriminelle in sein Haus eindringt.) "Kriminelle verhätscheln" bedeutet daher in Wirklichkeit sicherzustellen, daß die Polizei nicht verbrecherisch in die Selbstbesitzrechte von mutmaßlichen Unschuldigen eingreift, die sie eines Verbrechens verdächtigt. In diesem Fall zeigt sich, daß der "Verhätschler" und Beschränker der Polizei weitaus mehr als der Konservative ein echter Verteidiger von Eigentumsrechten ist.

Wir können diese Erörterung in einer wichtigen Hinsicht einschränken: Die Polizei darf solche Zwangsmethoden einsetzen – *vorausgesetzt*, daß sich der Verdächtigte als schuldig erweist, *und* vorausgesetzt, daß die Polizeibeamten selber als Verbrecher behandelt werden, wenn der Verdächtigte nicht der Tat überführt wird. Denn in diesem Falle würde die Regel der Gewaltfreiheit gegen Nicht-Kriminelle immer noch gelten. Angenommen etwa, die Polizei schlüge und quälte einen Mordverdächtigen, um sich Informationen zu beschaffen (*nicht*, um ihm ein Geständnis abzuringen, da ein erzwungenes Geständnis natürlich niemals als gültig angesehen werden könnte). Wenn der Verdächtige sich als schuldig erweist, dann sollte die Polizei entlastet werden, da sie an den Mörder dann nur einen Teil von dem ausgeteilt hat, was er ohnehin verdient; seine Rechte hatte er schon über dieses Maß hinaus verwirkt. *Aber* wenn der Verdächtige nicht überführt wird, so bedeutet das, daß die Polizeibeamten einen unschuldigen Menschen geschlagen und gequält haben und daß sie ihrerseits wegen kriminellen Eingriffs auf die Anklagebank gehören. Kurz gesagt muß die Polizei in allen Fällen genau wie jeder andere behandelt werden; in einer liberalen Welt besitzt jeder Mensch gleiche Freiheit und gleiche Rechte unter dem liberalen Gesetz. Es kann keine besondere Straffreiheit, keine besondere Erlaubnis zum Rechtsbruch geben. Das bedeutet, daß Polizeibeamte in einer liberalen Gesellschaft ihre Risiken genau wie jeder andere eingehen müssen; wenn sie die

Rechte von jemand anderem verletzen, dann sollte es sich besser erweisen, daß dieser jemand es verdient – andernfalls sind *sie* die Kriminellen.

Daraus folgt unmittelbar, daß es der Polizei *niemals* gestattet werden kann, einen Eingriff vorzunehmen, der schlimmer als das jeweilige Verbrechen ist – d.h. der diesem Verbrechen mehr als verhältnismäßig ist. So kann es der Polizei niemals gestattet werden, jemanden zu schlagen oder zu quälen, der eines kleinen Diebstahls beschuldigt wird, da dieses Schlagen eine verhältnismäßig sehr viel größere Verletzung der Rechte eines Menschen ist als der Diebstahl, *selbst wenn* die Person in der Tat der Dieb ist.

Es sollte klar sein, daß niemand bei dem Versuch, sein Recht auf Selbstverteidigung auszuüben, jemand anderen zwingen darf, ihn zu verteidigen. Denn das würde bedeuten, daß der Verteidiger selber ein krimineller Verletzer der Rechte anderer wäre. Wenn etwa A einen Anschlag auf B verübt, darf B keine Gewalt ausüben, um C zu zwingen, ihm zu seiner Verteidigung beizustehen, da B dann ein ebenso krimineller Angreifer gegen C wäre. Das verbietet unmittelbar jegliche *Wehrpflicht*, denn die Wehrpflicht versklavt einen Menschen und zwingt ihn, für jemand anderen zu kämpfen. Es schließt auch solch einen tiefverwurzelten Teil unseres Rechtssystems aus, wie es die *Zeugenpflicht* ist. Niemand sollte das Recht haben, irgendjemanden zu zwingen, sich zu irgendeinem Thema zu äußern. Das übliche Verbot erzwungener Selbstbeschuldigung ist schön und gut; doch es sollte auf das Recht ausgeweitet werden, *niemand anderen* zu beschuldigen oder in der Tat gar nichts zu sagen. Die Redefreiheit ist bedeutungslos ohne die ihr entsprechende Freiheit, Schweigen zu bewahren.

Wenn keine Gewalt gegen einen Nicht-Kriminellen gebraucht werden darf, dann muß auch das gegenwärtige System der Geschworenenpflicht abgeschafft werden. Genau wie die Wehrpflicht eine Form der Sklaverei ist, ist es auch die Geschworenenpflicht. Gerade weil der Geschworene einen solch wichtigen Dienst leistet, darf dieser Dienst nicht von grollenden Knechten geleistet werden. Und wie kann irgendeine Gesellschafft sich "liberal" nennen, die auf der Grundlage von Geschworenensklaverei beruht? Im gegenwärtigen System versklaven die Gerichte Geschworene, weil sie Tagessätze zahlen, die so weit unter dem Marktpreis liegen, daß die unvermeidlicherweise fehlenden Gerichtsdienste mit Zwang beigebracht werden müssen. Das Problem ist weitenteils das gleiche wie beim militärischen Einzugsbefehl. Hier zahlt die Armee weit unter dem Marktlohn für Private und kann sich nicht die Anzahl von Männern sichern, die sie bei diesem Lohn begehrt. Sie greift daher daher zur Wehrpflicht, um die Lücke zu füllen. Man lasse die Gerichte den Marktlohn für Geschworene zahlen, und ein genügendes Angebot wird sich einstellen.

Wenn es keinen Zwang gegen Geschworene oder Zeugen geben kann, dann muß eine liberale Rechtsordnung die ganze Auffassung von einer Befugnis zur Vorladung unter Strafandrohung ausmerzen. Natürlich können Zeugen um ihr Erscheinen *gebeten* werden. Doch diese Freiwilligkeit muß auch für die Beklagten gelten, da sie noch keines Verbrechens für schuldig befunden wurden. In einer liberalen Gesellschaft würde der Kläger den Beklagten benachrichtigen, daß dieser eines Verbrechens beschuldigt wird und daß ihm ein Prozeß gemacht wird. Der Beklagte würde einfach um sein Erscheinen gebeten werden. Wenn er darauf verzichtete, selber zu erscheinen, würde der Prozeß in seiner Abwesenheit stattfinden, was natürlich bedeuten würde, daß sich seine Chancen in diesem Maße verringerten. Zwang könnte gegen den Beklagten nur *nach* seiner letztendlichen Verurteilung angewendet werden. Ebenso könnte der Beklagte nicht vor seiner Verurteilung im Gefängnis behalten werden, außer wenn der Gefängnisaufseher – wie im Falle polizeilichen Zwangs – bereit ist, einer Verurteilung für Freiheitsberaubung entgegenzusehen, falls sich der Beklagte als unschuldig erweisen sollte.[117]

13 Strafe und Verhältnismäßigkeit[118]

Wenige Gesichtspunkte der liberalen politischen Theorie befinden sich in einem unbefriedigenderen Zustand als die Theorie der Strafe.[119] Gewöhnlich haben Liberale sich damit begnügt, das Axiom, daß niemand die Person oder das Eigentum eines anderen verletzen darf, zu behaupten oder auszuarbeiten; die Frage, welche Gegenmaßnahmen gegen einen solchen Angreifer ergriffen werden dürfen, ist kaum einmal behandelt worden. Wir haben die Ansicht vorgetragen, daß der Kriminelle seine Rechte *in dem Maße* verliert, in dem er einen anderen seiner Rechte beraubt: die Theorie der "Verhältnismäßigkeit". Wie müssen nun weiter ausarbeiten, was eine solche Theorie verhältnismäßiger Bestrafung im Einzelnen bedeuten mag.

Zunächst einmal sollte klar sein, daß der Grundsatz der Verhältnismäßgkeit eine *Höchstgrenze* und kein Gebot für die Bestrafung des Kriminellen ist. In der liberalen Gesellschaft gibt es – wie wir sahen – nur zwei Parteien bei einem Rechtsstreit bzw. bei einem Gerichtsverfahren: das Opfer (bzw. der Kläger) und der angebliche Kriminelle (bzw. der Beklagte). Es ist der Kläger, der vor Gericht Beschuldigungen gegen den Übeltäter vorbringt. In einer liberalen Welt gäbe es keine Verbrechen gegen eine unbestimmte "Gesellschaft" und mithin auch keinen "Staatsanwalt", der über eine Beschuldigung entscheidet und dann diese Beschuldigung gegen einen angeblichen Kriminellen vorbringt. Die Verhältnismäßigkeitsregel sagt uns, *wieviel* Strafe ein Kläger von einem überführten Übeltäter fordern darf, und nichts weiter; sie legt der Strafe eine Höchstgrenze auf, die zugefügt werden *darf*, ohne daß der Strafende selber ein krimineller Aggressor wird.

---

117 Dieses Verbot der Nötigung unverurteilter Personen würde die offenkundigen Übel des *Kautions*systems beseitigen, in dem der Richter willkürlich die Kautionshöhe festsetzt und in dem – unabhängig von der Höhe – ärmere Beklagte eindeutig benachteiligt sind.

118 Dieser Abschnitt erschien in weitgehend gleicher Form in M.N. Rothbard, "Punishment and Proportionality," in R. Barnett und J. Hagel, Hg., *Assessing the Criminal: Restitution, Retribution, and the Legal Process*, Cambridge / Mass., Ballinger Pub. Co., 1977, S. 259-270.

119 Es muß jedoch bemerkt werden, daß *alle* Rechtssysteme – ob nun liberal oder nicht – irgendeine Theorie der Strafe ausarbeiten müssen und daß die bestehenden Systeme sich in einem *zumindest* ebenso unbefriedigenden Zustand befinden wie die Bestrafung in der liberalen Theorie.

Es sollte daher vollkommen klar sein, daß die Todesstrafe unter liberalem Recht strikt auf das Verbrechen des Mordes eingeschränkt werden müßte. Denn ein Krimineller würde nur dann sein Recht auf Leben verlieren, wenn er zuvor irgendein Opfer des gleichen Rechts beraubt hätte. Es wäre daher nicht zulässig, daß ein Kaufmann, dessen Kaugummi gestohlen wurde, den überführten Kaugummidieb exekutiert. Wenn er das dennoch täte, wäre *er*, der Kaufmann ein nicht zu rechtfertigender Mörder, der von den Erben oder Bezeichneten des Kaugummidiebs vor Gericht gebracht werden könnte.

Doch unter liberalem Recht gäbe es für den Kläger bzw. dessen Erben keinen Zwang, diese Höchststrafe zu fordern. Wenn zum Beispiel der Kläger oder sein Erbe – aus welchem Grund auch immer – nicht an die Todesstrafe glaubte, könnte er dem Täter freiwillig einen Teil seiner Strafe oder auch die ganze Strafe erlassen. Wenn er ein Tolstoianer und überhaupt gegen Bestrafung wäre, könnte er dem Kriminellen einfach vergeben, und das wäre es dann. Oder – und das hat eine lange und ehrenwerte Tradition im älteren westlichen Recht – das Opfer bzw. dessen Erbe könnte es dem Kriminellen erlauben, sich aus einem Teil der Strafe oder der Gesamtstrafe *herauszukaufen*. Wenn etwa die Verhältnismäßigkeit dem Opfer erlaubte, den Verbrecher für zehn Jahre ins Gefängnis zu stecken, so könnte dieser das Opfer – falls dieses es wünschte – für die Verringerung oder Aufhebung der Strafe bezahlen. Die Verhältnismäßigkeitstheorie liefert nur die obere Grenze für die Strafe, da sie uns sagt, wieviel Strafe ein Opfer *rechtmäßigerweise* auferlegen kann.

Ein Problem könnte im Fall von Mord entstehen – da sich zeigen könnte, daß die Erben eines Opfers nicht gerade gewissenhaft bei der Verfolgung des Möders sind oder unbotmäßig dazu neigen, den Mörder sich aus der Strafe herauskaufen zu lassen. Diesem Problem könnte auf einfache Weise dadurch begegnet werden, daß die Leute in ihrem Testament kundtun, welche Strafe sie ihren eventuellen Mördern auferlegt wissen möchten. Das Testament von Anhängern strikter Vergeltung wie das von Tolstoianern könnte dann genau ausgeführt werden. Der Verstorbene könnte in der Tat in seinem letzten Willen eine Verbrechensversicherungsgesellschaft bestimmen, die er mit der Verfolgung seines eventuellen Mörders beauftragt.

Wenn also Verhältnismäßigkeit die obere Grenze der Strafe festlegt, wie kann dann die Verhältnismäßigkeit selber bestimmt werden? Zunächst ist zu beachten, daß die Betonung bei der Strafe *nicht* darauf liegen darf, daß man "der Gesellschaft" seine Schuldigkeit tut (was das auch immer heißen mag), sondern daß man dem Opfer seine "Schuld" bezahlt. Der *erste* Teil dieser Schuld besteht sicherlich in der *Entschädigung*. Das funktioniert deutlich so in Fällen von Diebstahl. Wenn A DM 15.000 von B gestohlen hat, dann besteht der *erste* Teil von A's Bestrafung darin, daß er diese DM 15.000 an B zurückerstattet (plus Schadensersatz, Gerichts- und Polizeikosten und entgangenen Zinsen). Angenommen, daß der Dieb – wie in den meisten Fällen – das Geld bereits ausgegeben hat. In diesem Fall besteht der erste Schritt einer korrekten liberalen Strafe darin, den Dieb zur Arbeit zu zwingen und das hieraus entstehende Einkommen an das Opfer weiterzugeben, bis es ausgezahlt ist. Die ideale Situation bringt den Kriminellen dann ganz offen in einen Zustand der

Versklavung an sein Opfer, und in dieser gerechten Sklaverei verbleibt er, bis er den Mißstand bei dem von ihm geschädigten Menschen behoben hat.[120]

Wir sollten bemerken, daß die Betonung der Entschädigungs-Bestrafung der gegenwärtigen Strafpraxis genau entgegengestzt ist. Was heute geschieht, ist die folgende Absurdität: A stiehlt DM 15.000 von B. Die Regierung spürt A auf, bringt ihn vor Gericht und verurteilt ihn – und das alles auf Kosten von B als einem der zahlreichen Steuerzahler, die in diesem Prozeß zu Opfern werden. Dann geht es weiter: Anstatt A zu zwingen, B auszuzahlen oder Zwangsarbeit zu leisten, bis die Schuld bezahlt ist, zwingt die Regierung B, das Opfer, Steuern zu zahlen, um den Kriminellen für zehn oder zwanzig Jahre im Gefängnis zu unterhalten. Wo in aller Welt ist hier die Gerechtigkeit? Das Opfer verliert nicht nur sein Geld, sondern zahlt noch mehr Geld obendrauf für das zweifelhafte Vergnügen, den Verbrecher zu fangen, ihn zu überführen und dann auszuhalten; und der Kriminelle ist immer noch versklavt, doch nicht für den guten Zweck der Entschädigung an seinem Opfer.

Die Idee der vorrangigen Entschädigung des Opfers hat großartige Präzedenzfälle im Gesetz; es handelt sich in der Tat um einen alten Rechtsgrundsatz, den man in dem Maße, in dem der Staat wuchs und die Rechtsinstitutionen monopolisierte, verfallen ließ. Im mittelalterlichen Irland etwa war der König nicht das Staatsoberhaupt, sondern eher ein Versicherer gegen Verbrechen; wenn jemand ein Verbrechen beging, so bezahlte der König zuallererst einmal die "Versicherungs"- Leistung an das Opfer, und machte sich anschließend daran, den Verbrecher zu zwingen, ihn wiederum auszuzahlen (wobei die Entschädigung der Versicherungsgesellschaft des Opfers sich gänzlich aus der Idee der Entschädigung des Opfers ableitete). In vielen Teilen des kolonialen Amerikas, die zu arm waren, um sich den zweifelhaften Luxus von Gefängnissen leisten zu können, wurde der Dieb von den Gerichten durch Pachtvertrag an sein Opfer gebunden, um dort gezwungen zu werden, solange für sein Opfer zu arbeiten, bis die "Schuld" abgetragen war. Das bedeutet nicht unbedingt, daß Gefängnisse in der liberalen Gesellschaft verschwinden würden, doch unzweifelhaft würden sie sich drastisch wandeln, da ihr Hauptanliegen darin bestünde, die Kriminellen dazu zu zwingen, ihre Opfer zu entschädigen.[121]

In der Tat war im Mittelalter die Entschädigung an das Opfer die vorherrschende Auffassung von Strafe; als jedoch der Staat mächtiger wurde, griffen Regierungsbehörden immer mehr in den Erstattungsvorgang ein, beschlagnahmten immer größere Teile vom Eigentum des Kriminellen für sich selbst und ließen weniger und weniger

---

120 Bezeichnenderweise ist die einzige Ausnahme zum Verbot unfreiwilliger Knechtschaft, wie sie im dreizehnten Zusatzartikel zur Verfassung der Vereinigten Staaten von Amerika zum Ausdruck kommt, die "Versklavung" von Verbrechern: "Weder Sklaverei noch unfreiwillige Knechtschaft – außer als Strafe für ein Verbrechen, für das die betreffende Partei ordnungsgemäß verurteilt worden ist – soll es in den Vereinigten Staaten oder an irgendeinem Ort geben, der ihrer Rechtssprechung unterliegt."

121 Zu den Prinzipien der Entschädigung und des "Vergleichs" (bei dem der Kriminelle das Opfer auskauft) im Recht siehe Stephen Schafer, *Restitution to Victims of Crime*, Chicago, Quadrangle Books, 1960.

für das unglückliche Opfer. Tatsächlich wurden die vom Staat auferlegten Strafen in dem Maße schwerer und schwerer, in dem nicht mehr die Entschädigung des Opfers, die Wiedergutmachung durch den Kriminellen an sein Opfer im Vordergrund stand, sondern die Strafe für angebliche Verbrechen "gegen den Staat". Wie William Tallack, ein Kriminologe des frühen zwanzigsten Jahrhunderts schrieb: "Es war hauptsächlich der gewalttätigen Gier feudaler Barone und mittelalterlicher Kirchenmächte zu verdanken, daß die Rechte der geschädigten Partei zunehmend beeinträchtigt wurden, um schließlich zu weiten Teilen von diesen Obrigkeiten angeeignet zu werden. Dabei übten die Obrigkeiten am Übeltäter freilich eine doppelte Vergeltung, indem sie sein Eigentum für sich selber – anstatt für das Opfer – einzogen und ihn dann im Kerker, durch Folter, am Galgen oder auf dem Scheiterhaufen bestraften. Doch das ursprüngliche Opfer wurde praktisch nicht beachtet." Oder, wie Professor Schafer zusammenfaßte: "In dem Maße, in dem der Staat die Institution der Strafe monopolisierte, wurden die Rechte des Geschädigten langsam aus dem Strafrecht herausgelöst."[122]

Doch obgleich Entschädigung im Bereich der Strafe die erste Rücksicht ist, kann sie kaum als abschließendes und hinreichendes Kriterium gelten. Dies allein deshalb, weil es Fälle gibt, in denen ein Mensch einen anderen angreift, ohne daß Eigentum gestohlen wird. Hier gibt es für den Kriminellen offensichtlich keine Möglichkeit, Entschädigung zu leisten. In alten Rechtsformen gab es häufig festgesetzte Aufstellungen für geldliche Entchädigungen, die der Kriminelle dem Opfer zahlen mußte: soviel Geld für einen tätlichen Angriff, soviel für Verstümmelungen usw. Doch solche Aufstellungen sind natürlich vollkommen willkürlich und stehen in keinem Zusammenhang mit dem Verbrechen an sich. Wir müssen uns folglich darauf zurückbesinnen, was das Kriterium sein muß: Verlust der Rechte des Kriminellen im gleichen Ausmaß, in dem er sie anderen genommen hat.

Aber wie sollen wir das Wesen des Ausmaßes ermessen? Kommen wir auf den Diebstahl der DM 15.000 zurück. Selbst hier ist eine bloße Rückerstattung der DM 15.000 kaum ausreichend, um das Verbrechen zu decken (selbst wenn wir Schadenersatz, Kosten, Zinsen usw. dazuschlagen). Dies schon deshalb, weil der bloße Verlust gestohlenen Geldes offensichtlich in keinem Sinne zur Abschreckung vor derartigen Verbrechen in der Zukunft dient (obwohl wir noch sehen werden, daß Abschreckung an sich ein falsches Kriterium ist, um Strafe zu ermessen). Wenn wir daher sagen wollen, der Verbrecher verliere Rechte *in dem Ausmaß, in dem er das Opfer beraubt*, dann müssen wir sagen, daß der Kriminelle nicht nur die DM 15.000 zurückerstatten muß; sondern daß er gezwungen werden muß, dem Opfer *weitere* DM 15.000 zu zahlen, so daß er seinerseits jene Rechte (an einem Eigentumswert von DM 15.000) verliert, die er dem Opfer genommen hat. Im Falle von Diebstahl können wir daher sagen, daß der Kriminelle das *Doppelte* der Diebstahlssumme

---

122 William Tallack, *Reparation to the Injured and the Rights of the Victims of Crime to Compensation*, London, 1900, S. 11-12; Schafer, *Restitution to Victims of Crime*, S. 7f.

zahlen muß: einmal zur Rückerstattung des gestohlenen Betrags und ein weiteres Mal als Verlust dessen, was er einem anderen geraubt hat.[123]

Aber wir haben immer noch nicht genügend herausgearbeitet, in welchem Umfang ein Verbrechen den Verlust von Rechten mit sich bringt. Denn A hatte nicht einfach nur DM 15.000 von B gestohlen, wofür nach Rückerstattung des Geldes eine gleichwertige Strafe auferlegt werden kann. Er hat B auch in Angst und Unsicherheit versetzt, in Unsicherheit über das Ausmaß, in dem B seiner Rechte beraubt würde. Doch A's Strafe steht bereits im voraus fest, und das versetzt A in eine weitaus bessere Lage als die seines einstigen Opfers. Um daher eine verhältnismäßige Bestrafung zu erzielen, müßten wir dem Doppelten *noch etwas* hinzufügen, um das Opfer irgendwie für die unsicheren und angstvollen Aspekte seiner besonderen Nervenbelastung zu entschädigen.[124] Worin diese zusätzliche Entschädigung bestehen sollte, kann man unmöglich genau sagen, doch das entläßt kein rationales Strafsystem – einschließlich desjenigen, das in der liberalen Gesellschaft zur Anwendung käme – aus der Pflicht, sie so gut wie möglich herauszuarbeiten.

Bei dem Problem eines körperlichen Angriffs, bei dem keine Rückerstattung möglich ist, können wir wieder unser Krierium verhältnismäßiger Strafe anwenden; so daß, wenn B von A in bestimmter Weise verprügelt wurde, er das Recht hat, A eher noch mehr als nur im gleichen Maße zu verprügeln (oder ihn von Gerichtsbediensteten verprügeln zu lassen).

Hier gäbe es für den Kriminellen in der Tat die Möglichkeit, sich aus der Strafe herauszukaufen, doch *nur* aufgrund eines freiwilligen Vertrages mit dem Kläger. Angenommen zum Beispiel, daß B von A verprügelt wurde; B hat nun das Recht, A genauso sehr – oder ein wenig mehr – zu verprügeln oder eine Person bzw. eine Organisation zu diesem Zweck anzustellen (in einer liberalen Gesellschaft könnten das die bei privatwirtschaftlichen Gerichten angestellten Vollzugsbeamten sein). Doch A steht es natürlich frei, sich herauszukaufen – B dafür zu bezahlen, daß er auf sein Recht verzichtet, seinen Angreifer zu verprügeln.

Das Opfer hat mithin das Recht, eine durch das Ausmaß des Verbrechens bestimmte, verhältnismäßige Menge an Strafe zu verlangen, doch es steht ihm auch frei, entweder seinem Angreifer zu ermöglichen, sich aus der Strafe herauszukaufen, *oder* ihm teilweise oder vollkommen zu vergeben. Das verhältnismäßige Strafniveau legt das *Recht* des Opfers bzw. die zulässige Höchstgrenze der Strafe fest; doch in welchem Maße und ob überhaupt das Opfer sich dazu entscheidet, dieses Recht *auszuüben*, liegt an ihm selbst. Wie Professor Armstrong es ausdrückte:

> [...] Es sollte ein Verhältnis zwischen der Schwere des Verbrechens und der Schwere der Strafe geben. Dieses legt eine Strafobergrenze fest, verweist auf das, was *geschuldet* ist [...] Die Gerechtigkeit gibt der angemessenen Autorität

123 Dieser Grundsatz liberaler doppelter Bestrafung wurde von Professor Walter Block prägnant als "Zwei-Zähne-für-einen-Zahn"-Grundatz bezeichnet.

124 Ich danke Professor Robert Nozick von der Universität Harvard, daß er mir dieses Problem aufgezeigt hat.

[in unserer Sicht: dem Opfer] das *Recht*, Angreifer bis zu einer gewissen Grenze zu bestrafen, doch man ist nicht unbedingt und unfehlbar *verpflichtet*, bis zur Grenze der Gerechtigkeit zu strafen. Ähnlich steht es, wenn ich jemandem Geld leihe: Die Gerechtigkeit gibt mir ein Recht, dieses Geld zurückzuerhalten, doch wenn ich mich entscheide, es nicht zurückzunehmen, habe ich nichts Unrechtes getan. Ich kann nicht mehr fordern als das, was mir zusteht, doch es steht mir frei, weniger zu fordern oder auch garnichts zu fordern.[125]

Oder, wie Professor McCloskey erklärt: "Wir handeln nicht ungerecht, wenn wir – in einem Akt von Mildtätigkeit – weniger auferlegen als was die Gerechtigkeit verlangt, doch es herrscht schweres Unrecht, wenn die verdiente Strafe überschritten wird."[126]

Viele Menschen stellen sich die folgende Frage, wenn sie mit dem liberalen Rechtssystem konfrontiert werden: Wäre es zulässig, daß jemand "das Recht in die eigenen Hände nimmt"? Dürfte das Opfer – oder ein Freund des Opfers – persönlich von dem Verbrecher Gerechtigkeit verlangen? Die Antwort lautet selbstverständlich: Ja, da sich *alle* Strafrechte aus dem Recht des Opfers auf Selbstverteidigung ableiten. In der liberalen, rein freihändlerischen Gesellschaft wird es das Opfer jedoch gewöhnlich praktischer finden, diese Aufgabe Polizei- und Gerichtsagenturen anzuvertrauen.[127] Angenommen etwa, $Hess_1$ ermorde $Kastner_1$. $Kastner_2$ entscheidet sich daraufhin, $Hess_1$ ausfindig zu machen und ihn selber zu exekutieren. Das ist prima, wenn man davon absieht, daß – genau wie im Fall polizeilichen Zwangs, wie er im vorangegangenen Abschnitt erörtert wurde – $Kastner_2$ mit der Aussicht konfrontiert sein dürfte, von $Hess_2$ vor privaten Gerichten des Mordes beschuldigt zu werden. Der springende Punkt ist, daß – wenn die Gerichte herausfinden, daß $Hess_1$ tatsächlich der Mörder war – mit $Kastner_2$ in unserem Modell nichts geschieht, außer daß er öffentliche Zustimmung erfährt, weil er für Gerechtigkeit gesorgt hat. Doch sollte sich herausstellen, daß nicht genügend Beweise vorlagen, um $Hess_1$ des ursprünglichen Mordes zu überführen, oder wenn in der Tat ein anderer Hess oder irgendein Fremder das Verbrechen begang, dann kann $Kastner_2$ – wie im obigen Fall

---

125 K.G. Armstrong, "The Retributivist Hits Back," *Mind*, 1961, abgedruckt in Stanley E. Grupp, Hg., *Theories of Punishment*, Bloomington / Ind., Indiana University Press, 1971, S. 35f.

126 Wir möchten hinzufügen, daß "wir" an dieser Stelle das Opfer des betreffenden Verbrechens bedeuten sollte. H.J. McCloskey, "A Non-Utilitarian Approach to Punishment," *Inquiry*, 1965, abgedruckt in Gertrude Ezorsky, Hg., *Philosophical Perspectives on Punishment*, Albany, State University of New York Press, 1972, S. 132.

127 In unserer Sicht wäre das liberale System unvereinbar mit monopolistischen staatlichen Schutzagenturen wie Polizei und Gerichte es sind. Vielmehr wären diese privat und würden miteinander konkurrieren. Da dies eine Abhandlung über Ethik ist, können wir jedoch an dieser Stelle nicht auf die praktische Frage eingehen, wie ein solches "anarcho-kapitalistisches" Polizei- und Gerichtssystem in der Praxis funktionieren könnte. Eine Erörterung dieser Frage findet sich bei Murray N. Rothbard, *For a New Liberty*, 2. überarb. Aufl., New York, Macmillan, 1978, S. 215-241.

polizeilicher Rechtsverletzungen – keinen Anspruch auf Straffreiheit machen kann; er wird dann zu einem Mörder, der wahrscheinlich auf Geheiß der wütenden Hess-Erben von den Gerichten exekutiert wird. Genau wie die Polizeibediensteten in der liberalen Gesellschaft daher allergrößte Vorsicht walten lassen werden, um die Rechte eines Verdächtigen nach Möglichkeit nur dann zu verletzen, wenn sie von seiner Schuld absolut überzeugt sind und *ihre* Körper für diese Auffassung aufs Spiel setzen wollen, werden auch wenige Menschen "das Recht in die eigene Hand nehmen", wenn sie nicht genauso überzeugt sind. Desweiteren, wenn $Hess_1$ $Kastner_1$ nur verprügelt und Kastner ihn dann im Gegenzug tötet, so würde sich Kastner auch dadurch der Strafe für Mord aussetzen. Die beinahe uneingeschränkte Neigung ginge daher dahin, die Ausübung von Gerechtigkeit den Gerichten zu überlassen, deren Urteile sich auf Regeln (über Beweisführung, Gerichtsverfahren usw.) stützen würden, wie sie in ähnlicher Form bereits heute üblich sind, und die von der Gesellschaft als ehrliche und bestmögliche Lösungen hingenommen werden würden.[128]

Es sollte offensichtlich sein, daß unsere Straftheorie – daß Menschen bestraft werden dürfen, indem sie ihre Rechte in jenem Ausmaß verlieren, in dem sie die Rechte anderer verletzt haben – frei heraus gesagt eine Vergeltungstheorie der Strafe ist, eine "Zahn-um-Zahn- (oder zwei-Zähne-um-einen-Zahn-)" Theorie.[129] Vergel-

---

128 All dies erinnert an das glänzende und witzige Strafsystem für Regierungsbürokraten, das von dem großen Liberalen H.L. Mencken ersonnen wurde. Mencken schlug vor, daß jeder Bürger, "wenn er die Akten eines Amtsinhabers durchgesehen und dabei entdeckt hat, daß dieser straffällig ist, ihn sofort und an Ort und Stelle und auf jede Weise, die ihm angemessen und geeignet erscheint, bestrafen darf und daß – falls diese Strafe physischen Schaden für den Amtsinhaber beinhaltet – sich die anschließende Untersuchung durch die Grand Jury oder den Coroner strikt auf die Frage beschränken soll, ob der Beamte das verdiente, was er erhielt. In anderen Worten schlage ich vor, daß es nicht länger ein *malum in se* ist, wenn ein Bürger einen Amtsinhaber mit den Fäusten schlägt, ihn auspeitscht, tritt, erpreßt, verletzt, verwundet, quetscht, verstümmelt, verbrennt, niederknüppelt, ihm die Bastonade gibt, die Haut über die Ohren zieht oder ihn sogar lyncht und daß es ein *malum prohibitum* nur in dem Maße ist, in dem die Strafe über das hinausgeht, was der Amtsinhaber verdient. Die Menge dieses Übermaßes – falls es eins gibt – kann sehr bequem von einer kleinen Jury bestimmt werden, wie auch andere Schuldfragen heute bestimmt werden. Nachdem der geprügelte Richter oder Abgeordnete oder andere Amtsinhaber aus dem Krankenhaus entlassen ist, geht er – oder sein Haupterbe, falls er selber dahingeschieden sein sollte – vor eine Grand Jury und macht eine Beschwerde, und wenn die Anklage für begründet erklärt wird, wird eine Petit Jury zusammengestellt, und dieser werden dann alle Beweise vorgelegt. Wenn sie entscheidet, daß der Amtsinhaber die ihm zugefügte Strafe verdiente, wird der Bürger, der sie ihm zufügte, in Ehren entlassen. Wenn sie dagegen entscheidet, daß diese Strafe übermäßig war, dann wird der Bürger für tätlichen Angriff, Körperverletzung, Mord oder für was auch immer verurteilt, und zwar in einem Maße, das dem Unterschied zwischen dem, was der Amtsinhaber verdiente, und dem, was er erhielt, angemessen ist, und die Strafe für dieses Übermaß folgt dem üblichen Gang der Dinge." H.L. Mencken, *A Mencken Crestomathy*, New York, Alfred A. Knopf, 1949, S. 386f.

129 Interessanterweise wurde Vergeltung "geistige Vergeltung" genannt. Siehe Schafer, *Restitution to Victims of Crime*, S. 120f. Siehe auch de Verteidigung der Todesstrafe für Mord

tung hat unter Philosophen einen schlechten Ruf. Gewöhnlich verwerfen diese den Gedanken der Vergeltung schnell als "primitiv" oder "barbarisch" und eilen dann zu einer Erörterung der beiden anderen wichtigen Straftheorien: Abschreckung und Rehabilitierung. Doch einen Gedanken einfach als "barbarisch" zu verwerfen, kann kaum ausreichen; schließlich ist es möglich, daß die "Barbaren" in diesem Fall auf einen Gedanken verfielen, der den moderneren Glaubenssätzen überlegen war.

Professor H.L.A. Hart beschreibt die "roheste Form" der Verhältnismäßigkeit – wie wir sie hier vertreten haben (das *lex talionis*) – als "die Auffassung, dem Kriminellen sollte angetan werden, was er anderen zugefügt hat, und wo immer das Denken über Strafe primitiv ist – was es häufig ist – macht sich diese plumpe Idee wieder geltend: Der Mörder sollte getötet werden, der gewalttätige Angreifer sollte geschlagen werden."[130] Doch "primitiv" ist wohl kaum ein gültiger Einwand, und Hart gibt selber zu, daß diese "rohe" Form weniger Schwierigkeiten mit sich bringt als die "verfeinerteren" Formen der Verhälnismäßigkeits-Vergeltungs-These. Die einzige Überlegung, die er als Einwand vorbringt und von der er anzunehmen scheint, daß sie die Angelegenheit erledigt, ist ein Zitat von Blackstone: "Es gibt sehr viele Verbrechen, die in keiner Form solcher Strafen fähig sind, ohne zu offensichtlicher Absurdität und Niedertracht zu führen. Diebstahl kann nicht mit Diebstahl bestraft werden, Verleumdung nicht mit Verleumdung, Ehebruch nicht mit Ehebruch [...]" Doch das sind wohl kaum triftige Einwände. Diebstahl und Fälscherei sind Raub, und der Räuber kann sicherlich dazu gebracht werden, Wiedergutmachung und angemessenen Schadenersatz an das Opfer zu leisten; hier gibt es kein gedankliches

---

durch Robert Gahringer: "Eine absolute Verletzung verlangt eine absolute Aufhebung; und man kann durchaus behaupten, daß die Todesstrafe in unserer gegenwärtigen Lage das einzig wirksame Symbol absoluter Aufhebung ist. Was sonst könnte die Ungeheuerlichkeit von Mord *in einer Weise ausdrücken, für die jene Menschen empfänglich sind, für die Mord eine mögliche Handlung ist*? Sicherlich würde eine geringere Strafe auf ein weniger bedeutendes Verbrechen schließen lassen." Robert E. Gahringer, "Punishment as Language," *Ethics*, Oktober 1960, S. 47f (Hervorhebung im Original).

Zur Strafe als Aufhebung einer Rechtsverletzung vgl. auch F.H. Bradley: "Warum [...] verdiene ich Strafe? Weil ich mich schuldig gemacht habe. Ich habe ‚Unrecht' getan [...] die Verneinung von ‚Recht', die Bejahung von Un-Recht [...] Die Vernichtung von Schuld ist ein Gut an sich; und das ist es nicht, weil eine bloße Aufhebung ein Gut ist, sondern weil die Verneinung von Unrecht die Bejahung von Recht ist [...]" F.H. Bradley, *Ethical Studies*, 2. Aufl., Oxford, Oxford University Press, 1927, abgedruckt in Ezorsky, Hg., *Philosophical Perspectives on Punishment*, S. 109f.

Eine einflußreiche Argumentation für das Vergeltungskriterium findet sich bei Herbert Morris, *On Guilt and Innocence*, Berkeley, University of California Press, 1976, S. 31-58.

130 Ein Versuch, ein Gesetzeswerk zu erstellen, das verhältnismäßige Strafen für Verbrechen auferlegt, findet sich bei Thomas Jefferson, "A Bill for Proportioning Crimes and Punishments [...]" in *The Writings of Thomas Jefferson*, A Lipscomb & A. Bergh, Hg., Washington / D.C., Thomas Jefferson Memorial Assn., 1904, I, 218-239.

Problem. Ehebruch ist in liberaler Sicht überhaupt kein Verbrechen und gleiches gilt, wie wir noch sehen werden, für "Verleumdung".[131]

Wenden wir uns daher den zwei wichtigsten modernen Theorien zu und sehen wir, ob sie ein Kriterium für Strafe darbieten, das unseren Auffassungen von Gerechtigkeit entspricht – wie es bei der Vergeltung sicherlich der Fall ist.[132] *Abschreckung* war das Prinzip, das der Utilitarismus im Rahmen seiner aggressiven Verwerfung von Gerechtigkeits- und Naturrechtsprinzipien vorbrachte, um diese angeblich metaphysischen Prinzipien durch harte praktische Anwendbarkeit zu ersetzen. Das praktische Ziel der Strafe bestand annahmegemäß darin, vor weiteren Verbrechen – sei es durch den Kriminellen selbst oder durch andere Gesellschaftsmitglieder – abzuschrecken. Doch dieses Abschreckungskriterium bringt Strafschemata mit sich, die beinahe jeder als ungeheuer ungerecht ansehen würde. Zum Beispiel: Wenn es überhaupt keine Strafe für Verbrechen gäbe, würde eine große Anzahl von Menschen Bagatelldelikte begehen – etwa Früchte von einem Fruchtstand stehlen. Dagegen fühlen die meisten Menschen einen weitaus größeren eingebauten inneren Widerwillen, selber einen Mord zu begehen, als sie ihn gegen kleine Ladendiebstähle fühlen, und sie wären daher weitaus weniger in der Lage, das Schwerverbrechen zu begehen. Wenn daher das Ziel der Strafe in der Verbrechensabschreckung bestünde, so wäre zur Verhinderung von Ladendiebstahl eine weit größere Strafe erforderlich als zur Verhinderung von Mord. Dieses System würde den ethischen Maßstäben der meisten Menschen widersprechen. Im Ergebnis müßte es dem Abschreckungskriterium zufolge eine zwingende Todesstrafe für Bagatelldiebstahl geben – für den Diebstahl eines Kaugummis – während Mörder nur ein paar Monate im Gefängnis absitzen müßten.[133]

Ähnliches besagt eine klassische Kritik des Abschreckungskriteriums: Wenn Abschreckung unser einziges Kriterium wäre, so wäre es vollkommen richtig, daß die Polizei oder die Gerichte öffentlich jemanden für ein Verbrechen exekutieren, von dem *sie* zwar wissen, daß er unschuldig ist, aber von dessen Schuld sie die Öffent-

---

131 H.L.A. Hart, *Punishment and Responsibility*, New York, Oxford University Press, 1968, S. 161.

132 So definiert *Webster's* Lexikon "Vergeltung" als "Das Austeilen oder Empfangen von Belohnung oder Strafe gemäß dem Verdienst des Individuums [...]"

133 In seiner Kritik des Abschreckungsprinzips der Strafe fragt Professor Armstrong: "[...] warum sollte man bei dem Mindeststrafmaß aufhören, warum sollte man nicht auf Nummer sicher gehen und ihn [den Kriminellen] auf eine schön aufsehenerregende Weise bestrafen – würde das andere nicht umso mehr abschrecken? Man peitsche ihn zu Tode, öffentlich natürlich, wenn er falsch geparkt hat; daß würde mich sicherlich abschrecken, auf dem Platz zu parken, der für den Vize-Kanzler reserviert ist!" Armstrong, in Grupp, Hg., *Theories of Punishment*, S. 32f. Ähnlich schreibt D.J.B Hawkins: "Wenn nur das Abschreckungsprinzip berücksichtigt würde, müßten wir jene Vergehen am schwersten bestrafen, die zu begehen eine große Versuchung besteht und die die Menschen recht schnell begehen, da sie keine große moralische Schuld zur Folge haben. Verkehrsdelikte sind ein bekanntes Beispiel." D.J.B. Hawkins, "Punishment and Moral Responsibility," *The Modern Law Review*, November 1944, abgedruckt in Grupp, Hg., *Theories of Punishment*, S. 14.

lichkeit überzeugt haben. Die wissentliche Exekution eines unschuldigen Menschen würde einen ebensolchen Abschreckungseffekt hervorrufen wie die Exekution des Schuldigen – vorausgesetzt natürlich, daß dieses Wissen geheimgehalten werden kann. Und dennoch widerspricht natürlich auch eine solche Politik den Gerechtigkeitsmaßstäben beinahe aller Menschen.

Die Tatsache, daß beinahe jeder solche Strafschemata trotz ihrer Erfüllung des Abschreckungskriteriums lächerlich finden würde, zeigt, daß Menschen an etwas Wichtigerem als an Abschreckung interessiert sind. Was das sein könte, wird an dem Haupteinwand deutlich, daß diese Abschreckungsstufen der Strafe unsere gewöhnliche Sicht der Gerechtigkeit eindeutig auf den Kopf stellen. Statt daß die Strafe "dem Vergehen entspricht", wird sie nun in umgekehrtem Verhältnis zu dessen Schwere gestaffelt, oder sie wird dem Unschuldigen anstelle des Schuldigen auferlegt. Kurzum bedeutet das Abschreckungsprinzip eine ungeheure Verletzung des intuitiven Gefühls, daß Gerechtigkeit eine Art angemessener und verhältnismäßiger Strafe für die schuldige Seite – und für diese allein – in sich schließt.

Das neueste und vermeintlich höchst "menschenfreundliche" Strafkriterium besteht darin, den Kriminellen zu "rehabilitieren" bzw. zu "bessern". Es wird dabei argumentiert, daß sich die altmodische Rechtsprechung auf die Bestrafung des Verbrechers konzentriert habe, wobei dies entweder in Form von Vergeltung geschah oder um vor künftigen Vergehen abzuschrecken; das neue Kriterium versuche in humaner Weise, den Kriminellen zu bessern und zu rehabilitieren. Doch bei näherer Betrachtung führt das "humanitäre" Rehabilitationsprinzip nicht nur zu willkürlicher und äußerster Ungerechtigkeit; es legt auch ungeheure und willkürliche Macht über das Schicksal der Menschen in die Hände derjenigen, die die Strafen aussprechen. Angenommen etwa, Schmidt sei ein Massenmörder, während Meier eine Frucht gestohlen hat. Statt daß sie im Verhältnis zu ihren Vergehen verurteilt werden, sind ihre Urteile nun unbestimmt, da die einzige Beschränkung dieser Urteile in der vermeintlich erfolgreichen "Rehabilitation" des Kriminellen liegt. Doch das gibt einer beliebigen Gruppe von Rehabilitatoren die Macht über das Leben der Gefangenen. Es würde bedeuten, daß keine Gleichheit vor dem Gesetz mehr herrschte (ein Elementarkriterium für Gerechtigkeit) und gleiche Vergehen nicht mehr gleich bestraft würden, sondern daß ein Mensch – wenn er schnell "rehabilitiert" ist – nach ein paar Wochen wieder aus dem Gefängnis herauskommen könnte, während ein anderer Mensch dort auf unbegrenzte Zeit verbleibt. Angenommen etwa, daß in unserem obigen Beispiel der Massenmörder Schmidt in den Augen eines Gremiums von "Experten" schnell rehabilitiert ist. Nach drei Wochen wird er unter dem Beifall der vermeintlich erfolgreichen Umerzieher entlassen. Unterdessen bleibt Meier, der Früchtedieb, weiterhin unverbesserlich und eindeutig *un*-rehabilitiert, zumindest in den Augen des Expertengremiums. Nach der Logik des Prinzips muß er auf unbestimmte Zeit im Kerker bleiben, vielleicht für den Rest seines Lebens; denn obwohl sein Vergehen geringfügig war, entzog er sich weiterhin dem Einfluß seiner "humanitären" Ratgeber.

Daher schreibt Professor K.G. Armstrong über das Besserungsprinzip:

Die logische Struktur der Strafen wird darin bestehen, jedem Kriminellen solange Besserungsmaßnahmen angedeihen zu lassen, bis er sich in den Augen der Experten genügend gewandelt hat, um ihm Besserung zu bescheinigen. Nach dieser Theorie sollte jedes Urteil unbestimmt sein – vielleicht: "nach Belieben des Psychologen näher zu bestimmen" – denn es gibt keine Grundlage für das Prinzip einer bestimmten Strafgrenze mehr. "Sie haben eine Scheibe Brot gestohlen? Nun, dann müssen wir Sie bessern, selbst wenn es den Rest Ihres Lebens dauern sollte." Sobald er schuldig ist, verliert der Kriminelle seine Rechte als menschliches Wesen [...] Das ist keine Form humanitärer Gesinnung, auf die ich irgendetwas gäbe.[134]

Niemand hat die Tyrannei und die ungeheure Ungerechtigkeit der "menschenfreundlichen" Theorie der Strafe-als-Besserung in geistreicherer Weise entlarvt als C.S. Lewis. Zur Neigung der "Umerzieher", die von ihnen vorgeschlagenen Handlungen "Heilung" oder "Therapie" statt "Strafe" zu nennen, bemerkt er:

Aber lassen wir uns nicht von einer Bezeichnung täuschen. Ohne Einwilligung aus meinem Haus entfernt und meinen Freunden weggenommen zu werden; meine Freiheit zu verlieren; allen Verletzungen meiner Persönlichkeit ausgesetzt zu sein, die die moderne Psychotherapie anzubringen weiß [...] zu wissen, daß dieser Prozeß niemals enden wird, bevor entweder diejenigen, die mich gefangennahmen, an ihr Ziel gelangt sind oder ich weise genug geworden bin, ihnen einen scheinbaren Erfolg vorzuspielen – wer gibt etwas darauf, ob das Strafe genannt wird oder nicht? Daß es die meisten Umstände einschließt, für die jede Strafe gefürchtet wird – Scham, Exil, Gefangenschaft und verschwendete Jahre – ist offensichtlich. Nur ein gewaltiges verdientes Übel könnte es rechtfertigen; doch gerade die Vorstellung eines verdienten Übels ist von der Humanitären Theorie über Bord geworfen worden.

Lewis zeigt weiterhin die besonders harte Tyrannei auf, die wahrscheinlich von jenen "Menschenfreunden" ausgeübt wird, die darauf aus sind, der Bevölkerung ihre "Besserungen" und "Behandlungen" angedeihen zu lassen:

Von allen Tyranneien ist eine Tyrannei, die zum Wohl ihrer Opfer ausgeübt wird, vielleicht die grausamste. Mitunter ist es besser, unter Räuberhauptmännern zu leben als unter allmächtigen Gschaftlhubern. Die Grausamkeit des Räuberhauptmanns mag manchmal ruhen, seine Gier mag irgendwann einmal befriedigt sein; doch diejenigen, die uns für unser eigenes Wohl quälen, werden uns ohne Ende quälen, denn sie tun es aus gutem Gewissen. Sie werden vielleicht eher in den Himmel kommen, doch zugleich machen sie die Erde eher zur Hölle. Gerade diese Freundlichkeit schmerzt mit unerträglichen Beleidigungen. Gegen den eigenen Willen "geheilt" zu werden und von Zuständen geheilt zu werden, die wir vielleicht nicht als Krankheit ansehen, bedeutet, mit jenen auf eine Ebene gestellt zu werden, die noch nicht aufgeklärt sind, bzw.

134 Armstrong, in Grupp, Hg., *Theories of Punishment*, S. 33.

mit jenen, die das nie sein werden; es bedeutet, zur Gruppe der Säuglinge, Schwachsinnigen und Haustiere gezählt zu werden. Doch gestraft zu werden – wie schwer auch immer – weil wir es verdient haben, weil wir "es hätten besser wissen müssen", bedeutet, als menschliche Person, die nach Gottes Bild geschaffen wurde, behandelt zu werden.

Zudem legt Lewis dar, daß die Herrschenden den Begriff der "Krankheit" benutzen können, um alle Handlungen, die sie nicht mögen, als "Verbrechen" zu bezeichnen und um mithin eine totalitäre Herrschaft im Namen der Therapie auszuüben.

Denn wenn Verbrechen und Krankheit als die gleiche Sache angesehen werden müssen, so folgt daraus, daß jeder Gemütszustand, den unsere Herren "Krankheit" zu nennen belieben, als Verbrechen behandelt und unter Zwang geheilt werden kann. Der Einwand wird vergeblich sein, daß Gemütszustände, die der Regierung mißfallen, nicht immer moralische Verworfenheit mit sich bringen müssen und daher nicht immer ein Verwirken der Freiheit verdienen. Denn unsere Herren werden nicht die Begriffe Verdienst und Strafe benutzen, sondern Krankheit und Heilung [...] Es wird sich nicht um politische Verfolgung handeln. Selbst wenn die Behandlung schmerzvoll ist, selbst wenn sie lebenslang ist, selbst wenn sie tödlich ist – das wird nur ein bedauerlicher Zufall sein; die Absicht war rein therapeutischer Natur. Auch in der gewöhnlichen Medizin gab es schmerzvolle Operationen und tödliche Operationen; so auch in dieser. Doch weil es sich um "Behandlungen" und nicht um "Strafen" handelt, können sie nur von anderen Experten und nur in technischer Hinsicht kritisiert werden, niemals aber von Menschen als Menschen und im Hinblick auf Gerechtigkeit.[135]

Wir sehen daher, daß der neumodische Besserungs-Ansatz der Strafe zumindest ebenso grotesk und weitaus unsicherer und willkürlicher sein kann als das Abschreckungsprinzip. Vergeltung bleibt unsere einzige gerechte und gültige Theorie der Strafe, und einer solchen vergeltenden Strafe liegt die gleiche Behandlung gleicher Vergehen zugrunde. Das Barbarische erweist sich als das Gerechte, während sich das "Moderne" und das "Humanitäre" als grotesker Abklatsch der Gerechtigkeit erweisen.

14 Kinder und Rechte

Wir haben nun das Eigentumsrecht jedes Menschen an seiner eigenen Person und an dem jungfräulichen Land, das er findet und mit seiner Arbeit umwandelt, begründet, und wir haben gezeigt, daß wir aus diesen beiden Prinzipien die gesamte Struk-

---

135 C.S. Lewis, "The Humanitarian Theory of Punishment", *Twentieth Century*, Herbst 1948-49, abgedruckt in Grupp, Hg., *Theories of Punishment*, S. 304-307. Siehe auch Francis A. Allen, "Criminal Justice, Legal Values and the Rehabilitative Ideal," in *ibid.*, S. 317-330.

tur von Eigentumsrechten an allen Arten von Gütern ableiten können. Dazu zählen jene Güter, die der Mensch im Tausch bzw. als freiwilliges Geschenk oder als Hinterlassenschaft erwirbt.

Es bleibt jedoch noch der schwierige Fall der *Kinder*. Das Recht auf Selbstbesitz wurde für Erwachsene nachgewiesen, für natürliche Selbstbesitzer, die ihren Verstand benutzen müssen, um ihre Ziele auszuwählen und zu verfolgen. Andererseits ist es offensichtlich, daß ein neugeborener Säugling in keinem natürlichen Sinne ein existierender Selbstbesitzer ist, sondern eher ein *potentieller* Selbstbesitzer.[136] Doch das stellt uns vor eine schwierige Frage: Wann oder auf welche Art erwirbt ein heranwachsendes Kind sein natürliches Recht auf Freiheit und Selbstbesitz? Nach und nach oder auf einmal? In welchem Alter? Und welche Kriterien stellen wir für diesen Wechsel bzw. diesen Übergang auf?

Beginnen wir mit dem ungeborenen Kind. Welches Eigentumsrecht haben die Eltern oder vielmehr die Mutter an dem Fötus? Zunächst einmal müssen wir bemerken, daß man im allgemeinen über die konservative katholische Haltung zu kurz hinweggegangen ist. Dieser Haltung zufolge ist der Fötus eine lebendige Person, und die Abtreibung ist daher ein Mordakt, der folglich wie jeder Fall von Mord verboten werden muß. Die gewöhnliche Antwort besteht einfach darin, als Ursprung eines lebendigen menschlichen Wesens, das natürliche Rechte – einschließlich des Rechts, nicht ermordet zu werden – besitzt, die *Geburt* abzugrenzen; vor der Geburt, so dieses Gegenargument, kann das Kind nicht als eine lebendige Person angesehen werden. Doch die katholische Erwiderung, daß der Fötus lebt und eine künftige potentielle Person ist, kommt der allgemeinen Ansicht beunruhigend nahe, daß man einen neugeborenen *Säugling* nicht verletzen darf, weil dieser ein potentieller Erwachsener ist. Obwohl die Geburt in der Tat die richtige Grenzlinie *ist*, fehlt der gewöhnlichen Formulierung eine hinreichende rationale Verankerung in der Theorie des Selbstbesitzes, und daher macht sie die Geburt zu einer willkürlichen Trennlinie.

Die wirkliche Grundlage für die Analyse der Abtreibung ist das absolute Recht jedes Menschen auf Selbstbesitz. Daraus folgt unmittelbar, daß jede Frau das absolute Recht an ihrem Körper hat, daß sie absolute Herrschaft über ihren Körper und alles, was sich in diesem befindet, hat. Dazu zählt der Fötus. Die meisten Föten befinden sich im Leib der Mutter, weil die Mutter mit diesem Zustand einverstanden ist; sie sind dort wegen der frei gegebenen Zustimmung der Mutter. Sollte die Mutter aber entscheiden, daß sie den Fötus dort nicht länger tragen *möchte*, so wird der Fötus zu einem parasitären "Eindringling" in ihre Person, und die Mutter hat das

---

136 John Locke drückte das so aus: "Ich gebe zu, daß Kinder nicht in diesen vollständigen Zustand der Gleichheit (des Rechts auf ihre natürliche Freiheit) hineingeboren werden, obgleich sie dazu geboren sind. Ihre Eltern üben eine Art Herrschaft und Gerichtsbarkeit über sie aus, wenn sie in die Welt kommen und für einige Zeit danach, doch dies ist zeitlich begrenzt. Die Fesseln dieser Unterwerfung sind wie die Windeln, in die sie – in der Schwäche ihrer Kindheit – eingewickelt sind und die sie halten. Indem sie aufwachsen, lösen Alter und Vernunft diese Fesseln, bis sie voll und ganz abfallen und einen Menschen seiner eigenen freien Verfügung überlassen." Locke, *Two Treatises on Government*, S. 322.

vollkommene Recht, diesen Eindringling aus ihrem Herrschaftsgebiet auszustoßen. Die Abtreibung sollte nicht als "Mord" an einer lebenden Person angesehen werden, sondern als Ausstoßung eines unerwünschten Eindringlings aus dem Körper der Mutter.[137] Jedes Gesetz, das die Abtreibung einschränkt oder verbietet, bedeutet daher eine Verletzung der Rechte von Müttern.

Es wurde der Einwand erhoben, daß, weil die Mutter ursprünglich der Empfängnis zustimmte, sie daher mit dem Fötus einen "Vertrag" über ihren Zustand abgeschlossen habe und diesen "Vertrag" nicht durch eine Abtreibung "verletzen" dürfe. Diese Lehrmeinung ist jedoch in vieler Hinsicht falsch. Zunächst einmal ist ein bloßes Versprechen – wie wir noch sehen werden – kein erzwingbarer Vertrag. Verträge sind nur dann korrekterweise durchsetzbar, wenn ihre Verletzung einen *stillschweigenden Diebstahl* mit sich bringt, und das ist hier eindeutig nicht der Fall. Zweitens gibt es hier offensichtlich keinen "Vertrag", da der Fötus (die befruchtete Eizelle?) wohl kaum als ein Wesen angesehen werden kann, das freiwillig und bewußt Verträge abschließt. Und drittens liegt – wie wir oben sahen – ein entscheidender Punkt der liberalen Theorie in der *Unveräußerlichkeit des Willens* und mithin in der Unzulässigkeit der Erzwingung freiwilliger Sklavenverträge. Selbst wenn es sich daher um einen "Vertrag" *gehandelt hätte*, könnte er nicht erzwungen werden, weil der Wille einer Mutter unveräußerlich ist. Sie kann nicht rechtmäßig zu dem Zweck versklavt werden, einen Säugling gegen ihren Willen auszutragen.

Ein weiteres Argument der Abtreibungsgegner besagt, daß der Fötus ein lebendiges menschliches Wesen ist und daher Anspruch auf alle Rechte menschlicher Wesen hat. Schön und gut; machen wir der Diskussion zuliebe das Zugeständnis, daß Föten menschliche Wesen – oder allgemeiner gesagt potentielle Menschen – sind und daher Anspruch auf uneingeschränkte Menschenrechte haben. Doch welche *Menschen*, könnten wir fragen, haben das Recht, als Zwangsparasiten im Körper eines unwilligen menschlichen Gastes zu hausen? Offensichtlich hat kein *geborener* Mensch ein solches Recht, und daher kann der Fötus erst recht nicht ein solches Recht haben.

Die Abtreibungsgegener kleiden ihre Argumente im allgemeinen in die – auf den Fötus wie auf geborene Menschen angewendete – Denkkategorie des "Rechts auf Leben". Wir haben diesen Begriff im vorliegenden Werk nicht benutzt, weil er zweideutig ist und weil alle Eigentumsrechte, die seine Fürsprecher im Auge haben, bereits im Begriff des "Rechts auf Selbstbesitz" – des Rechts, die eigene Person frei von Angriffen zu besitzen – enthalten sind. Selbst Professor Judith Thomson, die bei ihrer Erörterung der Abtreibungsfrage in widersprüchlicher Weise versucht, den Be-

---

137 Was wir hier begründen möchten, ist nicht die *Sittlichkeit* von Abtreibungen (welche aus anderen Gründen moralisch oder unmoralisch sein mögen), sondern ihre *Rechtmäßigkeit*, d.h. das absolute Recht der Mutter, eine Abtreibung vorzunehmen. Womit wir uns in diesem Buch befassen, ist das *Recht* der Menschen, verschiedene Dinge zu tun oder nicht zu tun, nicht aber, ob sie solche Rechte *ausüben* sollten oder nicht. So würden wir argumentieren, daß jede Person das *Recht* hat, Coca-Cola von einem willigen Verkäufer zu erwerben und zu konsumieren, nicht aber, daß irgendeine Person einen solchen Kauf wirklich tätigen *sollte* oder *nicht* tätigen sollte.

griff des "Rechts auf Leben" neben dem Recht auf Besitz des eigenen Körpers beizubehalten, macht die Fallstricke und Irrtümer der Lehre vom "Recht auf Leben" deutlich:

Einigen Ansichten zufolge schließt ein Recht auf Leben ein, daß man das Recht hat, zumindest das bloße Existenzminimum geschenkt zu bekommen. Doch wie wäre es, wenn das, was in der Tat das bloße Existenzminimum eines Menschen *ist*, etwas ist, das geschenkt zu bekommen er überhaupt kein Recht hat? Wenn ich todkrank bin und die einzige Sache, die mein Leben retten könnte, die Berührung meiner fiebrigen Augen durch Henry Fondas kühle Hand wäre, so habe ich trotzdem kein Recht, die Berührung meiner fiebrigen Augen durch Henry Fondas kühle Hand geschenkt zu bekommen. Es wäre schrecklich nett von ihm, von der Westküste herüberzufliegen, um sie mir zu verschaffen [...] Aber ich habe kein irgendwie geartetes Recht gegenüber irgendjemandem, daß er das für mich tun sollte.

Kurz gesagt ist es unzulässig, den Ausdruck "Recht auf Leben" so zu deuten, als ob er einem einen erzwingbaren Anspruch auf Handlungen von irgendjemand anderem gibt, um dieses Leben zu erhalten. Nach unseren Begriffen wäre ein solcher Anspruch eine unzulässige Verletzung des Rechts der anderen Person auf Selbstbesitz. In den treffenden Worten von Professor Thomson: "ein Recht auf Leben garantiert einem weder das Recht, den Gebrauch des Körpers einer anderen Person geschenkt zu bekommen, noch das Recht, den Körper einer anderen Person fortgesetzt benutzen zu dürfen – auch wenn man das brauchen sollte, um am Leben zu bleiben."[138]

Angenommen nun, daß der Säugling geboren ist. Was dann? Zunächst können wir sagen, daß die Eltern – oder vielmehr die Mutter, die das einzige *gewisse* und sichtbare Elternteil ist – als Erzeuger des Säuglings dessen Eigentümer werden. Ein neugeborener Säugling kann in keinem Sinne ein existierender Selbstbesitzer sein. Folglich können entweder die Mutter oder irgendeine andere Partei Eigentümer des Säuglings sein. Doch die Behauptung, daß eine dritte Partei ihr "Besitzrecht" an dem Säugling fordern kann, würde dieser Person das Recht geben, den Säugling seinem natürlichen bzw. "erstbesitzenden" Eigentümer – der Mutter – gewaltsam wegzunehmen. Daher ist die Mutter der natürliche und rechtmäßige Eigentümer des Säuglings, und jeder Versuch, ihn ihr gewaltsam zu entreißen bedeutet eine Verletzung ihrer Eigentumsrechte.

Aber sicherlich kann die Mutter (bzw. können die Eltern) den Besitz an dem Kind nicht als unbeschränktes Eigentumsrecht erhalten, denn das würde zu der seltsamen Lage führen, daß ein fünfzigjähriger Erwachsener der absoluten und unzweifelhaften Rechtsprechung seiner siebzigjährigen Eltern unterworfen ist. Daher muß das elterliche Eigentumsrecht *zeitlich* begrenzt sein. Aber es muß auch *der Art nach* begrenzt sein, denn für einen Liberalen, der vom Recht auf Selbstbesitz überzeugt ist, wäre es sicherlich lachhaft, das Recht der Eltern, ihre Kinder ermorden oder quälen zu dürfen, zu verteidigen.

---

138 Judith Jarvis Thomson, "A Defense of Abortion", *Philosophy and Public Affairs*, Ende 1971, S. 55f.

Wir müssen daher festhalten, daß die elterliche Besitzerschaft – selbst von Geburt an – nicht absolut ist, sondern "treuhänderisch" bzw. vormundschaftlich. Kurz gesagt besitzt jedes Kind, sobald es geboren und daher nicht mehr im Körper der Mutter enthalten ist, kraft der Tatsache, daß es ein gesondertes Wesen und ein potentieller Erwachsener ist, das Recht auf Selbstbesitz. Es muß daher unrechtmäßig und eine Verletzung der Rechte des Kindes sein, wenn ein Elternteil seine Person verletzt und es verstümmelt, quält, ermordet usw. Andererseits ist gerade der Begriff der "Rechte" ein "negativer", der jene Handlungsspielräume einer Person abgrenzt, in die kein Mensch korrekterweise eingreifen darf. Niemand kann daher ein "Recht" haben, jemanden zu zwingen, eine positive Handlung zu begehen, denn in diesem Fall verletzt der Zwang das genötigte Individuum in dessen Recht an Person oder Eigentum. Daher können wir sagen, daß ein Mensch ein *Recht* auf sein Eigentum hat (d.h. ein Recht darauf, daß nicht in sein Eigentum eingegriffen wird), aber wir können *nicht* sagen, daß irgendwer ein "Recht" auf ein "Existenzminimum" hat, denn das würde heißen, daß jemand gezwungen würde, ihm ein solches Minimum zu verschaffen, und das würde die Eigentumsrechte der genötigten Personen verletzen. Außerdem ergibt sich, daß in der freien Gesellschaft keinem Menschen die gesetzliche Verpflichtung aufgehalst werden darf, irgendetwas für jemand anderen zu tun, da das in seine Rechte eingreifen würde; die einzige gesetzliche Verpflichtung, die die Menschen gegeneinander haben, besteht darin, die Rechte des anderen zu achten.

Wenden wir unsere Theorie auf Eltern und Kinder an, so ergibt sich, daß Eltern nicht berechtigt sind, die Rechte ihrer Kinder zu verletzen, *aber auch*, daß Eltern nicht *gesetzlich verpflichtet* sein sollten, ihre Kinder zu ernähren, zu kleiden oder zu erziehen, da solche Verpflichtungen positive Handlungen zum Inhalt hätten, die den Eltern aufgezwungen und sie ihrer Rechte berauben würden. Eltern dürfen ihr Kind daher nicht ermorden oder verstümmeln, und richtigerweise verbietet ihnen das Gesetz, dies zu tun. Doch Eltern sollten das gesetzliche Recht haben, das Kind *nicht* zu ernähren, d.h. es sterben zu lassen.[139] Richtigerweise darf das Gesetz die Eltern mithin nicht nötigen, ein Kind zu ernähren oder es am Leben zu erhalten.[140] (Wiederum ist es eine völlig andere Frage, ob ein Elternteil zwar keine gesetzlich erzwingbare, aber eine *moralische* Verpflichtung hat, sein Kind am Leben zu erhalten.) Diese Regel ermöglicht uns eine Antwort auf einige strittige Fragen. Sollten Eltern zum Beispiel das Recht haben, einen mißgebildeten Säugling sterben zu lassen (etwa indem sie ihn nicht füttern)?[141] Die Antwort lautet natürlich ja, und sie folgt aus dem all-

139 Zur Unterscheidung zwischen passiver und aktiver Sterbehilfe siehe Foot, *Virtues and Vices*, S. 50ff.

140 Vgl. die Ansicht des individualistisch-anarchistischen Theoretikers Benjamin R. Tucker: "Bei gleicher Freiheit ist [das Kind] – indem es Individualität und Unabhängigkeit entwickelt – berechtigt, von Angriffen und Eingriffen frei zu sein, und das ist alles. Wenn ein Elternteil versäumt, es zu unterstützen, so wird dadurch keine andere Person verpflichtet, dies zu tun." Benjamin R. Tucker, *Instead of a Book*, New York, B. R. Tucker, 1893, S. 144.

141 Das ursprüngliche Programm der amerikanischen Sterbehilfegesellschaft (Euthanasia Society of America) beinhaltete das Recht der Eltern, mißgebildete Säuglinge sterben zu lassen.

gemeineren Recht, *jeden* Säugling, ob er nun mißgebildet ist oder nicht, sterben zu lassen. (Allerdings werden wir noch sehen, daß in einer liberalen Gesellschaft die Existenz eines freien Baby-Marktes eine solche "Unterlassung" minimieren wird.)

Unsere Theorie erlaubt uns auch, den Fall Dr. Kenneth Edelins vom Städtischen Krankenhaus Boston zu prüfen. Dr. Edelin wurde 1975 wegen Totschlags verurteilt, weil er einen Fötus nach einer Abtreibung sterben ließ (natürlich auf Wunsch der Mutter). Wenn Eltern das gesetzliche Recht haben, einen Säugling sterben zu lassen, dann haben sie das gleiche Recht umso mehr in bezug auf Föten, die sich außerhalb des Körpers der Mutter befinden. Entsprechend hätten die Eltern in einer künftigen Welt, in der Kinder in Retorten geboren würden, wiederum das gesetzliche Recht, "den Stecker herauszuziehen" bzw. sich zu weigern, weiterhin dafür zu zahlen, daß der Stecker an seinem Platz belassen wird.

Untersuchen wir die Folgen, die sich aus der Lehrmeinung ergeben, daß Eltern eine gesetzlich erzwingbare Verpflichtung haben *sollten*, ihre Kinder am Leben zu erhalten. Das Argument für diese Verpflichtung enthält zwei Bestandteile: daß die Eltern das Kind durch eine frei gewählte, absichtsvolle Handlung erzeugten; und daß das Kind vorübergehend hilflos und kein Selbstbesitzer ist.[142] Betrachten wir zunächst das Argument der Hilflosigkeit, so können wir erst einmal allgemein anmerken, daß es ein philosophischer Irrtum ist, zu behaupten, daß A's Bedürfnisse B korrekterweise die zwingende Verpflichtung auferlegen, sie zu befriedigen. Denn erstens werden B's Rechte dadurch verletzt. Und zweitens: Wenn ein hilfloses Kind jemand anderem wirklich gesetzliche Verpflichtungen auferlegt, warum dann gerade seinen *Eltern* und nicht anderen Leuten? Was haben die Eltern mit ihm zu schaffen? Die Antwort lautet natürlich, daß sie die Erzeuger des Kindes sind, doch das bringt uns zu dem zweiten, dem Erzeugungs-Argument.

Wenn wir daher das Erzeugungs-Argument ins Auge fassen, so erweist sich, daß es jede Verpflichtung der Mutter ausschließt, ein Kind am Leben zu erhalten, das durch eine Vergewaltigung erzeugt wurde, weil es sich hier um keinen Akt freien Willens handelt. Es schließt *ebenfalls* jede solche Verpflichtung auf seiten von Stief- oder Pflegeeltern oder Vormündern aus, die mit der Erzeugung des Kindes nichts zu tun hatten.

Wenn zudem die Erzeugung eine Verpflichtung zur Erhaltung des Kindes mit sich bringt, *warum* sollte dies aufhören, wenn das Kind zum Erwachsenen wird?

Es war auch ein übliches und sich ausbreitendes Verfahren von Hebammen und Geburtshelfern, mißgebildete Säuglinge bei der Geburt sterben zu lassen, indem sie einfach *keine* positiven Handlungen unternahmen, um sie am Leben zu erhalten. Siehe John A. Robertson, "Involuntary Euthanasia of Defective Newborns: A Legal Analysis," *Stanford Law Review*, Januar 1975, S. 214f.

142 Die Argumentation in diesem und den folgenden Absätzen stützt sich in großem Maße auf Williamson M. Evers, "Political Theory and the Legal Rights of Children," unveröffentlichtes Manuskript, S. 13-17.

Siehe auch Evers, "The Law of Omissions and Neglect of Children," *The Journal of Libertarian Studies*, 2., Winter 1978, S. 1-10.

Wie Evers darlegt: "Die Eltern sind immer noch die Erzeuger des Kindes. Warum sind sie nicht verpflichtet, das Kind für immer zu unterstützen? Es stimmt, daß das Kind nicht mehr hilflos ist; doch wie wir oben sahen, ist Hilflosigkeit an und für sich kein Grund für eine bindende Verpflichtung. Wenn die Erzeugerschaft der Ursprung der Verpflichtung ist, warum hält dann die Verpflichtung nicht mit der Erzeugerschaft an?"[143]

Und wie steht es mit dem – noch in der Zukunft liegenden – Fall eines Wissenschaftlers, der menschliches Leben im Laboratorium wird erzeugen können? Der Wissenschaftler ist dann der "Erzeuger". Muß er auch der gesetzlichen Verpflichtung unterworfen sein, das Kind am Leben zu halten? Und angenommen, das Kind ist mißgebildet und krank, kaum ein Mensch; hat er dennoch eine bindende gesetzliche Verpflichtung, das Kind zu erhalten? Und wenn dies der Fall ist, wieviel von seinen Ressourcen – seiner Zeit, seiner Energie, seinem Geld, seiner Kapitalausstattung – sollte er von Gesetz wegen investieren müssen, um das Kind am Leben zu halten? Wo endet diese Verpflichtung und was ist das Kriterium?

Diese Frage der Ressourcen betrifft auch direkt den Fall natürlicher Eltern. Wie Evers darlegt:

> [...] Betrachten wir den Fall armer Eltern, die ein Kind haben, das krank wird. Die Krankheit ist so schwer, daß die Eltern selber Hunger leiden müßten, um die zum Erhalt des Säuglings erforderliche medizinische Hilfe zu erhalten. Haben die Eltern eine [...] Verpflichtung, ihre Lebensqualität sogar bis hin zur Selbstauslöschung zu verringern, um dem Kind zu helfen?[144]
>
> Und falls nicht, könnten wir hinzufügen, *an welchem Punkt* endet dann richtigerweise die gesetzliche Verpflichtung der Eltern? Und gemessen an welchem Kriterium?
>
> Evers fährt fort:
>
> Vielleicht will man argumentieren, daß die Eltern nur die zur Erhaltung eines Kindes notwendige durchschnittliche Mindestfürsorge (Wärme, Schutz, Ernährung) schulden. Doch wenn man sich auf den Standpunkt der Verpflichtung stellt, erscheint es – angesichts der großen Mannigfaltigkeit menschlicher Eigenschaften und Besonderheiten – unlogisch, die Verpflichtung an das Prokrustesbett des menschlichen Durchschnitts zu binden.[145]

Einem verbreiteten Argument zufolge hat der freiwillige Akt der Eltern einen "Vertrag" geschaffen, kraft dessen die Eltern verpflichtet sind, das Kind zu erhalten. Doch das würde auch (a) den vermeintlichen "Vertrag" mit dem Fötus einschließen, der die Abtreibung verbieten würde, und es würde (b) zu all den Schwierigkeiten der Vertragstheorie führen, wie sie oben analysiert wurden.

---

143 Evers, "Political Theory", S. 17.
144 Evers, "Political Theory", S. 16.
145 Evers, "Political Theory", S. 16f.

Angenommen schließlich, daß wir – Evers folgend – den Fall einer Person betrachten, die freiwillig ein Kind aus einem brennenden Wrack rettet, in dem dessen Eltern umkommen. In einem sehr realen Sinne hat der Retter dem Kind das Leben gebracht. Hat der Retter deshalb eine bindende gesetzliche Verpflichtung, das Kind von nun an am Leben zu halten? Wäre das nicht eine "ungeheuerliche unfreiwillige Knechtschaft, die einem Retter aufgedrängt wird?"[146] Und wenn dies bei dem Retter so wäre, warum dann nicht auch bei dem natürlichen Elternteil?

Die Mutter wird daher bei der Geburt ihres Kindes zu dessen "Treuhänder-Besitzerin" und ist gesetzlich *nur* dazu verpflichtet, die Person des Kindes nicht zu verletzen, da das Kind ein potentieller Selbstbesitzer ist. Davon abgesehen muß das Kind, solange es zu Hause wohnt, notwendig unter die Gerichtsbarkeit seiner Eltern fallen, da es auf und von dem Eigentum dieser Eltern lebt. Sicherlich haben die Eltern das Recht, allen Personen, die in ihrem Haus wohnen (ob es sich um Kinder handelt oder nicht), Regeln zum Gebrauch ihres Hauses und ihres Eigentums vorzuschreiben.

Doch wann sollten wir sagen, daß diese elterliche Treuhänder-Gerichtsbarkeit über Kinder enden soll? Irgendein besonderes Alter (21, 18 oder wieviel Jahre auch immer) zu bestimmen, kann nur vollkommen willkürlich sein. Der Schlüssel zur Lösung dieses heiklen Problems liegt in den elterlichen Eigentumsrechten an ihrem Haus. Denn das Kind hat *volle* Rechte auf Selbstbesitz, *wenn es beweist, daß es sie in Wirklichkeit hat* – kurz gesagt, wenn es das elterliche Haus verläßt bzw. "wegläuft". Unabhängig vom Alter müssen wir jedem Kind das absolute Recht zusprechen, daß es weglaufen darf, um neue Pflegeeltern zu finden, die es freiwillig adoptieren, oder um zu versuchen, auf eigenen Beinen zu stehen. Eltern dürfen versuchen, das weggelaufene Kind zur Rückkehr zu überreden, doch es bedeutet eine vollkommen unzulässige Versklavung und eine Verletzung seines Rechts auf Selbstbesitz, wenn sie Gewalt anwenden, um seine Rückkehr zu erzwingen. Das absolute Recht aufs Weglaufen ist für das Kind der höchste Ausdruck seines Rechts auf Selbstbesitz, unabhängig vom Alter.

Wenn nun Eltern ihr Kind (in den Grenzen von Nicht-Verletzung und Weglauf-Freiheit) besitzen können, so können sie diese Besitzerschaft auch auf jemand anderen übertragen. Sie dürfen das Kind zur Adoption freigeben oder die Rechte an dem Kind in einem freiwilligen Vertrag *verkaufen.* Kurzum müssen wir die Tatsache ins Auge fassen, daß die vollkommen freie Gesellschaft einen blühenden freien Kinder-Markt haben wird. Oberflächlich klingt das ungeheuerlich und unmenschlich. Doch eine nähere Überlegung wird die größere Menschlichkeit eines solchen Marktes erweisen. Denn wir müssen uns vor Augen führen, daß es heute bereits einen Markt für Kinder *gibt*, daß aber infolge des staatlichen Verbots, die Kinder für einen Preis zu verkaufen, die Eltern ihre Kinder heute nur kostenlos einer staatlich genehmigten

146 Evers, "Political Theory", S. 15f.

Adoptionsagentur übergeben dürfen.[147] Das bedeutet, daß wir heute in der Tat einen Kinder-Markt haben, doch daß die Regierung einen Höchstpreis von Null erzwingt und den Markt auf ein paar bevorrechtigte und mithin monopolistische Agenturen einschränkt. Infolgedessen zeigte sich die typische Situation eines Marktes, auf dem der Warenpreis von der Regierung weit unter dem Preis des freien Marktes gehalten wird: eine gewaltige "Verknappung" des Gutes. Die Nachfrage nach Säuglingen und Kindern ist gewöhnlich viel größer als das Angebot, und folglich erleben wir täglich Tragödien, wenn herumschnüffelnde und tyrannische Adoptionsbehörden Erwachsenen die Freuden einer Kinderadoption verwehren. In der Tat finden wir eine große unbefriedigte Nachfrage nach Kindern durch einzelne Erwachsene und Paare vor und gleichzeitig eine große Anzahl überschüssiger und unerwünschter Säuglinge, die von ihren Eltern vernachlässigt oder mißhandelt werden. Ein freier Markt für Kinder würde dieses Ungleichgewicht beseitigen, und er ermöglichte eine Aufteilung der Säuglinge und Kinder *weg von* Eltern, die ihre Kinder nicht mögen oder sich nicht um sie kümmern, und *hin zu* Pflegeeltern, die sich zutiefst nach solchen Kindern sehnen. *Jedem* der Beteiligten – den natürlichen Eltern, den Kinder und den Pflegeeltern, die die Kinder kaufen – ginge es in dieser Art Gesellschaft besser.[148]

In der liberalen Gesellschaft hätte die Mutter daher das absolute Recht an ihrem eigenen Körper und mithin auch das Recht zur Abtreibung; und sie hätte den Treuhänder-Besitz an ihren Kindern, ein Besitz, der nur durch die Unrechtmäßigkeit einer Verletzung der Personen der Kinder und durch deren absolutes Recht, wegzulaufen bzw. ihr Elternhaus zu jeder Zeit zu verlassen, begrenzt wäre. Eltern könnten ihre Treuhänderrechte an Kindern jedem verkaufen, der sie zu einem beliebigen, von beiden Seiten vereinbarten Preis kaufen möchte.

Der gegenwärtige Zustand des Jugendschutzgesetzes in den Vereinigten Staaten von Amerika ist in vieler Hinsicht beinahe genau das Gegenteil unseres erstrebten

---

147 Es ist heute möglich, "unabhängige Unterbringungen" bei anderen Eltern vorzunehmen, doch kann dies nur bei richterlicher Genehmigung erfolgen, und solchen Unterbringungen wird von seiten der Behörden entgegengewirkt. So weigerte sich der Supreme Court von Massachusetts in *Petitions of Goldman*, einem jüdischen Paar zu erlauben, die Zwillinge katholischer Eltern zu adoptieren, obwohl die natürlichen Eltern damit völlig einverstanden waren. Der Grund für die Verweigerung lag darin, daß die staatlichen Reglementierung Adoptionen zwischen den Religionen verbat. Siehe Lawrence List, "A Child and a Wall: A Study of ‚Religious Protection' Laws," *Buffalo Law Review*, 1963-64, S. 29; zit. n. Evers, "Political Theory", S. 17f.

148 Vor einigen Jahren verkündeten die Behörden der Stadt New York voller Stolz, daß sie einen "illegalen Babyring" aufgebrochen hatten. Säuglinge wurden von unternehmerischen Kaufleuten für einen Preis aus Griechenland importiert und dann an willige Eltern in New York verkauft. Niemand schien zu bemerken, daß jeder der an diesem vermeintlich barbarischen Geschäft Beteiligten davon profitierte: Die von Armut geplagten griechischen Eltern verdienten Geld, und sie hatten die Befriedigung, zu wissen, daß ihre Kinder in weitaus vermögenderen Häusern erzogen würden; die neuen Eltern erfüllten sich ihren Herzenwunsch, ein Baby zu haben; die Babies wurden in ein weitaus glücklicheres Umfeld überführt; und die Kaufleute verdienten ihren Gewinn als Mittelsmänner. Jeder gewann. Wer verlor dabei?

liberalen Modells. In der gegenwärtigen Situation werden sowohl die Rechte der Eltern, als auch die der Kinder systematisch vom Staat verletzt.[149]

Zunächst die Rechte der Eltern. Unter dem gegenwärtigen Gesetz dürfen dritte Erwachsene (beinahe immer der Staat) aus einer Vielzahl von Gründen den Eltern ihre Kinder wegnehmen. Zwei Gründe – physischer Mißbrauch durch die Eltern und freiwillige Aussetzung – sind plausibel, da die Eltern im ersten Fall das Kind verletzten und im zweiten Fall ihr Sorgerecht freiwillig aufgaben. Zwei Punkte sollten jedoch erwähnt werden: (a) wurden Eltern bei physischer Aggression gegen ihre Kinder bis vor kurzem noch gerichtlich von der Haftbarkeit ausgeschlossen – glücklicherweise ist dieser Zustand nun behoben;[150] und (b) wird trotz der allgemeinen Bekanntheit des "geschlagenen-Kind-Syndroms" geschätzt, daß es nur in 5% der Fälle von "Kindesmißhandlung" zur physischen Aggression durch Eltern kommt.[151]

Hingegen verletzen die beiden anderen Gründe, aus denen Kinder ihren Eltern weggenommen werden und die beide in die weite Rubrik der "Verwahrlosung" fallen, eindeutig elterliche Rechte. Es handelt sich um: mangelnde Versorgung der Kinder mit der "richtigen" Nahrung, medizinischen Versorgung, Erziehung oder mit dem "richtigen" Schutz; und das Versäumnis, Kindern eine "angemessene Umgebung" zu verschaffen. Es sollte klar sein, daß beide Kategorien – und insbesondere die zweite – hinreichend ungenau sind, um es für den Staat zu rechtfertigen, beinahe jedes Kind zu ergreifen, da es dem Staat zusteht, zu definieren, was "richtig" und "angemessen" ist. Genauso unbestimmt sind andere, damit zusammenhängende Maßstäbe, die dem Staat die Wegnahme von Kindern erlauben, deren "bestmögliche Entwicklung" von den Eltern nicht gefördert wird oder wenn die "besten Interessen" des Kindes (die wiederum vom Staat festgelegt werden) dadurch gefördert werden. Als Beispiel dafür, wie weitgehend die Wegnahmebefugnis ausgeübt wurde, sollen ein paar kürzliche Fälle reichen. Im Fall *In re Watson* aus dem Jahre 1950 befand der Staat, eine Mutter habe drei Kinder deswegen vernachlässigt, weil sie "wegen ihres emotionalen und geistigen Zustands und ihrer vermeintlich tief religiösen Gefühle, die Fanatismus gleichkommen, unfähig" sei.[152] 1954, im Fall *Hunter gegen*

149 In bezug auf die gegenwärtige Lage des Jugendschutzgesetzes in seinem Verhältnis zum liberalen Modell bin ich Evers, "Political Theory", passim, zu großem Dank verpflichtet.

150 Der Ausschluß von der Haftbarkeit wurde den Eltern ursprünglich in der – von einem Gericht in Mississippi gefällten – Entscheidung *Hewlett v. Ragsdale* aus dem Jahre 1891 zugesprochen. Kürzlich haben Gerichte den Kindern jedoch ihre vollen Klagerechte bei Rechtsverletzungen zugestanden. Siehe Lawrence S. Allen, "Parent and Child – Tort Liability of Parent to Unemancipated Child," *Case Western Reserve Law Review*, November 1967, S. 139; Dennis L. Bekemeyer, "A Child's Rights Against His Parent: Evolution of the Parental Immunity Doctrine," *University of Illinois Law Forum*, Winter 1967, S. 806f; sowie Kenneth D. McCloskey, "Parental Liability to a Minor Child for Injuries Caused by Excessive Punishment," *Hastings Law Journal*, Februar 1960, S. 335-340.

151 Siehe etwa den Bericht für Cook County in Patrick T. Murphy, *Our Kindly Parent – the State*, New York, Viking Press, 1974, S. 153f.

152 Vgl. das Diktum von Sanford Katz, einem prominenten Spezialisten für "Kindesmißbrauch": "Unter der Vernachlässigung von Kindern wird das Verhalten eines Elternteils (ge-

Powers verletzte das Gericht wiederum die Religionsfreiheit und elterliche Rechte: Die Wegnahme eines Kindes erfolgte mit der Begründung, daß das Elternteil zu stark einer nicht-konformistischen Religion anhängt und daß das Kind eigentlich hätte lernen und spielen sollen, statt religiöse Schriften zu verteilen. Ein Jahr später, im Fall *In re Black*, nahm ein Gericht in Utah acht Kinder ihren Eltern weg, weil die Eltern ihre Kinder *nicht gelehrt* hatten, daß Vielweiberei unmoralisch sei.[153]

Nicht nur Religion, sondern auch persönliche Sittsamkeit wurde vom Staat vorgeschrieben. 1962 nahm ein Gericht fünf Kinder ihrer Mutter mit der Begründung weg, daß die Mutter "häufig Herrenbesuch in der Wohnung erhielt [...]" In anderen Fällen haben Gerichte befunden, Eltern hätten das Kind "verwahrlost", und es ihnen daraufhin weggenommen, weil Streit unter den Eltern oder ein Gefühl der Unsicherheit auf seiten des Kindes angeblich dessen beste Interessen in Gefahr brächten.

In einer kürzlichen Entscheidung warnte Richter Woodside vom Pennsylvania Superior Court energisch vor dem massiven Zwangspotential des "beste-Interessen"-Kriteriums:

> Ein Gericht sollte ein Kind nicht einfach nur deshalb aus der Obhut seiner Eltern entfernen, weil der Staat oder seine Behörden ein besseres Zuhause für es finden können. Wenn der "besseres-Zuhause"- Test der einzige Test wäre, dann könnten staatliche Angestellte der Wohlfahrtsfürsorge die Kinder jener Hälfte der Eltern im Staat wegnehmen, deren Zuhause als weniger wünschenswert angesehen wird, um sie in die Häuser der anderen Hälfte der Bevölkerung zu geben, deren Zuhause man für erstrebenswerter hält. Bei Ausweitung dieses Grundsatzes würden wir finden, daß die Familie, von der man glaubt, sie habe das beste Zuhause, sich jedes unserer Kinder aussuchen könnte.[154]

---

wöhnlich in Form passiven Verhaltens) verstanden, welches zu einer mangelhaften Befriedigung jener Bedürfnisse des Kindes führt, wie sie durch die von der Gemeinschaft bevorzugten Werte definiert werden." Sanford Katz, *When Parents Fails*, Boston, Beacon Press, 1971, S. 22. Zu elterlichem Streit und zu *In re Watson* siehe Michael F. Sullivan, "Child Neglect: The Environmental Aspects," *Ohio State Law Journal*, 1968, S. 89f, 152f.

153 Siehe Sullivan, "Child Neglect," S. 90.

154 Zitiert nach Richard S. Levine, "Caveat Parens: A Demystification of the Child Protection System," *University of Pittsburgh Law Review*, Ende 1973, S. 32. Noch seltsamer und totalitärer in seinen Folgen ist der häufig vorgetragene Begriff des Rechts eines Kindes, "erwünscht zu sein". Abgesehen von der Unmöglichkeit, eine Emotion gegenüber jemand anderem mit Gewalt zu erzwingen, würde ein solches Kriterium dritten Personen (in der Praxis: dem Staat) die Macht geben, zu bestimmen, wann "Wünschen" gegeben ist, und Kinder solchen Eltern wegzunehmen, die dieses wohl kaum definierbare Kriterium erfüllen. Entsprechend hat Hillary Rodham vom Children's Defense Fund dieses Kriterium in Frage gestellt: "Wie sollte ein ‚Recht, erwünscht zu sein' definiert und durchgesetzt werden? [...] Die notwendigerweise allgemeinen und unklaren Durchführungsrichtlinien würden die Gefahren der gegenwärtigen Gesetze wiederaufleben lassen, da sie es wiederum erforderlich machen, daß der Staat weitreichende und willkürliche Urteile über die Lebensqualität eines Kindes fällt." Hillary Rodham, "Children Under the Law," *Harvard Educational Review*, 1973, S. 496.

Mehr noch als in die Rechte von Eltern griff der Staat systematisch in die Rechte von Kindern ein. Schulpflichtgesetze, die in den Vereinigten Staaten seit der letzten Jahrhundertwende heimisch geworden sind, zwingen Kinder zum Besuch entweder von öffentlichen Schulen oder von privaten Schulen, die vom Staat offiziell anerkannt worden sind.[155] Vorgeblich "menschenfreundliche" Kinderarbeitsgesetze haben Kinder in systematischer Weise gewaltsam davon abgehalten, ins Arbeitsleben einzutreten, und bevorteilten dadurch ihre erwachsenen Konkurrenten. Da man sie gewaltsam daran hindert, zu arbeiten und ihren Lebensunterhalt zu verdienen, und da man sie in Schulen hineinzwingt, die sie häufig nicht mögen oder für die sie sich oftmals nicht eignen, werden Kinder häufig zu "Schulschwänzern", und diesen Vorwurf benutzt der Staat, um sie in Strafeinrichtungen namens "Sonderschule" einzupferchen, wo Kinder faktisch inhaftiert sind, und dies für Handlungen oder Unterlassungen, die niemals für "Verbrechen" gehalten würden, wenn ein Erwachsener sie beginge.

Es gibt in der Tat Schätzungen, daß zwischen einem Viertel und der Hälfte aller "straffälligen Jugendlichen", die gegenwärtig vom amerikanischen Staat eingekerkert werden, nichts taten, was als Verbrechen angesehen würde, falls Erwachsene es täten (d.h. Angriffe gegen Person und Eigentum).[156] Das "Verbrechen" dieser Kinder bestand darin, ihre Freiheit in einer Art und Weise auszuüben, die den Lakaien des Staates mißfiel: Schulschwänzerei, "Unverbesserlichkeit", Weglaufen. Die Aufschlüsselung nach Geschlechtern zeigt, daß es insbesondere Mädchen sind, die auf diese Weise wegen "unmoralischer" statt wegen wirklich krimineller Handlungen im Gefängnis sitzen. Der Prozentsatz der wegen Unsittsamkeit ("Widerspenstigkeit", sexuelle Beziehungen) statt wegen echter Verbrechen inhaftierten Mädchen liegt im Bereich von 50 bis über 80%.[157]

Seit der Entscheidung des Supreme Courts* im Falle *In re Gault* von 1967 haben jugendliche Beklagte – zumindest theoretisch – die gleichen elementaren Verfahrensrechte wie Erwachsene (die schriftliche Anzeige der einzelnen Beschuldigungen, das Recht auf Beratung, das Recht auf Kreuzverhör der Zeugen), doch diese Rechte wurden ihnen *nur* für solche Fälle verliehen, in denen sie eines *Verbrechens*

155 Zum Schulzwang in den Vereinigten Staaten siehe William F. Rickenbacker, Hg., *The Twelve-Year Sentence*, LaSalle / Ill., Open Court, 1974.

156 Siehe William H. Sheridan, "Juveniles Who Commit Noncriminal Acts: Why Treat in a Correctional System?", *Federal Probation*, März 1967, S. 27. Siehe auch Murphy, *Our Kindly Parent*, S. 104.

157 Neben Sheridan, "Juveniles Who Commit . . .", S. 27, siehe Paul Lerman, "Child Convicts," *Transaction*, Juli-August 1971, S. 35; Meda Chesney-Lind, "Juvenile Delinquency: The Sexualization of Female Crime," *Psychology Today*, Juli 1974, S. 45; Colonel F. Betz, "Minor's Rights to Consent to an Abortion," *Santa Clara Lawyer*, Frühling 1971, S. 469-478; Ellen M. McNamara, "The Minor's Right to Abortion and the Requirement of Parental Consent," *Virginia Law Review*, Februar 1974, S. 305-332; sowie Sol Rubin, "Children as Victims of Institutionalization," *Child Welfare*, Januar 1972, S. 9.

* Amerikanisches Verfassungsgericht. Anmerkung des Übersetzers.

beschuldigt werden. Wie Beatrice Levidow über diese und ähnliche Entscheidungen schreibt:

> Sie finden bei keiner Gerichtsverhandlung Anwendung – mit Ausnahme von jenen, in denen das dem Jugendlichen zur Last gelegte Vergehen eine Verletzung der Strafgesetze bedeuten würde, wenn es von einem Erwachsenen begangen würde. Daher schützen die Sicherheitsklauseln der *Kent-*, *Gault-* und *Winship*-Entscheidungen nicht die ordnungsgemäßen Verfahrensrechte von Jugendlichen, die abhängig, verwahrlost oder aufsichtsbedürftig sind, die die Schule schwänzen, von Zuhause ausreißen oder anderer Vergehen beschuldigt werden, deren sich nur Jugendliche schuldig machen können, wie Rauchen, Alkoholkonsum, langes außer-Haus-Bleiben usw.[158]

Eine Folge ist, daß Jugendlichen gewöhnlich grundlegende – Erwachsenen gewährte – Verfahrensrechte vorenthalten werden. Dazu zählt etwa das Recht, eine Entlassung aus der Untersuchungshaft gegen Kaution zu erwirken, das Recht auf eine Durchschrift, das Einspruchsrecht, das Recht auf ein Schwurgerichtsverfahren, die Beweislast auf seiten der Anklage und die Unzulässigkeit von Beweisen aufgrund des Hörensagens. Wie Roscoe Pound schrieb, waren "die Befugnisse der Sternkammer** eine Lapalie im Vergleich mit denen unserer Jugendgerichte [...]" Ab und zu hat ein von der herrschenden Meinung abweichender Richter dieses System angeprangert. Richter Michael Musmanno erklärte etwa in einem Fall, der 1954 in Pennsylvania verhandelt wurde:

> Gewisse verfassungsmäßige und gesetzliche Garantien – wie etwa die Folgelosigkeit einer Selbstbezichtigung, das Verbot aller Beweise aufgrund des Hörensagens, das Verbot von einseitigen und geheimen Verhandlungsberichten – die allesamt in Urteilen von Alabama bis Wyoming eifersüchtig verteidigt werden, wirft man in Pennsylvania über Bord, wenn die angeklagte Person ein Junge oder ein Mädchen in zartem Alter ist.[159]

Zudem sind die staatlichen Jugendgesetze mit schwammigen Formulierungen übersät, die beinahe unbegrenzte Gerichtsverfahren und Inhaftierungen für die verschiedensten Formen von "Unsittsamkeit", "notorischer Schulschwänzerei", "notorischem Ungehorsam", "Unverbesserlichkeit", "Zügellosigkeit" und "sittlicher Lasterhaftigkeit" erlauben. Weitere Beispiele für diesen Sprachgebrauch sind die "Ge-

---

158 Beatrice Levidow, "Overdue Process for Juveniles: For the Retroactive Restoration of Constitutional Rights," *Howard Law Journal*, 1972, S. 413.

** Nur der britischen Krone verantwortliches Willkürgericht, das bis 1641 bestand. Anm. des Übers.

159 Zitiert nach J. Douglas Irmen, "Children's Liberation – Reforming Juvenile Justice," *University of Kansas Law Review*, 1972-73, S. 181-183. Siehe auch Mark J. Green, "The Law of the Young," in B. Wasserstein und M. Green, Hg., *With Justice for Some*, Boston, Beacon Press, 1970, S. 33; Sanford J. Fox, *Cases and Material on Modern Juvenile Justice*, St. Paul / Minn., West, 1972, S. 68.

fahr, sittlich zu verderben", "unsittliches Verhalten" und sogar der Umgang mit Leuten von "unsittlichem Charakter".[160]

Außerdem bekamen Jugendliche die Tyrannei von Strafen unbegrenzter Dauer (siehe unser obiges Kapitel über Strafe) zu spüren, indem Jugendliche für das gleiche Vergehen oftmals eine längere Freiheitsstrafe als Erwachsene erhielten. In der Tat hat es sich die heutige Jugendgerichtsbarkeit zur Regel gemacht, Urteile zu verhängen, die einen Jugendlichen im Gefängnis halten können, bis er die Volljährigkeit erreicht. Zudem hat sich dieses Übel in den letzten Jahren in einigen Bundesstaaten der USA noch dadurch vergrößert, daß straffällige Jugendliche in zwei Kategorien aufgeteilt wurden – in echte Kriminelle, die "Delinquenten" genannt werden, und in andere, "unsittsame" Kinder, die man "aufsichtsbedürftige Personen (AP)" nennt. Anschließend erhalten die AP "Straffälligen" dann längere Freiheitsstrafen als die wirklich kriminellen Jugendlichen! So schreibt Paul Lerman in einer neueren Studie:

> Die Länge des Heimaufenthalts reichte von zwei bis achtundzwanzig Monaten für Delinquenten und von vier bis achtundvierzig Monaten für AP Jungen; der Median betrug neun Monate für Delinquenten und dreizehn Monate für AP; und die durchschnittliche Aufenthaltsdauer betrug 10,7 Monate für Delinquenten und 16,3 Monate für AP [...]
>
> Die Messungen der Aufenthaltsdauer enthalten nicht die Gewahrsamszeit, d.h. die Stufe der korrigierenden Bearbeitung, die der Einweisung in ein Heim vorangeht. Untersuchungen von neueren Gewahrsamsdaten aller fünf Stadtbezirke von New York City enthüllten die folgenden Regelmäßigkeiten: 1) AP Jungen und Mädchen werden mit größerer Wahrscheinlichkeit in Gewahrsam genommen als Delinquenten (54 im Vergleich zu 31 Prozent); und 2) wenn AP Jugendliche erst einmal in Gewahrsam sind, so verbleiben sie dort mit doppelt so hoher Wahrscheinlichkeit für mehr als 30 Tage als normale Delinquenten (50 im Vergleich zu 25 Prozent).[161]

Wiederum sind es hauptsächlich *weibliche* Jugendliche, die für "unmoralische" Vergehen bestraft werden. Eine kürzliche Studie in Hawaii fand etwa heraus, daß Mädchen, denen man nur Weglaufen zur Last legt, gewöhnlich zwei Wochen in Untersuchungshaft verbringen, während Jungen, die wirklicher Verbrechen bezichtigt werden, nur einige Tage dort festgehalten werden; und daß beinahe 70 Prozent

---

160 Siehe die Minderheitsmeinung von Richter Cadena in dem texanischen Fall *E.S.G. v. State* von 1969 in Fox, *Cases and Material on Modern Juvenile Justice*, S. 296-298. Siehe auch Lawrence J. Wolk, "Juvenile Court Statutes – Are They Void for Vagueness?", *New York University Review of Law and Social Change*, Winter 1974, S. 53; Irmen, "Children's Liberation", S. 181-183; sowie Lawrence R. Sidman, "The Massachusetts Stubborn Child Law: Law and Order in the Home," *Family Law Quarterly*, Frühling 1972, S. 40-45.

161 Lerman, "Child Convicts," S. 38. Siehe auch Nora Klapmuts, "Children's Rights: The Legal Rights of Minors in Conflict with Law or Social Custom," *Crime and Delinquency Literature*, September 1972, S. 471.

der inhaftierten Mädchen einer staatlichen Jugendstrafanstalt wegen unsittsamer Vergehen eingekerkert waren, während das Gleiche nur für 13 Prozent der inhaftierten Jungen zutraf.[162]

Die herrschende Rechtsmeinung, die dem Kind praktisch alle Rechte abspricht, wurde von Abe Fortas – einem Richter des Supreme Court – bei seiner Entscheidung im *Gault*-Fall scharfsinnig analysiert. Ihr zufolge sei

> [...] die Vorstellung von Verbrechen und Strafe aufzugeben. Das Kind solle "behandelt" und "rehabilitiert" werden, und die Verfahren von seiner Festnahme bis zur Einweisung ins Heim sollten einen eher "klinischen" als "strafenden" Charakter tragen.
>
> Zu diesen Ergebnissen wollte man ohne begrifflichen oder verfassungsrechtlichen Schaden gelangen, indem man hervorgehob, daß die Gerichtsverfahren keinen Parteienstreit darstellten, sondern daß der Staat in ihnen als *parens patriae* (als Vater) verfuhr. Der lateinische Ausdruck erwies sich als eine große Hilfe für jene, die den Ausschluß von Jugendlichen aus dem Verfassungsmodell zu rechtfertigen versuchten. Doch seine Bedeutung ist schleierhaft und sein historischer Ausweis ist von zweifelhafter Relevanz [..]
>
> Das Recht des Staates, in seiner Eigenschaft als *parens patriae* dem Kind jene Verfahrensrechte abzusprechen, die Älteren zustanden, wurde weiter mit der Behauptung ausgeführt, daß ein Kind – anders als ein Erwachsener – ein Recht "nicht auf Freiheit, sondern auf Fürsorge" habe. [...] Wenn seine Eltern einer wirksamen Erfüllung ihrer fürsorgerischen Funktion nicht wirksam nachkommen – d.h. wenn das Kind "straffällig" wird – dürfe der Staat eingreifen. Dadurch nehme er dem Kind keine Rechte, weil dieses keine habe. Er liefere lediglich die "Fürsorge", zu der das Kind berechtigt sei. Aufgrund dessen wurden Verfahren, an denen Jugendliche beteiligt waren, als "zivilrechtlich" und nicht als "strafrechtlich" bezeichnet, wodurch sie nicht den Anforderungen unterlagen, die den Staat beschränken, wenn er eine Person ihrer Freiheit zu berauben sucht.[163]

Fügen wir hinzu, daß die Bezeichnung einer Handlung als "zivilrechtlich" oder "Fürsorge" eine Einkerkerung kein bißchen angenehmer macht oder ihr für das Opfer der "Behandlung" oder "Rehabilitation" keineswegs den Charakter der Einkerkerung nimmt.

Der Kriminologe Fredrick Howlett hat die Jugendgerichtsbarkeit scharf kritisiert und dies in einen größeren liberalen Zusammenhang gestellt. Er schreibt von

> [...] der Verweigerung gewisser individueller Grundrechte – des Rechts, sich mit anderen Menschen ihrer Wahl zu vereinigen und sich freiwillig in einer Weise zu betätigen, die niemandem außer ihnen selbst schadet. Die Betrunkenen, die unsere Gerichte belasten, sollten das Recht haben, sich zu betrinken.

162 Meda Chesney-Lind, "Juvenile Delinquency", S. 46.

163 Fox, *Cases and Material on Modern Juvenile Justice*, S. 14.

> Die [...] Prostituierte und ihre Kunden sollten sich nicht vor dem Gesetz für eine Handlung zu verantworten haben, die ihrer persönlichen Entscheidung entspringt. Entsprechend hat das unanständige Kind ein grundlegendes Recht darauf, ein Kind zu sein. Warum sollte man sich ans Gericht wenden, wenn es nichts getan hat, das als Verbrechen angesehen würde, wenn es kein Kind, sondern ein Erwachsener wäre [...]? Sollte die Gemeinschaft nicht zunächst – bevor man sich eilig daran macht, mit einer Person außerhalb der Rechtsnormen zu verfahren oder ihr zu "helfen" – die Möglichlichkeit in Betracht ziehen, nichts zu tun? Sollte sie nicht das Recht des Kindes – als einer Person – auf Nicht-Behandlung und Nicht-Einmischung von seiten einer äußeren Autorität anerkennen?[164]

Eine besonders ausdrucksvolle gerichtliche Verteidigung der Rechte von Kindern ereignete sich 1870 bei einer Entscheidung in Illinois, Jahre bevor – mit Beginn der Fortschrittlichen Zeit der Jahrhundertwende – in der Jugendgerichtsbarkeit die staatliche Willkürherrschaft erklärt wurde. In seinem Urteil in *People ex rel. O'Connell v. Turner* erklärte Richter Thornton:

> [...] Der Grundsatz, das Kind dem Staat einzuverleiben und es seinem Despotismus völlig zu unterwerfen, ist in der modernen zivilisierten Welt vollkommen unzulässig. [...]
>
> Diese Gesetze sehen eine "sichere Aufbewahrung" des Kindes vor. Sie legen seine "Verpflichtungen" fest, und nur wenn ein in seiner Willkür unbeschränkter Vormundschaftsausschuß ihm einen "Entlassungschein" ausstellt, kann der inhaftierte Junge die frische Luft jenseits der Gefängnismauern atmen

---

164 Frederick W. Howlett, "Is the YSB All it's Cracked Up to Be?", *Crime and Delinquency*, Oktober 1973, S. 489-491. In seinem ausgezeichneten Buch *The Child Savers* legt Anthony Platt dar, daß das aus der reformierten Jugendgerichtsbarkeit hervorgegangene Schulsystem der (mit der Wende zum zwanzigsten Jahrhundert einsetzenden) Fortschrittlichen Periode anfangs insbesondere zu dem Zweck gestaltet wurde, die "Unsittlichkeit" der Kinder auf nationaler Ebene despotisch zu "bessern". So schreibt Platt, daß die "Retter der Kinder" "am aktivsten und erfolgreichsten dort waren, wo es um die Ausweitung staatlicher Lenkung über einen ganzen Bereich jugendlicher Betätigungen ging, der zuvor nicht beachtet wurde bzw. der informell gehandhabt wurde [...] Die Retter der Kinder waren Prohibitionisten in einem allgemeinen Sinne. Sie glaubten, gesellschaftlicher Fortschritt hinge von einer wirksamen Durchsetzung der Gesetze, strikter Beaufsichtigung der Hobbies und der Freizeit der Kinder und von der Reglementierung unbotmäßiger Vergnügungen ab. Ihre Bemühungen richteten sich darauf, Kinder vor Institutionen und Situationen zu bewahren, die ihre ‚Angehörigen' bedrohten (Theater, Tanzsäale, Kneipen usw.). Die Kinderretterbewegung brachte den Jugendschutz auch deshalb in die Diskussion ein, um eine Reihe ‚abweichender' Institutionen in Frage zu stellen: so seien Kinder nur dann vor Sex und Alkohol zu schützen, indem man Bordelle und Kneipen verbiete." Anthony M. Platt, *The Child Savers*, Chicago, University of Chicago Press, 1961, S. 99f. Siehe auch ebd., S. 54, 67f, 140. Zu früheren Formulierungen von "Kinderrettung", *parens patriae* und zur Einkerkerung von Jugendlichen für Schwänzerei siehe J. Lawrence Schultz, "The Cycle of Juvenile Court History," *Crime and Delinquency*, Oktober 1973, S. 468; sowie Katz, *When Parents Fail*, S. 188.

und im Kontakt mit der geschäftigen Welt die Instinkte des Menschseins fühlen. [...] Die Haft kann je nach Alter des Kindes ein bis fünfzehn Jahre dauern. Gnade von seiten der Exekutive kann die Gefängnistore nicht öffnen, da kein Vergehen stattgefunden hat. Die gerichtliche Anordnung eines Haftprüfungstermins, eine Anordnung zum Schutz der Freiheit, kann keine Abhilfe bringen, da die souveräne Macht des Staates (als *parens patriae*) die Inhaftierung unwiderruflich verfügt hat. Eine solche Beschränkung der natürlichen Freiheit ist eine Tyrannei und eine Unterdrückung. Wenn die Kinder des Staates mithin – ohne daß ein Verbrechen stattgefunden hätte und ohne daß sie irgendeines Vergehens überführt worden wären – zum "Wohle der Gesellschaft" inhaftiert werden sollen, dann sollte die Gesellschaft besser auf ihre ursprünglichen Elemente zurückgeführt und die Idee einer freiheitlichen Regierung als Irrtum anerkannt werden. [...]

Die Unfähigkeit Minderjähriger macht aus ihnen keine Sklaven oder Kriminellen. [...] Können wir Kinder als verantwortlich für Verbrechen ansehen, als haftbar für ihre unzulässigen Handlungen, ihnen drückende Lasten auferlegen – und sie dennoch ihrer Freiheit berauben, ohne sie eines Verbrechens zu beschuldigen oder sie eines solchen zu überführen? [Die Menschenrechtsgesetz von Illinois, das der Menschenrechtserklärung von Virginia und der Unabhängigkeitserklärung der Vereinigten Staaten folgt, erklärt, daß] "alle Menschen von Natur aus frei und unabhängig sind und gewisse eingeborene und unveräußerliche Rechte haben – zu welchen das Recht auf Leben, Freiheit und Streben nach Glück zählt." Diese Worte sind nicht eingeschränkt. Sie sind allgemein und umfassend, sie erklären, daß "alle Menschen", alle Völker, überall, das eingeborene und unveräußerliche Recht auf Freiheit haben. Sollen wir den Kindern des Staates sagen: Ihr sollt Euch dieses Rechtes nicht erfreuen – eines Rechtes, das unabhängig von allen menschlichen Gesetzen und Reglementierungen ist. [...] Selbst Verbrecher können nicht ohne ordnungsgemäßes Gerichtsverfahren verurteilt und inhaftiert werden. [...][165]

165 55 Ill. 280, 1870, abgedruckt in Robert H. Bremner, Hg., *Children and Youth in America*, Cambridge / Mass., Harvard University Press, 1970-74, II, 485-487. Natürlich ärgerten die "Kinderretter" sich über die Ergebnisse des O'Connell-Urteils. Frederick Wines, der prominente Gesellschafts- und Kinderverbesserer aus Illinois, nannte es "positiv schädlich. Es entspringt einer krankhaften Empfindsamkeit für die Frage der persönlichen Freiheit [...]" Siehe Platt, *Child Savers*, S. 106.

15 "Menschenrechte" als Eigentumsrechte[166]

Liberals[*] möchten den Begriff des "Rechts" im allgemeinen für "Menschenrechte" wie die Redefreiheit reservieren, während sie bestreiten, daß er auf Privateigentum Anwendung findet.[167] Doch ganz im Gegenteil ergibt der Begriff des "Rechts" *nur dann* einen Sinn, wenn er als Eigentumsrecht verstanden wird. Nicht nur, daß es keine Menschenrechte gibt, die nicht auch Eigentumsrechte wären, sondern die ersteren verlieren ihre Absolutheit und Klarheit und werden unscharf und angreifbar, wenn nicht Eigentumsrechte zum Maßstab genommen werden.

Zunächst einmal sind Eigentumsrechte mit Menschenrechten in zweierlei Hinsicht identisch: zum einen in dem Sinn, daß Eigentum *nur* Menschen zukommen kann, so daß ihre Rechte auf Eigentum Rechte sind, die zu menschlichen Wesen gehören; und zum anderen in dem Sinn, daß das Recht der Person, ihren eigenen Körper zu besitzen – ihre persönliche Freiheit – ein Eigentumsrecht an ihrer eigenen Person wie auch ein "Menschenrecht" ist. Doch noch wichtiger für unsere Erörterung ist es, daß sich Menschenrechte als unbestimmt und widersprüchlich erweisen, wenn sie nicht als Eigentumsrechte gefaßt werden – wodurch Liberale dann veranlaßt werden, diese Rechte wegen der "Rechtsordnung" oder für das "öffentliche Wohl" abzuschwächen. Wie ich in einem anderen Werk schrieb:

> [...] Nehmen wir etwa das "Menschenrecht" auf Redefreiheit. Die Redefreiheit wird als das Recht eines jeden angesehen, alles zu sagen, was ihm gefällt. Doch die vernachlässigte Frage ist: Wo? Wo hat ein Mensch dieses Recht? Er hat dieses Recht sicherlich nicht im Bereich eines Eigentums, das er widerrechtlich betritt. Kurz gesagt hat er dieses Recht nur im Bereich seines *eigenen* Eigentums oder auf dem Eigentum von jemandem, der sich in Form eines Geschenkes oder in einem Mietvertrag damit einverstanden erklärt hat, ihn auf dem Grundstück zu dulden. Tatsächlich gibt es dann nicht soetwas wie ein separates "Recht auf freie Rede"; es gibt nur eines Menschen *Eigentums*recht:

166 Siehe die Erörterung in Rothbard, *Power and Market*, S. 238-240. Siehe auch Rothbard, *For a New Liberty*, S. 42-44.

* Im angelsächsischen Sprachgebrauch hat sich die Bedeutung des Wortes "liberal" seit der Wende zum zwanzigsten Jahrhundert geändert. Bezeichnete es zuvor die Gegnerschaft zu übermäßigen Staatsbetätigungen, so bringt es heute die Befürwortung staatlicher Eingriffe zur Verwirklichung von "Bürgerrechten" oder "Menschenrechten" zum Ausdruck, d.h. eine nach europäischen Maßstäben sozialdemokratische Position. Zur Abgrenzung von dieser Position nennen sich die Liberalen der angelsächsischen Länder heute "libertarians". In der vorliegenden Übersetzung wird "libertarian" als "Liberaler" wiedergegeben, während die Sozialdemokraten wie im amerikanischen Original "Liberals" heißen. Anm. des Übers.

167 Ein besonders reines und widersprüchliches Beispiel bietet Professor Peter Singer, der ausdrücklich verlangt, für die persönliche Freiheit den Begriff des Rechts zu erhalten, während er in wirtschaftlichen Angelegenheiten und im Bereich von Eigentum dem Utilitarismus anhängt. Peter Singer, "The Right to Be Rich or Poor", *New York Review of Books*, 6. März 1975.

das Recht, mit seinem Besitz nach eigenem Belieben zu verfahren oder freiwillige Vereinbarungen mit anderen Eigentümern einzugehen.[168]

Kurzum hat eine Person kein "Recht auf Redefreiheit". Was sie *tatsächlich* hat, ist das Recht, einen Saal zu mieten und zu den Leuten zu sprechen, die das Lokal betreten. Sie hat kein "Recht auf Pressefreiheit". Was sie *tatsächlich* hat, ist das Recht, eine Druckschrift zu verfassen und zu veröffentlichen und diese an jene zu verkaufen, die sie kaufen möchten (oder sie an jene zu verschenken, die sie annehmen möchten). Was sie folglich in jedem dieser Fälle hat, sind Eigentumsrechte, und zu diesen zählt das Recht auf Vertragsfreiheit und freie Übertragungen als ein Teil dieser Eigentümerrechte. In keinem Fall gibt es ein gesondertes "Recht auf Redefreiheit" oder auf Pressefreiheit über jene Eigentumsrechte hinaus, die eine Person haben mag.

Zudem kommt es gerade dann zur Verwirrung und zur Schwächung des Begriffs der Rechte, wenn die Analyse unter Bezug auf ein "Recht auf Redefreiheit" anstatt unter Bezug auf ein Eigentumsrechte abgefaßt wird. Das berühmteste Beispiel ist die Erklärung von Richter Holmes, niemand habe das Recht, in einem vollen Theater "Feuer" zu rufen, und *daher* könne das Recht auf Redefreiheit nicht absolut sein, sondern es müsse in Rücksicht auf die "Rechtsordnung" abgeschwächt und gemildert werden.[169] Doch wenn wir das Problem als ein Problem von *Eigentums*rechten untersuchen, werden wir sehen, daß die Absolutheit des Rechts nicht abgeschwächt zu werden braucht.[170]

Denn logischerweise ist der Rufer entweder ein Besucher oder der Besitzer des Theaters. Wenn er der Theaterbesitzer ist, verletzt er die Eigentumsrechte der Besucher, die sie an jenem ungestörten Genuß der Aufführung haben, für den er ursprünglich ihr Geld nahm. Wenn der Rufer ein anderer Besucher ist, dann verletzt er sowohl das Eigentumsrecht, das die Besucher darauf haben, der Aufführung beizuwohnen, *als auch* das Eigentumsrecht des Besitzers, da er gegen die Bedingungen seiner Anwesenheit verstößt. Denn zu diesen Bedingungen zählt sicherlich, daß er das Eigentum des Besitzers nicht verletzt, indem er die Aufführung durch Täuschung stört. In jedem Fall kann er als ein Verletzer von Eigentumsrechten verfolgt werden. Wenn wir uns daher auf die betreffenden Eigentumsrechte konzentrieren, so

---

168 Rothbard, *Power and Market*, S. 238f.

169 Zum Holmes-Diktum siehe Rothbard, *For a New Liberty*, S. 43f; sowie *Power and Market*, S. 239f. Eine vernichtende Kritik von Holmes' ungerechtfertigtem Ruf als bürgerlicher Liberaler findet sich bei Mencken, *Crestomathy*, S. 258-264.

170 Zudem ist die Ansicht, das Rufen von "Feuer" verursache eine Panik, deterministisch und eine weitere Version des oben erörterten "Hetzreden-Irrtums". Es ist Sache der Leute im Theater, die ihnen zukommenden Informationen abzuwägen. Sonst wäre nämlich zu fragen, warum es kein Vergehen wäre, eine *echte* Feuerwarnung abzugeben. Denn auch dies könnte zu einer Panik führen. Die mit einem fälschlichen Rufen von "Feuer" einhergehende Unterbrechung ist nur strafbar als eine Verletzung von Eigentumsrechten dergestalt, wie es im nachstehenden Text erläutert wird. Für diesen Punkt bin ich Dr. David Gordon zu großem Dank verpflichtet.

sehen wir, daß es der von Holmes vorgebrachte Fall nicht erforderlich macht, das absolute Wesen von Rechten gesetzlich zu schwächen.

In der Tat machte Richter Hugo Black, ein bekannter "Absolutist" im Hinblick auf "Redefreiheit", in einer scharfsinnigen Kritik des Holmes'schen Theaterrufer-Arguments deutlich, daß seine (Blacks) Verteidigung der Redefreiheit auf dem Recht auf Privateigentum beruht. So erklärte Black:

> Gestern Abend ging ich mit Ihnen ins Theater. Ich denke, wenn Sie oder ich aufgestanden und in dem Theater umhergegangen wären, so wären wir – egal, ob wir gesprochen hätten oder nicht – festgenommen worden. Niemand hat jemals gesagt, daß der erste Zusatzartikel zur amerikanischen Verfassung den Menschen ein Recht gibt, sich an irgendeinen Ort der Welt zu begeben, der ihnen beliebt, oder irgendetwas zu sagen, das ihnen auf der Zunge brennt. Der Kauf der Theaterkarten erwarb nicht auch die Möglichkeit, dort eine Rede zu halten. In diesem Land haben wir ein Eigentumssystem, welches ebenfalls von der Verfassung geschützt ist. Wir haben ein Eigentumssystem, und das bedeutet, daß ein Mensch kein Recht hat, alles zu tun, was er möchte, und dies überall, wo es ihm beliebt. Mir wäre es zum Beispiel ein wenig unangenehm, wenn sich jemand anschickte, in mein Haus zu kommen und mir zu erzählen, er habe ein verfassungsmäßiges Recht hereinzukommen, da er eine Rede gegen das Verfassungsgericht halten möchte. Ich bin mir darüber im klaren, daß jeder die Freiheit hat, eine Rede gegen das Verfassungsgericht zu halten, aber ich möchte nicht, daß er das in meinem Haus tut.
>
> Dies ist ein wundervoller Aphorismus über das Rufen von "Feuer" in einem gefüllten Theater. Doch man muß nicht erst "Feuer" rufen, um verhaftet zu werden. Wenn jemand für Unordnung in einem Theater sorgt, würde man ihn nicht für das zur Rechenschaft ziehen, *was* er gebrüllt hat, sondern dafür, daß er *gebrüllt* hat. Man würde ihn nicht wegen für irgendwelche von seinen Ansichten zur Rechenschaft ziehen, sondern weil man der Auffassung ist, daß er keine Ansichten hatte, die man dort zu hören wünschte. Auf diese Weise würde ich antworten: nicht für das, was er schrie, sondern weil er überhaupt schrie.[171]

Ähnlich forderte vor einigen Jahren der französische Politologe Betrand de Jouvenel die Schwächung der Rede- und Versammlungsfreiheit aufgrund dessen, was er das "Versammlungsleiterproblem" nannte – das Problem der Zuteilung von Zeit oder Raum in einer Versammlung bzw. in einer Zeitung oder vor einem Mikrophon, wo die Verfasser von Schriften bzw. die Redner glauben, die Redefreiheit gebe ihnen ein "Recht" auf den Gebrauch der Ressource.[172] Was Jouvenel übersah, war un-

---

171 Irving Dillard, Hg., *One Man's Stand for Freedom*, New York, Knopf, 1963, S. 477f.

172 Bertrand de Jouvenel, "The Chairman's Problem", *American Political Science Review*, Juni 1961, S. 368-372. Der Kern der folgenden Kritik an de Jouvenel erschien in einem in italienischer Sprache veröffentlichten Aufsatz: Murray N. Rothbard, "Betrand de Jouvenel e i diritti di proprietá," *Biblioteca della Liberta*, 1966, Nr.2, S. 41-45.

sere Lösung des "Versammlungsleiterproblems" – die Neufassung des Begriffs der Rechte unter Bezug auf Privateigentum statt auf Rede- oder Versammlungsfreiheit.

Zunächst einmal können wir feststellen, daß in jedem der von de Jouvenel aufgeführten Beispiele (ein Mensch, der einer Versammlung beiwohnt; eine Person, die für die Seite "Briefe an den Herausgeber" schreibt; jemand, der sich beim Radio um Diskussionszeit bewirbt) die angebotene knappe Zeit bzw. der knappe Raum *kostenlos* ist. Wir befinden uns inmitten dessen, was die Ökonomie das "Rationierungsproblem" nennt. Eine wertvolle, knappe Ressource muß zugeteilt werden – ob es sich um Zeit auf dem Diskussionspodium, um Zeit vor einem Mikrophon oder um Platz in einer Zeitung handelt. Doch da der Gebrauch der Ressource kostenlos ist, übertrifft die Nachfrage nach dem Erhalt dieser Zeit bzw. dieses Raumes zwangsläufig bei weitem das Angebot, und daher muß es zu einem empfundenen "Mangel" der Ressource kommen. Wie in allen Fällen von Mangel und Schlangenbildung, die von zu niedrigen oder nicht-vorhandenen Preisen verursacht werden, bleiben die unbefriedigten Nachfrager mit einem Gefühl der Frustration zurück und verübeln es, daß sie nicht jenen Gebrauch der Ressource erhielten, der ihnen ihrer Meinung nach zustand.

Wenn ein knappe Ressource nicht im Wege von Preisen zugeteilt wird, muß sie auf andere Art und Weise von ihrem Eigentümer vergeben werden. Es ist zu bemerken, daß in allen von de Jouvenel aufgeführten Fällen die Zuteilung durch ein Preissystem erfolgen *könnte*, wenn der Eigentümer dies wünschte. Der Leiter einer Versammlung könnte Preisgebote für die knappen Plätze auf dem Podium erfragen, um die Plätze dann jenen Teilnehmern mit dem höchsten Gebot zukommen zu lassen. Der Radioproduzent *könnte* ebenso mit Gesprächsteilnehmern in seinem Programm verfahren. (In der Tat machen Produzenten genau das, wenn sie Zeit an individuelle Sponsoren verkaufen.) Es gäbe dann keinen Mangel und keine nachtragenden Gefühle bei einem zurückgenommenen Versprechen ("gleicher Zugang" der Öffentlichkeit zur Leserbriefspalte, zum Podium oder zum Mikrophon).

Doch über die Frage der Preise hinaus geht es hier um eine tiefere Angelegenheit. Denn ob nun nach Preisen oder nach einem anderen Kriterium – die Ressource muß in jedem Fall *durch ihren Eigentümer* zugeteilt werden. Der Eigentümer des Radiosenders bzw. des Radioprogramms (oder sein Agent) vermietet oder verschenkt Sendezeit nach Kriterien, über die er entscheidet; der Eigentümer der Zeitung oder der von ihm beauftragte Herausgeber vergibt Platz für Leserbriefe auf jede beliebige Art und Weise seiner Wahl; der "Eigentümer" der Versammlung bzw. der von ihm bezeichnete Versammlungsleiter vergibt den Platz auf dem Podium in einer beliebigen Weise, für die er sich entscheidet.

Die Tatsache, daß die Zuteilung letztendlich nach Besitzerschaft erfolgt, gibt uns den Schlüssel zur eigentumsmäßigen Lösung von de Jouvenels "Versammlungsleiterproblem" an die Hand. Denn wer einen Brief an eine Zeitung schreibt, ist *nicht* der Eigentümer des Blattes; er hat demzufolge *kein Recht auf*, sondern nur eine Bitte nach Platz in der Zeitung – eine Bitte, die zu gewähren oder abzulehnen dem *Eigentümer* das absolute Recht zusteht. Wer in einer Versammlung zu sprechen verlangt, hat kein Rede*recht*, sondern unterbreitet nur eine Anfrage, über die der Eigentümer oder sein Vetreter – der Versammlungsleiter – zu entscheiden hat. Die Lösung liegt darin, die Bedeutung des "Rechts auf Redefreiheit" bzw. auf "Versammlungsfreiheit" neu zu fassen. Anstatt die unklare und – wie von de Jouvenel gezeigt – unpraktizierbare Auffassung zu vertreten, es gäbe eine Art gleiches Recht *auf* Raum oder Zeit, sollten wir den Finger auf das Recht auf Privateigentum legen. Nur wenn man das "Recht auf Redefreiheit" einfach als einen Teil der Eigentumsrechte behandelt, wird es gültig, handhabbar und absolut.

Dies zeigt sich beim von de Jouvenel vorgeschlagenen "Recht, andere Leute mit seinen Ideen einzufangen". De Jouvenel sagt, es gebe einen "Sinn, in dem das Rederecht von jedermann ausgeübt werden kann; es handelt sich um das Recht, andere Leute mit seinen Ideen einzufangen" – zu den Leuten, auf die man trifft, zu sprechen, sie zu überzeugen versuchen und diese Leute dann in einem Saal zu versammeln, um somit eine eigene "Gemeinde zu gründen". Hier kommt de Jouvenel der richtigen Lösung nahe, allerdings ohne dabei sicheren Grund zu erreichen. Denn in Wirklichkeit sagt er, daß das "Recht auf Redefreiheit" nur dann gültig und praktizierbar ist, wenn es gebraucht wird im Sinne des Rechts, zu anderen Leuten zu sprechen, sie zu überzeugen versuchen, einen Saal zu mieten, um zu jenen Leuten zu sprechen, die der Versammlung beiwohnen möchten, usw. Doch *dieser* Sinn des Rechts auf Redefreiheit ist in der Tat ein Teil des allgemeinen Rechts einer Person auf ihr Eigentum. (Selbstverständlich *vorausgesetzt*, daß wir nicht das Recht einer anderen Person vergessen, *nicht* überzeugt zu werden, wenn sie dies nicht wünscht, d.h. ihr Recht, *nicht* zuzuhören.) Denn Eigentumsrechte *beinhalten* das Recht auf den eigenen Besitz und darauf, mit den Besitzern anderen Eigentums Verträge und Tauschhandlungen im gegenseitigen Einvernehmen einzugehen. De Jouvenels "Seelenfänger", der einen Saal mietet und zu seiner Gemeinde spricht, übt kein unbestimmtes "Recht auf Redefreiheit" aus, sondern einen Teil seines allgemeinen Eigentumsrechts. Dies wird von de Jouvenel beinahe erkannt, wenn er den Fall zweier Menschen – "Primus" und "Secundus" – erörtert:

> Primus [...] hat durch mühselige Anstrengungen eine Zusammenkunft nach seinen Vorstellungen zustandegebracht. Ein Außenstehender, Secundus, kommt herein und erhebt den Anspruch, aufgrund des Rechts auf Redefreiheit zu dieser Versammlung zu sprechen. Muß Primus seinem Willen genügen? Ich bezweifle das. Er kann Secundus erwidern: "Ich habe diese Zusammenkunft herbeigeführt. Gehe hin und mache du es ebenso."

Ganz genau. Kurz gesagt *besitzt* Primus die Tagung. Er hat den Saal gemietet, hat die Tagung einberufen und ihre Bedingungen niedergelegt; und denjenigen, die diese Bedingungen nicht mögen, steht es frei, der Tagung nicht beizuwohnen oder sie zu verlassen. Primus hat ein Eigentumsrecht an der Tagung, welches ihm erlaubt, nach Belieben zu sprechen. Secundus hat kein wie auch immer geartetes Eigentumsrecht und daher kein Recht, auf der Tagung zu sprechen.

Im allgemeinen handelt es sich dort, wo Rechte scheinbar eine Abschwächung erfordern, um Probleme, bei denen der *Locus der Besitzerschaft* nicht genau bestimmt ist, bei denen Eigentumsrechte kurz gesagt durcheinandergeworfen sind. Viele Probleme der "Redefreiheit" tauchen etwa auf staatlichen Straßen auf: *Sollte* eine Regierung zum Beispiel eine politische Zusammenkunft erlauben, von der sie behauptet, daß sie den Verkehr stören oder die Straßen mit herumliegenden Handzetteln verschandeln würde? Doch alle so gearteten Probleme, die scheinbar erfordern, daß die Redefreiheit weniger als absolut ist, sind in Wirklichkeit Probleme, die der mangelhaften Definition von Eigentumsrechten zu verdanken sind. Denn die Straßen befinden sich im allgemeinen im Besitz des Staates. Die Regierung ist in diesen Fällen "der Versammlungsleiter". Daher ist die Regierung wie jeder andere Eigentümer mit dem Problem konfrontiert, welchen Zwecken seine knappe Ressource zugeführt werden soll. Eine politische Versammlung *wird*, sagen wir, den Verkehr zum Erliegen bringen. Die Entscheidung der Regierung betrifft folglich nicht so sehr ein Recht auf Redefreiheit als vielmehr die Zuteilung von Straßenraum durch dessen Eigentümer.

Bemerkenswerterweise würde das ganze Problem nicht entstehen, falls die Straßen Einzelpersonen oder Firmen gehörten – wie es in einer liberalen Gesellschaft ausnahmslos der Fall wäre. Denn die Straßen könnten alsdann wie jedes andere Privateigentum an andere Einzelpersonen oder Gruppen zu Versammlungszwecken vermietet oder gespendet werden. In einer vollständig liberalen Welt hätte man nicht mehr das "Recht", die Straße eines anderen zu gebrauchen, als man das "Recht" hätte, den Versammlungssaal eines anderen im voraus in Beschlag zu nehmen. In beiden Fällen bestünde das einzige *Recht* in dem Eigentumsrecht am Gebrauch des eigenen Geldes, um die Ressource zu mieten, *falls* deren Besitzer das möchte. Natürlich bleibt das Problem und der Konflikt unlösbar, solange die Straßen im Staatsbesitz verbleiben. Denn der staatliche Besitz der Straßen bedeutet, daß alle anderen Eigentumsrechte, die man hat – *einschließlich* des Rechts auf Rede, Vereinigung, Verteilung von Handzetteln usw. – dadurch behindert und eingeschränkt werden, daß es stets notwendig ist, Straßen zu überqueren und zu benutzen, die sich im staatlichen Besitz befinden und die zu sperren oder in beliebiger Weise zu beschränken die Regierung sich entscheiden könnte. Wenn die Regierung die Straßenversammlung erlaubt, wird sie den Verkehr einschränken. Wenn sie die Versammlung wegen des Verkehrsflusses unterbindet, wird sie die Zugangsfreiheit zu den staatlichen Straßen unterbinden. In jedem der beiden Fälle – und für welchen sie sich auch immer entscheidet – werden die "Rechte" einiger Steuerzahler zu beschneiden sein.

Der andere Fall, in dem Eigentumsrechte und -umfang unzureichend definiert und in dem Konflikte mithin unlösbar sind, betrifft *staatliche* Versammlungen (und deren "Versammlungsleiter"). Denn wie wir dargelegt haben ist der Locus der Besitzerschaft dann eindeutig, wenn ein Mensch oder eine Gruppe einen Sall mietet und einen Versammlungsleiter ernennt. Primus kann seinen Willen durchsetzen. Doch wie verhält es sich mit staatlichen Zusammenkünften? Wer *besitzt* sie? Niemand kann das wirklich sagen, und daher gibt es keine befriedigende oder nichtwillkürliche Art und Weise zur Beantwortung der Frage, wer sprechen darf und wer nicht oder was entschieden werden soll und was nicht. Es stimmt schon, daß sich die gesetzgebende Versammlung ihren eigenen Regeln zufolge bildet. Was aber, wenn diese Regeln für weite Teile der Bürger nicht hinnehmbar sind? Es gibt keine befriedigende Weise, diese Frage zu beantworten, weil hier kein eindeutiger Locus von Eigentumsrechten vorhanden ist. Um es anders auszudrücken: Im Fall der Zeitung oder des Radioprogramms ist es klar, daß der Briefschreiber oder Sprecher in spe die Antragsteller sind und daß der Verleger bzw. der Produzent die *Eigentümer* sind, die die Entscheidung fällen. Doch im Fall der gesetzgebenden Versammlung wissen wir nicht, wer der Eigentümer sein könnte. Der Mensch, der in einer Gemeindeversammlung gehört zu werden verlangt, behauptet ein Anteilseigner zu sein, und doch hat er keine Art von Eigentum durch Kauf, Erbschaft oder Entdeckungen begründet, wie es die Eigentümer in allen anderen Bereichen tun.

Um auf den Fall der Straßen zurückzukommen: Es gibt andere vielumstrittene Probleme, die in einer liberalen Gesellschaft, in der alles Eigentum privat ist und sich in eindeutigem Besitz befindet, schnell bereinigt werden würden. In der gegenwärtigen Gesellschaft besteht beispielsweise ein anhaltender Konflikt zwischen dem "Recht" der Steuerzahler auf Zugang zu staatlichen Straßen und dem Wunsch von benachbarten Anwohnern, sich solche Leute vom Halse zu halten, deren Ansammlung auf den Straßen sie als "unerwünscht" ansehen. In New York City etwa wird heutzutage hysterischer Druck von Anwohnern verschiedener Staddtviertel ausgeübt, um zu verhindern, daß Filialen von McDonald's in ihrer Gegend eröffnen, und in vielen Fällen haben sie die Amtsgewalt der örtlichen Verwaltung nutzen können, um die Filialen vom Zuzug abzuhalten. Das sind natürlich eindeutige Verletzungen des Rechts von McDonald's auf das von dieser Firma erworbene Eigentum. Doch die Anwohner *haben* ein gutes Argument: den herumliegenden Abfall und die Anlockung "unerwünschter" Elemente, die von McDonald's "angezogen" und sich davor ansammeln würden – auf den *Straßen*. Kurzum, worüber die Anwohner sich *in Wirklichkeit* beschweren, ist nicht so sehr das Eigentumsrecht von McDonald's als vielmehr das, was sie als "schlechten" Gebrauch der staatlichen Straßen ansehen. Sie beschweren sich kurz gesagt über das "Menschenrecht" bestimmter Leute, sich nach Belieben auf staatlichen Straßen zu bewegen. Doch als Steuerzahler und Bürger haben diese "Unerwünschten" sicherlich das "Recht", sich auf den Straßen zu bewegen, und wenn sie es wünschten, *könnten* sie sich natürlich an Ort und Stelle ansammeln, ohne von McDonald's angezogen zu werden. In der liberalen Gesellschaft jedoch, in der sich die Straßen allesamt in Privatbesitz befinden würden, könnte der ganze Konflikt gelöst werden, ohne irgendjemandes Eigentumsrechte zu verletzen: Denn dann hätten die *Eigentümer der Straßen* das Recht, zu entscheiden, wer Zugang zu jenen Straßen haben soll, und sie könnten "Unerwünschte" fernhalten, wenn sie dies wünschten.

Natürlich würden jene Straßenbesitzer, die sich dazu entschlössen, "Unerwünschte" fernzuhalten, den Preis dafür zu entrichten haben – sowohl die anfallenden Überwachungskosten, als auch die Geschäftseinbuße für die Händler in ihrer Straße und den geringeren Besucherstrom zu ihren Wohungen. Unzweifelhaft würden sich in einer freien Gesellschaft verschiedene Zugangsmodelle herausbilden: Einige Straßen (und folglich Nachbarschaften) stünden allen offen, während der Zugang zu anderen in verschiedenem Maße eingeschränkt wäre.

In ähnlicher Weise würde pivates Eigentum an allen Straßen das Problem des "Menschenrechts" auf Einwanderungsfreiheit lösen. Ohne Frage ist es eine Tatsache, daß die bestehenden Einwanderungshemmnisse nicht so sehr ein "Menschenrecht" auf Einwanderung einschränken, als vielmehr das Recht von Eigentümern, Eigentum an Einwanderer zu vermieten oder zu verkaufen. Es kann kein Menschenrecht auf Einwanderung geben, denn auf *wessen* Eigentum hat jemand das Recht herumzutrampeln? Kurzum können wir nicht sagen, daß, wenn "Primus" nun von irgendeinem anderen Land nach Deutschland ziehen möchte, er das absolute Recht hat, sich in diesem Gebiet anzusiedeln. Denn was ist mit jenen Eigentümern, die ihn auf ihrem Eigentum nicht *wünschen*? Hingegen mag es andere Eigentümer geben (und unzweifelhaft gibt es sie), die die Gelegenheit ergreifen würden, Eigentum an Primus zu vermieten oder zu verkaufen, und die heutigen Gesetze verletzen ihre Eigentumsrechte, indem sie sie davon abhalten.

Die liberale Gesellschaft würde die gesamte "Einwanderungsfrage" auf der Grundlage absoluter Eigentumsrechte lösen. Denn Menschen haben lediglich das Recht, zu denjenigen Anwesen und Ländereien zu ziehen, deren Eigentümer an sie vermieten oder verkaufen möchten. Zunächst hätten sie das Reiserecht in der freien Gesellschaft nur auf denjenen Straßen, deren Eigentümer damit einverstanden sind, und dann hätten sie das Recht, Unterkünfte von willigen Eigentümern zu mieten oder zu kaufen. Wiederum würde – ganz wie im Fall tagtäglicher Bewegungen auf Straßen – ein verschiedenartiges und sich wandelndes Muster des Wanderungszugangs entstehen.

16 Wahres und falsches Wissen

Mit unserer Theorie der Eigentumsrechte können wir ein verstricktes Durcheinander komplexer Probleme entwirren, die sich um Fragen wahren und falschen Wissens und um die Verbreitung dieses Wissens drehen. Hat zum Beispiel Schmidt das Recht (wiederum befassen wir uns mit seinem *Recht*, nicht mit der Sittlichkeit oder Ästhetik seiner *Ausübung* dieses Rechts), die Behauptung "Meier ist ein Lügner" oder "Meier ist wegen Diebstahls verurteilt" oder "Meier ist ein Homosexueller" zu drucken und zu verbreiten? Es gibt drei logische Möglichkeiten hinsichtlich der Wahrheit einer solchen Behauptung: (a) daß die Behauptung über Meier wahr ist; (b) daß sie falsch ist und Schmidt weiß, das sie falsch ist; oder (c) – am wirklichkeitsnächsten – daß die Wahrheit oder Falschheit der Behauptung ein unscharfer Bereich ist, über den nichts mit Sicherheit und Genauigkeit zu wissen ist (bei den obigen Fällen zum Beispiel hängt die Frage, ob jemand ein "Lügner" ist, davon ab, wie viele Lügen eine Person erzählt hat, wie groß ihre Lügenhaftigkeit ist und welches Ausmaß man dabei für notwendig hält, um der Kategorie "Lügner" genüge zu tun – ein Gebiet, auf dem individuelle Urteile voneinander abweichen können und dies in großem Maße tun werden).

Angenommen, Schmidts Behauptung sei unbestreitbar richtig. Es scheint dann klar zu sein, daß Schmidt ein vollkommenes Recht hat, die Behauptung zu drucken und zu verbreiten. Denn dies zu tun ist Teil seines Eigentumsrechts. Natürlich liegt es auch innerhalb des Eigentumsrechts von Meier, seinerseits zu versuchen, die Behauptung zu entkräften. Die heutigen Verleumdungsgesetze machen Schmidts Handeln illegal, falls es "böswillig" erfolgte – selbst wenn die Information richtig wäre. Und doch sollten Gesetzmäßigkeit bzw. Gesetzwidrigkeit sicherlich nicht von der Motivation des Handelnden abhängen, sondern von der objektiven Natur der Tat. Wenn eine Handlung die Rechte anderer objektiv nicht verletzt, so sollte sie legal sein, unabhängig von den gutwilligen oder böswilligen Absichten des Handelnden (obgleich letztere durchaus bedeutsam für die *Sittlichkeit* der Handlung sein könnten). Und dies gilt ganz abgesehen von den offensichtlichen Schwierigkeiten bei der gerichtlichen Bestimmung der subjektiven Motivationen, die ein Individuum zu einer Handlung trieben.

Es mag jedoch vorgebracht werden, daß Schmidt *kein* Recht hat, eine solche Behauptung zu drucken, weil Meier ein "Persönlichkeitsrecht" hat (sein "Menschenrecht"), das zu verletzen Schmidt kein Recht hat. Doch gibt es wirklich ein solches Persönlichkeitsrecht? Wie kann das sein? Wie kann es ein Recht geben, Schmidt gewaltsam davon abzuhalten, Wissen zu verbreiten, das er besitzt? Sicherlich kann es kein solches Recht geben. Schmidt besitzt seinen eigenen Körper, und daher hat er das Eigentumsrecht auf Besitz desjenigen Wissens, das er in seinem Kopf hat, einschließlich seines Wissens über Meier. Und folglich hat er das daraus natürlich folgende Recht, dieses Wissen zu drucken und zu verbreiten. Wie im Fall des "Menschenrechts" auf Redefreiheit gibt es daher kurz gesagt *so etwas wie ein Persönlichkeitsrecht nicht, ausgenommen das Recht, den eigenen Besitz vor Übergriffen zu schützen.* Das *einzige* Recht "auf Privatsphäre" ist das Recht, den eigenen Besitz davor zu schützen, von jemand anderem verletzt zu werden. Kurzum hat niemand das Recht, in die Wohung eines anderen einzubrechen oder die Telephonanschlüsse eines anderen abzuhören. Das Abhören von Telephonen ist richtigerweise ein Verbrechen – aber *nicht* wegen irgendeiner unklaren und wirren "Verletzung eines ‚Persönlichkeitsrechts'", sondern weil es eine Verletzung des *Eigentumsrechts* der abgehörten Person bedeutet.

Heutzutage unterscheiden die Gerichte zwischen Personen "des öffentlichen Lebens", denen man abspricht, daß sie ein Persönlichkeitsrecht gegen ihre Erwähnung in der öffentlichen Presse geltend machen können, und "privaten" Personen, von denen man meint, daß sie ein solches Recht hätten. Doch solche Unterscheidungen sind sicherlich falsch. Für den Liberalen hat jeder das gleiche Recht an seiner Person und an den Gütern, die er findet, erbt oder kauft, und es ist unzulässig, Unterschiede zwischen dem Eigentumsrecht einer Gruppe von Menschen und dem einer anderen zu machen. Wenn es irgendeine Art von "Persönlichkeitsrecht" *gäbe*, dann könnte die bloße Erwähnung in der großen Presse (d.h. der vorherige Verlust des "Rechts") es wohl kaum rechtfertigen, daß einem ein solches Recht zur Gänze genommen wird. Nein, der einzige angemessene Weg liegt in der Erklärung, daß *niemand* irgendein Pseudo-"Persönlichkeitsrecht" hat bzw. ein Recht, nicht öffentlich erwähnt zu werden; während andererseits *jeder* das Recht hat, sein Eigentum vor Verletzungen zu schützen. Niemand kann ein Eigentumsrecht an dem Wissen haben, das sich im Kopf eines anderen befindet.

In den letzten Jahren haben Watergate und die Pentagon-Dokumente Fragen nach der Privatsphäre, den "Privilegien" von Zeitungsleuten und dem "Recht der Öffentlichkeit, zu erfahren, was vor sich geht" in den Vordergrund gerückt. Sollte etwa ein Journalist das Recht haben, vor Gericht "seine Informationsquellen zu schützen"? Viele Leute fordern ein solches Recht für Journalisten, und sie begründen diese Forderung entweder (a) mit besonderen "Schweigepflichten", die angeblich Zeitungsleuten, Anwälten und Notaren, Priestern und Psycholanalytikern obliegen oder (b) mit dem "Recht der Öffentlichkeit, zu erfahren, was vor sich geht" und demzufolge mit einem möglichst umfassenden Wissen, das in der Presse verbreitet wird. Doch es sollte nunmehr klar sein, daß beide Behauptungen falsch sind. Was die letztere betrifft, so hat keine Person oder Gruppe von Leuten (und mithin "die Öffentlichkeit") das *Recht*, irgendetwas zu wissen. Sie hat kein Recht auf Wissen, das andere Leute haben und dessen Verbreitung sie verweigern. Denn wenn ein Mensch das absolute Recht hat, Wissen, das sich in seinem Kopf befindet, zu verbreiten, so hat er auch das unmittelbar daraus folgende Recht, dieses Wissen *nicht* zu verbreiten. Es gibt kein "Recht, etwas zu erfahren"; es gibt nur das Recht des Wissenden, sein Wissen entweder zu verbreiten oder Stillschweigen zu bewahren. Noch kann irgendeine besondere Berufsgruppe, seien es Zeitungsleute oder Ärzte, irgendein besonderes Vertraulichkeitsrecht ("Schweigepflicht") geltend machen, das nicht auch jeder andere besitzt. Rechte auf die eigene Freiheit und auf Eigentum müssen universell sein.

Tatsächlich liegt die Lösung für das Problem der Quellen eines Journalisten in dem Recht des Wissenden – *jedes* Wissenden – Stillschweigen zu bewahren und Wissen *nicht* zu verbreiten, wenn dies seinem Wunsch entspricht. Folglich sollten nicht nur Journalisten und Ärzte das Recht haben, ihre Quellen zu schützen bzw. Stillschweigen zu bewahren, sondern *jeder* sollte dieses Recht haben, sei es vor Gericht oder sonstwo. In der Tat ist dies die andere Seite der Medaille unserer obigen kritischen Bemerkungen zur Befugnis, Zwangsvorladungen auszusprechen. Niemand sollte gezwungen werden, überhaupt auszusagen – nicht nur gegen sich selbst (wie es im fünften Zusatzartikel zur amerikanischen Verfassung garantiert wird), sondern gegen *oder für* irgendjemand anderen. Die erzwungene Zeugenaussage ist selber das zentrale Übel in diesem ganzen Problem.

Es gibt jedoch eine Ausnahme zu dem Recht, das sich im eigenen Kopf befindliche Wissen zu gebrauchen und zu verbreiten: wenn es nämlich von jemand anderem als bedingter (nicht als absoluter) Besitz erworben wurde. Angenommen etwa, daß Braun Grün in sein Haus hereineinläßt und ihm eine bislang geheime Erfindung Brauns zeigt, aber *nur* unter der Bedingung, daß Grün diese Information für sich behält. In diesem Fall hat Braun dem Grün keinen absoluten Besitz am Wissen von seiner Erfindung gewährt, sondern *bedingten* Besitz, wobei Braun für sich die Eigentümermacht zurückbehält, das Wissen von seiner Erfindung zu verbreiten. Wenn Grün die Erfindung trotzdem bekanntmacht, verletzt er Brauns verbleibendes Eigentumsrecht und ist daher in diesem Maße ein Dieb.

Die Verletzung eines (*Common-Law-*) Urheberrechts kommt einer Vertragsverletzung und dem Diebstahl von Eigentum gleich. Denn angenommen, daß Braun eine verbesserte Mausefalle baut und sie in großen Mengen verkauft, aber auf jeder Mausefalle den Stempel anbringt "Copyright Hr. Braun", so verkauft er *nicht* das ganze Eigentumsrecht an jeder Mausefalle, sondern das Recht, mit der Mausefalle alles zu tun, *außer* sie oder eine identische Nachbildung an jemand anderen zu verkaufen. Das Recht zum *Verkauf* der Braun'schen Mausefalle behält Braun dauerhaft für sich zurück. Wenn sich daher der Mausefallenkäufer Grün daran macht, identische Mausefallen zu verkaufen, so ist das eine Verletzung seines Vertrags *und* des Eigentumsrechts von Braun und mithin strafbar. Folglich beinhaltet unsere Theorie der Eigentumsrechte die Unverletzbarkeit vertraglichen Urheberrechts.

Ein üblicher Einwand lautet wie folgt: Einverstanden, es wäre kriminell, wenn *Grün* die Braun'sche Mausefalle produzierte und verkaufte. Doch angenommen, daß eine andere Person – Schwarz – die mit Braun keinen Vertrag geschlossen hat, zufällig Grüns Mausefalle sieht und sich dann daran macht, eine Nachbildung herzustellen und zu verkaufen. Warum sollte *sie* belangt werden? Die Antwort lautet, daß – wie im Fall unserer Kritik begebbarer Wertpapiere – niemand *mehr* Besitzansprüche an einem Ding erwerben kann als bereits hergegeben oder verkauft wurden. Gemäß seinem Vertrag mit Braun besaß Grün nicht das gesamte Eigentumsrecht an seiner Mausefalle, sondern nur alle Rechte *außer* dem Recht, sie oder eine Nachbildung von ihr zu verkaufen. Doch damit kann Schwarzens Anspruch auf die Mausefalle – die Besitzerschaft an den Ideen in seinem Kopf – nicht größer sein als der von Grün, und daher würde auch er Brauns Eigentum verletzen, selbst wenn er nicht selber den betreffenden Vertrag geschlossen hätte.

Natürlich mag es einige Schwierigkeiten bei der konkreten Durchsetzung von Brauns Eigentumsrecht geben. Wie in *allen* Fällen angeblichen Diebstahls oder angeblicher Verbrechen ist *jeder Angeklagte unschuldig, bis seine Schuld erwiesen ist.* Braun müßte *beweisen*, daß Schwarz (Grün würde kein Problem darstellen) Zugang zu Brauns Mausefalle hatte und daß er diese Art Mausefalle nicht selber unabhängig erfand. Es liegt in der Natur der Sache, daß es bei einigen Produkten (zum Beispiel Bücher, Gemälde) leichter zu beweisen ist, daß sie einzigartige Produkte individueller Geister sind, als bei anderen (zum Beispiel Mausefallen).[173,174]

Wenn Schmidt daher das absolute Recht hat, Wissen über Meier zu verbreiten (wir nehmen weiterhin an, daß das Wissen korrekt ist), und auch das daraus logisch folgende Recht, über dieses Wissen Stillschweigen zu bewahren, dann hat er sicherlich umso mehr *auch* das Recht, zu Meier zu gehen und Zahlungen dafür zu empfangen, daß er solche Informationen nicht verbreitet. Kurzum hat Schmidt das

173 Zu der rechtlichen und philosophischen Kernunterscheidung zwischen Urheberrechten und Patenten siehe Rothbard, *Man, Economy, and State*, II, S. 652-660. Siehe auch Rothbard, *Power and Market*, S. 71-75.

174 Beispiele für unabhängige Erfindungen der gleichen Sache finden sich bei S. Colum Gilfillan, *The Sociology of Invention*, Chicago, Follett Press, 1935.

Recht, Meier zu "erpressen". Wie bei jedem freiwilligen Tausch ziehen beide Seiten Nutzen aus einem solchen Tausch: Schmidt erhält Geld und Meier erhält den Dienst, daß Schmidt keine Informationen über ihn verbreitet, die er nicht im Besitz anderer wissen möchte. Das Recht zur Erpressung leitet sich aus dem allgemeinen Eigentumsrecht an der eigenen Person und dem eigenen Wissen ab und aus dem Recht, dieses Wissen zu verbreiten oder nicht zu verbreiten.[175] Wie kann das Recht auf Erpressung verneint werden?

Wie zudem Professor Walter Block scharfsinnig dargelegt hat, würde ein gesetzliches Verbot der Erpressung – welches Schmidt zum Beispiel daran hindert, Meier sein Stillschweigen zum Kauf anzubieten – aus nutzentheoretischen Gründen Schmidt darin bestärken, seine Informationen zu verbreiten, da er gewaltsam davon abgehalten wird, sein Stillschweigen zu verkaufen. Das Ergebnis wäre eine erhöhte Verbreitung schädlicher Informationen, so daß Meier durch das Verbot der Erpressung schlechter bedient sein würde als wenn diese erlaubt wäre.

So schreibt Block:

> Was genau ist Erpressung? Erpressung ist das *Angebot* eines Handels – das Angebot, ein Gut (gewöhnlich *Stillschweigen*) gegen ein anderes Gut (gewöhnlich Geld) zu tauschen. Wenn das Angebot des Erpressungshandels *angenommen* wird, dann bewahrt der Erpresser Stillschweigen und der Ersprеßte zahlt die vereinbarte Summe Geldes. Wenn das Erpressungsangebot *abgelehnt* wird, dann kann der Erpresser sein Recht auf Redefreiheit ausüben und möglicherweise das Geheimnis verkünden und veröffentlichen. [...]
>
> Der einzige Unterschied zwischen einem Klatsch- und Plappermaul und dem Erpresser besteht darin, daß der Erpresser davon absehen wird, zu sprechen – für einen Preis. In einem gewissen Sinne ist das Klatsch- und Plappermaul viel *schlimmer* als der Erpresser, denn der Erpresser gibt einem zumindest eine Chance, ihn zum Schweigen zu bewegen. Das Klatsch- und Plappermaul plaudert nur plötzlich alles aus. Eine Person, die ein Geheimnis bewahren möchte, ist viel besser dran, wenn ein Erpresser statt ein Klatsch- oder Plappermaul davon erfährt. Wie gesagt ist mit dem Klatsch- oder Plappermaul alles verloren. Mit dem Erpresser kann man nur gewinnen oder – im schlimmsten Fall – zumindest nicht schlimmer dran sein. Wenn der vom Erpresser für sein Schweigen geforderte Preis weniger wert ist als das Geheimnis, wird der Geheimnishüter zahlen und das geringere der beiden Übel hinnehmen. Er wird dabei *gewinnen*, und zwar den Unterschied zwischen dem Wert des Geheimnisses und dem Preis des Erpressers. Nur in dem Fall, daß der Erpresser mehr fordert als das Geheimnis wert ist, wird die Information veröffentlicht. Doch in diesem

175 Als ich das Recht auf Erpressung zum ersten Male kurz andeutete (in Man, *Economy, and State*, I, S. 443, Fußnote 49), traf ich auf einen Sturm von Beschimpfungen. Meine Kritiker glaubten offensichtlich, daß ich die Sittlichkeit von Erpressung verteidigte – ein weiterer Fall für das Unvermögen, die Kernunterscheidung zwischen der Legitimität eines Rechts und der Moralität oder Ästhetik der Ausübung dieses Rechts zu treffen!

Fall ist der Geheimnishüter bei dem Erpresser auch nicht schlechter dran als bei der unverbesserlichen Klatschbase. [...] Es ist daher in der Tat schwierig, die vom Erpresser erlittene Verunglimpfung zu erklären, zumindest im Vergleich zur Klatschbase, über die gewöhnlich mit bloß leichter Verachtung hinweggegangen wird.[176]

Es gibt andere, weniger wichtige Probleme mit dem gesetzlichen Verbot eines Erpressungsvertrags. Angenommen, daß in dem obigen Fall nicht Schmidt zu Meier geht, um diesem ein Schweigeangebot zu machen, sondern daß Meier von Schmidts Wissen erfährt und hört, daß er es drucken will. Wenn Meier dann zu Schmidt geht, um diesem den Kauf seines Schweigens anzubieten, sollte *dieser* Vertrag gesetzeswidrig sein? Und wenn ja, warum? Aber wenn Meiers Angebot legal sein sollte, während Schmidts Angebot illegal ist, sollte es dann illegal sein, daß Schmidt Meiers Angebot ablehnt, um *mehr* Geld als Preis für sein Schweigen zu fordern? Und sollte es desweiteren illegal sein, daß Schmidt Meier geschickt wissen läßt, daß er die Information hat und sie zu veröffentlichen gedenkt, um dann Meier das eigentliche Angebot machen zu lassen? Aber wie könnte dieses bloße vorherige Wissenlassen als gesetzeswidrig angesehen werden? Könnte es nicht vielmehr als ein bloßer Akt der Höflichkeit gegenüber Meier dargestellt werden? Die Untiefen werden immer schlammiger, und die Rechtfertigung des gesetzlichen Verbots von Erpressungsverträgen – vor allem durch Liberale, die an Eigentumsrechte glauben – wird immer dürftiger.

Wenn Schmidt und Meier einen Erpressungsvertrag schließen, welchen Schmidt dann verletzt, indem er die Information dennoch druckt, so hat Schmidt natürlich Meiers Eigentum (sein Geld) gestohlen und kann gerichtlich belangt werden wie im Fall jedes anderen Diebes, der Eigentumsrechte verletzt hat, indem er einen Vertrag brach. Doch in dieser Hinsicht sind *Erpressungs*verträge in keiner Weise besonders geartet.

Bei der Auseinandersetzung mit dem Gesetz einer freien Gesellschaft muß der Liberale Menschen daher als Akteure betrachten, deren Handeln jederzeit in einem allgemeinen Rahmen absoluter Eigentumsrechte und unter den allgemeinen Bedingungen der sie umgebenden Welt erfolgt. In jedem Tausch, bei jedem Vertrag, den sie eingehen, glauben sie, daß sie durch den Tausch profitieren. Folglich sind alle diese Verträge "produktiv", da sie sie – zumindest mutmaßlich – besser dastehen lassen. Und natürlich sind alle diese freiwilligen Verträge berechtigt und erlaubt in der der freien Gesellschaft.[177]

Wir haben mithin die Rechtmäßigkeit (das Recht) von Schmidts Handeln bejaht, wenn er entweder Wissen über Meier verbreitet oder über das Wissen Stillschweigen

176 Walter Block, "The Blackmailer as Hero," *The Libertarian Forum*, Dezember 1972, S. 3. Siehe auch die Version in Block, *Defending the Undefendable*, New York, Fleet Press, 1976, S. 53f.

177 Eine Kritik von Professor Robert Nozicks Argument für das Verbot (bzw. die Beschränkung) von Erpressungsverträgen findet sich unten auf den Seiten 236ff.

bewahrt oder mit Meier einen Vertrag schließt, in dem er sein Stillschweigen verkauft. Bisher nahmen wir an, daß Schmidts Wissen *richtig* ist. Angenommen jedoch, daß das Wissen falsch ist und daß Schmidt weiß, daß es falsch ist (der "schlimmste" Fall). Hat Schmidt das Recht, falsche Informationen über Meier zu verbreiten? Kurzum, sollten "Beleidigung" und "üble Nachrede" in der freien Gesellschaft gesetzeswidrig sein?

Doch wie kann das wiederum der Fall sein? Schmidt hat ein Eigentumsrecht an den Ideen oder Meinungen in seinem eigenen Kopf. Er hat auch ein Eigentumsrecht, alles zu drucken und zu verbreiten, was er möchte. Er hat ein Eigentumsrecht, zu *sagen*, daß Meier ein "Dieb" ist, und diese Behauptung zu drucken und zu verkaufen, selbst wenn er weiß, daß sie nicht stimmt. Nach der gegenteiligen Ansicht und heutigen Grundlage für das gesetzliche Verbot von Verlemdung und übler Nachrede (besonders von falschen Behauptungen), hat jeder Mensch ein "Eigentumsrecht" an seinem eigenen Ruf. Schmidts Falschheiten schädigen demzufolge diesen Ruf und bedeuten mithin Verletzungen von Meiers Eigentumsrecht an seinem Ruf, die verboten werden sollten. Doch wieder zeigt sich bei näherer Untersuchung, daß dies eine irrige Auffassung ist. Denn wie wir sagten, besitzt jeder seinen eigenen Körper. Jeder hat ein Eigentumsrecht an seinem eigenen Kopf und an der eigenen Person. Da aber jeder Mensch seinen *eigenen* Geist besitzt, kann er aus diesem Grunde nicht den Geist von irgendjemand anderem besitzen. Nun ist Meiers "Ruf" weder ein physisches Ding noch irgendetwas, das in oder an seiner eigenen Person ist. Meiers "Ruf" hängt ausschließlich von den subjektiven Einstellungen und Meinungen ab, die über ihn im Geist *anderer Menschen* enthalten sind. Meier kann sie in keiner Weise rechtmäßig besitzen oder über sie verfügen. Meier kann kein Eigentumsrecht am Glauben und am Geist anderer Menschen haben.

Führen wir uns in der Tat die Folgen vor Augen, die sich aus dem Glauben an ein Eigentumsrecht am eigenen "Ruf" ergeben. Angenommen, Braun habe seine Mausefalle hergestellt und dann komme Stiebler mit einer besseren heraus. Brauns "Ruf" als ein exzellenter Mausefallenproduzent nimmt nun rapide ab, da die Verbraucher ihre Einstellung und ihr Kaufverhalten ändern und statt Brauns nun Stieblers Mausefalle kaufen. Können wir dann nicht nach dem Grundsatz der "Ruf"- Theorie sagen, daß Stiebler Brauns Ruf verletzt hat, und können wir es Stiebler dann nicht verbieten, in Konkurrenz zu Braun zu treten? Wenn nein, warum nicht? Oder sollte es Stiebler verboten werden, Werbung zu betreiben und der Welt zu sagen, daß seine Mausefalle besser ist?[178] In der Tat werden sich die subjektiven Einstellungen der

178 Um ein anderes Beispiel zu wählen: Angenommen, Stiebler veröffentliche einen Brief mit Anlageempfehlungen, in dem er seine Auffassung kundtut, daß die Aktie eines bestimmten Konzerns kränkelt und ihr Kurs voraussichtlich fallen wird. Stieblers Meinung hat den Ruf des Konzerns "beschädigt" und dessen Aktionäre durch den Kursverfall, der durch das verringerte Vertrauen der Anleger auf dem Markt entstand, "geschädigt". Sollte Stieblers Empfehlung daher verboten werden? Oder, um noch ein weiteres Beispiel zu geben, A schreibt ein Buch; B bespricht das Buch und erklärt, es sei schlecht. Das Ergebnis ist eine "Schädigung" von A's Ruf und eine Abnahme der Verkaufszahlen des Buches und von A's Einkommen. Sollten daher alle

Leute und ihre Vorstellungen über eine Person oder ihr Produkt ständig wandeln, und daher ist es Braun unmöglich, eine Stabilisierung seines Rufs zu erzwingen. Sicherlich wäre das unsittlich, und es würde das Eigentumsrecht anderer Menschen auf einen *Versuch* verletzen. Sowohl das Verbot von Konkurrenz, als auch das Verbot falscher Beleidigungen, die über jemanden oder dessen Produkt verbreitet werden, ist folglich rechtsbrecherisch und kriminell.

Wir können natürlich ohne weiteres zugestehen, daß es höchst unmoralisch ist, falsche Verunglimpfungen einer anderen Person zu verbreiten. Doch wir müssen nichtsdestotrotz daran festhalten, daß jeder das gesetzliche Recht hat, dies zu tun. In der Praxis kann dieser Sachverhalt durchaus zum Vorteil der beleidigten Personen gereichen. Denn in der heutigen Situation, da falsche Beleidigungen verboten sind, neigt der Durchschnittsmensch dazu, allen abfälligen Berichten zu glauben – "sonst würden die betreffenden Leute dagegen wegen übler Nachrede klagen." Diese Lage diskriminiert gegen Arme, da ärmere Leute weniger häufig Prozesse gegen Verleumder anstrengen. Folglich leidet der Ruf ärmerer bzw. weniger reicher Leute momentan, da Verleumdungen verboten sind, wahrscheinlich mehr als er es tun würde, wenn Verleumdungen rechtens wären. Denn da in dieser liberalen Gesellschaft jeder wüßte, daß falsche Geschichten rechtens sind, würde ein weitaus größerer Skeptizismus herrschen. Die Leser- bzw. Zuhörerschaft würde sehr viel mehr Beweise verlangen und abträglichen Erzählungen weniger Glauben schenken als sie es jetzt tut. Außerdem dirkriminiert das gegenwärtige System noch auf andere Weise gegen ärmere Leute. Denn ihre eigenen Äußerungen sind eingeschränkt, da sie wahrscheinlich in einem geringeren Maße wahres, aber nachteiliges Wissen über Reiche verbreiten – aus Angst, daß kostspielige Verleumdungsklagen gegen sie angestrengt werden. Folglich schadet das Verleumdungsverbot Menschen mit begrenzten Mitteln auf zweierlei Art und Weise: indem es sie zu einer leichteren Beute für Verleumdungen macht und indem es ihre eigene Verbreitung von zutreffendem Wissen über Reiche behindert.

Schließlich und endlich: Wenn jeder das Recht hat, wissentlich falsche Verunglimpfungen über jemand anderen zu verbreiten, so hat man natürlich umso mehr das Recht, jene große Anzahl von Behauptungen über andere zu verbreiten, die sich in dem unscharfen Bereich befinden, in dem es nicht klar oder gewiß ist, ob sie wahr oder falsch sind.

---

ungünstigen Buchbesprechungen verboten werden? Solcher Art sind aber die logischen Folgen des "Eigentum-am-Ruf-Arguments". Das Aktienmarktbeispiel verdanke ich Williamson M. Evers.

17 Bestechung

Ganz wie Erpressungen haben *Bestechungen* eine schlechte Presse, und im allgemeinen wird angenommen, daß Bestechung gesetzlich verboten werden sollte. Aber ist das unbedingt richtig? Untersuchen wir einen typischen Bestechungsvertrag. Angenommen, Schwarz wolle Materialien an die XYZ-Gesellschaft verkaufen. Um den Verkauf zu erzielen, zahlt er ein Bestechungsgeld an Grün, den Einkäufer der Gesellschaft. Es ist schwer zu erkennen, was *Schwarz* nun gemacht hat, das von einem liberalen Gesetz als unrechtmäßig angesehen werden sollte. Indem er eine Vergütung an Grün zahlte, hat er in der Tat lediglich den Preis verringert, den die XYZ-Gesellschaft zu tragen hatte. Von seinem Standpunkt aus gesehen wäre Schwarz genauso froh gewesen, direkt einen niedrigeren Preis in Rechung zu stellen – obgleich er dies vermutlich nicht tat, weil die XYZ-Direktoren die Materialien immer noch nicht von ihm gekauft hätten. Aber für die inneren Vorgänge der XYZ-Gesellschaft sollte Schwarz wohl kaum verantwortlich sein. Was ihn anbelangt, so ermäßigte er der XYZ-Gesellschaft lediglich den Preis und gewann dadurch den Vertrag.

Die unbotmäßige Handlung liegt hier vielmehr einzig im Verhalten von Grün, der das Bestechungsgeld annahm. Denn Grüns Arbeitsvertrag mit seinem Arbeitgeber verlangt von ihm stillschweigend, Materialien so gut er kann und im Interesse seiner Gesellschaft zu kaufen. Stattdessen verletzte er seinen Vertrag mit der XYZ-Gesellschaft, indem er nicht wirklich als ihr Gehilfe handelte: Denn wegen des Bestechungsgeldes kaufte er *entweder* bei einer Firma ein, mit der er andernfalls nicht ins Geschäft gekommen wäre, *oder* er zahlte – in Höhe seiner Vergütung – einen höheren Preis, als er ihn zu zahlen gehabt hätte. In jedem Fall verletzte Grün seinen Vertrag und die Eigentumsrechte seiner Arbeitgeber.

Bei Bestechungen ist daher nichts Illegitimes auf seiten der Bestecher zu erkennen, dafür aber umso mehr auf seiten der Bestochenen, der Empfänger von Bestechungsgeldern. Das Gesetz sollte ein Eigentumsrecht auf Zahlung, nicht aber auf Empfang von Bestechungsgeldern vorsehen. Nur der Empfänger von Bestechungsgeldern sollte gerichtlich verfolgt werden. Dagegen neigen *Liberals* dazu, den Bestecher aus irgendeinem Grund für verwerflicher zu halten – für jemanden, der den Empfänger in gewisser Weise “korrumpiert”. Somit verneinen sie den freien Willen und die Verantwortung jedes Individuums für seine eigenen Handlungen.

Verwenden wir nun unsere Theorie, um jenes Schmiergeldproblem zu untersuchen, das häufig bei Popmusikprogrammen im Radio auftritt. In einem typischen Schmiergeldskandal besticht eine Plattenfirma einen Disk-Jockey, die Platte A zu spielen. Vermutlich hätte der Disk-Jockey die Platte ansonsten überhaupt nicht oder weniger häufig gespielt. Folglich wird die Platte A auf Kosten der Platten B, C und D gespielt, welche häufiger zum Zuge gekommen wären, wenn der Disk-Jockey sein Urteil ausschließlich auf seinen eigenen Geschmack und/oder den Geschmack der Hörerschaft gegründet hätte. In einem moralischen Sinne wird das Publikum sicherlich in seinem Vertrauen auf die Aufrichtigkeit des Disk-Jockeys betrogen. Dieses

Vertrauen erweist sich nun als töricht. Doch das Publikum hat keinerlei Eigentumsrechte an dem Radioprogramm, und somit hat es in dieser Angelegenheit keinen Grund zur Klage vor Gericht. Es empfing das Porgramm kostenlos. Die anderen Plattenfirmen, die Produzenten der Platten B, C und D waren ebenfalls betroffen, da ihre Produkte nicht so häufig gespielt wurden, aber auch sie haben keine Eigentumsrechte an dem Programm, und sie haben kein Recht, dem Disk-Jockey zu sagen, was er spielen soll.

Wurden irgendjemandes Rechte verletzt, als der Disk-Jockey ein Bestechungsgeld entgegennahm? Ja, denn wie im Fall des bestochenen Einkäufers verletzte der Disk-Jockey seine vertragliche Pflicht gegenüber seinem Arbeitgeber – sei dies nun der Eigentümer des Senders oder der Geldgeber für das Programm – jene Platten zu spielen, die seiner Ansicht nach den Hörern am besten gefallen. Folglich verletzte der Disk-Jockey das Eigentum des Besitzers des Senders bzw. des Geldgebers. Wiederum ist es der bestochene Disk-Jockey, der etwas Kriminelles getan hat und gerichtlich belangt zu werden verdient, nicht aber die Plattenfirma, die das Schmiergeld zahlte. Wenn zudem die Plattenfirma den Arbeitgeber direkt bestochen hätte – ob nun den Eigentümer des Senders oder den Geldgeber – dann wäre niemandes Eigentumsrecht verletzt worden, und folglich wäre die Frage der Rechtmäßigkeit richtigerweise gar nicht erst entstanden. Natürlich könnten die Hörer sich leicht betrogen vorkommen, wenn die Wahrheit herauskäme, und wahrscheinlich würden sie dann ihre Hörgewohnheiten auf einen anderen Sender oder Geldgeber umstellen.

Was gilt schließlich für den Fall, daß ein Geldgeber das Programm finanziert und eine andere Firma den Produzenten des Programms dafür bezahlt, daß er ständig ihr eigenes Produkt herausstreicht? Wiederum ist das verletzte Eigentumsrecht das des Geldgebers, der die Sendezeit bezahlt und daher einen Anspruch auf ausschließliche Werberechte in dem Programm hat. Der Schädiger seines Eigentums ist nicht die Firma, die das Bestechungsgeld zahlt, sondern der Produzent, der seinen Vertrag mit dem Geldgeber verletzt, indem er es annimmt.

18 Der Boykott

Ein *Boykott* ist ein Versuch, andere Leute davon zu überzeugen, sich nicht mit einer bestimmten Person oder Firma einzulassen – entweder auf geselliger Ebene oder durch die Übereinkunft, das Produkt der Firma nicht zu kaufen. In moralischer Hinsicht kann ein Boykott zu sinnlosen, verwerflichen, löblichen oder zu neutralen Zwecken gebraucht werden. Mit ihm kann man die Leute sowohl davon zu überzeugen suchen, keine Weintrauben von Erzeugern *ohne* Gewerkschaften zu kaufen, als auch davon, keine Weintrauben von Erzeugern *mit* Gewerkschaften zu kaufen. Der von unserem Standpunkt aus entscheidende Sachverhalt beim Boykott liegt darin, daß er rein freiwillig ist, ein Überzeugungsversuch, und daß er daher ein vollkommen legales und billiges Mittel des Handelns ist. Ganz wie im Fall der Bestechung mag ein Boykott durchaus die Kundschaft einer Firma verringern und daher den

Wert ihres Eigentums mindern. Doch eine solche Handlung ist immer noch ein vollkommen berechtigter Gebrauch von Redefreiheit und Eigentumsrechten. Ob wir irgendeinem besonderen Boykott Wohl oder Übel wünschen, hängt von unseren moralischen Werten und von unserer Einstellung zu der fraglichen Zielstellung oder Aktivität ab. Doch ein Boykott ist berechtigt *an sich*. Wenn wir einen bestimmten Boykott als moralisch verwerflich empfinden, so haben jene, die so empfinden, voll und ganz das Recht, einen Gegenboykott zu veranstalten, um die Konsumenten vom Gegenteil zu überzeugen oder um die Boykotteure zu boykottieren. All dies ist ein Teil desjenigen Prozesses, durch den Informationen und Meinungen im Rahmen von Privateigentumsrechten verbreitet werden.

Desweiteren sind auch "sekundäre" Boykotte berechtigt, obwohl sie zum Beispiel unter der gegenwärtigen amerikanischen Arbeitsgesetzgebung verboten sind. In einem Sekundär-Boykott versuchen Gewerkschaften die Konsumenten davon zu überzeugen, nichts von solchen Firmen zu kaufen, die mit nicht gewerkschaftlich organisierten (ursprünglich boykottierten) Firmen Geschäfte machen. Wiederum sollten sie in einer freien Gesellschaft das Recht zu solchen Überzeugungsversuchen haben – genau wie es das Recht ihrer Gegner ist, mit einem Gegenboykott zurückzuschlagen. Ebenso ist es das Recht des Bundes für Anstand und Sitte, einen Boykott pornographischer Filme zu organisieren – wie es auch das Recht gegnerischer Kräfte wäre, einen Boykott gegen diejenigen zu organisiseren, die dem Boykott des Bundes nachgeben.

Von besonderem Interesse ist in diesem Zusammenhang, daß der Boykott von Leuten gebraucht werden kann, die etwas gegen jene zu unternehmen wünschen, deren Betätigungen wir als berechtigt ansehen, während sie sie als unsittlich erachten. So wären nicht gewerkschaftlich organisierte Firmen, Pornographie, Bestechung und sonstiges in einer freien Gesellschaft zwar erlaubt, doch diejenigen, die solche Betätigungen moralisch widerlich finden, hätten das Recht, Boykotte gegen jene zu veranstalten, die solchen Betätigungen nachgehen. *Jede* Handlung wäre in einer liberalen Gesellschaft erlaubt – vorausgesetzt, daß sie keine Eigentumsrechte (sei es am Selbstbesitz oder an dinglichen Gegenständen) verletzt – und das schließt Boykotte gegen solche Betätigungen ein oder Gegenboykotte gegen die Boykotteure. Der Punkt ist, daß dem, was einige als unsittliche Personen oder Betätigungen ansehen, nicht nur mit Zwang begegnet werden kann. Es gibt auch solche freiwilligen und auf Überzeugung gerichteten Gegenmaßnahmen wie den Boykott.

Eine weitaus kompliziertere Frage ist, ob es in einer freien Gesellschaft erlaubt wäre, *Streikposten zu stehen*, um dadurch für einen Boykott zu werben. Offensichtlich wäre ein massiertes Aufstellen von Streikposten, wodurch Zugang oder Ausgang eines Gebäudes blockiert würden, kriminell und eine Verletzung von Eigentumsrechten – genau wie *Sit-ins* und Sitzstreiks, durch welche das Eigentum anderer gewaltsam eingenommen würde. Eine Rechtsverletzung wäre auch bei jener Art Streikpostenstehen gegeben, bei der Demonstranten Leute bedrohen, die die Streiklinie überschreiten – ein klarer Fall von Einschüchterung durch Gewaltandrohung. Doch auch "friedliches Streikpostenstehen" ist ein kompliziertes Problem, da es aufs Neue die Benutzung staatlicher Straßen betrifft. Und wie im Fall von Versammlungen oder Straßendemonstrationen im allgemeinen kann die Regierung nicht ohne Willkür zwischen dem Recht der Steuerzahler auf Gebrauch der Straßen zu Demonstrationszwecken und dem Recht von Hausbesitzern und Verkehrsteilnehmern, die Straßen gleichfalls zu benutzen, entscheiden. Wiederum ist es der Regierung unmöglich, sich so zu entscheiden, daß sie in eindeutiger Weise Konflikte beseitigt und Rechte gewährleistet. Wenn sich hingegen die Straße vor dem von Streikposten bewachten Gebäude in privaten Händen befände, so würde diesen Eigentümern das absolute Entscheidungsrecht darüber zukommen, ob Streikposten ihre Straße in einer ihnen genehmen Weise benutzen dürften.[179]

In ähnlicher Weise wären solche Vorkehrungen der Arbeitgeber wie *schwarze Listen* – eine Form des Boykotts – in einer freien Gesellschaft erlaubt. Vor dem *Norris-LaGuardia-Gesetz* von 1931 war es Arbeitgebern gesetzlich erlaubt, Gewerkschaftsfunktionäre unter ihren Arbeitnehmern zu entlassen und anderen Arbeitgebern schwarze Listen solcher Personen zukommen zu lassen. Ebenfalls erlaubt wären "Yellow-dog-Verträge", eine weitere Vorkehrung aus der Zeit vor dem *Norris-LaGuardia-Gesetz*. In einem Yellow-dog-Vertrag kommen der Arbeitsnehmer und der Arbeitgeber überein, daß letzterer den Arbeitnehmer fristlos entlassen kann, wenn dieser einer Gewerkschaft beitreten sollte.

19 Eigentumsrechte und Vertragstheorie

Das Recht auf Eigentum beinhaltet das Recht, Verträge über dieses Eigentum abzuschließen – es zu verschenken oder Besitzansprüche gegen das Eigentum anderer Personen zu tauschen. Unglücklicherweise sehen viele Liberale, die dem Recht auf Vertragsfreiheit anhängen, *Verträge an sich* als etwas Absolutes an und behaupten daher, daß in der freien Gesellschaft *jeglicher* freiwillige Vertrag gerichtlich vollstreckbar sein müsse. Ihr Irrtum liegt darin, daß sie sich nicht klarmachen, daß die Vertragsfreiheit genaugenommen aus dem Recht auf Privateigentum abzuleiten ist und daß mithin die einzigen *vollstreckbaren* Verträge jene sein sollte, in denen mangelnde Vertragstreue der einen Seite den *Diebstahl* des Eigentums der anderen Seite zur Folge hat. Kurzum sollte ein Vertrag nur dann vollstreckbar sein, wenn seine mangelnde Erfüllung einen Diebstahl von Eigentum bedeutet. Das aber bedeutet, daß ein gültig erzwingbarer Vertrag lediglich in den Fällen gegeben ist, in denen ein Besitztitel bereits *übertragen* wurde und in denen mangelnde Vertragstreue mithin bedeutet, daß die straffällige Partei das Eigentum der anderen ohne deren Zustimmung zurückbehält (stillschweigender Diebstahl). Daher wurde diese echt liberale Theorie vollstreckbarer Verträge die Vertragstheorie der "Anspruchsübertragungen" genannt.[180]

179 Siehe Rothbard, *For a New Liberty*, S. 96f.

180 In Williamson M. Evers, "Toward A Reformulation of the Law of Contracts", *Journal of Libertarian Studies*, 1, Winter 1977, S. 3-13. Diesem ausgezeichneten Artikel verdankt der vor-

Veranschaulichen wir diesen Punkt. Angnommen, daß Schmidt und Meier einen Vertrag schließen: Schmidt gibt Meier heute DM 1.000, und im Tausch erhält er von Meier einen Schuldschein, in dem dieser sich verpflichtet, in einem Jahr DM 1.100 an Schmidt zu zahlen. Dies ist ein typischer Schuldvertrag. Schmidt überträgt seinen gegenwärtigen Besitzanspruch auf DM 1.000 im Tausch gegen Meiers jetziges Einverständnis, Schmidt in einem Jahr einen Anspruch auf DM 1.100 zu übertragen. Angenommen nun, daß sich Meier bei Eintritt des vereinbarten Rückzahlungstermins zu zahlen weigert. Warum sollte diese Zahlung unter liberalem Gesetz erzwingbar sein? Das gegenwärtige Gesetz (welches weiter unten noch eingehender behandelt wird) behauptet im großen und ganzen, daß Meier DM 1.100 zahlen muß, weil er die Zahlung "versprochen" hat, und daß dieses Versprechen in Schmidts Denken die "Erwartung" entstehen ließ, daß er das Geld erhalten würde. Unser Argument hierzu lautet, daß bloße *Versprechen* keine Übertragung von Eigentumsansprüchen sind; daß es zwar durchaus der *moralische* Weg sein könnte, die eigenen Versprechen zu halten, es aber in einem liberalen System nicht die Aufgabe des Gesetzes (d.h. gesetzlicher Gewalt) ist und sein kann, für Sittlichkeit zu sorgen (in diesem Fall das Einhalten von Versprechen). Nach unserer Auffassung muß Meier DM 1.100 an Schmidt zahlen, weil er der Anspruchsübertragung bereits zugestimmt hat, und nicht zu zahlen bedeutet, daß Meier ein Dieb ist, daß er Schmidts Eigentum gestohlen hat. Kurz gesagt erfolgte Schmidts ursprüngliche Übertragung der DM 1.000 nicht ohne Einschränkungen, sondern *bedingt.* Sie erfolgte unter der Bedingung, daß Meier in einem Jahr die DM 1.100 zahlt, und daher bedeutet die mangelnde Zahlung einen stillschweigenden Diebstahl von Schmidts rechtmäßigem Eigentum.

Untersuchen wir hingegen die Folgen der nun vorherrschenden Vertragstheorie der "Versprechen" oder "Erwartungen". Angenommen, daß A verspricht, B zu heiraten; B schickt sich an, Heiratspläne zu schmieden, und macht Ausgaben bei der Hochzeitsvorbereitung. In letzter Minute ändert A seine oder ihre Meinung und verletzt dadurch diesen vorgeblichen "Vertrag". Was sollte ein Rechtspflegeorgan in einer liberalen Gesellschaft tun? Logisch gesehen, müßte der getreue Anhänger der Vertragstheorie der "Verprechen" wie folgt argumentieren: A gab B ein freiwilliges Versprechen, ihn bzw. sie zu heiraten; dies ließ im Denken des bzw. der anderen die Erwartung der Heirat entstehen; *folglich* muß dieser Vertrag durchgesetzt werden. A muß *gezwungen* werden, B zu heiraten.

Soweit uns bekannt ist, hat niemand die Versprechenstheorie so weit ausgelegt. Erzwungenes Heiraten ist eine so klare und offensichtliche Form unfreiwilliger Sklaverei, daß kein Theoretiker – geschweige denn ein Liberaler – sie aus der Logik der Versprechenstheorie abgeleitet hat. Offensichtlich sind Freiheit und erzwungene Sklaverei vollkommen unvereinbar, in der Tat einander geradewegs entgegengesetzt. Aber warum sollte es erzwungenes Heiraten *nicht* geben, wenn alle Verprechen durchsetzbare Verträge sein müssen?

---

liegende Abschnitt unseres Buches sehr viel. Das gilt insbesondere für die Kritik vergangener und gegenwärtiger Gesetze und Theorien vollstreckbarer Verträge.

Eine mildere Form der Durchsetzung solcher Heiratsversprechen ist jedoch im US-amerikanischen Rechtssystem nicht nur verteidigt, sondern auch angewandt worden. Das alte Gerichtsverfahren wegen "Bruch des Eheversprechens" zwang diejenigen, die ihr Versprechen brachen, den Versprechensempfängern zur Entschädigung die Ausgaben zu erstatten, die diese infolge ihrer Erwartungen machten. Obwohl dies noch keiner erzwungenen Sklaverei gleichkommt, ist es doch genauso hinfällig. Denn es kann kein Eigentum an den Versprechungen oder Erwartungen einer Person geben; bei diesen handelt es sich um bloß subjektive Gemütszustände, die mit keiner Übertragung von Ansprüchen verbunden sind und folglich keinen stillschweigenden Diebstahl nach sich ziehen. Daher sollten sie nicht einklagbar sein, und in den letzten Jahren wurde Klagen wegen "Bruch des Eheversprechens" von den Gerichten nicht mehr stattgegeben. Der springende Punkt ist, daß die Durchsetzung von Entschädigungszahlungen für Liberale zwar keineswegs so fürchterlich ist wie der Zwang, den versprochenen Dienst zu leisten, daß sie aber dem gleichen nichtigen Grundsatz entspringt.

Gehen wir nun unserem Argument, daß die Erfüllung bloßer Versprechen oder Erwartungen nicht erzwingbar sein sollte, noch weiter nach. Der Hauptgrund für unser Argument ist, daß eine gültige Übertragung von Besitzansprüchen in der freien Gesellschaft nur dann vorliegt, wenn das Eigentum tatsächlich und der menschlichen Natur gemäß vom Menschen *veräußert* werden kann. Jedes physische Eigentum, das eine Person besitzt, kann veräußert werden, d.h. es kann der Natur der Sache nach verschenkt oder übertragen werden, um so in den Besitz und in die Herrschaft eines anderen zu gelangen. Ich kann einer anderen Person meine Schuhe, mein Haus, mein Auto, mein Geld usw. verschenken oder verkaufen. Aber es gibt gewisse lebenswichtige Dinge, die der Natur der Sache und des Menschen gemäß *nicht* – und noch nicht einmal freiwillig – veräußert werden *können*. Genauer gesagt kann eine Person nicht ihren *Willen* veräußern, insbesondere nicht ihre Herrschaft über ihren eigenen Geist und Körper. Jeder Mensch lenkt seinen eigenen Geist und Körper. Jeder Mensch lenkt seinen eigenen Willen und seine eigene Person, und dieser innere und unveräußerliche Besitz "klebt" sozusagen an ihm. Da sein Wille und seine Herrschaft über seine eigene Person unveräußerlich sind, ist es auch sein *Recht*, diese Person und diesen Willen zu lenken. Das ist der Grund für den berühmten Standpunkt der amerikanischen Unabhängigkeitserklärung, daß die natürlichen Rechte des Menschen unveräußerlich sind. Sie können nicht aufgegeben werden, *selbst wenn* die Person dies zu tun wünscht.

Oder wie Evers darlegt: Die philosophischen Verteidigungen von Menschenrechten "gründen sich auf der natürlichen Tatsache, daß jeder Mensch Eigentümer seines eigenen Willens ist. Wenn man Rechte wie jene auf Eigentum und Vertragsfreiheit nimmt, die auf der Grundlage des absoluten Selbstbesitzes des Willens stehen, und dann jene abgeleiteten Rechte gebraucht, um ihre eigene Grundlage zu zerstören, so ist dies philosophisch nichtig."[181]

Daraus folgt in der liberalen Theorie die Unvollstreckbarkeit freiwilliger Sklavenverträge. Angenommen, Schmidt gelange zu der folgenden Übereinkunft mit der Meier OHG: daß Schmidt für den Rest seines Lebens – und unter welchen Bedingungen auch immer – allen Anordnungen nachkommen wird, die die Meier OHG zu erteilen wünscht. Nun gibt es in der liberalen Theorie nichts, um Schmidt an dieser Abmachung zu hindern und um ihn davon abzuhalten, der Meier OHG zu dienen und ihren Befehlen unbegrenzt zu gehorchen. Das Problem entsteht, wenn Schmidt zu einem späteren Zeitpunkt seine Meinung ändert und sich zu gehen entscheidet. Soll er durch sein vorheriges Versprechen gebunden sein? Nach unserer Auffassung – die glücklicherweise auch vom gegenwärtigen Gesetz bestätigt wird – war Schmidts Versprechen kein gültiger (d.h. kein vollstreckbarer) Vertrag. In Schmidts Abmachung gibt es keine Anspruchsübertragung, da Schmidts Herrschaft über seinen eigenen Körper und Willen *unveräußerlich* ist. Da diese Herrschaft nicht veräußert werden *kann*, war die Abmachung kein gültiger Vertrag, und sie sollte mithin nicht durchsetzbar sein. Schmidts Übereinkunft war *bloß* ein Versprechen, das zu halten er möglicherweise moralisch verpflichtet ist, das aber nicht gesetzlich bindend sein sollte.

Dem Versprechen gewaltsam Geltung zu verschaffen wäre ebenso eine erzwungene Sklaverei wie die oben erörterte erzwungene Heirat. Aber sollte Schmidt nicht zumindest gehalten sein, der Meier OHG eine Entschädigung zu zahlen, die sich an der Erwartung seines lebenslangen Dienstes bemißt, den die Meier OHG erworben hatte? Wiederum muß die Antwort nein lauten. Schmidt ist kein stillschweigender Dieb. Er hat kein gerechtes Eigentum der Meier OHG zurückbehalten. Denn er behält immer den Anspruch auf seinen eigenen Körper und seine eigene Person.

Was ist mit den enttäuschten Erwartungen der Meier OHG? Die Antwort muß die gleiche sein wie im Fall des enttäuschten Bräutigams bzw. der enttäuschten Braut. Das Leben ist immer ungewiß, immer Risiken ausgesetzt. Einige Leute sind bessere,

---

181 Evers, "Law of Contracts", S. 7. Rousseau argumentierte mit schneidender Schärfe gegen die Gültigkeit eines Sklavenvertrages: "Auf seine Freiheit verzichten heißt auf seine Eigenschaft als Mensch, auf seine Menschenrechte, sogar auf seine Pflichten verzichten. Wer auf alles verzichtet, für den ist keine Entschädigung möglich. Ein solcher Verzicht ist unvereinbar mit der Natur des Menschen; seinem Willen jegliche Freiheit nehmen heißt seinen Handlungen jegliche Sittlichkeit nehmen. Endlich ist es ein nichtiger und widersprüchlicher Vertrag, einerseits unumschränkte Macht und andererseits unbegrenzten Gehorsam zu vereinbaren. Ist es nicht klar, daß man demjenigen gegenüber zu nichts verpflichtet ist, von dem alles zu fordern man das Recht hat, und daß diese Bedingung allein, ohne Gegenwert und Gegengabe, die Nichtigkeit des Akts nach sich zieht? Denn welches Recht hätte mein Sklave gegen mich: alles, was er hat, gehört mir, und weil sein Recht das meine ist, ist dieses Recht von mir gegen mich selbst ein Wort ohne jeden Sinn." Kurz gesagt, wenn ein Mensch sich als Sklave verkauft, so würde sein Herr, der ja ein absoluter Herr ist, das Recht haben, über die Güter zu befehligen, mit denen er den Sklaven "gekauft" hatte. Jean-Jacques Rousseau, *Vom Gesellschaftsvertrag*, Stuttgart, Reclam, 1977, Buch I, Kap. 4, S. 11f.

andere schlechtere "Unternehmer", d.h. Vorhersager von künftigen menschlichen Handlungen und Weltereignissen. Das Risiko angehender Brautleute oder auch der Meier OHG ist richtigerweise bei ihnen selbst verortet. Wenn ihre Erwartungen enttäuscht werden, so waren sie nun einmal schlechte Vorhersager in diesem Fall, und sie werden sich an diese Erfahrung erinnern, wenn sie in der Zukunft mit Schmidt bzw. mit dem Eheschwindler zu tun haben.

Wenn bloße Versprechungen oder Erwartungen nicht erzwingbar sind, sondern nur Verträge, in denen Eigentum übertragen wird, so können wir nun sehen, wie die Vertragstheorien auf einen bedeutenden Fall des wirklichen Lebens angewendet werden: Verdienen desertierende Rekruten wie auch Wehrpflichtige, die aus der Armee desertieren, vollkommenen Straferlaß für ihre Handlungen? Da Liberale gegen die Wehrpflicht als erzwungene Sklaverei sind, haben sie keine Schwierigkeit, vollkommenen Freispruch für desertierende Wehrpflichtige zu fordern. Aber wie steht es mit Rekruten, die sich freiwillig bei der Armee verpflichtet haben (und abgesehen vom Fall derer, die sich nur verpflichtet haben, um der Wehrpflicht zuvorzukommen)? Der "Versprechens"- Theoretiker muß strenggenommen für die Bestrafung der Deserteure und ihre zwangsweise Rückkehr in die Reihen der Armee eintreten. Hingegen behauptet der Anspruchsübertragungstheoretiker, daß jeder Mensch das unveräußerliche Recht hat, seinen Körper und Willen zu lenken, da er diese unveräußerliche Herrschaft als natürliche Tatsache besitzt; und daß daher die Verpflichtung ein bloßes Versprechen war, welches nicht vollstreckbar sein kann, da jeder Mensch das Recht hat, jederzeit seine Meinung über die Verfügung seines Körpers und seines Willen zu ändern. So können scheinbar geringfügige und kaum begreifliche Meinungsverschiedenheiten über die Vertragstheorie lebenswichtige Uneinigkeiten über die Rechtsordnung zur Folge haben – und das tun sie auch.

Im heutigen Amerika hat – mit der schillernden Ausnahme der Streitkräfte – jeder das Recht, seine Beschäftigung ohne Rücksicht auf irgendwelche zuvor gemachten Versprechungen oder "Verträge" aufzugeben.[182] Doch während die Gerichte sich weigern, einzelnen Personen die Einhaltung von Arbeitsverträgen zu verordnen (kurz gesagt: indem sie sich weigern, den Arbeiter zu versklaven), verbieten sie dem Arbeiter unglücklicherweise, während der Vertragsdauer eine ähnliche Aufgabe für einen anderen Arbeitgeber zu erfüllen. Wenn jemand seine Unterschrift dazu gegeben hat, fünf Jahre als Ingenieur für Daimler-Benz zu arbeiten, und die Tätigkeit dann aufgibt, so ist es ihm für den Rest der fünf Jahre gerichtlich untersagt, für einen ähnlichen Arbeitgeber tätig zu werden. Es sollte nun klar sein, daß dieses Beschäftigungsverbot nur einen Schritt von direkter erzwungener Sklaverei entfernt ist und daß es in einer liberalen Gesellschaft vollkommen unzulässig sein sollte.

---

182 Zur Bedeutung des Selbstbesitzes und der Willensfreiheit als Grundlagen der heutigen Rechtslehre, die den Zwang zur Erfüllung von Dienstleistungsverträgen verbietet, siehe John Norton Pomeroy Jr. und John C. Mann, *A Treatise on the Specific Performances of Contracts*, 3. Aufl., Albany N.Y., Banks, 1926, Abschnitt 310, S. 683.

Haben die Arbeitgeber somit nichts gegen jene in der Hand, die ihre Meinung ändern? Natürlich haben sie etwas in der Hand. Wenn sie wollen, können sie freiwillig übereinkommen, den wanderlustigen Arbeiter auf eine schwarze Liste zu setzen, und sich weigern, ihn anzustellen. Das zu tun haben sie in einer freien Gesellschaft uneingeschränkte Rechte. Sie haben *nicht* das Recht, Gewalt anzuwenden, um ihn daran zu hindern, freiwillig für jemand anderen zu arbeiten.

Noch eine weitere Gegenmaßnahme wäre erlaubt. Angenommen, daß Schmidt bei seiner Zustimmung, der Meier OHG lebenslang zu gehorchen, im Gegenzug DM 1.000.000 als Zahlung für diese erwarteten zukünftigen Dienste erhält. Offensichtlich hat die Meier OHG den Anspruch auf die DM 1.000.000 nicht unbedingt übertragen, sondern *abhängig* von Schmidts Erbringung lebenslanger Dienste. Schmidt hat das uneingeschränkte Recht, seine Meinung zu ändern, doch er hat dann nicht mehr das Recht, die DM 1.000.000 zu behalten. Wenn er das trotzdem tut, ist er ein Dieb am Eigentum der Meier OHG. Er muß daher gezwungen werden, die DM 1.000.000 plus Zinsen zurückzuerstatten. Denn selbstverständlich war und bleibt sein Anspruch auf das Geld *veräußerlich.*

Nehmen wir einen Fall, der scheinbar etwas schwieriger ist. Angenommen, daß ein gefeierter Kinostar einwilligt, an einem bestimmten Tag in einem bestimmten Filmtheater zu erscheinen. Aus irgendeinem Grund tut er das nicht. Sollte er gezwungen werden, an diesem oder an einem späteren Tag dort zu erscheinen? Sicherlich nicht, denn das wäre erzwungene Sklaverei. Sollte er wenigstens gezwungen werden, die Kinobesitzer für die Werbung und die anderen Ausgaben, die sie in Erwartung seines Erscheinens tätigten, zu entschädigen? Wiederum nein, denn seine Zustimmung war ein bloßes Versprechen in bezug auf seinen unveräußerlichen Willen – den zu ändern er jederzeit das Recht hat. Anders gesagt: Da der Kinoheld noch nichts aus dem Eigentum der Kinobesitzer erhielt, beging er keinen Diebstahl an den Besitzern (oder jemand anderem), und daher er kann nicht zur Entschädigungszahlung gezwungen werden. Die Tatsache, daß die Kinobesitzer – in der Hoffnung, daß der Schauspieler die Vereinbarung halten würde – eventuell große Pläne gemacht und beträchtliche Investitionen getätigt haben, mag für sie unglücklich sein, doch das ist ihr eigenes Risiko. Die Kinobesitzer sollten nicht erwarten, daß der Schauspieler gezwungen wird, für ihre mangelnde Voraussicht und fehlenden unternehmerischen Fähigkeiten zu bezahlen. Die Besitzer zahlen die Strafe dafür, zuviel Vertrauen in den Schauspieler gesetzt zu haben. Man mag es für *moralischer* halten, Versprechen zu halten statt sie zu brechen, doch jede erzwungene Durchsetzung eines solchen Sittengesetzes geht über das Verbot von Diebstahl und Gewaltanwendung hinaus. Sie ist daher *selber* eine Verletzung der Eigentumsrechte des Kinostars und folglich in der liberalen Gesellschaft unzulässig.

Wenn der Schauspieler eine Anzahlung von den Kinobesitzern empfängt und das Geld behält, obwohl er seinen Teil des Vertrags nicht erfüllt, wäre dies wiederum selbstverständlich ein stillschweigender Diebstahl an den Besitzern, und daher muß der Schauspieler zur Rückgabe des Geldes gezwungen werden.

In Rücksicht auf jene Utilitaristen, die über die Konsequenzen dieser Lehre schockiert sind, sollte bemerkt werden, daß viele der Probleme – wenn nicht alle –

in der liberalen Gesellschaft leicht bewältigt werden könnten, indem der Versprechensempfänger in der ursprünglichen Übereinkunft vom Versprechensgeber eine *Leistungsbürgschaft* verlangt. Kurz gesagt: Um dem Risiko des Nicht-Erscheinens aus dem Weg zu gehen, könnten die Kinobesitzer dem Vertrag ihre Unterschrift solange verweigern, bis der Schauspieler einwilligt, eine Leistungsbürgschaft für den Fall des Nicht-Erscheinens zu geben. In diesem Fall willigt der Schauspieler mit der Zusage zu seinem künftigen Auftritt ein, den Kinobesitzern eine bestimmte Summe Geldes zu übertragen, falls er nicht auftritt. Da Geld natürlich veräußerlich *ist* und da ein solcher Vertrag unser Anspruchsübertragungs-Kriterium erfüllen würde, wäre dies ein vollkommen gültiger und erzwingbarer Vertrag. Denn der Schauspieler würde sagen: "Wenn ich in dem Kino X an dem und dem Tag nicht auftrete, übertrage ich hiermit am selbigen Tage die folgende Summe ____ an die Kinobesitzer." Der Leistungsbürgschaft nicht nachzukommen wird dann ein stillschweigender Diebstahl am Eigentum der Kinobesitzer sein. Wenn die Kinobesitzer also keine Leistungsbürgschaft als Teil des Vertrags verlangen, so müssen sie die Konsequenzen tragen.

In der Tat hat A.W.B. Simpson in einem bedeutenden Artikel dargelegt, daß Leistungsbürgschaften im Mittelalter und in der frühen Neuzeit die Regel waren, und zwar nicht nur bei persönlichen Diensten, sondern bei allen Verträgen, einschließlich des Verkaufs von Land und Geldschulden.[183] Diese Leistungsbürgschaften entwickelten sich auf dem Markt als freiwillige Strafen bzw. *Vertragsstrafen*, in denen sich der betreffende Vertragspartner für den Fall, daß er zum Stichtag seine Schulden nicht zurückzahlen oder seinen Vertrag nicht erfüllen konnte, gewöhnlich verpflichtete, das Doppelte der von ihm geschuldeten Summe zu zahlen. Die freiwillig vereinbarte Strafe diente ihm als Anreiz, seinen Vertrag zu erfüllen. Wenn daher etwa A und B übereinkämen, daß A ein Stück Land gegen die Zahlung eines Geldpreises an B verkauft, so würde sich *jeder* der beiden für den Fall, daß er nicht zahlen kann, zur Zahlung einer bestimmten Summe verpflichten, gewöhnlich dem Doppelten seiner Vertragsschuld. Im Fall einer Geldschuld – "gemeine Geldschuld" genannt – verpflichtete sich jemand, der DM 1000 schuldete, dem Gläubiger DM 2000 zu zahlen, wenn er die DM 1000 nicht zu einem bestimmten Stichtag zahlte. (Genauer gesagt war die Verpflichtung zur Zahlung der DM 2000 *abhängig* davon, daß der Schuldner DM 1000 zu einem bestimmten Datum zahlte. Daher der Ausdruck "bedingte Vertragsstrafe".) Angenommen, daß im obigen Beispiel eines Dienstleistungsvertrags das Nichterscheinen des Schauspielers dem Theaterbesitzer einen Schaden von DM 10.000 verursacht. In diesem Fall würde der Schauspieler eine Vertragsstrafe unterzeichnen bzw. eine Bürgschaft "ausstellen", in der er dem Theaterbesitzer die Zahlung von DM 20.000 für den Fall seines Nichterscheinens zusichert. In dieser Art Vertrag ist der Theaterbesitzer geschützt, und es gibt keine unzulässige Vollstreckung eines bloßen Versprechens. (Natürlich *muß* die verein-

183 A.W.B. Simpson, "The Penal Bond With Conditional Defeasance", *The Law Quarterly Review*, Juli 1966, S. 392-422.

barte Strafe nicht doppelt so hoch wie der geschätzte Wert sein. Jeder Betrag, dem die Vertragsparteien zustimmen, kommt in Frage. Die doppelte Summe war im Europa des Mittelalters und der frühen Neuzeit Brauch.)

In seinem Artikel berichtigt Simpson die orthodoxe Auffassung zur geschichtlichen Entwicklung des modernen Vertragsrechts: die Auffassung, daß die *Assumpsit*-Theorie – der zufolge die Vollstreckung eines Vertrags auf ein bloßes, wenn auch mit einer Gegenleistung verbundenes Versprechen gegründet ist – notwendig war, um neben dem rohen Eigentumsbegriff des *Common Law* ein funktionierendes System der Vertragsvollstreckung zu schaffen. Denn Simpson zeigt, daß das Aufkommen der *Assumpsit*-Theorie im England des 16. und 17. Jahrhunderts nicht die Folge einer neuen Aufmerksamkeit für die Verträge der Geschäftswelt war, sondern daß sie vielmehr die zunehmend außer Gebrauch kommende Vertragsstrafe, die jahrhundertelang für Geschäftszwecke ausreichte, ersetzte. Simpson legt dar, daß sich die Leistungsbürgschaften als ein bemerkenswert flexibles Instrument erwiesen hatten, mit dem sowohl komplizierte, als auch einfache Verträge und Abmachungen gehandhabt werden konnten. Die Leistungsbürgschaft war formell genug, um vor Betrug zu schützen, und doch so einfach zu vollstrecken, daß sie das Geschäftsleben erleichterte. In den Jahrhunderten, in denen sie in Gebrauch waren, gab sich zudem kaum ein Gläubiger damit ab, vor Gericht auf "Schadenersatz" (durch "behördlichen Erlaß") zu klagen, da der "Schadenersatz" schon im vorhinein vertraglich festgelegt war. Simpson schreibt:

> Verträge, die eine Strafe im vorhinein festlegen, sind vom Standpunkt eines Gläubigers aus natürlich anziehend, vor allem, wenn die Alternative darin besteht, daß Gerichte den Schaden bemessen [...][184]

Doch warum kam es zum Niedergang der Vertragsstrafe? Weil die Gerichte begannen, die Vollstreckung dieser Verpflichtungen abzulehnen. Aus welchem Grund auch immer – ob aus falschem "Humanismus" oder zur Gewährung besonderer Vorrechte – begannen die Gerichte, sich gegen die Härte des Rechts zu sträuben, gegen die Tatsache, daß sie Verträge in ihrem ganzen Umfang vollstreckten. Denn die Bürgschaft bedeutete, daß "für jedes Versäumnis bei der Leistung die ganze Strafe fällig war."[185] Zur Regierungszeit der Königin Elisabeth begannen die Gerichte des Lordkanzlers einzugreifen, um Schuldner in Fällen "außerordentlicher Härte" von ihren Pflichten zu befreien. Im frühen siebzehnten Jahrhundert wurde diese Praxis auf alle Fälle ausgeweitet, in denen dem Schuldner ein Mißgeschick zustieß und dieser die vertraglich vereinbarte Summe kurze Zeit später zahlte. Er mußte in solchen Fällen nur die vertraglich vereinbarte Summe zahlen, plus dem, was nach Auffassung der Gerichte "angemessener Schadenersatz" war. So entging er der Erfordernis, die vereinbarte Strafe zu zahlen. Diese Eingriffe nahmen in den folgenden Jahren weiter zu, bis die Gerichte des Lordkanzlers in den 1660er und frühen 1670er Jahren

184 Simpson, "The Penal Bond", S. 415.
185 Simpson, "The Penal Bond", S. 411.

jede Art von Vertragsstrafe schließlich ganz verboten. Sie verlangten lediglich, daß der säumige Schuldner die geschuldete Summe plus Zinskosten zahlt, sowie "angemessenen Schadenersatz", der vom Gericht selber – gewöhnlich von den Geschworenen – ermessen wurde. Diese Vorschrift wurde von den *Common-Law*-Gerichten in den 1670er Jahren eilfertig angenommen und dann um die Wende zum achtzehnten Jahrhundert durch Parlamentsgesetze formalisiert und reguliert. Da Vertragsstrafen also von den Gerichten nicht mehr vollstreckt wurden, war es nur natürlich, daß sie rasch verschwanden.

Das unglückliche Verbot der Vertragsstrafe war die Folge einer falschen Theorie der Vertragsvollstreckung, die sich die Gerichte zuvor zu eigen gemacht hatten. Dieser Theorie zufolge bestand der Zweck der Vollstreckung darin, den Gläubiger für das Versäumnis des Schuldners zu *entschädigen*, d.h. ihn so gut dastehen zu lassen wie es ihm ohne den Vertrag gegangen wäre.[186] In früheren Jahrhunderten waren die Gerichte der Auffassung, daß die "Entschädigung" darin bestand, die Vertragsstrafe zu vollstrecken. Daraufhin fiel es ihnen recht leicht, ihre Meinung zu ändern und zu entscheiden, daß ein gerichtlich bestimmter "Schadenersatz" Entschädigung genug war, wodurch die "Härte" der frei vereinbarten Strafe aufgehoben wurde. Die Theorie der Vertragsvollstreckung sollte nichts mit "Entschädigung" zu tun haben. Ihr Zweck sollte immer in der Durchsetzung von Eigentumsrechten liegen und im Schutz vor dem Diebstahl, der dem Bruch von Verträgen, die Ansprüche auf veräußerliches Eigentum übertragen, innewohnt. Die Verteidigung von Eigentumsrechten – und eine solche Verteidigung allein – ist die Aufgabe von Vollstreckungsbehörden. Simpson schreibt scharfsinnig von der

> "Spannung zwischen zwei Ideen. Einerseits sind wir von der Idee geleitet, daß die eigentliche Aufgabe von vertraglichen Einrichtungen darin besteht, die Erfüllung von Vereinbarungen so weit es geht sicherzustellen" (d.h. von der Idee der Vollstreckung der Vertragsstrafe). "Andererseits sind wir von der Idee geleitet, daß es dem Gesetz genügt, wenn für den Verlust, der infolge mangelnder Vertragserfüllung entsteht, Entschädigung geschaffen wird." Letztere Ansicht setze der Leidenschaft, mit der auf Erfüllung gedrängt wird, schwerwiegende Grenzen. Zudem werde in Dienstleistungsverträgen (wie im obigen Beispiel des Schauspielers) "dem Recht auf Vertragsbruch ein positiver Wert zugemessen, solange die säumige Partei gezwungen ist, Entschädigung zu zahlen."[187,188]

186 Für eine erweiterte Kritik des Entschädigungskonzeptes s.u. S. 206ff, 234, 238ff, inbesondere die Kritik von Robert Nozicks *Anarchie, Staat, Utopie*.

187 Simpson führt weiterhin aus, daß die Vollstreckung privater, freiwillig vereinbarter "Strafen *in terrorem* der Partei, die zu leisten hat" heute verschwunden ist; doch der Staat und seine Gerichte gebrauchen diese Technik selber und haben sich mithin ein Monopol an solchen Methoden angemaßt. Dazu zählen beispielsweise Forderungen von Sicherheitsleistungen, Entlassungen gegen Kaution oder Strafen für Mißachtung des Gerichts. Simpson, "The Penal

Wie verhält es sich mit *Schenkungs*verträgen? Sollten sie gesetzlich vollstreckbar sein? Wiederum hängt die Anwort davon ab, ob ein bloßes Versprechen geleistet wurde oder ob in der Abmachung eine tatsächliche Übertragung von Rechten stattgefunden hat. Wenn A zu B sagt: "Hiermit schenke ich Dir DM 10.000", so wurde ganz offensichtlich das Recht auf das Geld übertragen, und die Schenkung ist vollstreckbar. Zudem kann A das Geld nicht später wieder als das seinige zurückfordern. Wenn A andererseits sagt: "Ich verspreche, Dir in einem Jahr DM 10.000 zu schenken", so ist das ein bloßes Versprechen – im Römischen Recht gewöhnlich *pactum nudum* genannt – und kann daher nicht rechtmäßig vollstreckt werden.[189] Der Empfänger des Versprechens muß das Risiko eingehen, daß der Versprechende zu seinem Wort stehen wird. Wenn A hingegen zu B sagt: "Hiermit erkläre ich mich einverstanden, Dir in einem Jahr DM 10.000 zu übertragen", so liegt eine formelle Übertragung eines Rechtsanspruches zu einem zukünftigen Zeitpunkt vor, und diese sollte vollstreckbar sein.

Es ist zu betonen, daß das keine bloße Wortspielerei ist, auch wenn es in besonderen Fällen so scheinen mag. Denn die entscheidende Frage ist stets: Wurde ein Anspruch auf veräußerliches Eigentum übertragen, oder wurde ein bloßes Versprechen gegeben? Im ersteren Fall ist die Übereinkunft vollstreckbar, weil es Diebstahl ist, das übertragene Eigentum nicht auszuliefern. Im letzteren Fall handelt es sich um ein bloßes Versprechen, das keinen Anspruch auf Eigentum übertragen hat und das den Versprechenden moralisch, nicht aber vor dem Gesetz binden kann.

Hobbes spielte nicht bloß mit Worten, als er richtigerweise schrieb:

> Worte allein, wenn sie sich auf die Zukunft beziehen und ein bloßes Versprechen zum Gegenstand haben [*pactum nudum*], reichen als Zeichen eines freiwilligen Geschenkes nicht aus und sind daher nicht bindend. Denn wenn sie sich auf die Zukunft beziehen, wie etwa *morgen werde ich schenken*, zeigen sie, daß ich noch nicht geschenkt habe und daß daher mein Recht nicht übertragen wurde, sondern bei mir verbleibt, bis ich es durch eine andere Handlung übertrage. Doch wenn die Worte sich auf die Gegenwart oder Vergangenheit beziehen, wie etwa *ich habe geschenkt* oder *ich schenke und morgen wird es ausgeliefert*, dann wird dadurch mein morgiges Recht heute übertragen [...] Es gibt einen großen Unterschied in der Wortbedeutung [...] zwischen *ich will,*

Bond", S. 420. Der Unterschied besteht natürlich darin, daß diese staatlichen Strafen einseitig und erzwungen sind, statt daß der Verpflichtete ihnen im vorhinein freiwillig zustimmt.

188 Das soll nicht heißen, daß die mittelalterliche Gerichte vollkommen waren. Um nur ein Gegenbeispiel zu nennen: Sie weigerten sich, Verträge über Geldkredite zu vollstrecken, da in diesen die "Sünde des Wuchers" begangen wurde.

189 Der römische Rechtsgrundsatz besagte, daß ein "nacktes Versprechen" (*pactum nudum*) nicht gerichtlich verfolgt werden konnte: *Ex nudo pacto non oritur actio*. Zum *nudum pactum* siehe John W. Salmond, *Jurisprudence*, 2. Aufl., London, Stevens und Haynes, 1907, S. 318; Pherozeshah N. Daruvala, *The Doctrine of Consideration*, Calcutta, Butterworth, 1914, S. 98, sowie Frederick Pollock, *Principles of Contract*, 12. Aufl., P. Winfield, Hg., London, Stevens & Son, 1946, S. 119f.

daß dies morgen das Deinige ist und *ich will es Dir morgen geben.* Denn das Wort *ich will* bedeutet in der ersteren Sprechweise das Versprechen einer Handlung des gegenwärtigen Willens. Doch in der letzteren Sprechweise bedeutet es das Versprechen einer Handlung des zukünftigen Willens. Daher übertragen die ersteren Worte infolge ihres Gegenwartsbezugs ein zukünftiges Recht. Die letzteren, die sich auf die Zukunft beziehen, übertragen nichts."[190] (Hervorhebung durch Hobbes.)

Wenden wir nun die gegensätzlichen Theorien statt auf einen Tausch auf eine reine Schenkungsvereinbarung an. Ein Großvater verspricht, seinem Enkel die Universität zu finanzieren. Nach ein oder zwei Studienjahren beschließt der Großvater – aus finanziellen oder irgend welchen anderen Gründen – dieses Versprechen zurückzunehmen. Aufgrund des Versprechens hat der Enkel verschiedene Ausgaben für sein Studium getätigt und andere Stellen ausgeschlagen. Sollte er das Versprechen des Großvaters vor Gericht einklagen können?

Nach unserer Anspruchsübertragungstheorie hat der Enkel kein wie auch immer geartetes Recht auf das Eigentum des Großvaters, da der Großvater den Anspruch auf sein Geld die ganze Zeit über behielt. Ein bloßes nacktes Versprechen kann keinen Anspruch begründen, und gleiches gilt für die subjektiven Erwartungen des Versprechensempfängers. Die vom Enkel übernommenen Kosten sind einwandfrei sein eigenes unternehmerisches Risiko. Wenn der Großvater hingegen Ansprüche übertragen hätte, dann würde es sich natürlich um das Eigentum des Enkels handeln, und dieser sollte sein Eigentum einklagen können. Eine solche Übertragung würde stattgefunden haben, wenn der Großvater geschrieben hätte: "Hiermit übertrage ich Dir, meinem Enkel, DM 80.000" *oder* "Ich übertrage Dir hiermit DM 20.000 an jedem der folgenden Stichtage: 1. Oktober 1995, 1. Oktober 1996 usw."

Nach der Erwartungstheorie der Verträge gibt es hingegen zwei mögliche Varianten: entweder daß der Enkel wegen des bloßen Versprechens einen rechtsverbindlichen Anspruch gegenüber dem Großvater hat; *oder* daß der Enkel einen Anspruch auf Rückerstattung der Auslagen hätte, die er in der Erwartung, daß das Versprechen gehalten würde, gemacht hat.[191]

Angenommen jedoch, die ursprüngliche Erklärung des Großvaters sei kein bloßes Versprechen, sondern ein bedingtes Tauschangebot gewesen: zum Beispiel, daß sich der Großvater bereit erklärte, die ganzen Studiengebühren für seinen Enkel zu bezahlen, *vorausgesetzt*, daß ihm der Enkel wöchentliche Berichte über seine Fortschritte anfertigt. In diesem Fall hätte der Großvater nach unserer Anspruchsübertra-

---

190 Thomas Hobbes, *Leviathan*, Teil 1, Kap. 14.

191 Das heutige Vertragsrecht zu diesen Fällen ist unscharf. Während ein Verprechen zur Zahlung von Studiengebühren bis vor kurzem nicht gerichtlich vollstreckbar war, ist es nun möglich, vom Großvater per Gericht die Auslagen einzutreiben, die in der Erwartung, daß das Versprechen gehalten werden würde, getätigt wurden. Siehe Merton Ferson, *The Rationale Basis of Contracts*, Brooklyn, Foundation Press, 1949, S. 26f; sowie Grant Gilmore, *The Death of Contract*, Columbus, Ohio State University Press, 1974, S. 59ff.

gungstheorie eine bedingte Anspruchsübertragung vollzogen. Unter der Bedingung, daß der Enkel gewisse Dienste verrichtet, hätte der Großvater in eine zukünftige Übertragung von Ansprüchen eingewilligt. Wenn der Enkel diese Dienste tatsächlich geleistet hätte und sie auch weiterhin leistet, wäre die Zahlung der Studiengebühren sein Eigentum, und er sollte berechtigt sein, sie vor Gericht beim Großvater geltend zu machen.[192]

Wäre *Betrug* nach der von uns vertretenen Theorie strafbar? Ja, denn Betrug ist der mangelnde Vollzug einer Anspruchsübertragung, der man freiwillig zugestimmt hat, und daher stillschweigender Diebstahl. Wenn etwa A dem B ein Paket verkauft, von dem A behauptet, es enthalte ein Radio, während es bloß einen Haufen Metallschrott enthält, dann hat A das Geld des B genommen, ohne die vereinbarten Bedingungen für diese Übertragung – die Lieferung eines Radios – zu erfüllen. A hat mithin B‘s Eigentum gestohlen. Gleiches gilt bei mangelnder Erfüllung einer Produktgarantie. Wenn der Verkäufer etwa versichert, daß der Inhalt eines bestimmten Pakets 150 Gramm des Produkts X enthält, ohne daß dies der Fall ist, so hat der Verkäufer Geld angenommen, ohne die Vertragsbedingungen zu erfüllen. Faktisch hat er das Geld des Käufers gestohlen. Auch hier wiederum sollten Produktgarantien *nicht deshalb* gerichtlich vollstreckbar sein, weil sie "Versprechungen" sind, sondern weil sie einen Bestandteil des vereinbarten Vetrages beschreiben. Wenn der Bestandteil nicht wie vom Verkäufer beschrieben ist, so liegt Betrug und mithin stillschweigender Diebstahl vor.[193]

Gäbe es in einem liberalen Rechtssystem *Konkursgesetze*? Eindeutig nicht, denn Konkursgesetze zwingen dazu, einem Schuldner seine freiwillig eingegangenen Schulden zu erlassen, und verletzen daher die Eigentumsrechte der Gläubiger. Der Schuldner, der die Rückzahlung verweigert, hat das Eigentum des Gläubigers gestohlen. Wenn der Schuldner zahlungsfähig ist, aber sein Vermögen verheimlicht, so mischt sich Betrug zu diesem klaren Diebstahl. Doch selbst wenn der säumige Schuldner nicht zahlen kann, hat er *immer noch* das Eigentum des Gläubigers gestohlen, indem er dieses entgegen der Vereinbarung nicht ausliefert. Es sollte daher die Aufgabe des Rechtssystems sein, die Zahlung dem Schuldner gegenüber durchzusetzen, indem er zum Beispiel gezwungen wird, einen Teil seines zukünftigen Einkommens für die Schulden aufzubringen, nebst Schadenersatz und Zinsen für die Restschuld. Konkursgesetze, die den Schuldner unter Mißachtung der Eigentums-

---

192 Siehe Evers, "Law of Contracts", S. 5f. Wie oben angedeutet wurde, wäre der Enkel andererseits nicht verpflichtet, diese Dienste bei einem Sinneswandel weiterhin zu verrichten, denn das wäre erzwungene Sklaverei. Er wäre jedoch verpflichtet, dem Großvater das Geld zurückzuerstatten.

193 Im älteren Recht waren Betrugsprozesse gegen Verkäufer beweglichen Eigentums in der Tat reine Strafprozesse (Diebstahl in unserem Sinne). James Barr Ames, "The History of Assumpsit", *Harvard Law Review*, Bd. 2, Nr. 1, 15. April 1888, S. 8. Vgl. dagegen eine "Versprechenssichtweise" bei Roscoe Pound, *Jursiprudence*, St. Paul, West, 1959, III, S. 200; sowie Oliver Wendell Holmes jr., *The Common Law*, Howe, Hg., Cambridge/Massachussetts, Belknap Press of Harvard University Press, 1963, S. 216.

rechte des Gläubigers von seinen Schulden befreien, geben ihm praktisch die Erlaubnis zu stehlen. Vor der Neuzeit wurde ein säumiger Schuldner im allgemeinen als Dieb behandelt und gezwungen, aus seinem weiteren Einkommen zu zahlen. Ohne Zweifel war die Haftstrafe eine weitaus unverhältnismäßige und daher übertriebene Strafe. Doch zumindest legten die alten Rechtsverfahren die Verantwortung dahin, wo sie hingehörte, nämlich auf den Schuldner. Dieser mußte seine vertraglichen Verpflichtungen erfüllen und das geschuldete Eigentum auf den Gläubiger-Eigentümer übertragen. Ein Historiker des US-amerikanischen Konkursrechts, der selber ein Fürsprecher dieser Gesetze ist, hat zugegeben, daß sie auf den Eigentumsrechten der Gläubiger herumtrampeln:

> Wenn die Konkursgesetze auf den gesetzlichen Rechten von Individuen basieren würden, so gäbe es keine Begründung, die Schuldner von der Bezahlung ihrer Schulden zu befreien, solange sie lebten bzw. solange ihr Nachlaß noch bestehen würde [...] der Gläubiger hat Rechte, die nicht verletzt werden dürfen, selbst wenn der Konkurs des Schuldners die Folge widriger Umstände ist. Die Forderungen des Gläubigers sind Teil seines Eigentums [...][194]

Zur Verteidigung der Konkursgesetze könnte der utilitaristische Ökonom erwidern, daß, wenn diese Gesetze erst einmal gelten, der Gläubiger weiß, was ihm widerfahren mag. Er gleicht das höhere Risiko mit einem höheren Zinssatz aus, und *deshalb* sollten Konkursverfahren nicht als Enteignung des Eigentums von Gläubigern angesehen werden. Es stimmt, daß der Gläubiger diese Gesetze im voraus kennt und daß er für das aus ihnen entspringende Risiko einen höheren Zinssatz fordern wird. Doch daraus folgt noch lange nicht das obige "deshalb". Trotz vorherigen Wissens und vorheriger Warnungen sind Konkursgesetze *immer noch* Verletzungen der Eigentumsrechte und mithin Enteignungen der Gläubiger. Auf dem Markt gibt es alle möglichen Situationen, in denen potentielle Opfer durch geschicktes Verhalten in der Lage sind, den Schaden, der ihnen durch institutionalisierten Diebstahl entstehen kann, zu minimieren. Doch ist der Diebstahl wegen eines solchen lobenswerten Verhaltens keinen Deut moralischer oder berechtigter.

Zudem könnten die gleichen utilitaristischen Argumente im Zusammenhang mit Verbrechen wie Einbruch und Raub benutzt werden. Anstatt die Kriminalität gegen Ladenbesitzer in bestimmten Stadtgebieten zu mißbilligen, könnten wir dann mit den utilitaristischen Ökonomen argumentieren, daß die Ladenbesitzer letztlich doch im voraus wußten, was sie taten. Bevor sie den Laden eröffneten, wußten sie von der höheren Verbrechensrate an diesem Standort. Daher waren sie in der Lage, ihre Ver-

194 F. Regis Noel, "A History of the Bankruptcy Clause of the Constitution of the United States of America", Washington, Dissertation der Catholic University of America, 1920, S. 187, 191. Noel behauptet weiterhin, daß die Rechte des Gläubigers hinter der "Rechtsordnung", dem "Gemeinwohl" und den "vorrangigen Rechten der Gemeinschaft" – was auch immer darunter zu verstehen ist – zurückzutreten haben. Zit. n. einem unveröffentlichten Artikel von Lawrence H. White, "Bankruptcy and Risk", S. 13.

sicherung und ihr Geschäftsgebahren entsprechend anzupassen. Sollten wir demnach sagen, daß Ladenraub nicht mißbilligt oder sogar verboten werden sollte?[195]

Kurzum, Verbrechen sind Verbrechen, und Verletzungen von Eigentum sind Verletzungen von Eigentum. Warum sollten jene weitsichtigen Eigentümer, die im voraus Maßnahmen ergriffen, um die Folgen erwarteter Verbrechen zu mildern, bestraft werden, indem man ihnen die Möglichkeit nimmt, ihr rechtmäßiges Eigentum vor Gericht zu verteidigen? Warum sollte das Gesetz die Tugend der Vorsorge bestrafen?

Das Problem säumiger Schuldner könnte auf andere Weise gelöst werden: Gläubiger, die die ehrlichen Zahlungsversuche der Schuldner berücksichtigen, könnten sich freiwillig dazu entschließen, auf ihre Forderungen teilweise oder insgesamt zu verzichten. Hier sollte betont werden, daß in einem liberalen System, das Eigentumsrechte verteidigt, jeder Gläubiger nur *seine eigenen* Forderungen erlassen bzw. nur seine eigenen Eigentumsansprüche an den Schuldner abtreten kann Es kann daher keine rechtmäßige Situation geben, in der eine Mehrheit von Gläubigern eine Minderheit zwingt, auf ihre Forderungen zu "verzichten".

Der freiwillige Verzicht auf eine Forderung kann nach dem Zahlungsverzug erfolgen *oder* er kann *Bestandteil des ursprünglichen Schuldvertrags* sein. In diesem Fall könnte A dem B heute DM 1.000 im Tausch gegen DM 1.000 in einem Jahr leihen, *vorausgesetzt*, daß A dem B unter bestimmten Bedingungen unvermeidbarer Zahlungsunfähigkeit diese Schulden teilweise oder zur Gänze erlassen würde. Vermutlich würde A zur Entschädigung für das zusätzliche Ausfallrisiko einen höheren Zinssatz fordern. Doch der springende Punkt ist, daß der individuelle Gläubiger in diesen rechtmäßigen Verzichtssituationen freiwillig in den Erlaß der Forderungen eingewilligt hat, entweder in der ursprünglichen Abmachung oder nach dem Zahlungsverzug.

Einem freiwilligen Verzicht kommt der rechtsphilosophische Status eines Geschenks des Gläubigers an den Schuldner zu. Während Anspruchsübertragungstheoretiker solche Geschenke als vollkommen rechtmäßige und gültige Vereinbarungen ansehen, um Ansprüche auf Geld von einem Gläubiger auf einen Schuldner zu übertragen, hat die heutige Rechtslehre seltsamerweise die Gültigkeit solcher Verzichtsvereinbarungen als bindende Verträge bezweifelt. Denn nach der herrschenden Meinung muß ein bindender Vertrag ein Versprechen für eine "Gegenleistung" sein, und im Fall des Verzichts erhält der Gläubiger keine Gegenleistung. Nach dem Grundsatz der Anspruchsübertragung gibt es jedoch keine Schwierigkeiten mit dem Verzicht: "Der Erlaß einer Forderung durch den Gläubiger ist einer gewöhnlichen Übertragung gleichgeartet. In beiden Fällen besteht der Vorgang einfach in der deutlich erkennbaren Zustimmung des Rechtsinhabers."[196]

---

195 Ich verdanke dieses Beispiel Dr. Walter Block.

196 Ferson, *The Rational Basis of Contracts*, S. 159. Zu der widersinnigen Folge der herrschenden Vertragstheorie, daß die Gültigkeit eines freiwilligen Verzichts bezweifelt wird, siehe Gilmore, *The Death of Contract*, S. 33.

Ein weiterer wichtiger Punkt ist, daß unserem Anspruchsübertragungsmodell zufolge eine Person *nicht nur* den ganzen Besitzanspruch auf Eigentum verkaufen dürfen sollte. Sie sollte auch *Teile* dieses Eigentums verkaufen und den übrigen Teil für sich und andere, denen sie diesen Teil leiht oder verkauft, zurückbehalten dürfen. Daher ist – wie wir oben sahen – das Copyright des *Common Law* berechtigt, da der Autor bzw. der Verlag alle Rechte an seinem Eigentum verkauft, *außer* dem Recht des Weiterverkaufs. In ähnlicher Weise sollten Eigentumsvorbehalte gültig und vollstreckbar sein, in denen zum Beispiel ein Stadtplaner alle Rechte an einem Haus samt zugehörigem Land verkauft, *außer* dem Recht, ein Haus über eine bestimmte Höhe oder in Abweichung von einer bestimmten Bauart zu bauen. Die einzige Klausel ist, daß es zu jeder Zeit *irgend* einen bzw. mehrere Eigentümer *aller* Rechte an jedwedem Eigentum geben muß. Im Fall eines Eigentumvorbehalts muß es zum Beispiel *irgendwelche* Eigentümer des Rechts, ein Hochhaus zu bauen, geben. Wenn das nicht der Stadtplaner selbst ist, so jemand, der dieses Recht gekauft oder erhalten hat. Wenn das vorbehaltene Recht aufgegeben wurde und keine existierende Person es besitzt, dann kann der Hauseigentümer als derjenige angesehen werden, der sich dieses Recht "ursprünglich angeeignet" hat. Er kann sich daher an den Bau des Hochhauses machen. Kurzum können Eigentumsvorbehalte und andere Einschränkungen nicht einfach für immer "am Eigentum hängen" und dadurch den Vorrang gegenüber den Wünschen *aller* lebenden Eigentümer dieses Eigentums haben.

Diese Klausel schließt die *Bestimmung der Erbfolge* als vollstreckbares Recht aus. Bei festgelegter Erbfolge könnte ein Eigentümer das Land an seine Söhne und Enkel unter der Bedingung vermachen, daß *kein künftiger* Eigentümer das Land an Nicht-Familienangehörige verkaufen darf (ein typischer Zug des Feudalismus). Doch das würde bedeuten, daß die lebenden Eigentümer das Eigentum nicht verkaufen *dürften*. Die tote Hand der Vergangenheit würde sie regieren. Doch *alle* Rechte an welchem Eigentum auch immer müssen sich in der Hand lebender, existierender Personen befinden. Man mag die Nachfahren für moralisch verpflichtet halten, das Land in der Familie zu bewahren, doch dies kann nicht im eigentlich Sinne als rechtliche Verpflichtung angesehen werden. Eigentumsrechte dürfen nur Lebenden gewährt werden, und nur diese können sich ihrer erfreuen.

Zumindest in einem Fall leidet die "Versprechen-Erwartung-Theorie" unter schweren inneren Widersprüchen, je nachdem, ob man in dieser Theorie "Versprechen" oder "Erwartung" betont. Es handelt sich um das rechtliche Problem, ob "ein Kaufvertrag einen Mietvertrag bricht". Angenommen etwa, Schmidt besitze ein Stück Land, das er für fünf Jahre an Meier verpachtet. Doch jetzt verkauft Schmidt das Land an Müller. Ist Müller an den Pachtvertrag gebunden oder kann er Meier sofort rausschmeißen? Nach der Versprechenstheorie machte nur Schmidt das Pachtversprechen. Müller machte kein solches Versprechen, und daher ist er nicht verpflichtet, den Pachtvertrag aufrecht zu erhalten. Nach der Erwartungstheorie erzeugte die Pachtvereinbarung in Meier die Erwartung, daß ihm das Land für fünf Jahre zur Verfügung stehen würde. Folglich bricht der Kaufvertrag den Pachtvertrag aufgrund der Versprechenstheorie, während er das nach dem Erwartungsmodell nicht kann. Die Anspruchsübertragungstheorie vermeidet jedoch dieses Problem. In unserem Modell besitzt der Pächter Meier den Gebrauch des Eigentums für die vertragliche Dauer der Pacht. Fünf Jahre Eigentumsgebrauch sind auf Meier übertragen worden. Daher kann Müller den Vertrag nicht brechen (abgesehen natürlich von dem Fall, daß der Bruch der Pacht unter solchen Bedingungen ausdrücklich als Klausel im Pachtvertrag enthalten ist).

Es gibt eine höchstwichtige politische Folge unserer Anspruchsübertragungstheorie gültiger und vollstreckbarer Verträge gegenüber der Versprechenstheorie. Es sollte klar sein, daß die Anspruchsübertragungstheorie alle Varianten der Theorie des "Gesellschaftsvertrags" zur Rechtfertigung des Staates unmittelbar zum Einsturz bringt. Abgesehen von dem geschichtlichen Problem, ob es jemals einen solchen Gesellschaftsvertrag gab, sollte es offensichtlich sein, daß der Gesellschaftsvertrag – ob nun die Hobbes'sche Abtretung aller persönlichen Rechte, die Locke'sche Abtretung des Rechts zur Selbstverteidigung oder irgend ein anderer – ein bloßes Versprechen zukünftigen Verhaltens (zukünftigen Willens) war und in keiner Weise Ansprüche auf veräußerliches Eigentum abtrat. Sicherlich kann kein vergangenes Versprechen spätere Generationen binden, ganz abgesehen vom Versprechenden selbst.[197]

Das herrschende Vertragsrecht ist eine unvollständige Mischung zwischen den Ansätzen der Anspruchsübertragungstheorie und der Versprechen-Erwartungstheorie, wobei das Erwartungsmodell unter dem zweihundertjährigen Einfluß von Rechtspositivismus und Pragmatismus vorherrscht. Eine liberale, naturrechtliche Theorie der Eigentumsrechte muß daher das Vertragsrecht auf der Grundlage der Anspruchsübertragung wiederherstellen.[198]

---

197 In den Worten von Rousseau: "Wenn auch jeder sich selbst veräußern könnte, kann er doch nicht seine Kinder veräußern; sie werden als Menschen und frei geboren; ihre Freiheit gehört ihnen, niemand außer ihnen hat das Recht, darüber zu verfügen. [...] denn ein solches Hergeben läuft der Absicht der Natur zuwider und übersteigt die Rechte der Vaterschaft." Rousseau, *Vom Gesellschaftsvertrag*, Ś. 11. Vier Jahrzehnte vor Rousseau schrieben die liberalen englischen Autoren John Trenchard und Thomas Gordon in ihren *Cato's Letters* – die einen großen Einfluß auf die Einstellung der amerikanischen Kolonien ausübten – in den frühen 1720er Jahren: "Alle Menschen sind frei geboren. Freiheit ist ein Geschenk, das sie von Gott selber erhalten. Sie können sie auch nicht durch eine Abmachung veräußern, wohl aber durch Verbrechen. Kein Mensch [...] kann [...] das Leben und die Freiheit, die Religion oder das erworbene Eigentum seiner Nachfahren verschenken. Diese werden frei geboren werden, wie er selbst, und sein niederträchtiger und lächerlicher Handel kann sie niemals binden." *Cato's Letters*, Nr. 59, in D.L. Jacobson, Hg., *The English Libertarian Heritage*, Indianapolis, Bobbs-Merill Co., 1965, S. 108.

198 Die gegenwärtige Anforderung, daß ein Versprechen nur dann vollstreckbar ist, wenn es eine "Gegenleistung" gibt, ist eine philosophisch unüberlegte Einfügung von Anspruchsübertragungs-Grundsätzen in das Vertragsrecht. Siehe Edward Jenks, *The History of the Doctrine of Consideration in English Law*, London, C.J. Clay and Sons, Kap. 3.

Verträge als vollstreckbare Versprechen fanden über das kanonische Kirchenrecht, über das gemeine Handelsrecht, sowie über die *Assumpsit*-Lehre, die nach der normannischen Eroberung aufkam, Eingang in das englische Recht. *Assumpsit* verschaffte vermeintlich stillschweigenden Versprechen Geltung, wie etwa dem "Versprechen" von Wirtshausbesitzern oder Fuhrunternehmern, Kunden zu akzeptieren. Zu *Assumpsit* siehe Jenks, *History of the Doctrine of Consideration*, S. 124f; sowie James Barr Ames, "History of Assumpsit", in *Selected Readings on the Law of Contracts*, New York, Macmillan, 1931, S. 37-40.

Vor der normannischen Eroberung fußte das englische Recht auf Eigentumsrechten und Anspruchsübertragung. Im wesentlichen wurde jede Schuld als Verwahrungsvertrag für bestimmte bewegliche Güter angesehen. Ein Problem dieser Abart ist, daß die Leute nicht in der Lage sind, *heute bereits* die Rechte auf Güter zu einem späteren Zeitpunkt festzulegen. Infolgedessen hatten Gläubiger kein Pfandrecht auf das zukünftige Vermögen der Schuldner, wenn letztere zum Stichtag nicht zahlen konnten. Zudem bedeutete die alleinige Betonung des *physischen Besitzes* des Eigentums, daß der im vor-normannischen England herrschende Begriff des "Anspruchs" auf Eigentum recht mangelhaft war. Nach Abschluß eines Kaufvertrages hatte der Verkäufer zum Beispiel kein Recht, auf Zahlung des Geldpreises zu klagen (da sich der Geldpreis zuvor nicht im physischen Besitz des Verkäufers befunden hatte und daher nicht als anvertrautes Gut verstanden werden konnte – obwohl der Käufer seinerseits auf Lieferung der Güter klagen konnte). Es ist zum Teil solchen primitiven Mängeln der vor-normannischen Vertragstheorie zu verdanken, daß das Versprechensmodell Fuß fassen konnte. Man beachte jedoch auch den Niedergang der Vertragsstrafe, vgl. oben S. 136ff. Siehe Robert L. Henry, *Contracts in the Local Courts of Medieval England*, London, Longmans, Green, 1926, S. 238-241. Siehe auch Jenks, *History of the Doctrine of Consideration*, S. 115-118; Frederick Pollock, "Contracts", *Encyclopedia Britannica*, 14. Aufl., 1929, VI, S. 339-340; James Barr Ames, "The History of Assumpsit", *Harvard Law Review*, Bd.2, Nr.2, 15. Mai 1888, S. 55-57; Ferson, *The Rational Basis of Contracts*, S. 121; und insbesondere Evers, "Law of Contracts", S. 1-2.

Ansichten über Schulden in anderen Kulturen, die dem vor-normannischen England ähneln, werden erörtert in Max Gluckman, *The Ideas in Barotse Jurisprudence*, New Haven, Yale University Press, 1965, S. 177, 182f, 198; John D. Mayne, *Treatise on Hindu Law and Usage*, N.C. Aiyar, Hg., 11. Aufl., Madras, Higginbothams, 1953, S. 395-447; Daruvala, *The Doctrine of Consideration*, S. 270; und E. Allan Farnsworth, "The Past of Promise: An Historical Introduction to Contract", *Columbia Law Review*, Bd. 69, Nr. 4, April 1969, S. 587.

Im Gegensatz zu zahlreichen utilitaristischen und pragmatistischen Philosophen versuchte Immanuel Kant, die Vertragstheorie mit Übertragungen statt mit Versprechen zu begründen. Immanuel Kant, *Die Metaphysik der Sitten*, in *Gesammelte Werke*, hg. von W. Weischedel, 9. Aufl., Frankfurt / M., Suhrkamp, 1991, Bd. VIII, S. 97f (B). Leider hatte Kants Lösung zwei wesentliche Mängel. Erstens nahm er an, daß die freiwillige Übertragung von Eigentum den Gehorsam gegenüber einem allgemeinen Willen der Gesellschaft voraussetzt. Doch freie Entscheidungen und ein solcher Gehorsam sind einander wesensfremd. Zweitens betonte Kant, daß Verträge freiwillig sind, wenn beide Vertragsparteien das gleiche subjektive Bewußtsein haben. Doch wie können Gerichte die Bewußtseinszustände der Vertragsparteien feststellen? Es ist viel besser, wenn die liberale Vertragstheorie der Auffassung folgt, daß ein Vertrag sich dadurch als freiwillig, übereinstimmend und gültig erweist, daß zwei Parteien zur Übertragung von Ansprüchen handeln und keine von ihnen von physischer Gewalt bedroht ist. Kurzum wird die Zustimmung beider Parteien durch die Beobachtung, daß sich ihr Handeln unter gewaltfreien Bedingungen vollzieht, festgestellt. Siehe *Hallock vs. Commercial Insurance Co.*, 26 N.J.L. 268 (1875); William Anson, *Principles of English Law of Contract*, 2. Aufl., 1882, S. 13; und Samuel Williston, "Mutual Assent in the Formation of Contracts", *Selected Readings*, S. 119-127.

20 Rettungsbootsituationen

Häufig wird behauptet, daß die Existenz von Ausnahmesituationen ("Rettungsbootsituationen") jede Theorie absoluter Eigentumsrechte bzw. absoluter Rechte auf Selbstbesitz widerlege. Da jede Theorie individueller Recht in solchen glücklicherweise seltenen Situationen zusammenzubrechen scheint, könne man sich von unverletzbaren Rechten überhaupt keinen Begriff machen. In einer typischen Rettungsbootsituation gibt es beispielsweise acht Plätze auf einem Rettungsboot, das von einem sinkenden Schiff ablegt, und es gibt mehr als acht Personen, die gerettet werden möchten. Wer sollte dann bestimmen, wer gerettet werden und wer sterben sollte? Und was wird dann aus dem Recht auf Selbstbesitz bzw. aus dem, was einige Leute das "Recht auf Leben" nennen? (Das Gerede vom "Recht auf Leben" ist irreführend, weil es bedeuten könnte, daß A's "Recht auf Leben" einen berechtigten Eingriff in Leben und Eigentum eines anderen – d.h. in B's "Recht auf Leben" und in das, was B's "Recht auf Leben" umfaßt – mit sich bringen könnte.)

Zunächst einmal ist eine Rettungsbootsituation wohl kaum ein gültiger Test für eine Rechtstheorie bzw. für eine wie auch immer geartete Moraltheorie. Probleme einer Moraltheorie in einer solchen Ausnahmesituation beeinträchtigen nicht ihre Gültigkeit in normalen Situationen. In allen Bereichen einer Moraltheorie versuchen wir, eine Ethik für den Menschen zu schaffen, die auf seiner Natur und auf der Natur der Welt fußt – und das heißt nichts anderes, als daß wir eine Ethik für die normale Natur entwerfen wollen, für das Leben, wie es gewöhnlich ist, und nicht für seltene und absonderliche Situationen. Gerade deshalb ist es auch ein weiser Rechtsgrundsatz, daß "harte Fälle schlechtes Recht schaffen". Wir versuchen, eine Ethik für die Art und Weise, nach der Menschen im allgemeinen in der Welt leben, zu entwerfen. Letztlich liegt uns nichts an der Formulierung einer Ethik für Situationen, die selten und außergewöhnlich sind und *nicht* allgemein angetroffen werden.[199,200]

Veranschaulichen wir unser Argument mit einem Beispiel, daß nicht im Bereich der Eigentumsrechte bzw. der Rechte im allgemeinen, sondern im Bereich gewöhnlicher ethischer Werte liegt. Die meisten Leute würden dem Grundsatz zustimmen, daß "es ethisch richtig ist, wenn Eltern ihr Kind vor dem Ertrinken bewahren." Nun

---

199 Einem praktischen Argument zufolge, das sich auf die Seltenheit des Rettungsbootfalls bezieht, würden ein System von Eigentumsrechten und die freie Marktwirtschaft – wie aus der Wirtschaftswissenschaft bekannt – die Fälle, in denen mehr als eine Person einen Überlebenskampf um eine knappe Ressource führt, auf ein Minimum begrenzen. Eine freie, auf Eigentumsrechten beruhende Marktwirtschaft erhöht den Lebensstandard aller Personen und erweitert ihre Wahlfreiheit immer mehr. Dadurch bringt sie Freiheit und Überfluß in Harmonie und macht solche Ausnahmesituationen so selten, wie es Menschen nur möglich ist. Allerdings müssen wir erkennen, daß utilitaristische Argumente dieser Art die Fragen nach Recht und Gerechtigkeit nicht ganz beantworten.

200 Ein boshafter Protest gegen den Gebrauch völlig abnormaler Beispiele in der Moralphilosophie findet sich bei G.E.M. Anscombe, "Does Oxford Moral Philosophy Corrupt the Youth?", *The Listener*, 14. Februar 1957, S. 267.

könnte aber unser Rettungsboot-Skeptiker daherkommen und uns folgendes entgegenschleudern: "Aha, doch angenommen, daß zwei Deiner Kinder ertrinken und Du nur eines retten kannst. Für welches Kind würdest Du Dich entscheiden? Verneint nicht die Tatsache, daß Du ein Kind ertrinken lassen *müßtest*, gerade den Grundsatz, daß Du Dein ertrinkendes Kind retten *solltest*?" Ich bezweifle, daß viele Ethiker den Grundsatz, das eigene Kind zu retten, verwerfen bzw. dieses Verhalten nicht mehr als wünschenswert ansehen würden, weil dieser Grundsatz in einer solchen "Rettungsbootsituation" nicht zur Gänze angewendet werden könnte. Warum aber sollte der Rettungsbootfall im Bereich von Rechten anders liegen?

In der Tat haben wir in einer Rettungsbootsituation scheinbar einen Krieg aller gegen alle, und es scheint zunächst, als ob keine Möglichkeit bestünde, unsere Theorie des Selbstbesitzes bzw. der Eigentumsrechte anzuwenden. Doch in dem genannten Beispiel liegt der Grund darin, daß das Eigentumsrecht bislang schlecht definiert wurde. Denn die entscheidende Frage lautet: *Wem gehört* das Rettungsboot? Wenn der Schiffseigentümer bzw. sein Vertreter (zum Beispiel der Kapitän) bei dem Schiffbruch gestorben ist *und* wenn er nicht vor dem Schiffbruch bekannte Regeln für die Zuteilung von Sitzen in einer solchen Krise erlassen hat[201], so kann das Rettungsboot – zumindest für die Zeit des Notfalls – als verlassen und daher *herrenlos* angesehen werden. Nun kommen unsere Regeln für herrenloses Eigentum ins Spiel, daß nämlich herrenlose Ressourcen das Eigentum derjenigen werden, die sie zuerst besitzen. Kurzum sind die ersten acht Leute, die das Boot erreichen, nach unserer Theorie die ordnungsgemäßen "Eigentümer" and Benutzer des Boots. Jeder, der sie aus dem Boot herauswirft, begeht eine aggressive Tat, indem er das Eigentum des "Erstbesitzers", den er aus dem Boot wirft, verletzt. Nach seiner Landung wird der Agressor dafür strafbar, daß er ein privates Eigentumsrecht verletzte (und vielleicht auch für den Mord an der Person, die er aus dem Boot warf).

Führt der Grundsatz des Erstbesitzes nicht zu einem wilden Kampf um die Rettungsbootplätze? Kampf vielleicht, doch es muß betont werden, daß der Kampf natürlich nicht gewaltsam sein darf. Denn wenn jemand durch physische Einwirkung von der Inbesitznahme abgehalten wird, so liegt ein verbrecherischer Angriff gegen ihn vor, und mit Rechtsverletzungen darf kein Erstbesitzrecht begründet werden (genau wie kein angehender Erstbesitzer Gewalt gebrauchen darf, um jemand anderen davon abzuhalten, ein Stück Land zuerst zu bekommen).

Wer glaubt, daß ein solcher Grundsatz des Erstbesitzes übertrieben hart ist, dem können wir erwidern, daß wir (a) *jetzt bereits* in einer unerträglich harten und glücklicherweise seltenen Situation sind, für die es keine menschliche oder angenehme Lösung gibt; und daß (b) *jeder andere* Zuteilungsgrundsatz wirklich unerträglich wäre. Der altehrwürdige Grundsatz "Frauen und Kinder zuerst" ist moralisch sicherlich unerträglich. Nach welchem Grundsatz der Gerechtigkeit haben Männer weni-

201 Wenn er solche Regeln im vorhinein erlassen hat, dann müssen diese Regeln, die über den Gebrauch seines Eigentums – des Rettungsboots – entscheiden, Anwendung finden. Ich verdanke dieses Argument Williamson M. Evers.

ger Rechte auf Leben oder Selbstbesitz als Frauen oder Kinder? Gleiches gilt für die Auffassung, daß Menschen "höheren" Verstandes auf Kosten von Menschen "niedrigeren" Verstandes gerettet werden sollten. Ganz abgesehen von der unbeantworteten Frage, *wer* darüber entscheidet, wer höher oder niedriger ist, und nach welchem Kriterium diese Entscheidung erfolgen soll, haben die "Höheren" dieser Auffassung nach ein Recht, auf Kosten der "Niedrigeren" zu leben, und das verletzt jeden Begriff von gleichen Rechten und macht jede Ethik für die Menschheit unmöglich.[202]

Es ist weitaus klarer, was im Rettungsboot-Fall geschieht, wenn der Eigentümer oder sein Vertreter den Schiffbruch überlebt oder er im voraus Zuteilungsregeln festgelegt hat. Denn in diesem Fall besagt unsere Theorie, daß das *Recht*, Plätze auf dem Rettungsboot zuzuteilen, dem Eigentümer des Bootes gehört. Er kann diese Zuteilung nach verschiedenen Kriterien vornehmen: nach "wer zuerst kommt, mahlt zuerst", "Frauen und Kinder zuerst" oder nach welchem Kriterium auch immer. Wenn wir auch die Sittlichkeit seiner Kriterien bestreiten, müssen wir ihm doch das *Recht* zugestehen, die Zuteilung nach seinem Willen zu gestalten. Um es nochmals zu sagen: Der gewaltsame Eingriff in die Zuteilung, die ein solcher Eigentümer vornimmt, zum Beispiel indem man Leuten die Plätze nimmt, die ihnen zugeteilt wurden, ist zumindest eine Verletzung von Eigentumsrechten, für die der Angreifer an Ort und Stelle zurückgeschlagen werden darf und für die er später strafbar wäre. Unsere Theorie des absoluten Eigentumsrechts ist daher die befriedigendste – oder zumindest doch die am wenigsten unbefriedigende –Lösung des tragischen Rettungsbootfalls.

Der "Rettungsbootfall" liegt noch reiner vor – und hier kommt auch ein vorheriges Eigentum am Rettungsboot nicht in Frage – wenn (um ein Beispiel von Professor Eric Mack zu verwenden) zwei schiffbrüchige um eine Planke kämpfen, die nur einen von beiden tragen kann. Finden unsere Begriffe Aggression und Eigentums-

202 Im Jahre 1884 verwarf ein britisches Gericht den Einwand der "Notwendigkeit", mit dem die Verteidigung versuchte, Mord und Kannibalismus an einem schiffbrüchigen Jungen durch mehrere seiner erwachsenen Leidensgenossen zu rechtfertigen. Richter Lord Coleridge fragte: "Wer soll über diese Art Notwendigkeit urteilen? An welchem Maßstab ist der relative Wert eines Lebens zu bemessen? Ist es Stärke oder Verstand oder was? Es ist offensichtlich, daß nach diesem Grundsatz derjenige, der von ihm profitiert, über jene Notwendigkeit bestimmen kann, die ihn rechtfertigt, wenn er willkürlich einem anderen das Leben nimmt, um seines zu retten." *The Queen v. Dudley & Stephens*, 14 O.B.D. 273 (1884), zit. n. John A. Robertson, "Involuntary Euthanasia of Defective Newborns: A Legal Analysis", *Stanford Law Review*, Januar 1975, S. 241. Hingegen war ein Gericht aus Pennsylvanien in dem früheren Fall *United States v. Holmes* aus dem Jahre 1842 der Ansicht, daß der Menschenmord in einem Rettungsboot zu rechtfertigen ist, wenn die Opfer "nach einem fairen Verfahren, etwa nach dem Los" bestimmt würden. Warum blindes Glück ausgesprochen fair ist, wurde nicht in agemessener Weise erklärt. 26 F. Cas. 360 (Nr. 15, 383) (C.C.E.D. Pa. 1842). Vgl. ebd., S. 240f, 243 Fußnote. Eine interessante, wenn auch ergebnislose Erörterung, die eindeutig auf diesen beiden Fällen fußt, findet sich bei Lon L. Fuller, "The Case of the Speluncean Explorers", *Harvard Law Review*, Februar 1949, S. 616-645.

recht auch hier Anwendung? Ja, denn hier kommt wieder unser Erstbesitzgrundsatz des Eigentumsrechts ins Spiel: Die erste Person, die die Planke erreicht, "besitzt" sie zu diesem Zweck, und die zweite Person, die die erste abwirft, verletzt zumindest das Eigentum der ersten und ist vielleicht auch strafbar für Mord. Wiederum darf keine der Personen Gewalt gebrauchen, um die andere daran zu hindern, die Planke zu erreichen, denn das wäre eine physische Verletzung ihrer Person.[203]

Gegen unsere Theorie könnte folgendes eingewendet werden: daß eine Theorie der Eigentumsrechte oder auch des Selbstbesitzes von den Bedingungen abgeleitet werden kann, unter denen der Mensch in dieser Welt überlebt und blüht; und daß daher die Erwartung lächerlich ist, daß ein Mensch, der in dieser extremen Situation vor der Wahl steht, *entweder* sich selbst zu retten *oder* die Eigentumsrechte des Rettungsbootbesitzers (bzw. der "Erstbesitzer" des Bootes) zu verletzen, sein Leben wegen des abstrakten Grundsatzes der Eigentumsrechte hingibt. Wegen solcher Überlegungen schwächen viele Liberale die Eigentumsrechte, an die sie sonst glauben, zugunsten der "am Zusammenhang orientierten" Behauptung, daß es bei einer Wahl zwischen dem eigenen Leben und der Verletzung des Eigentums bzw. sogar des Lebens eines anderen moralisch ist, die Verletzung zu begehen, und daß diese Eigentumsrechte mithin in einer solchen Situation aufhören zu existieren.

Der Irrtum der "zusammenhangorientierten" Liberalen besteht hier darin, die Frage, welche Handlungen für jemanden in einer solchen tragischen Lage *moralisch* sind, mit der davon vollkommen getrennten Frage zu vermischen, ob es sich um eine Verletzung der Eigentumsrechte anderer Leute handelt, wenn sich dieser Jemand des Rettungsbootes bzw. der Planke gewaltsam bemächtigt. Denn bei der Formulierung einer Theorie der Freiheit und des Eigentums, d.h. einer "politischen" Ethik, befassen wir uns nicht mit allen *persönlichen* Grundsätzen. Wir befassen uns nicht mit der Frage, ob es moralisch oder unmoralisch ist, wenn jemand lügt, ein guter Mensch ist, seine Fähigkeiten entwickelt oder wenn er zu seinen Nachbarn freundlich oder gemein ist. In der vorliegenden Art von Erörterungen befassen wir uns ausschließlich mit Fragen der "politischen Ethik", wie etwa mit der angemessenen Rolle der Gewalt, mit dem Geltungsbereich der Rechte oder mit der Definition von Kriminalität und Übergriffen. Ob es moralisch oder unmoralisch ist, wenn "Schmidt" – die Person, der der Eigentümer den Zugang zur Planke oder zum Rettungsboot verweigert – jemand anderen aus dem Rettungsboot vertreibt, oder ob Schmidt den Heldentod sterben *sollte*, ist nicht unser Anliegen und nicht das eigentliche Anliegen einer Theorie der politischen Ethik.[204] Der entscheidende Punkt ist,

---

203 Eine Kritik an der Art "Zusammenhangorientierung", wie sie Mack in diesem Beispiel gebraucht, erfolgt gleich im Anschluß weiter unten. Vgl. Eric Mack, "Individualism, Rights, and the Open Society", in T. Machan, Hg., *The Libertarian Alternative*, Chicago, Nelson-Hall Co., 1974, S. 29-31.

204 Zudem geht aus Eric Macks Beispiel kein notwendiger Konflikt zwischen Eigentumsrechten und moralischen Grundsätzen hervor. Der Konflikt in seinem Beispiel besteht zwischen Eigentumsrechten und den Geboten der Klugheit bzw. des Eigeninteresses. Doch dieser Konflikt herrscht nur dann in der Sittlichkeit vor, wenn man sich auf den Standpunkt des moralischen

daß – *selbst wenn* der zusammenhangorientierte Liberale sagen kann, daß Schmidt angesichts der tragischen Umstände jemand anderen aus dem Rettungsboot hinauswerfen sollte, um sein eigenes Leben zu retten – Schmidt *dennoch* zumindest eine Verletzung von Eigentumsrechten begeht und wahrscheinlich auch die hinausgeworfene Person ermordet. Selbst wenn man daher sagt, er solle sein Leben retten, indem er sich gewaltsam einen Sitz in dem Rettungsboot ergattert, wäre er nach unserer Auffassung dennoch strafbar für die verbrecherische Verletzung von Eigentumsrechten und vielleicht auch für Mord. Nach Schmidts Verurteilung hätte der Eigentümer des Rettungsbootes oder der Erbe der hinausgeworfenen Person das *Recht*, Schmidt wegen der außerordentlichen Umstände zu vergeben. Aber sie hätten auch das Recht, ihm *nicht* zu vergeben und sich mit der ganzen Gewalt ihres gesetzlichen Rechtes an seine Bestrafung zu machen. Um es nochmals zu sagen: In dieser Theorie befassen wir uns damit, wie in einem Fall die Rechte liegen, *nicht* damit, ob sich eine Person freiwillig dazu entschließt, ihre Rechte auszuüben. Nach unserer Auffassung würde der Eigentümer bzw. der Erbe des Getöteten das Recht haben, den Angreifer zu verfolgen und ihn der angemessenen Strafe zu unterziehen. Der Irrtum der Zusammenhangfans besteht darin, daß sie die Betrachtung individueller, persönlicher Sittlichkeit (was sollte Schmidt tun?) mit der Frage, wie die Rechte in dem Fall liegen, vermengen. Das Eigentumsrecht bleibt daher weiterhin absolut, selbst im Falle tragischer Rettungsbootsituationen.

Wenn Meier, der Eigentümer des Rettungsbootes, von Schmidt angegriffen wird und das Recht hat, Schmidt später gerichtlich zu belangen, so hat er zudem auch das Recht, Schmidts Angriff an Ort und Stelle gewaltsam abzuwenden. Wenn Schmidt versuchen sollte, durch Gewalt einen Platz auf dem Rettungsboot zu belegen, so hat Meier bzw. der von ihm beauftragte Sicherheitsdienst sicherlich das Recht, physische Gewalt zu gebrauchen, um Schmidts Angriff abzuwehren.[205]

Fassen wir die Anwendung unserer Theorie auf Ausnahmesituationen zusammen: Wenn ein Mensch die Person oder das Eigentum eines anderen angreift, um sein eigenes Leben zu retten, so kann er dabei moralisch handeln oder auch nicht. Das ist keine Frage, mit der wir uns im vorliegenden Werk befassen. Unabhängig davon, ob seine Handlung moralisch oder unmoralisch ist, *ist und bleibt* er – nach jedem Krite-

---

Egoismus stellt. Das ist in der Tat, was Professor Mack tut, doch handelt es sich hierbei nur um eine mögliche Moraltheorie.

205 Professor Herbert Morris hat eine ähnliche Auffassung von Rechten. Indem er vom Begriff der Rechte im allgemeinen statt bloß in Ausnahmesituationen spricht, verteidigt Morris die Idee, das Rechte absolut sein müssen und nicht bloß eine scheinbar glaubhafte Annahme. In jenen Fällen, in denen es vielleicht von einem persönlichen Standpunkt aus als moralisch angesehen werden könnte, die Rechte eines anderen zu verletzen, muß betont werden, daß diese Rechte nichtsdestotrotz *verletzt* werden und daß diese Beeinträchtigung daher der Strafe unterliegt. Siehe Herbert Morris, “Persons and Punishment”, *The Monist*, Oktober 1968, S. 475-501, besonders S. 479ff.

rium – ein krimineller Angreifer des Eigentums eines anderen, und das Opfer hat das Recht, diesen Angriff gewaltsam zurückzuschlagen und den Angreifer hinterher für sein Verbrechen gerichtlich zu belangen.

21 Die "Rechte" von Tieren

In letzter Zeit ist es immer mehr zu einer Mode geworden, den Begriff der Rechte von Menschen auf Tiere auszuweiten und zu behaupten, daß, weil Tiere genau die gleichen Rechte wie Menschen hätten, es daher unzulässig sei – d.h. daß kein Mensch das Recht habe – Tiere zu töten oder zu essen.

Diese Auffassung birgt natürlich viele Schwierigkeiten. Zum Beispiel muß man irgendein Kriterium entwickeln, um zu bestimmen, *welche* Tiere oder Lebewesen Rechte haben und welche man außen vor läßt. (Es gibt zum Beispiel nicht viele Theoretiker, die mit Albert Schweitzer so weit gehen würden, zu bestreiten, daß irgend jemand das Recht hat, auf eine Kakerlake zu treten. Und wenn die Theorie noch von den bewußten auf *alle* Lebewesen – wie Bakterien oder Pflanzen – verallgemeinert wird, würde die Menschheit recht schnell aussterben.)

Doch der Fehler in der Theorie der Tierrechte ist noch grundlegender und weitreichender.[206] Denn die Aufstellung von Menschenrechten ist eigentlich nicht bloß eine Sache von Gefühlen. Individuen besitzen *nicht deshalb* Rechte, weil wir "fühlen", daß sie Rechte haben sollten, sondern infolge einer rationalen Untersuchung der Natur des Menschen und des Universums. Kurz gesagt hat der Mensch Rechte, weil es sich um *natürliche* Rechte handelt. Sie wurzeln in der Natur des Menschen: in der Fähigkeit des individuellen Menschen, bewußte Entscheidungen zu treffen; in der Notwendigkeit, daß er seinen Verstand und seine Energie gebraucht, um sich Ziele und Werte zueigen zu machen, um die Welt zu erforschen und um seine Ziele zu verfolgen, auf daß er überlebt und vorwärtskommt; in seiner Fähigkeit und seinem Bedürfnis, mit anderen Menschen zu kommunizieren und zu verkehren; in seiner Fähigkeit und seinem Bedürfnis, an der Arbeitsteilung teilzunehmen. Kurzum, der Mensch ist ein rationales und geselliges Wesen. Kein anderes Tier oder Wesen besitzt diese Vernunftbegabung und diese Fähigkeit, bewußte Entscheidungen zu treffen, seine Umwelt für das eigene Fortkommen günstig zu gestalten und in der Gesellschaft und in der Arbeitsteilung bewußt mitzuarbeiten.

Während daher die Naturrechte – wie wir ständig betonten – absolut sind, gibt es *einen* Sinn, in dem sie bedingt sind: Sie sind bedingt *durch die Spezies Mensch.* Eine Rechte-Ethik für den Menschen ist genau das: Sie gilt für alle Menschen unabhängig von Rasse, Glauben, Hautfarbe und Geschlecht, aber nur für die Spezies Mensch allein. Die Bibel spricht sehr treffend davon, daß dem Menschen die Herrschaft über

206 Ein Angriff auf die vermeintlichen Rechte von Tieren findet sich bei Peter Geach, *Providence and Evil*, Cambridge, Cambridge University Press, 1977, S. 79-80; sowie Geach, *The Virtues*, S. 19.

alle Lebewesen "gegeben" wurde (naturrechtlich gesagt "hat" der Mensch diese Herrschaft). Das Naturrecht ist notwendigerweise an die Spezies gebunden.

Daß der Begriff einer Spezies-Ethik ein Teil der Natur der Welt ist, läßt sich zudem auch durch die Betrachtung anderer Spezies in der Natur ersehen. Es ist mehr als nur Spott, wenn man betont, daß *Tiere* die "Rechte" anderer Tiere schließlich auch nicht beachten; es ist die Bedingung, unter der die Welt und alle natürlichen Spezies stehen, daß sie leben, indem sie andere Spezies essen. Zwischen den Spezies wird das Überleben durch Klauen und Zähne bestimmt. Es wäre sicherlich lächerlich zu sagen, daß der Wolf "böse" ist, da er dadurch existiert, daß er Lämmer, Hühner usw. verschlingt und "ihre Rechte verletzt". Er folgt ganz einfach dem Naturgesetz seines eigenen Überlebens. Ähnlich steht es beim Menschen. Es ist genauso lächerlich zu sagen, daß Menschen "die Rechte" von Kühen und Wölfen verletzten, wie wenn man sagt, ein Wolf verletze "die Rechte" von Schafen. Desweiteren, wenn ein Wolf einen Menschen verletzt und der Mensch ihn tötet, wäre es sinnlos zu sagen, daß der Wolf ein "böser Aggressor" sei oder daß der Wolf "für sein Verbrechen bestraft" wurde. Doch genau dies wäre die Folge, wollte man eine Naturrechtsethik auf Tiere ausweiten. Jeder Begriff von Rechten, von Verbrechen und von Rechtsverletzung kann sich *nur* auf Handlungen beziehen, die ein Mensch oder eine Gruppe von Menschen gegenüber anderen Menschen vornimmt.

Wie verhält es sich mit dem "Marsmenschenproblem"? Wenn wir jemals Wesen von anderen Sternen entdecken und mit ihnen in Kontakt geraten, könnte man dann von *ihnen* sagen, daß sie die Rechte der Menschen haben? Es hinge von ihrer Natur ab. Wenn unsere angenommenen "Marsmenschen" wie Menschen wären – bewußt, rational, fähig, mit uns zu kommunizieren und an der Arbeitsteilung teilzunehmen – dann würden vermutlich auch sie die Rechte besitzen, die im Moment auf die "erdgebundenen" Menschen beschränkt sind.[207] Doch angenommen, die Marsmenschen hätten vielmehr die Eigenheiten – die Natur – der legendären Vampire und könnten sich nur von menschlichem Blut ernähren. In diesem Fall wären die Marsmenschen ungeachtet ihrer Intelligenz unsere Todfeinde, und wir könnten ihnen nicht die Rechte der Menschheit zusprechen. Betonen wir wiederum, daß sie nicht deshalb unsere Todfeinde wären, weil sie boshafte Rechtsverletzer wären, sondern wegen der Bedürfnisse und Erfordernisse ihrer Natur, die zwangsläufig im Widerspruch zur unsrigen steht.

In der Tat trifft das Bonmot "wir werden die Rechte der Tiere sofort anerkennen, wenn sie um sie ersuchen" halbwegs zu. Die Tatsache, daß Tiere offensichtlich *nicht* um ihre "Rechte" ersuchen können, ist ein Teil ihrer Natur und ein Teil des Grundes,

207 Vgl. die kurze Erörterung von Menschen und vergleichbaren Geschöpfen in John Locke, *An Essay Concerning Human Understanding*, New York, Collier-Macmillan, 1965, S. 291.

aus dem sie Menschen eindeutig nicht gleichkommen and auch nicht deren Rechte besitzen.[208] Und wenn man einwendet, daß auch Säuglinge nicht um Rechte ersuchen können, so lautet die selbstverständliche Antwort, daß Säuglinge dereinst erwachsene Menschen sein werden, was bei Tieren offensichtlich nicht der Fall ist.[209,210]

---

208 Zur engen Verbindung zwischen Sprachgebrauch und Spezies Mensch siehe Ludwig Wittgenstein, *Philosophical Investigations*, New York, Macmillan, 1958, II xi, S. 223.

209 Es ist daher ein grundlegender Fehler der Fürsprecher von "Tierrechten", daß sie die besondere *Natur* der Spezies Mensch und mithin die Unterschiede zwischen Menschen und anderen Spezies nicht erkennen – oder auch nur zu erkennen *versuchen*. Indem sie es unterlassen, in solchen Begriffen zu denken, fallen sie zurück auf den Treibsand subjektiver Gefühle. Siehe Tibor R. Machan, *Human Rights and Human Liberties*, Chicago, Nelson-Hall, 1975, S. 202f, 241, 245ff, 256, 292.

210 Für eine Kritik an jenen Tierrechtlern, die Säuglinge und Tieren durcheinanderbringen, siehe R.G. Frey, *Interests and Rights*, Oxford, Clarendon Press, 1980, S. 22ff. Freys Buch ist eine willkommene neuere Kritik an der Tierrechtswelle in der Philosophie.

III. TEIL
STAAT VERSUS FREIHEIT

22 Das Wesen des Staates

Bislang haben wir in diesem Buch eine Theorie der Freiheit und der Eigentumsrechte entwickelt und in groben Zügen das gesetzliche Regelwerk dargestellt, das man bräuchte, um diese Rechte zu verteidigen. Wie steht es mit Regierungen bzw. mit dem Staat? Worin besteht *seine* eigentliche Rolle, wenn er eine hat? Die meisten Leute einschließlich der meisten Politologen glauben, daß, sobald man die Bedeutung oder sogar die große Notwendigkeit einer *einzelnen* Staatsbetätigung – wie etwa die Bereitstellung eines Gesetzeswerkes – zugesteht, man *ipso facto* die Notwendigkeit des Staates selbst zugestanden hat. Der Staat nimmt in der Tat viele wichtige und notwendige Aufgaben wahr: angefangen bei der Bereitstellung von Gesetzen über das Angebot von Polizei und Feuerwehr bis zu Straßenbau und Post. Doch das zeigt in keiner Weise, daß *nur* der Staat solche Aufgaben erfüllen kann. In der Tat zeigt es noch nicht einmal, daß der Staat sie leidlich erfüllt.

Angenommen, in einem bestimmten Stadtviertel gäbe es viele konkurrierende Melonenläden. Einer der Melonenhändler – Schmidt – gebraucht nun Gewalt, um alle seine Wettbewerber aus dem Viertel zu verdrängen. Er hat mithin Gewalt gebraucht, um in einem bestimmten Gebiet ein Zwangsmonopol auf den Verkauf von Melonen zu errichten. Heißt das, daß Schmidts Gewaltgebrauch zur Errichtung und Erhaltung seines Monopols ein *Wesenszug* der Melonenversorgung in dem Stadtviertel ist? Sicherlich nicht. Denn zum einen würde es sowohl existierende, als auch potentielle Rivalen geben, falls Schmidt jemals in seiner Androhung und Ausübung von Gewalt nachlassen sollte; zum anderen zeigt die Wirtschaftswissenschaft, daß Schmidt als Zwangsmonopolist dazu neigen wird, seinen Dienst schlecht und ineffizient zu verrichten. Da ihn der Gewaltgebrauch vor dem Wettbewerb schützt, kann Schmidt es sich erlauben, seine Dienste auf kostspielige und ineffiziente Weise zu verrichten, denn den Verbrauchern wird jede mögliche Wahlfreiheit genommen.[211] Sollte zudem eine Gruppe an die Öffentlichkeit treten und die Abschaffung von Schmidts Zwangsmonopol fordern, so hätten nur sehr wenige ihrer Gegner die Kühnheit, diese "Abolitionisten" zu beschuldigen, daß sie den Verbrauchern ihre heißbegehrten Melonen streitig machen wollten.

Und doch ist der Staat nichts anderes als unser hypothetischer Schmidt in einem riesigen und allumfassenden Maßstab. In der ganzen Geschichte haben Gruppen von

211 Siehe Rothbard, *Power and Market*, S. 172-181; Rothbard, *For a New Liberty*, S. 194-201.

Menschen, die sich "Regierung" oder "Staat" nannten, gewöhnlich mit Erfolg versucht, ein Zwangsmonopol auf die Schaltzentralen von Wirtschaft und Gesellschaft zu erringen. Insbesondere hat sich der Staat ein Zwangsmonopol auf Polizei- und Militärdienste, auf die Bereitstellung von Gesetzen, auf richterliche Entscheidungen, auf das Münzwesen und die Befugnis zur Geldschaffung, auf ungebrauchtes Land ("öffentliches Eigentum"), auf Straßen und Autobahnen, Flüsse und Küstengewässer und auf die Produktionsmittel der Post angemaßt. Die Herrschaft über Land und Transporte ist seit langem ein hervorragendes Verfahren, um die allumfassende Herrschaft über eine Gesellschaft sicherzustellen. In vielen Ländern waren Schnellstraßen zunächst ein Mittel, um der Regierung die rasche Bewegung ihrer Truppen durch das von ihr beherrschte Land zu ermöglichen. Die Herrschaft über das Geldangebot ist ein Verfahren, um dem Staat ein leichtes und schnell verfügbares Einkommen zu sichern, und der Staat stellt sicher, daß sein selbstangemaßtes Monopol auf die Befugnis, neues Geld zu fälschen (d.h. zu schaffen), von keinem privaten Wettbewerber verletzt wird. Das Postmonopol ist für den Staat seit langem eine bequeme Methode, um ein Auge auf möglicherweise widerspenstige und umstürzlerische Gegner seiner Herrschaft zu halten. In den meisten Epochen der Vergangenheit hatte der Staat auch die Religion fest im Griff. Dabei festigte er gewöhnlich ein komfortables, auf beiderseitigen Nutzen angelegtes Bündnis mit einer voherrschenden Kirche: Der Staat gab den Priestern Macht und Reichtum, und die Kirche ihrerseits lehrte der unterworfenen Bevölkerung ihre göttlich verordnete Pflicht, Caesar zu gehorchen. Nun jedoch, da die Religion viel von ihrer gesellschaftlichen Überzeugungskraft verloren hat, ist der Staat häufig willens, von der Religion abzulassen und sich auf ähnliche, wenn auch losere Bündnisse mit eher weltlichen Intellektuellen zu konzentrieren. In jedem Fall stützt sich der Staat auf die Herrschaft über die Druckmittel der Propaganda, um seine Untertanen davon zu überzeugen, daß sie ihren Herrschern gehorchen oder diese sogar lobpreisen sollen.

Doch das entscheidende Monopol ist die Herrschaft des Staates über den Gewaltgebrauch: über Polizei und Armee und über die Gerichte, den Locus letzter Entscheidungsgewalt in Streitigkeiten über Verbrechen und Verträge. Die Herrschaft über Polizei und Armee ist besonders wichtig zur Durchsetzung und Sicherstellung aller anderen Befugnisse des Staates, einschließlich der allerwichtigsten Befugnis: sein Einkommen per Zwang zu beziehen.

Denn es gibt eine entscheidende Befugnis, die dem Wesen des Staatsapparates innewohnt. *Alle anderen* Personen und Gruppen in der Gesellschaft (abgesehen von gewöhnlichen und vereinzelt auftretenden Verbrechern wie Dieben und Bankräubern) erhalten ihr Einkommen auf freiwilliger Basis: *entweder* durch den Verkauf von Gütern und Diensten an die konsumierende Öffentlichkeit *oder* durch freiwillige Geschenke (z.B. Mitgliedschaft in einem Verein oder Verband, Vermächtnis oder Erbschaft). *Nur* der Staat erhält sein Einkommen per Zwang, indem er nämlich schwere Strafen für den Fall androht, daß das Einkommen nicht ausgezahlt wird. Dieser Zwang ist als "Besteuerung" bekannt (in weniger geregelten Zeiten hieß er "Tribut"). Besteuerung ist Diebstahl, schlicht und einfach, wenn sie auch Diebstahl in einem dermaßen großen Maßstab ist, daß kein gewöhnlicher Verbrecher ihn erreichen könnte. Sie ist die Zwangspfändung des Eigentums der Staatseinwohner bzw. seiner Untertanen.

Es wäre eine belehrende Übung für den skeptischen Leser, zu versuchen, eine Definition der Besteuerung aufzustellen, die nicht *auch* Diebstahl einschließen würde. Wie ein Räuber fordert der Staat Geld praktisch mit vorgehaltener Pistole: Wenn der Steuerzahler die Zahlung verweigert, wird sein Vermögen gewaltsam beschlagnahmt, und wenn er sich dieser Plünderung widersetzt, wird er eingesperrt oder – bei anhaltendem Widerstand – erschossen. Es stimmt, daß Staatsapologeten behaupten, die Besteuerung sei "in Wirklichkeit" freiwillig. Eine einfache und doch lehrreiche Widerlegung dieser Behauptung besteht darin, sich zu überlegen, was geschehen würde, wenn die Regierung die Besteuerung abschaffen und sich auf die bloße Bitte um freiwillige Beiträge beschränken würde. Glaubt irgend jemand *wirklich* daran, daß dem Staat irgendein Einkommen zufließen würde, das seinem jetzigen, riesigen Einkommen vergleichbar wäre? Wahrscheinlich würden sich selbst diejenigen Theoretiker, die behaupten, daß Strafen niemals abschrecken, gegen eine solche Behauptung sträuben. Der große Ökonom Joseph Schumpeter hatte recht, als er bissig schrieb, daß "jene Theorie, welche Steuern in Analogie zu Vereinsbeiträgen oder etwa zum Kauf der Dienste eines Arztes konstruiert, lediglich zeigt, wie weit sich dieser Teil der Gesellschaftswissenschaften von wissenschaftlichen Denkweisen entfernt hat."[212]

Vor kurzem haben Ökonomen behauptet, daß Besteuerung "in Wirklichkeit" auf freiwilliger Basis erfolge, da sie eine Methode ist, mit der jeder sicherstellen kann, daß alle anderen für ein von allen als wünschenswert erachtetes Projekt zahlen. Es wird zum Beispiel angenommen, daß jeder in einem Gebiet wünscht, daß die Regierung einen Staudamm errichtet. Doch wenn A und B freiwillig zu dem Vorhaben beitragen, können sie nicht sicher sein, daß sich C und D nicht vor ihrer ähnlichen Verantwortung "drücken". Daher *einigen* sich alle Individuen A, B, C, D usw., von denen jeder zum Bau des Staudammes beitragen möchte, sich gegenseitig durch Besteuerung zu zwingen. Folglich ist die Besteuerung nicht *wirklich* ein Zwang. Diese Lehre ist allerdings voller Fehler. Der erste ist der innere Widerspruch zwischen Freiwilligkeit und Zwang. Ein von allen gegen alle ausgeübter Zwang macht nichts von diesem Zwang "freiwillig". Zweitens, selbst wenn wir für einen Moment annehmen, daß jedes Individuum zum Bau des Staudamms beitragen möchte, so gibt es doch keine Möglichkeit, um sicherzustellen, daß die jeder Person auferlegte Steuer nicht größer ist, als sie freiwillig zahlen würde, selbst wenn jeder andere seinen Beitrag leistete. Die Regierung könnte Meier DM 1000 auferlegen, obwohl er nicht mehr als DM 500 zahlen wollte. Der Punkt ist, daß, *gerade weil* Besteuerung einen Zwangscharakter trägt, man nicht sicherstellen kann, daß – wie es auf dem freien Markt automatisch geschieht – der Beitrag irgendeiner Person dem entspricht, was sie "wirklich" zu zahlen bereit ist. In der freien Gesellschaft *beweist* ein Konsument,

212 Joseph A. Schumpeter, *Capitalism, Socialism, and Democracy*, New York, Harper & Bros., 1942, S. 198.

der freiwillig einen Fernseher für DM 200 kauft, durch diese seine frei gewählte Tat, daß ihm der Fernseher mehr wert ist als die DM 200, die er dafür hingibt. Ein Vereinsmitglied in der freien Gesellschaft beweist durch die Bezahlung des Jahresbeitrages von DM 200, daß ihm der Nutzen der Vereinsmitgliedschaft mindestens DM 200 wert ist. Aber im Fall der Besteuerung beweist das Einlenken eines Menschen in die Zwangsandrohung keine wie auch immer geartete freiwillige Vorliebe für irgendeinen vermeintlichen Nutzen, den er erhält. Drittens beweist das Argument viel zuviel. Denn das Angebot *jedes* Dienstes , nicht nur von Staudämmen, kann unter Zuhilfenahme der Steuerfinanzierung erweitert werden. Angenommen etwa, die katholische Kirche würde in einem Land mit Hilfe von Steuergeldern gegründet. Unzweifelhaft wäre die katholische Kirche dann größer, als wenn sie sich auf freiwillige Beiträge stützen würde. Doch kann man daraus folgern, daß diese Gründung "in Wirklichkeit" freiwillig ist, da jeder jeden zu Zahlungen an die Kirche zwingen will, um sicherzustellen, daß sich niemand vor dieser "Pflicht" drückt? Viertens ist das Argument ein bloßer Mythos. Wie kann irgendjemand aufgrund dieses sophistischen Arguments *wissen*, daß "in Wirklichkeit" jeder seine Steuern freiwillig zahlt? Was ist mit jenen Leuten, die – wie zum Beispiel Umweltschützer – gegen Staudämme *an sich* sind? Sind ihre Zahlungen "wirklich" freiwillig? Wäre die erzwungene Steuerzahlung von Protestanten oder Atheisten an eine katholische Kirche *auch* "freiwillig"? Und wie steht es mit der wachsenden Zahl von Liberalen in unserer Gesellschaft, die aus Prinzip gegen jede Betätigung der Regierung sind? Wie kann dieses Argument begründen, daß ihre Steuerzahlungen "in Wirklichkeit freiwillig" sind? In der Tat genügt die *bloße* Existenz eines *einzigen* Liberalen oder Anarchisten, um das Argument "Steuern sind in Wirklichkeit freiwillig" zu zerstören.

Es wird auch behauptet, daß – bei demokratischen Regierungen – der *Wahl*akt der Regierung und allen ihren Werken und Befugnissen einen wahrhaft "freiwilligen" Charakter verleiht. Auch in diesem populären Argument gibt es viele Fehler. Zunächst einmal: Selbst wenn sich die Mehrheit der Öffentlichkeit jede einzelne Tat der Regierung ausdrücklich zueigen machte, so wäre dies doch bloß eine Tyrannei der Mehrheit und keine freiwillige Handlung, der jede Person im Land nachkommt. Mord ist Mord, Diebstahl ist Diebstahl, ob er nun von einem Menschen an einem anderen verübt wird oder von einer Gruppe, und sei es die Mehrheit der Leute in einem bestimmten Gebiet. Die Tatsache, daß die Mehrheit einen Diebstahl unterstützen oder verzeihen mag, verringert nicht das verbrecherische Wesen bzw. die große Ungerechtigkeit dieser Handlung. Sonst müßten wir zum Beispiel sagen, daß Juden, die von der demokratisch gewählten Nazi-Regierung ermordet wurden, *nicht* ermordet wurden, sondern nur "freiwillig Selbstmord begingen" – eine sicherlich lächerliche, aber logische Folge der Lehre von der "Demokratie als Zeichen für Freiwilligkeit". Zweitens stimmen die Leute in einer Republik – anders als in der direkten Demokratie – nicht über Einzelmaßnahmen ab, sondern über "Vertreter" in einer Paketlösung. Für eine festgelegte Zeit können die Vertreter dann tun und lassen, was sie wollen. Natürlich sind sie in keinem rechtlichen Sinne wirkliche "Vertreter". Denn in einer freien Gesellschaft stellt der Vertretene seinen Angestellten bzw.

Vertreter individuell ein und kann ihn jederzeit *entlassen*. Wie der große anarchistische Politologe und Verfassungsrechtler Lysander Spooner schrieb:

> Sie (die gewählten Amtsinhaber des Staates) sind weder unsere Diener noch unsere Angestellten, Bevollmächtigten oder Vertreter [...] Denn wir übernehmen keine Verantwortung für ihr Handeln. Wenn jemand mein Diener, Angestellter oder Bevollmächtigter ist, so übernehme ich die Verantwortung für alle seine Handlungen, die sich im Rahmen der Befugnis, die ich ihm gab, bewegen. Wenn ich ihm als meinem Angestellten die uneingeschränkte oder irgendwie eingeschränkte Herrschaft über die Person und das Eigentum anderer Menschen anvertraue, so übernehme ich dadurch notwendigerweise die Verantwortung gegenüber jenen anderen Personen für jeden Schaden, den er ihnen zufügen mag, solange er sich im Rahmen der Befugnis bewegt, die ich ihm gab. Doch kein Individuum, dessen Person oder Eigentum durch Verfügungen des Parlaments verletzt werden, kann auf den individuellen Wähler zugehen und ihn für diese Taten seiner sogenannten Diener oder Vertreter zur Verantwortung ziehen. Diese Tatsache beweist, daß die vermeintlichen Volksdiener, die Diener aller, in Wirklichkeit die Diener von niemandem sind.[213]

Zudem können Abstimmungen selbst dem Grundgedanken nach kaum eine Herrschaft der "Mehrheit" begründen und noch weniger eine freiwillige Billigung der Regierung. In den Vereinigten Staaten von Amerika zum Beispiel nehmen weniger als 40% der Wahlberechtigten an den Wahlen teil. Von diesen könnten 21% für einen Kandidaten stimmen und 19% für einen anderen. 21% begründen wohl noch nicht einmal die Herrschaft der Mehrheit, und noch weniger begründen sie die freiwillige Zustimmung aller. (In einem *bestimmten* Sinne und ganz unabhängig von Demokratie oder Abstimmungen unterstützt die "Mehrheit" immer jede bestehende Regierung; davon werden wir später sprechen.) Und wie kommt es schließlich, daß jedem Steuern auferlegt werden, unabhängig davon, ob er nun gewählt hat oder nicht, und inbesondere unabhängig davon, ob er für den siegreichen Kandidaten gestimmt hat oder nicht? Wie kann ein Nicht-Wählen oder die Wahl des Verlierers anzeigen, daß man die Handlungen der gewählten Regierung irgendwie billigt?

Wahlen begründen auch keinerlei freiwillige Billigung der Regierung durch die Wähler selbst. Wie Spooner messerscharf erkannte:

> In Wahrheit kann das Wahlverhalten der Individuen nicht als Beweis der Zustimmung herangezogen werden [...] Im Gegenteil sollte man sich in die Lage eines Menschen versetzen, der sich, ohne daß man ihn um seine Meinung gebeten hat, plötzlich von einer Regierung umgeben sieht, der er sich nicht widersetzen kann; von einer Regierung, die ihn unter Androhung schwerer Strafen zwingt, Geld zu zahlen, Dienste zu verrichten und auf die Ausübung vieler seiner natürlichen Rechte zu verzichten. Dieser Mensch sieht auch, daß andere

213 Lysander Spooner, *No Treason: The Constitution of No Authority*, James J. Martin, Hg., Ralph Myles, Colorado Springs, 1973, S. 29.

Menschen diese Tyrannei an ihm mit Hilfe von Abstimmungen verüben. Er sieht außerdem, daß er eine gewisse Chance hat, sich dieser Tyrannei der anderen zu entledigen, wenn er sich selber die Abstimmungen zunutze macht und die anderen seiner eigenen Tyrannei unterwirft. Kurzum findet er sich ohne seine Einwilligung in einer solchen Lage, daß er ein Herrscher werden kann, wenn er die Abstimmungen zu seinem Nutzen wendet; tut er das nicht, muß er ein Sklave werden. Eine weitere Alternative hat er nicht. Zur Selbstverteidigung entscheidet er sich für die erstere. Sein Fall ist analog zu dem eines Menschen, der in eine Schlacht gezwungen wurde, in der er entweder andere töten oder selber getötet werden muß. Aus dem Umstand, daß ein Mensch sich entscheidet, seinen Gegnern in der Schlacht das Leben zu nehmen, um sein eigenes zu retten, darf man nicht folgern, daß er die Schlacht gewählt hat. Gleiches gilt in Kämpfen um die Wahlurne – die ein bloßer Ersatz für Gewehrkugeln ist. Wenn ein Mensch sich eine Abstimmung zunutze macht, da dies seine einzige Chance zur Selbsterhaltung ist, so darf hieraus nicht geschlossen werden, daß er diesen Kampf freiwillig begann; daß er freiwillig all seine natürlichen Rechte gegen die von anderen auf‘s Spiel setzte, auf daß alles gewonnen oder verloren werde nach dem bloßen Gesetz der Zahl [...]

Zweifelsohne würden die elendsten Menschen unter der grausamsten Regierung der Welt von der Wahlurne Gebrauch machen, wenn man ihnen dies erlaubte und wenn sie irgendeine Chance sähen, ihre Lage dadurch zu verbessern. Doch es wäre unberechtigt, daraus zu schließen, daß sie freiwillig die Regierung aufstellten, die sie nun erdrückt, oder daß sie ihr auch nur ihre Zustimmung gegeben haben.[214]

Wenn Besteuerung somit einen Zwangscharakter trägt und daher von Diebstahl nicht zu unterscheiden ist, so folgt daraus, daß der Staat, der von der Besteuerung lebt, eine riesige kriminelle Vereinigung ist, weit größer und erfolgreicher als irgendeine "private" Mafia in der Geschichte. Zudem sollte er nicht nur gemessen an der Theorie des Verbrechens und der Eigentumsrechte, wie sie in diesem Buch dargelegt wurde, als kriminell angesehen werden, sondern *selbst* gemessen an der gewöhnlichen Anschauung der Menschheit, die Diebstahl immer als Verbrechen ansieht. Wie wir oben sahen, hat der deutsche Soziologe Franz Oppenheimer die Angelegenheit prägnant dargelegt, als er betonte, daß es zwei und nur zwei Wege gibt, in der Gesellschaft zu Vermögen zu kommen: (a) durch Produktion und freiwilligen Tausch mit anderen – die Methode des freien Marktes; und (b) durch die gewaltsame Enteignung von Vermögen, das andere produziert haben. Letztere ist die Methode der Gewalt und des Diebstahls. Jene Methode nützt allen Beteiligten; diese begünstigt parasitenhaft die plündernde Gruppe oder Klasse zu Lasten der Geplünderten. Oppenheimer nannte jene Methode des Vermögenserwerbs "das ökonomische Mittel" und diese "das politische Mittel". Dann machte er sich in

214 Spooner, *No Treason*, S. 15.

tel" und diese "das politische Mittel". Dann machte er sich in glänzender Weise daran, den Staat als "die Organisation des politischen Mittels" zu definieren.[215]

Nirgends wurde das Wesen des Staates als einer kriminellen Vereinigung so kraftvoll und glänzend beschrieben wie in dieser Passage von Lysander Spooner:

> Es stimmt, daß nach der *Theorie* unserer Verfassung alle Steuern freiwillig gezahlt werden; daß unsere Regierung eine Gesellschaft zur gegenseitigen Versicherung ist, der alle Leute miteinander freiwillig beitreten [...]
>
> Doch diese Staatstheorie hat mit den praktischen Tatsachen nichts gemein. Tatsache ist, daß die Regierung wie ein Straßenräuber "Geld oder Leben" zu den Menschen sagt. Und viele, wenn nicht die meisten Steuern werden unter dem Zwang dieser Drohung gezahlt.
>
> In der Tat wartet die Regierung nicht im Hinterhalt. Sie springt nicht aus dem Straßengraben auf jemanden zu und macht sich, eine Pistole auf seinen Kopf gerichtet, daran, seine Taschen zu leeren. Doch der Raub ist hier nichtsdestotrotz ein Raub, und er ist weit gemeiner und schmachvoller.
>
> Der Straßenräuber nimmt die Verantwortung, die Gefahr und das Verbrechen seiner eigenen Handlung ganz auf sich selbst. Er behauptet nicht, daß er irgendeinen Rechtsanspruch auf Dein Geld hat oder daß er beabsichtigt, es zu Deinem eigenen Vorteil zu verwenden. Er behauptet nicht, etwas anderes als ein Räuber zu sein. Er ist noch nicht schamlos genug, zu verkünden, daß er lediglich ein "Beschützer" sei und anderen Menschen nur deshalb ihr Geld gegen ihren Willen wegnehme, damit er jene vernarrten Reisenden schützen kann, die glauben, sich sehr gut selbst schützen zu können, oder die sein spezielles Schutzsystem nicht schätzen. Er ist ein viel zu vernünftiger Mensch, um solche Verlautbarungen von sich zu geben. Außerdem läßt er Dich in Ruhe, wenn er Dein Geld genommen hat, wie Du es ja auch willst. Er fährt nicht fort, Dir gegen Deinen Willen auf der Straße zu folgen, und maßt sich nicht an, wegen des "Schutzes", den er Dir gewährt, Dein rechtmäßiger "Souverän" zu sein. Er fährt nicht fort, Dich zu "beschützen", indem er Dir befiehlt, Dich ihm zu beugen und ihm zu dienen; indem er von Dir dieses fordert und Dir jenes verbietet; indem er Dir noch mehr Geld raubt, sooft dies in seinem Interesse liegt bzw. sooft es ihm gefällt; und indem er Dich als Aufrührer, als Verräter und als Feind Deines Landes brandmarkt und Dich ohne Gnade niederschießt, wenn Du seine Autorität bestreitest oder Dich seinen Forderungen widersetzt. Er ist ein zu großer Gentleman, um sich solcher Betrügereien, Beleidigungen und Gemeinheiten schuldig zu machen. Kurz gesagt versucht er nicht, nachdem er Dich beraubt hat, aus Dir auch noch seinen Narren oder seinen Sklaven zu machen.[216]

215 Oppenheimer, *Der Staat*, S. 19ff.

216 Spooner, *No Treason*, S. 19.

Es lohnt sich, der Frage nachzugehen, warum sich der Staat im Gegensatz zum Straßenräuber zwangsläufig mit einer Legitimitäts-Ideologie umgibt und warum er sich in den ganzen Heucheleien ergeht, die Spooner darlegt. Der Grund liegt darin, daß der Straßenräuber kein sichtbares, ständiges, rechtmäßiges oder berechtigtes Mitglied der Gesellschaft ist – und erst recht kein Mitglied hohen Ranges. Er befindet sich ständig auf der Flucht vor seinen Opfern oder vor dem Staat selber. Doch der Staat wird im Gegensatz zu einer Räuberbande nicht für eine kriminelle Organisation gehalten. Im Gegenteil haben seine Günstlinge im allgemeinen Stellungen von höchstem Rang in der Gesellschaft innegehabt. Es ist ein Rang, der dem Staat erlaubt, seine Opfer hinzuhalten, während er zumindest die meisten von ihnen dazu bewegt, diesen Ausbeutungsvorgang zu unterstützen oder sich wenigstens in ihn zu fügen. In der Tat besteht die Aufgabe der ideologischen Günstlinge und Verbündeten des Staates gerade darin, der Öffentlichkeit zu erklären, daß der Kaiser wirklich ein paar hübsche Kleider hat. Kurzum müssen die Ideologen erklären, daß es zwar böse und kriminell ist, wenn eine oder mehrere Personen oder Gruppen stehlen, daß aber *kein* Diebstahl, sondern der legitime und sogar heilige Tatbestand der "Besteuerung" vorliegt, wenn der *Staat* solche Handlungen begeht. Die Ideologen müssen erklären, daß es zwar böse ist und bestraft werden muß, wenn eine oder mehrere Personen oder Gruppen morden, daß aber kein Mord, sondern ein höherer, als "Krieg" oder "Bekämpfung inneren Aufruhrs" bekannter Tatbestand vorliegt, wenn der *Staat* tötet. Sie müssen erklären, daß Entführungen oder Sklaverei zwar böse sind und verboten werden müssen, wenn sie von einer oder mehreren Personen oder Gruppen begangen werden, daß aber keine Entführung oder Sklaverei, sondern "Wehrpflicht" – eine Maßnahme, von der die öffentliche Wohlfahrt abhängt und die sogar ein Erfordernis der Sittlichkeit an sich ist – vorliegt, wenn der *Staat* solche Handlungen begeht. Die Aufgabe der staatsorientierten Ideologen besteht darin, am Trugbild der kaiserlichen Kleider herumzuspinnen und die Öffentlichkeit davon zu überzeugen, daß mit zwei grundverschiedenen Maßstäben gemessen werden muß: daß, wenn der Staat die schlimmsten Schwerverbrechen begeht, er dies in Wirklichkeit *nicht* tut, sondern etwas anderes, das notwendig, einwandfrei, lebenswichtig und sogar – in früheren Zeiten – ein göttliches Gebot ist. Der jahrhundertelange Erfolg der Staatsideologen ist vielleicht der übelste Scherz in der Geschichte der Menschheit.

Ideologie war für das fortgesetzte Bestehen des Staates stets notwendig, wie aus dem systematischen Gebrauch von Ideologie seit den alten Reichen des Morgenlandes hervorgeht. Der jeweilige *Inhalt* der Ideologie hat sich im Laufe der Zeit natürlich gewandelt. Dabei paßte er sich der veränderten Lage und den jeweils anderen Kulturen an. In den Despotien des Morgenlandes wurde der Herrscher von der Kirche für göttlich gehalten. In unserem eher weltlichen Zeitalter richten sich die Argumente eher auf "öffentliche Güter" und "das Gemeinwohl". Doch der *Zweck* ist immer der gleiche: die Öffentlichkeit zu überzeugen, daß der Staat – anders, als man denken mag – kein Verbrechen in gewaltigem Maßstab ist, sondern etwas Notwendiges und Lebenswichtiges, das man unterstützen muß und dem man Gehorsam schuldet. Der Grund, aus dem Ideologie so wichtig für den Staat ist, liegt darin, daß der Staat letztlich immer der Unterstützung der Mehrheit bedarf. Diese Unterstützung erhält der Staat unabhängig davon, ob er eine “Demokratie”, eine Diktatur oder eine absolutistische Monarchie ist. Denn die Unterstützung besteht im Willen der Mehrheit (nicht aber, um es nochmal zu sagen, jedes Individuums), mit dem System auszukommen: Steuern zu zahlen, ohne große Klagen für den Staat in den Krieg zu ziehen, den Regeln und Anordnungen des Staates zu gehorchen. Diese Unterstützung muß keine aktive Begeisterung sein, um wirksam zu werden; passive Resignation ist genauso gut. Aber es muß Unterstützung geben. Denn wenn der größte Teil der Öffentlichkeit *wirklich* von der Unrechtmäßigkeit des Staates überzeugt wäre, wenn er überzeugt wäre, daß der Staat nicht mehr und nicht weniger ist als eine Verbrecherbande im großen Stil, dann würde der Staat bald zusammenbrechen und keinen höheren Rang bekleiden oder eine größere Existenz führen als jede andere Mafia. Dies ist der zwingende Grund, aus dem der Staat Ideologen beschäftigt, und es ist der zwingende Grund des uralten Bündnisses zwischen dem Staat und den Hofintellektuellen, die die Rechtfertigung für die Herrschaft des Staates zurechtschmieden.

Der erste moderne Politologe, der erkannte, daß jeder Staat auf der Meinung der Mehrheit beruht, war Étienne de La Boétie, ein franzöischer liberaler Schriftsteller des sechzehnten Jahrhunderts. In seinem Werk *Über die freiwillige Knechtschaft* erkannte La Boétie, daß der tyrannische Staat immer eine Minderheit der Bevölkerung darstellt und daß daher seine fortgesetzte despotische Herrschaft auf seiner Legitimität in den Augen der ausgebeuteten Mehrheit beruht bzw. auf “organisierter Zustimmung”, wie man es später nennen sollte. Zweihundert Jahre später gelangte David Hume – der allerdings wohl kaum als Liberaler zu bezeichnen ist – zu einem ähnlichen Ergebnis.[217] Das Gegenargument, daß eine Minderheit eine ihr feindliche Mehrheit mit modernen Waffen ständig in Schach halten kann, verkennt die Tatsache, daß auch die Mehrheit im Besitz dieser Waffen sein kann und daß die bewaffneten Kräfte der Minderheit meutern oder sich auf die Seite der Bevölkerung schlagen können.

Daher hat der ständige Bedarf an einer überzeugenden Ideologie den Staat immer dazu bewogen, die meinungsbildenden Intellektuellen der Nation auf seine Seite zu bringen. In früheren Zeiten waren die Intellektuellen allesamt Priester, und daraus ergab sich das von uns dargelegte, uralte Bündnis zwischen Kirche und Staat, Thron und Altar. Heute erfüllen “wissenschaftliche” und “wertfreie” Ökonomen, “Sicherheitsberater” u.a. eine ähnliche ideologische Aufgabe für die Staatsgewalt.

---

217 So erklärte Hume: “Nichts erscheint erstaunlicher [...] als die Leichtigkeit, mit der die Vielen von Wenigen regiert werden und die stillschweigende Unterwerfung, mit der Menschen ihre eigenen Gesinnungen und Leidenschaften denen ihrer Herrscher unterordnen. Fragt man sich, wie es zu diesem Wunder kommt, so stellt man fest, daß, zumal die Regierten stets die Stärke auf ihrer Seite haben, die Regierungen durch nichts anderes gestützt werden als durch Meinung. Regierung gründet sich daher ausschließlich auf Meinung, und diese Tatsache gilt für die überaus despotischen und militärischen Regierungen [...]” David Hume, *Politische und ökonomische Essays*, Übersetzung S. Fischer, Teilband 1, Philosophische Bibliothek Bd. 405a, Meiner Verlag, Hamburg, 1988, S. 25.

In der modernen Welt – in der eine herrschende Kirche häufig nicht mehr eingerichtet werden kann – ist es für den Staat besonders wichtig, die Herrschaft über das Erziehungswesen zu erlangen und dadurch das Denken seiner Untertanen zu formen. Neben der indirekten Beeinflussung der Universitäten durch alle möglichen Subventionen und der direkten Beeinflussung staatlicher Universitäten, lenkt der Staat das Erziehungswesen auf den niedrigeren Ebenen durch die allgemeinen Einrichtungen der öffentlichen Schule, durch Auflagen für private Schulen und durch Schulpflichtgesetze. Dazu rechne man die praktisch vollkommene Herrschaft des Staates über Radio und Fernsehen – entweder durch staatliche Sender, wie es in den meisten Ländern der Fall ist, oder, wie in den Vereinigten Staaten von Amerika, durch die Verstaatlichung der Sendefrequenzen und durch die Befugnis einer Bundesbehörde, Lizenzen zum Gebrauch dieser Frequenzen und Kanäle an die Sender zu vergeben.[218]

Der Staat *muß* also von Natur aus die allgemein akzeptierten Sittengesetze, denen die meisten Leute anhängen, verletzen. Die meisten Leute sind sich einig, daß Mord und Diebstahl ungerecht und kriminell sind. Die Gebräuche, Regeln und Gesetze aller Gesellschaften verurteilen diese Handlungen. Der Staat ist daher, trotz seiner scheinbar uralten Macht, immer verwundbar. Vor allem muß man die Öffentlichkeit über die wahre Natur des Staates aufklären, damit sie erkennen kann, daß der Staat gewohnheitsmäßig gegen das allgemeine akzeptierte Verbot von Raub und Mord verstößt, daß er notwendig gegen das allgemein akzeptierte Sitten- und Strafgesetz verstößt.

Wir haben gesehen, warum der Staat die Intellektuellen braucht. Doch warum brauchen die Intellektuellen den Staat? Einfach gesagt: weil Intellektuelle, deren Dienste von den meisten Konsumenten häufig nicht in besonderem Maße verlangt werden, in den Reihen des Staates einen gesicherteren "Markt" für ihre Fähigkeiten finden. Der Staat kann ihnen eine Macht, eine Stellung und einen Reichtum geben, die sie im freiwilligen Tausch häufig nicht erhalten können. Jahrhundertelang haben viele (obwohl natürlich nicht alle) Intellektuelle das Ziel der Macht verfolgt, die Verwirklichung des Platon'schen Ideals des "Philosophenkönigs". Man führe sich etwa die innerste Empörung des bekannten marxistischen Gelehrten Professor Needham vor Augen, der aus Protest gegen die ätzende Kritik Karl Wittfogels am Bündnis zwischen Staat und Intellektuellen in morgenländischen Despotien rief: "Die Zivilisation, die Professor Wittfogel so erbittert angreift, war eine, die Dichter und Denker zu Beamten machen konnte." Needham fügt hinzu, daß "den [chinesischen] Thronfolgern zu allen Zeiten eine großartige Mannschaft zutiefst menschlicher und selbstloser Gelehrter diente."[219] Vermutlich reicht das in den Augen von

218 Siehe Rothbard, *For a New Liberty*, S. 59-70.

219 Joseph Needham, "Review of Karl A. Wittfogel, *Oriental Despotism*", *Science and Society*, 1958, S. 61, 65. Zum ausdrücklichen Machtstreben der "kollektivistischen" Intellektuellen der "Progressiven Jahre" des zwanzigsten Jahrhunderts siehe James Gilbert, *Designing the Industrial State*, Chicago, Quadrangle Books, 1972. Mehr zum Bündnis zwischen Intellektuellen

Professor Needham, um das Schindertum des alten morgenländischen Despotismus zu rechtfertigen.

Doch wir müssen nicht bis zum alten Morgenland zurückgehen und noch nicht einmal zum erklärten Ziel der Berliner Professoren im neunzehnten Jahrhundert, die zur "intellektuellen Leibgarde des Hauses Hohenzollern" werden wollten. Im heutigen Amerika haben wir den berühmten Politologen Professor Richard Neustadt, der den Präsidenten der USA als das "einzige Bundessymbol, das der Krone ähnelt" bezeichnet. Wir haben den Sicherheitsberater der Regierung Townsend Hoopes, der schreibt, daß "das Volk in unserem System nur vom Präsidenten eine Definition des Wesens unseres außenpolitischen Problems und der nationalen Programme und Opfer, die zur Lösung dieses Problem erforderlich sind, erwarten können." Und dann haben wir Richard Nixon, der am Vorabend seiner Wahl zum Präsidenten seine Rolle wie folgt definierte: "Er [der Präsident] muß die Wünsche der Nation artikulieren, ihre Ziele definieren und ihren Willen ordnen." Nixons Auffassung von seiner Rolle hat eine quälende Ähnlichkeit mit dem Ausdruck, auf den der Gelehrte Ernst Huber in den 1930er Jahren das Verfassungsgesetz des Großdeutschen Reiches brachte. Huber schrieb, daß das Staatsoberhaupt "die großen Ziele aufstellt, die erreicht werden müssen, und die Pläne entwirft, die zum Einsatz aller nationalen Kräfte in Verfolgung der gemeinsamen Ziele führen [...] es gibt dem nationalen Leben seinen wahren Zweck und Wert."[220]

Der Staat ist also eine kriminelle Zwangsorganisation, die sich durch ein gesetzlich geregeltes, großangelegtes System des Besteuerungsdiebstahls erhält und die ungestraft davonkommt, indem sie mit Hilfe einer Gruppe von meinungsbildenden Intellektuellen, die sie mit einem Teil ihrer Macht und ihres Mammons entlohnt, eine Unterstützung durch die Mehrheit (wieder gesagt: *nicht* aller) zuwege bringt. Doch es gibt noch einen anderen wichtigen Gesichtspunkt des Staates, den wir berücksichtigen müssen. Wir kommen nun zu einem entscheidenden Argument für den Staat, nämlich zu dem stillschweigenden Argument, daß der Staatsapparat das Territorium, über das er die Gerichtsbarkeit beansprucht, wirklich und rechtmäßig *besitzt*. Kurz gesagt maßt sich der Staat ein Gewaltmonopol, ein Monopol letzter Ent-

---

und Staat findet sich bei Bertrand de Jouvenel, "The Treatment of Capitalism by Continental Intellectuals", und John Lukacs, "Intellectual Class or Intellectual Profession?", in George B. deHuszar, Hg., *The Intellectuals*, Glencloe / Ill., The Free Press, 1960, S. 385-399 und 521f; Bertrand de Jouvenel, *On Power*, New York, Viking Press, 1949; Murray N. Rothbard, "The Anatomy of the State", in *Egalitarianism as a Revolt Against Nature and Other Essays*, Washington D.C., Libertarian Review Press, 1974, S. 37-42; sowie Rothbard, *For a New Liberty*, S. 59-70.

220 Richard Neustadt, "Presidency at Mid-Century", *Law and Contemporary Problems*, Herbst 1956, S. 609-645; Townsend Hoopes, "The Persistence of Illusion: The Soviet Economic Drive and American National Interest", *Yale Review*, März 1960, S. 336; zit.n. Robert J. Bresler, *The Ideology of the Executive State: Legacy of Liberal Internationalism*, Menlo Park / Kalifornien., Institute for Humane Studies, o.J., S. 4-5. Nixon und Huber sind zit.n. ebd., S. 5, 16f; und in Thomas Reeves und Karl Hess, *The End of the Draft*, New York, Vintage Books, 1970, S. 64f. Zu nationalen Sicherheitsberatern siehe auch Marcus Raskin, "The Megadeath Intellectuals", *The New York Times Review of Books*, 14. November 1963, S. 6f.

scheidungsbefugnis, über ein bestimmtes Gebiet an – wobei dieses Gebiet größer oder kleiner sein kann, je nach den historischen Bedingungen und je nachdem, wieviel Land der Staat anderen Staaten hat wegnehmen können. *Wenn* man vom Staat sagen kann, daß er sein Gebiet rechtmäßig *besitzt*, dann steht es ihm zu, jedem, der in diesem Gebiet zu leben wagt, Regeln vorzuschreiben. Er kann privates Eigentum rechtmäßigerweise pfänden bzw. darüber verfügen, weil er die gesamte Landoberfläche besitzt und es daher in seinem Gebiet kein privates Eigentum *gibt*. Solange der Staat seinen Untertanen erlaubt, sein Gebiet zu verlassen, kann man von ihm daher sagen, daß er sich wie jeder andere Eigentümer verhält, der Regeln für die Leute, die auf seinem Eigentum leben, aufstellt. (Das scheint die einzige Rechtfertigung für das rohe Schlagwort "Wenn es Dir hier nicht gefällt, kannst Du woanders hingehen" zu sein – und für den großen Nachdruck, der im allgemeinen auf das Recht eines Individuums, aus einem Land auszureisen, gelegt wird.) Kurz gesagt macht diese Theorie den Staat wie den König im Mittelalter zu einem unumschränkten feudalen Herrscher, der zumindest theoretisch alles Land in seinem Herrschaftsgebiet *besaß*. Die Tatsache, daß neue und unbesessene Ressourcen – ob nun jungfräuliches Land oder Seen – vom Staat unfehlbar als sein Besitz beansprucht werden ("staatliche Ländereien"), ist ein Ausdruck dieser stillschweigenden Theorie.

Doch unsere Theorie des Ersterwerbs, die wir oben darstellten, reicht aus, um alle derartigen Ansprüche des Staatsapparates zu vernichten. Denn nach welchem Erden*recht* beanspruchen die Staatskriminellen das Eigentum am Staatsgebiet? Es ist schlimm genug, daß sie die letzte Entscheidungsgewalt über dieses Gebiet an sich gerissen haben. Aber welches Kriterium könnte ihnen rechtmäßiges Eigentum daran verschaffen?

Der Staat kann daher als eine solche Organisation definiert werden, die wenigstens eines der folgenden Kennzeichen trägt (faktisch sind es fast immer beide): (a) sie erwirbt ihr Einkommen durch physischen Zwang (Besteuerung); und (b) sie sichert sich ein Zwangsmonopol der Gewalt und der obersten Rechtssprechung in einem bestimmten Territorium. Jede dieser wesentlichen Staatsbetätigungen stellt notwendigerweise eine kriminelle Verletzung der gerechten Privateigentumsrechte (einschließlich des Rechts auf Selbstbesitz) der Untertanen dar. Denn die erste bedeutet und begründet Diebstahl im großen Stil, während die zweite den freien Wettbewerb zwischen Sicherheits- und Rechtssprechungsorganisationen in einem bestimmten Gebiet untersagt, wodurch der freiwillige Kauf und Verkauf von Sicherheits- und Rechtssprechungsdiensten verboten wird.[221] Deshalb ist die energische

221 "Bestimmtes Gebiet" bedeutet in diesem Zusammenhang natürlich "jenseits des gerechten Grundeigentums eines jeden Eigentümers". In einer freien Gesellschaft hat Schmidt offensichtlich die letztliche Entscheidungsbefugnis über sein eigenes gerechtes Eigentum, Meier über seins usw. Der Staat bzw. eine Regierung beansprucht und gebraucht ein Zwangsmonopol auf Schutz- und Rechtssprechungsdienste in einem Gebiet, das größer als das rechtschaffen erworbene Eigentum eines Individuums ist. Schmidt, Meier usw. wird es dabei von "der Regierung" untersagt, mit dieser "Regierung" nichts zu tun zu haben und ihre eigenen Schutzverträge

Staatskritik des liberalen Theoretikers Albert Jay Nock völlig richtig: "Der Staat beansprucht und gebraucht das Verbrechensmonopol" in einem bestimmten Gebiet. "Er verbietet privaten Mord, begeht aber selber Mord in gewaltigem Maßstab. Er bestraft privaten Diebstahl, legt aber selber seine Hände ohne Skrupel auf alles, was er will, ob es nun das Eigentum von Bürgern oder von Ausländern ist."[222]

Es sollte betont werden, daß der Staat nicht nur dazu Zwang gebraucht, um sein eigenes Einkommen zu erwerben, um Propagandisten anzuheuern, die seine Macht vermehren, und um sich ein Zwangsmonopol an solchen lebenswichtigen Diensten wie Polizeischutz, Feuerwehr, Transport und Post anzumaßen und diese Monopole durchzusetzen. Denn der Staat tut auch viele andere Dinge, ohne daß auch nur eines davon im Dienste der Verbraucher stünde. Er gebraucht sein Gewaltmonopol, um sich, wie Nock es sagt, ein "Verbrechensmonopol" zu sichern – um seine unglücklichen Untertanen zu lenken, zu leiten und zu nötigen. Häufig bricht er sich bahn, um die Sittlichkeit und das Alltagsleben seiner Untertanen zu überwachen. Der Staat gebraucht sein Zwangseinkommen nicht nur, um wirkliche Dienste zu monopolisieren und sie der Öffentlichkeit ineffizient anzubieten, sondern auch, um seine eigene Macht auf Kosten der ausgebeuteten und schikanierten Untertanen zu mehren: um Einkommen und Vermögen von der Öffentlichkeit auf sich und seine Verbündeten umzuverteilen und um die Einwohner seines Territoriums zu überwachen, herumzukommandieren und zu nötigen. In einer wahrhaft freien Gesellschaft, in einer Gesellschaft, in der individuelle Rechte an Person und Eigentum gewahrt sind, würde der Staat daher notwendigerweise aufhören zu existieren. Seine tausendfältigen rechtsbrecherischen und aggressiven Betätigungen, seine gewaltige Zerstörung der Rechte an Person und Eigentum würden dann verschwinden. Gleichzeitig würden jene echten Dienste, die er schlecht zur Ausführung bringt, dem freien Wettbewerb und den freiwilligen Zahlungen der individuellen Konsumenten ausgesetzt.

Somit läßt sich auch erkennen, wie grotesk die typische konservative Forderung ist, die Regierung solle konservative Definitionen von "Sittlichkeit" zur Geltung bringen (z.B. durch Verbot der angeblich unsittlichen Pornographie). Abgesehen von anderen triftigen Argumenten gegen eine erzwungene Moralität (z.B. daß keine Handlung, die nicht frei gewählt ist, als "moralisch" angesehen werden kann) ist es sicherlich grotesk, die Aufgabe des öffentlichen Sittenwächters gerade derjenigen gesellschaftlichen Gruppe anzuvertrauen, die die weitaus kriminellste (und daher unsittlichste) Gruppe ist – dem Staat.

---

mit einer Konkurrenzorganisation abzuschliessen. Ich danke Professor Sidney Morgenbesser, daß er diese Frage aufgebracht hat.

222 Albert J. Nock, *On Doing the Right Thing, and Other Essays*, New York, Harper & Bros., 1928, S. 143.

23 Die inneren Widersprüche des Staates

Ein Hauptproblem bei Diskussionen über die Notwendigkeit von Regierungen ist die Tatsache, daß all diese Diskussionen zwangsläufig in einem Kontext jahrhundertelanger Existenz und Herrschaft des Staates stattfinden – einer Herrschaft zudem, an die sich die Öffentlichkeit gewöhnt hat. Die schiefe Verbindung der zwei Gewißheiten im Leben, die in dem volkstümlichen Motto "Tod und Steuern" zum Ausdruck kommt, beweist, daß sich die Öffentlichkeit mit der Existenz des Staates als einer bösen, aber unvermeidbaren Naturgewalt, zu der es keine Alternative gibt, abgefunden hat. Die Macht der Gewohnheit wurde von La Boétie bereits im sechzehnten Jahrhundert als der Zement des Staates erkannt. Doch in aller Logik – und um die Fesseln der Gewohnheit abzuschütteln – dürfen wir nicht bloß einen bestehenden Staat mit einer unbekannten Größe vergleichen, sondern wir müssen am gesellschaftlichen Nullpunkt anfangen, bei der logischen Fiktion des "Naturzustandes", und die Argumente für die Einrichtung eines Staates mit denen zugunsten einer freien Gesellschaft vergleichen.

Nehmen wir etwa an, daß eine ansehnliche Zahl von Menschen plötzlich auf der Erde landet und daß sie sich nun überlegen müssen, unter welcher Art gesellschaftlicher Ordnung sie leben sollen. Eine Person oder eine Gruppe argumentiert wie folgt (d.h. mit dem typischen Argument für den Staat): "Wenn jeder von uns in jeder Hinsicht frei bleiben darf und wenn vor allem jeder von uns Waffen und das Recht auf Selbstverteidigung behält, dann wird jeder gegen jeden Krieg führen, und die Gesellschaft bleibt auf der Strecke. Laßt uns daher alle unsere Gewehre, unsere ganze letzte Entscheidungsbefugnis und unsere Befugnis zur Bestimmung und Durchsetzung unserer Rechte . . . an die Familie Meier, die da drüben steht, abtreten. Die Meiers werden uns vor unseren Plünderinstinkten bewahren, den sozialen Frieden erhalten und für Gerechtigkeit sorgen." Kann man sich vorstellen, daß irgendjemand (außer vielleicht die Meiers selbst) auch nur einen Moment daran verschwenden würde, über diesen offensichtlich lächerlichen Plan nachzudenken? Der Aufschrei "Wer schützt uns dann vor den Meiers, vor allem wenn wir unsere Waffen nicht mehr haben?" würde reichen, um einen solchen Vorschlag abzuschmettern. Und doch ist gerade dies – angesichts erworbener Rechtmäßigkeit aus der Tatsache der Langlebigkeit und angesichts der langjährigen Herrschaft der "Meiers" – die Sorte Argument, der wir nun blind anhängen. Der Gebrauch des Naturzustandes als logisches Modell hilft uns, die Fesseln der Gewohnheit abzuschütteln, um den Staat klar und deutlich zu sehen – und zu erkennen, daß der Kaiser tatsächlich keine Kleider trägt.

Wenn wir in der Tat einen nüchternen Blick auf die Theorie des "begrenzten Staates" werfen, so können wir sie als das Trugbild erkennen, das sie in Wirklichkeit ist – als die unrealistische und widersprüchliche "Utopie", die sie darbietet. Zunächst einmal gibt es keinen Grund zu der Annahme, daß ein zwangsweises Gewaltmonopol auf den Schutz von Person und Eigentum "begrenzt" bleiben wird, wenn es erst einmal von den "Meiers" oder einem anderen Staatsherrscher erworben wurde. Geschichtlich gesehen blieb sicherlich keine Regierung lange auf diese Weise “begrenzt”, und man kann mit sehr guten Gründen vermuten, daß dies auch niemals so sein wird. Erstens gibt es allen Grund zu der Annahme, daß, wenn das krebsgeschwürartige Zwangsprinzip – das Prinzip erzwungenen Einkommens und zwangsweisen Gewaltmonopols – erst einmal mitten in der Gesellschaft eingeführt und gerechtfertigt ist, dieser Präzedenzfall ausgeweitet und beschönigt wird. Insbesondere liegt es im wirtschaftlichen *Interesse* der Staatsherrscher, aktiv für eine solche Ausweitung zu sorgen. Je stärker die Zwangsbefugnisse des Staates über die von den *Laissez-faire*-Theoretikern geschätzten Grenzen hinaus ausgedehnt werden, umso mehr Macht und Mammon fällt der herrschenden Kaste zu, die den Staatsapparat leitet. Daher wird die herrschende Kaste, die nach größtmöglicher Macht und größtmöglichem Reichtum strebt, die Befugnisse des Staates ausdehnen. Sie wird dabei nur auf schwachen Widerstand treffen, weil sie und die mit ihr verbündeten Intellektuellen Gesetzesrang gewinnen und weil es an institutionellen Widerstandskanälen des freien Marktes gegen das Zwangsmonopol und die oberste Gerichtsbarkeit des Staates fehlt. Es ist es ein glücklicher Umstand, daß auf dem freien Markt die möglichst große Vermehrung des Reichtums einer Person oder Gruppe zum Nutzen aller ist. Doch im politischen Bereich, dem Bereich des Staates, kann das Einkommen und das Vermögen des Staates und seiner Herrscher nur parasitär *auf Kosten der* Restgesellschaft erhöht werden.

Fürsprecher eines begrenzten Staates halten oft das Ideal eines Staates über dem Parteienzank hoch, eines Staates, der sich der Parteinahme enthält und nicht mit seinem Gewicht wuchert, eines “Schiedsrichters”, der unparteiisch für Ausgleich zwischen den miteinander ringenden Gesellschaftsteilen sorgt. Doch *warum* sollte der Staat das tun? Angesichts der unbegrenzten Macht des Staates werden der Staat und seine Herrscher nach einer größtmöglichen Vermehrung ihrer Macht und ihres Reichtums trachten und sich daher unausweichlich über die vermeintlichen “Grenzen” hinwegsetzen. Der entscheidende Punkt ist, daß es in der Utopie von begrenztem Staat und *Laissez-faire* keine institutionellen Mechanismen gibt, die den Staat begrenzt *erhalten*. Eigentlich sollte das blutige Register der Staaten in der Geschichte bewiesen haben, daß *jede* Macht, wenn sie erst einmal gewährt oder erworben wurde, auch gebraucht und folglich mißbraucht wird. Macht korrumpiert, wie der liberale Lord Acton so weise bemerkte.

Zudem gibt es – neben den fehlenden institutionellen Mechanismen, um den obersten Richter und Gewaltanwender auf den Rechtsschutz zu “begrenzen” – gerade in dem Ideal eines neutralen oder unparteiischen Staates einen großen inneren Widerspruch. Denn so etwas wie eine “neutrale” Steuer – ein Steuersystem, das den Markt so beläßt, wie er ohne die Besteuerung gewesen wäre – kann es nicht geben. Wie John C. Calhoun im frühen neunzehnten Jahrhundert klar herausstellte, macht die bloße *Existenz* der Besteuerung eine solche Neutralität vollkommen unmöglich. Denn unabhängig von der Höhe der Steuern wird es zumindest dazu kommen, daß sich zwei einander entgegengesetzte Klassen bilden: die “herrschende” Klasse, die durch die Besteuerung gewinnt bzw. von ihr lebt; und die “beherrschte” Klasse, die die Steuern zahlt. Kurz gesagt gibt es widerstreitende Klassen von Netto-

Steuer*zahlern* und Netto-Steuer*verbrauchern*. Zumindest die staatlichen Bürokraten werden notwendigerweise Netto-Steuerverbraucher sein. Aber auch jene Personen und Gruppen, die durch die zwangsläufig anfallenden Ausgaben der Regierung subventioniert werden, zählen zu dieser Klasse.

In den Worten Calhouns:

> […] Die Beauftragten und Angestellten der Regierung sind jener Teil der Gemeinschaft, der aus ausschließlichen Empfängern der Steuererträge besteht. Welcher Betrag auch immer der Gemeinschaft in Form von Steuern genommen wird, fällt ihnen in Form von Auslagen und Staatsausgaben zu, falls er nicht zuvor verloren geht. Das fiskalische Handeln der Regierung besteht aus Staatsausgaben und Besteuerung. Beides hängt unmittelbar zusammen. Was der Gemeinschaft unter dem Titel der Besteuerung genommen wird, wird jenem Teil der Gemeinschaft, der aus Empfängern besteht, unter dem Titel der Staatsausgabe übertragen. Doch da die Empfänger nur ein Teil der Gemeinschaft sind, so folgt daraus für das fiskalische Handeln in Anbetracht seiner beiden Teile, daß es gegenüber den Steuerzahlern und den Steuerempfängern ungleich sein muß. Es könnte auch nicht anders sein, wenn nicht das, was jedem Individuum in Form von Steuern genommen wird, ihm in Form von Staatsausgaben zurückerstattet würde – was den ganzen Vorgang nichtig und sinnlos machen würde […]
>
> Die zwangsläufige Folge des ungleichen fiskalischen Handelns der Regierung besteht daher darin, die Gemeinschaft in zwei große Klassen zu teilen. Die eine besteht aus jenen, die die Steuern eigentlich bezahlen und die natürlich auch die Last alleine tragen, die mit dem Erhalt der Regierung verbunden ist. Die andere Klasse besteht aus jenen, die die Empfänger ausgezahlter Steuereinnahmen sind und in der Tat von der Regierung erhalten werden. Kurz gesagt wird die Gemeinschaft in Steuerzahler und Steuerverbraucher geteilt.
>
> Doch das bewirkt, daß sie in widerstreitende Beziehungen zum fiskalischen Handeln der Regierung – und zur ganzen, damit verbundenen Ausrichtung der Politik – geraten. Denn je größer die Steuern und Staatsausgaben sind, desto größer ist der Gewinn der einen und der Verlust der anderen Klasse, und umgekehrt […] Die Folge jeder Erhöhung besteht daher darin, die eine zu bereichern und zu stärken und die andere arm zu machen und sie zu schwächen.[223]

Calhoun legt weiterhin dar, daß eine Verfassung nicht in der Lage ist, den Staat begrenzt zu halten. Denn wenn es ein monopolistisches Verfassungsgericht gibt, das von jenem selben Staat bestimmt wird und dem die Befugnis der obersten Rechtssprechung zugestanden wird, so wird die Regierungspartei immer eine "weite" bzw. lockere Interpretation des Wortlauts der Verfassung begrüßen, da sie der Erweiterung der Befugnisse der Regierung über die Bürger dient, und im Laufe der Zeit

---

223 John C. Calhoun, *A Disquisition on Government*, New York, Liberal Arts Press, 1953, S. 16-18.

wird die Regierungspartei unausweichlich die Oberhand über die oppositionelle Minderheit gewinnen, welche vergeblich für eine "enge", die Macht des Staates begrenzende Auslegung argumentiert.[224]

Doch es gibt noch andere entscheidende Fehler und Widersprüche im Begriff eines begrenzten, auf *Laissez-faire* ausgerichteten Staates. Vor allem erkennen jene, die der Idee eines begrenzten Staates anhängen, und auch andere politische Philosophen im allgemeinen an, daß der Staat für die Schaffung und Entwicklung des *Rechts* notwendig ist. Doch geschichtlich gesehen ist das unrichtig. Denn die größten Teile des Rechts und insbesondere die liberalsten Teile des Rechts, entstanden nicht unter dem Staat, sondern unter nicht-staatlichen Institutionen: Stammesbrauch, Richter und Gerichte des *Common Law*, das Handelsrecht vor Handelsgerichten, das Seerecht in von den Schiffern selber aufgestellten Gerichtshöfen. Im Fall der konkurrierenden *Common-Law*-Richter und auch in dem der Stammesältesten beschäftigten sich die Richter nicht damit, Recht zu *setzen*, sondern damit, das Recht in bestehenden und allgemein anerkannten Grundsätzen zu *finden*, um dieses Recht anschließend auf Einzelfälle oder neue technologische und institutionelle Bedingungen anzuwenden.[225] Gleiches galt für das römische Privatrecht. Auch im alten Irland vor der Eroberung durch Cromwell, einer tausendjährigen Gesellschaft, "gab es keine Spur eines staatlichen Rechtswesens"; konkurrierende Schulen berufsmäßiger Juristen waren mit der Auslegung und Anwendung des allgemeinen Gewohnheitsrechts befaßt, und die Vollstreckung wurde von konkurrierenden und auf freiwilliger Basis unterhaltenen *Tuatha* bzw. Versicherungsunternehmen besorgt. Zudem waren diese Gewohnheitsregeln nicht wahllos und willkürlich, sondern ganz bewußt im *Naturrecht*, das der Erkenntnis durch die menschliche Vernunft offenstand, verankert.[226]

Aber neben der historischen Unrichtigkeit der Ansicht, daß man den Staat für die Entwicklung des Rechts braucht, hat Randy Barnett glänzend dargelegt, daß der Staat von Natur aus seinen eigenen Gesetzesregeln nicht gehorchen *kann*. Doch wenn der Staat seinen eigenen Gesetzen nicht Folge leisten kann, dann ist er notwendigerweise auch als Rechtssetzer mangelhaft und widersprüchlich. In Auslegung und Kritik von Lon L. Fullers originellem Werk *The Morality of Law* bemerkt Bar-

---

224 Siehe Calhoun, *Disquisition on Government*, S. 25-27.

225 Siehe Bruno Leoni, *Freedom and the Law*, Los Angeles, Nash Publishing Co., 1972; F.A. Hayek, *Law, Legislation and Liberty*, Bd.I, *Rules and Order*, Chicago, University of Chicago Press, 1973, S. 72-93; und Rothbard, *For a New Liberty*, S. 234-243.

226 Zum alten Irland siehe Joseph R. Peden, "Stateless Societies: Ancient Ireland", *The Libertarian Forum*, April 1971, S. 3Cf., und eingehender Peden, "Property Rights in Celtic Irish Law", *Journal of Libertarian Studies*, 1, Frühling 1977, S. 81-95. Siehe auch Daniel A. Binchy, *Anglo-Saxon and Irish Kingship*, London, Oxford University Press, 1970; Myles Dillon, *The Celtic Realms*, London, George Weidenfeld & Nicholson, 1967, sowie ders. , *Early Irish Society*, Dublin, 1954. Das irische Recht als ein auf dem Naturrecht beruhendes Recht wird erörtert in Charles Donahue, "Early Celtic Laws", unveröffentlichte Schrift, vorgetragen im Seminar der Columbia Universität zur Geschichte des juristischen und politischen Denkens, Herbst 1964, S. 13ff. Siehe auch Rothbard, *For a New Liberty*, S. 239-243.

nett, daß Professor Fuller im heutigen Rechtspositivismus einen durchgängigen Irrtum sieht, nämlich "die Annahme, daß Recht als eine [...] einseitige Autoritätsbekundung, die vom Staat ausgeht und dem Bürger auferlegt wird, angesehen werden sollte."[227] Fuller legt dar, daß Recht nicht einfach "vertikal" – ein Befehl vom höheren Staat an die Bürger – ist, sondern auch "horizontal" aus dem Volk selbst heraus entsteht und auf jeden angewendet wird. Er verweist auf internationales Recht, Stammesrecht, private Regeln usw. als überzeugende Beispiele für ein solches "gegenseitiges" und nicht-staatliches Recht. Fuller sieht den positivistischen Irrtum in dem Unvermögen begründet, einen entscheidenden Grundsatz echten Rechts zu erkennen, daß nämlich der Rechtssetzer seinen eigenen Regeln, die er für seine Bürger aufstellt, folgen sollte bzw., um mit Fuller zu sprechen, "daß verordnetes Recht seinerseits die Verpflichtung der staatlichen Autorität voraussetzt, daß sie beim Umgang mit ihren Staatsbürgern ihre eigenen Regeln beachtet."[228]

Barnett legt jedoch richtigerweise dar, daß Fuller einen großen Irrtum begeht, indem er seinen eigenen Grundsatz nicht konsequent genug anwendet – indem er ihn nämlich nur auf die "Verfahrensregeln, nach denen Gesetze erlassen werden", anstatt auf den *Inhalt* der Gesetze selbst anwendet. Weil er seinen Grundsatz nicht folgerichtig durchdenkt, sieht Fuller auch nicht die notwendigen inneren Widersprüche des Staates als Rechtssetzer. In den Worten von Barnett:

> Fullers Versuch mißlingt, weil er seinem Grundsatz nicht weit genug gefolgt ist. Würde er das tun, so sähe er, daß das staatliche Rechtssystem nicht dem Grundsatz der Übereinstimmung des Staates mit seinen eigenen Regeln entspricht. Die Positivisten hingegen sehen, daß der Staat notwendigerweise seine eigenen Regeln verletzt. Daher ist ihre Schlußfolgerung in gewisser Weise richtig, daß staatlich gesetztes Recht ein Recht *sui generis* ist.[229]

Wenn jedoch, wie Barnett hinzufügt, Fullers Grundsatz bis zu der These fortgeführt würde, daß der "Rechtssetzer dem *Inhalt* seiner eigenen Gesetze Folge leisten muß", so würde Fuller sehen, "daß der Staat von Natur aus diese Verpflichtung brechen *muß*."

Denn Barnett legt richtigerweise dar, daß die beiden einmaligen Wesenszüge des Staates seine Steuerbefugnis – Einkommenserwerb durch Zwang und folglich durch Raub – und die Befugnis, seine Untertanen daran zu hindern, andere Schutzunternehmen zu beauftragen (zwangsweises Schutzmonopol), sind.[230] Doch dadurch verletzt der Staat seine eigenen Gesetze, die er für seine Untertanen erläßt. Barnett erläutert das wie folgt:

227 Lon L. Fuller, *The Morality of Law*, New Haven, Yale University Press, S. 204, zit n. Randy E. Barnett, "Fuller, Law, and Anarchism", *The Libertarian Forum*, Februar 1976, S. 6.

228 Fuller, *Morality of Law*, S. 32.

229 Barnett, "Fuller, Law, and Anarchism", S. 66.

230 Beide Kennzeichen sind für die historische Kategorie des Staates wesentlich. Verschiedene utopische Entwürfe zur Vermeidung des ersten und Erhaltung des zweiten würden immer noch die Kritik auf sich ziehen, die wir hier an dem zweiten Kennzeichen üben.

Zum Beispiel sagt der Staat, daß die Bürger nichts, was einem anderen gehört, gewaltsam und und gegen dessen Willen wegnehmen dürfen. Doch genau das tut der Staat mit seiner Befugnis zur "rechtmäßigen" Besteuerung [...] Vor allem sagt der Staat auch, daß eine Person gegenüber einer anderen nur zur Selbstverteidigung Gewalt gebrauchen darf, d.h. nur zum Schutz vor jemandem, der mit der Gewalt anfängt. Ginge man über sein Recht auf Selbstverteidigung hinaus, so würde man die Rechte anderer – und mithin die eigene Pflicht vor dem Gesetz – verletzen. Und doch zwingt der Staat durch das von ihm beanspruchte Monopol seine Rechtssprechung Personen auf, die vielleicht nichts Falsches getan haben. Dadurch verletzt er die Rechte der Bürger – etwas, was die Bürger seinen Regeln zufolge nicht tun dürfen.

Kurz gesagt darf der Staat stehlen, wo seine Untertanen es nicht dürfen, und er darf seinen Untertanen gegenüber mit Gewalt anfangen, während er ihnen das gleiche Recht verweigert. Auf diesen Sachverhalt schauen die Positivisten, wenn sie sagen, daß das Recht (im Sinne staatlich gesetzten Rechts) ein einseitiger, vertikaler Vorgang ist. Und dieser Sachverhalt widerspricht jeder Forderung nach wahrer Gegenseitigkeit.[231]

Barnett schließt daraus, daß Fullers Grundsatz bei folgerichtiger Auslegung bedeutet, daß der Rechtssetzer in einem wahren und echten Rechtssystem "*allen* seinen Regeln formal wie auch inhaltlich Folge leisten" muß. "In dem Maße, in dem das Rechtssystem dies nicht gewährleistet und nicht gewährleisten kann, ist es kein Rechtssystem und kann es auch nicht sein, und seine Verfügungen sind rechtswidrig. Der Staat, *als Staat* betrachtet, ist folglich ein rechtswidriges System."[232]

Ein weiterer innerer Widerspruch der Theorie des *Laissez-faire*-Staates bezieht sich auf die Besteuerung. Denn wenn der Staat auf den "Schutz" von Person und Eigentum zu beschränken ist und wenn die Besteuerung so zu beschränken ist, daß nur dieser Dienst erbracht wird, *wie* soll der Staat dann bestimmen, *wieviel* Schutz er leisten und wie viele Steuern er erheben soll? Denn entgegen der Theorie vom beschränkten Staat ist "Schutz" ebensowenig ein kollektives, einförmiges "Ding" wie alle anderen Güter und Dienste in der Gesellschaft. Nehmen wir zum Beispiel an, daß wir eine konkurrierende Theorie vorschlagen würden, der zufolge der Staat darauf "beschränkt" wäre, allen Bürgern kostenlose Kleidung zu liefern. Doch das wäre wohl kaum eine haltbare Begrenzung, ganz abgesehen von anderen Fehlern in dieser Theorie. Denn wieviel Kleidung wäre zu liefern und zu welchen Kosten? Muß beispielsweise jeder mit Unikaten von Armani ausgestattet werden? Und *wer* entscheidet, wieviel Kleidung in welcher Qualität jede Person erhält? "Schutz" könnte in der Tat alles heißen, von einem Polizisten für ein ganzes Land bis zur Lieferung eines bewaffneten Leibwächters und eines Panzers an jeden Bürger – was die Gesellschaft auf schnellstem Wege ruinieren würde. Doch wer soll über den Umfang des Schutzes entscheiden, da es doch unbestreitbar ist, daß jede Person vor Diebstahl und An-

231 Barnett, "Fuller, Law, and Anarchism", S. 7.
232 Barnett, "Fuller, Law, and Anarchism", S. 7.

griffen *besser* geschützt wäre, wenn sie über einen bewaffneten Leibwächter verfügte? Auf dem freien Markt werden die Entscheidungen über Umfang und Qualität der Güter und Dienste, die an jede Person zu liefern sind, durch die freiwilligen Kaufgeschäfte jedes Individuums getroffen. Doch welches Kriterium kann man anwenden, wenn der *Staat* diese Entscheidungen trifft? Die Antwort lautet: überhaupt keines. Solche staatlichen Entscheidungen können nur vollkommen willkürlich sein.

Zweitens sucht man in den Schriften der *Laissez-faire*-Theoretiker vergeblich nach einer überzeugenden Theorie der Besteuerung – nicht nur darüber, wieviel Steuern erhoben werden sollen, sondern auch darüber, *wer* zur Zahlung gezwungen werden sollte. Beispielsweise ist die gemeinhin anerkannte Theorie der "Zahlungsfähigkeit", wie der Liberale Frank Chodorov darlegte, die Philosophie des Straßenräubers: dem Opfer soviel abzunehmen, wie es der Räuber nur schafft – wohl kaum eine überzeugende Sozialphilosophie und natürlich in völligem Widerspruch mit dem Zahlungssystem des freien Marktes. Denn wenn jeder gezwungen wäre, für alle Güter und Dienste nach seinem Einkommen zu bezahlen, gäbe es überhaupt kein System der Preisbildung, und kein Marktsystem könnte funktionieren. (David Rockefeller könnte zum Beispiel gezwungen werden, eine Million Dollar für eine Scheibe Brot zu zahlen.)[233]

Desweiteren hat kein *Laissez-faire*-Theoretiker jemals eine Theorie der Staatsgröße vorgebracht. Wenn der Staat ein zwangsweises Gewaltmonopol in einem bestimmten Territorium haben soll, *wie groß* soll dieses Territorium dann sein? Diese Theoretiker haben den Umstand nicht ganz beachtet, daß die Welt immer in einer "internationalen Anarchie" gelebt hat – ohne einheitliche Regierung oder ein Zwangsmonopol auf die Gerichtsbarkeit *zwischen* den verschiedenen Ländern. Und doch haben die internationalen Beziehungen zwischen *privaten Bürgern* verschiedener Länder im allgemeinen reibungslos funktioniert, obgleich sie keiner einheitlichen Regierung unterstanden. So wird etwa ein Vertragsstreit oder eine strafrechtliche Auseinandersetzung zwischen einem Bürger Bayerns und einem Bürger Lothringens gewöhnlich zügig behandelt. Typischerweise klagt der Kläger vor seinem örtlichen Gericht, und das Gericht des anderen Landes erkennt das Ergebnis an. Kriege und Konflikte tragen sich üblicherweise zwischen den *Regierungen* der verschiedenen Länder zu, nicht zwischen ihren privaten Bürgern.

Doch noch grundsätzlicher gefragt: Würde ein *Laissez-faire*-Theoretiker das Sezessionsrecht einer Region oder eines Landes anerkennen? Ist West-Ruritanien berechtigt, sich von Ruritanien abzuspalten? Wenn nicht, warum nicht? Und wenn ja, wie kann es dann einen logischen Haltepunkt der Sezession geben? Könnte nicht ein kleiner Landstrich sezessionieren, dann eine Stadt, dann ein Viertel dieser Stadt,

---

233 Siehe Frank Chodorov, *Out of Step*, New York, Devin-Adair, 1962, S. 237. Eine Kritik an der Theorie der Zahlungsfähigkeit und an anderen Versuchen, Maßstäbe für die "Gerechtigkeit" der Besteuerung zu entwickeln, siehe Rothbard, *Power and Market*, S. 135-167.

dann ein Häuserblock und schließlich ein einzelnes Individuum?[234] Sobald man *irgendein* Sezessionsrecht zugesteht, gibt es keinen logischen Haltepunkt vor dem Recht auf *individuelle* Sezession. Dies wiederum bringt logischerweise Anarchismus und einen Sturz des Staates mit sich, da Individuen nun sezessionieren und Kunden ihrer eigenen Schutzorganisationen werden können.

Schließlich gibt es einen entscheidenden Widerspruch in dem Kennzeichen von *Laissez-faire* an sich: in der Begrenzung des Staates auf den Schutz von Person und Eigentum. Denn wenn ein Staat zur Erhebung von Steuern berechtigt ist, warum darf er seine Untertanen nicht auch besteuern, um andere Güter und Dienste zu erbringen, die für die Konsumenten nützlich sein könnten: Warum sollte der Staat beispielsweise nicht auch Stahlwerke und Staudämme bauen, Schuhe herstellen, die Post betreiben usw.? Denn alle diese Güter und Dienste nützen dem Verbraucher. Wenn die *Laissez-faire*-Theoretiker einwenden, der Staat solle keine Stahlwerke oder Schuhfabriken bauen, um sie dem Verbraucher (kostenlos oder zu einem Preis) zur Verfügung zu stellen, weil zum Aufbau dieser Fabriken von Steuerzwang Gebrauch gemacht wurde, dann kann der gleiche Einwand natürlich auch gegen staatliche Polizei- und Gerichtsdienste geltend gemacht werden. Der Staat sollte vom Standpunkt der *Laissez-faire*-Theoretiker nicht unsittlicher handeln, wenn er Häuser und Stahl liefert, als wenn er Polizeischutz bereitstellt. Ein auf die Schutzfunktion begrenzter Staat kann daher *selbst im Rahmen* des *Laissez-faire*-Ideals an sich nicht aufrecht erhalten werden – und unter anderen Gesichtspunkten noch viel weniger. Es ist richtig, daß man das *Laissez-faire*-Ideal immer noch gebrauchen kann, um staatlichen Zwang "zweiten Grades" (d.h. Zwang über den ursprünglichen Zwang der Besteuerung *hinaus*) wie Höchstpreise oder das Verbot von Pornographie zu verhindern. Doch die "Grenzen" sind nun in der Tat fließend geworden, und sie können ausgedehnt werden, bis ein praktisch vollständiger Kollektivismus, in dem der Staat zwar *nur* Güter und Dienste, aber *alle* Güter und Dienste liefert, erreicht ist.

24 Der moralische Status von Beziehungen zum Staat

Wenn der Staat daher eine riesige Maschine institutionalisierter Verbrechen und Rechtsverletzungen ist, die "Organisation des politischen Mittels" des Vermögenserwerbs, so bedeutet das, daß der Staat eine kriminelle Vereinigung ist und daß sein moralischer Status daher grundverschieden von jedem der gerechten Eigentümer ist, die wir in dem vorliegenden Werk erörtert haben. Und es bedeutet, daß der moralische Status von Verträgen mit dem Staat, Versprechen an ihn und von ihm, ebenfalls völlig andersartig ist. Es bedeutet zum Beispiel, daß niemand moralisch

234 Mises erkannte diesen Punkt. Er unterstützte das theoretische Sezessionsrecht jedes Individuums und machte in der Praxis nur aus "verwaltungstechnischen Rücksichten" bereits vor dem Individuum Halt. Ludwig von Mises, *Liberalismus*, Sankt Augustin, Academia Verlag, 1993, S. 97.

verpflichtet ist, dem Staat zu gehorchen (nur insofern, als der Staat lediglich das Recht auf gerechtes Privateigentum gegen Angriffe verteidigt). Denn als kriminelle Vereinigung, deren gesamtes Einkommen und Vermögen aus dem Verbrechen der Besteuerung stammt, *kann der Staat kein gerechtes Eigentum besitzen*. Das bedeutet, daß es nicht ungerecht oder unsittlich sein kann, dem Staat keine Steuern zu zahlen, sich das Eigentum des Staates (welches sich in den Händen von Rechtsbrechern befindet) anzueignen, staatlichen Anordnungen zuwiderzuhandeln oder Verträge mit dem Staat zu brechen (da es nicht ungerecht sein kann, Verträge mit Kriminellen zu brechen). Moralisch betrachtet – vom Standpunkt richtiger politischer Philosophie – bedeutet "Diebstahl" am Staat beispielsweise, daß Eigentum aus kriminellen Händen entwendet wird. In gewissem Sinne handelt es sich um einen "Ersterwerb" von Eigentum, nur daß die betreffende Person kein unbenutztes Land in Besitz nimmt, sondern Eigentum aus dem kriminellen Sektor der Gesellschaft entfernt – ein positiver Nutzen.

Eine teilweise Ausnahme liegt in dem Fall vor, daß der Staat eindeutig das Eigentum einer bestimmten Person gestohlen hat. Angenommen etwa, daß der Staat Juwelen beschlagnahmt, die Braun gehören. Wenn Grün dann dem Staat die Juwelen stiehlt, so begeht er vom Standpunkt der liberalen Theorie kein kriminelles Vergehen. Dennoch gehören ihm die Juwelen nicht, und Braun wäre berechtigt, die Juwelen gewaltsam aus Grüns Besitz in den seinigen zu überführen. In den meisten Fällen gelangen natürlich die staatlichen Pfändungen, die in der Form der Besteuerung vor sich gehen, in einen gemeinsamen Topf, und es ist unmöglich, die einzelnen Eigentümer eines bestimmten Eigentums zu bezeichnen. *Wem* gehört zum Beispiel eigentlich ein Staudamm der Bayernwerke oder ein Postgebäude? In diesen überwiegenden Fällen wäre Grüns Diebstahl bzw. "Ersterwerb" aus dem Staatsbesitz mithin ebenso berechtigt wie nicht-kriminell. Grüns Handlung würde ihm einen gerechten Eigentumsanspruch aus Ersterwerb verschaffen.

Erst recht wird es daher moralisch legitim, den Staat anzulügen. Genau wie niemand moralisch verpflichtet ist, einem Räuber wahrheitsgemäß zu antworten, wenn dieser fragt, ob man irgendwelche Wertgegenstände im Haus aufbewahre, so ist niemand moralisch verpflichtet, auf ähnliche Fragen wahrheitsgemäß zu antworten, wenn der Staat sie stellt, zum Beispiel wenn man seine Einkommensteuererklärung abgibt.

All das bedeutet natürlich nicht, daß wir anraten oder fordern müssen, daß man zivilen Ungehorsam leistet, Steuerzahlungen verweigert, den Staat anlügt oder ihn bestiehlt. Denn diese Handlungen können angesichts der höheren Gewalt, die der Staatsapparat besitzt, durchaus unklug sein. Doch wir sagen, daß diese Handlungen gerecht und moralisch erlaubt sind. Beziehungen zum Staat werden für die betroffenen Individuen, die den Staat als einen gegenwärtig überlegenen Feind behandeln müssen, daher zu einer Angelegenheit kluger und pragmatischer Erwägungen.

Viele Liberale geraten über bestimmte Beziehungen zum Staat in Verlegenheit, selbst wenn sie die allgemeine Unsittlichkeit oder Kriminalität staatlicher Handlungen oder Eingriffe zugeben. Da gibt es etwa die Frage des staatlichen Zahlungsverzugs bzw. meistens der Nichtanerkennung von Staatsschulden. Viele Liberale behaupten, der Staat sei moralisch verpflichtet, seine Schulden zu zahlen. Daher sei Zahlungsverzug bzw. Nichtanerkennung zu vermeiden. Das Problem liegt hier darin, daß diese Liberalen Analogieschlüsse aus der vollkommen richtigen These ziehen, daß *private* Personen oder Institutionen ihre Verträge einhalten und ihre Schulden zahlen sollten. Doch der Staat hat kein eigenes Geld. Die Begleichung seiner Schulden bedeutet, daß die Steuerzahler weiterhin zu Zahlungen an die Inhaber von Staatsanleihen gezwungen werden. Ein solcher Zwang kann vom liberalen Standpunkt aus niemals statthaft sein. Denn nicht nur, daß mehr Steuern auch mehr Zwang und Rechtsverletzungen am Privateigentum bedeuten, vor allem erscheint auch der vermeintlich unschuldige Obligationsinhaber in einem ganz anderen Licht, wenn wir uns vor Augen führen, daß der Kauf einer Staatsanleihe nichts anderes als eine Investition in die zukünftige Steuerbeute ist. Als eifriger Investor in zukünftigen Raub erscheint der Obligationsinhaber somit in einem ganz anderen moralischen Licht als man gemeinhin annimmt.[235]

Ein anderes Problem, das man im Hinblick auf den Staat unter ein neues Licht stellen sollte, betrifft den Vertragsbruch. Oben haben wir unsere Auffassung begründet, daß es in der freien Gesellschaft rechtens wäre, aus einer Armee auch dann auszutreten, wenn man einen freiwilligen Vertrag für eine längere Verpflichtungszeit unterzeichnet hat. Denn vollstreckbare Verträge sind eigentlich Anspruchsübertragungen und keine Versprechen. Doch egal welche Vertragstheorie wir uns zueigen machen – solche Überlegungen betreffen nur *private* Armeen auf dem freien Markt. Da staatliche Armeen kriminelle Rechtsbrecher sind – sowohl in ihren Betätigungen, als auch durch ihre Einkommensmittel – wäre es moralisch statthaft, die staatliche Armee jederzeit und unabhängig von den Vertragsbedingungen zu verlassen. Moralisch hat das Individuum dazu das Recht. Ob eine solche Tat hingegen klug ist, ist wiederum eine völlig andere Frage.

Betrachten wir vor diesem Hintergrund das Problem der Bestechung von staatlichen Beamten. Oben sahen wir, daß in einer freien Gesellschaft bzw. auf dem freien Markt der *Bestecher* rechtens handelt, während der *Bestochene* jemanden betrügt (z.B. einen Arbeitgeber) und daher gerichtlich belangt zu werden verdient. Wie steht es nun mit der Bestechung von Staatsvertretern? Hier muß zwischen "aggressiver" und "defensiver" Bestechung unterschieden werden. Erstere sollte als unanständig und rechtsbrecherisch, letztere hingegen als ordnungsgemäß und rechtens angesehen werden. Führen wir uns eine typische "aggressive Bestechung" vor Augen: Ein Mafiaführer besticht Offiziere der Polizei, andere Betreiber von Glücksspielkasinos aus einem bestimmten Gebiet auszuschließen. Hier kollaboriert der Mafioso mit dem Staat, um konkurrierende Eigentümer von Glücksspielkasinos zu nötigen. Der Mafioso ist in diesem Fall ein Anstifter und Mitschuldiger des staatlichen Angriffs auf seine Konkurrenten. Andererseits hat eine "defensive Bestechung" einen davon grundverschiedenen moralischen Status. In einem solchen Fall besticht beispielswei-

235 Zur Nichtanerkennung von Staatsschulden siehe Chodorov, "Don't Buy Government Bonds", in *Out of Step*, S. 170-177; sowie Rothbard, *Man, Economy, and State*, II, S. 881-883.

se Robinson – der sieht, das Glücksspielkasinos in einem bestimmten Gebiet verboten sind – Polizisten dafür, daß sie den Betrieb seines Kasinos gestatten. Dies ist eine völlig berechtigte Reaktion auf eine unglücklichen Lage.

In der Tat erfüllen defensive Bestechungen in der ganzen Welt eine wichtige gesellschaftliche Funktion. Denn in vielen Ländern könnte ohne das Schmiermittel der Bestechung überhaupt kein Geschäftsleben stattfinden. Auf diese Weise können lähmende und zerstörerische Reglementierungen und Forderungen vermieden werden. Ein "korrupter Staat" ist daher nicht unbedingt etwas schlechtes. *Verglichen* mit einem "unbestechlichen Staat", dessen Beamte die Gesetze mit großer Strenge durchsetzen, erlaubt "Korruption" zumindest ein teilweises Blühen freiwilliger Geschäfte und Betätigungen. In beiden Fällen sind natürlich weder die Reglementierungen und Verbote noch die Vollstreckungsbeamten selbst gerechtfertigt, da es überhaupt keine Beamten oder staatliche Forderungen geben sollte.[236]

Für einige Bereiche erkennen die bestehenden Gesetze und die öffentliche Meinung einen radikalen Unterschied zwischen Privatpersonen und staatlichen Beamten an. So findet das "Recht auf die Privatsphäre" bzw. das Schweigerecht eines privaten Individuums bei staatlichen Beamten, deren Berichte und Tätigkeiten der öffentlichen Kenntnisnahme und Bewertung zugänglich sein sollten, keine Anwendung, und das sollte auch nicht so sein. Es gibt zwei demokratische Argumente, um Beamten das Recht auf die Privatsphäre zu bestreiten, die zwar nicht im engeren Sinne liberal sind, aber in ihrem Anwendungsbereich zutreffen, daß nämlich (1) die Öffentlichkeit in einer Demokratie nur dann über öffentliche Angelegenheiten ent-

---

236 Es gibt beträchtliche Anhaltspunkte, daß die Sowjetwirtschaft nur wegen der weitverbreiteten Bestechung ("Blat" genannt) überhaupt funktioniert. Margaret Miller spricht von "dem Schattensystem privaten Unternehmertums in der Planwirtschaft". Margaret Miller, "Markets in Russia", in M. Miller, T. Piotrowicz, L. Sirc und H. Smith, *Communist Economy Under Change*, London, Institute for Economic Affairs, 1963, S. 23-30.

H.L. Mencken erzählt eine bezaubernde und lehrreiche Geschichte über den Gegensatz von "Korruption" und "Reform": "Er [Menckens Vater] glaubte, daß politische Korruption in einer Demokratie unvermeidbar sei, und er argumentierte sogar aufgrund eigener Erfahrungen, daß dies Vorteile mit sich bringe. Eine seiner Lieblingsanekdoten drehte sich um ein riesiges schwingendes Schild, das vor seinem Geschäftshaus in der Paca Street hing. Als das Gebäude 1885 errichtet wurde, hängte er einfach das Schild raus, ließ nach dem Stadtrat des Viertels rufen und gab ihm $20. Das deckte alle Zulassungs- und Stellgeschäftsgebühren, Grunddienstbarkeitssteuern und andere derartige Kosten und Abgaben für jetzt und immer. Der Stadtrat steckte das Geld ein, und im Gegenzug wurde von ihm erwartet, daß er alle Straßenpolizisten, Gebäudeinspektoren oder andere Würdenträger, die an der Sache irgendein rechtmäßiges Interesse hatten oder sich zu ihrem privaten Gewinn einzumischen versuchten, hinhielt. Da er nach eigenen Begriffen ein ehrbarer Mann war, behielt er seinen Gewinn, und das Schild schlackerte und quietschte zehn Jahre lang im Wind. Aber dann, im Jahre 1895, gab es eine Reformwelle in Baltimore. Der Stadtrat wurde abgewählt, und die Idealisten im Rathaus ließen verlautbaren, daß eine Lizenz zum Erhalt des Schildes $62,75 pro Jahr kosten würde. Am nächsten Tag kam es runter. Das war für meinen Vater der Beweis, daß Reformen im wesentlichen eine Verschwörung gieriger Scharlatane sind, um Steuerzahlern ihr Geld abzuknöpfen." H.L. Mencken, *Happy Days: 1880-1892*, New York, Alfred Knopf, 1947, S. 251f.

scheiden und öffentliche Vertreter wählen kann, wenn sie über die staatlichen Vorgänge vollkommen im Bilde ist; und daß (2) die Steuerzahler die Rechnung des Staates begleichen und daher das Recht haben sollten, zu wissen, was der Staat tut. Hinzu käme das liberale Argument, daß – weil der Staat eine Organisation ist, die die Rechte und Personen der Bürger verletzt – die vollkommene Aufdeckung seiner Betätigungen zumindest ein Recht ist, das die Untertanen ihrem Staat abringen könnten und das sie benutzen können, um der Staatsmacht zu widerstehen bzw. um sie zu beschneiden.

Ein weiterer Bereich, in dem das heutige Gesetz zwischen privaten Bürgern und öffentlichen Beamten unterscheidet, ist das Gesetz über üble Nachrede. Oben haben wir argumentiert, daß solche Gesetze unrechtens sind. Doch selbst wenn es Gesetze gegen Verleumdung gibt, ist es wichtig, zwischen der Verleumdung eines privaten Bürgers und der eines Beamten oder einer Behörde zu unterscheiden. Im neunzehnten Jahrhundert waren wir endlich das schädliche Gesetz gegen "Hetzreden" losgeworden, das wie ein Prügel benutzt worden war, um fast jegliche Kritik am Staat zu unterdrücken. Heute ist die Anwendung der Verleumdungsgesetze glücklicherweise abgeschwächt worden und das nicht nur im Hinblick auf den Staat an sich, sondern auch im Hinblick auf Politiker oder Beamte.

Viele anarchistische Liberale behaupten, es sei unsittlich, sich an Wahlen zu beteiligen oder politischen Betätigungen nachzugehen. Das Argument lautet, daß der Liberale durch diese Teilnahme an Staatsbetätigungen auch dem Staatsapparat selbst seine moralische Zustimmung geben würde. Aber eine moralische Entscheidung muß eine freie Entscheidung sein, und der Staat hat die Individuen in der Gesellschaft einer unfreien Umgebung ausgesetzt, einer allgemeinen Zwangsmatrix. Unglücklicherweise existiert der Staat nun einmal, und die Menschen müssen zwangsläufig bei dieser Matrix ansetzen, um zu versuchen, ihre Lage zu bessern. Wie Lysander Spooner darlegte, bedeutet die Teilnahme an Wahlen in einer Umgebung staatlichen Zwanges keine freiwillige Zustimmung.[237] Wenn uns der Staat ab und an eine Wahl der Herrschenden erlaubt, so kann es sicherlich nicht als unsittlich angesehen werden, mit Hilfe dieser Wahl – wie begrenzt sie auch sein mag – zu versuchen, die Staatsmacht zu verringern oder abzuschütteln.[238]

Der Staat ist außerdem nicht einfach ein Teil der Gesellschaft. In der Tat liegt die Hauptstoßrichtung dieses Teils des vorliegenden Werkes in dem Beweis, daß der Staat, anders als die meisten utilitaristischen Marktwirtschaftler gerne denken, *keine* rechtmäßige gesellschaftliche Einrichtung ist, die dazu neigt, bei den meisten ihrer Betätigungen stümperhaft und ineffizient zu sein. Im Gegenteil ist der Staat eine von Natur aus unrechtmäßige Einrichtung des organisierten Rechtsbruchs, des organisierten und regelgeleiteten Verbrechens an Person und Eigentum von Untertanen. Er wird nicht von der Gesellschaft benötigt, sondern ist vielmehr eine zutiefst gesellschafts*feindliche* Einrichtung, die parasitenhaft von den produktiven Betätigungen

237 Die relevante Passage von Spooner findet sich oben, S. 171.

238 Mehr zur richtigen Strategie der Freiheit findet sich unten, S. 253ff.

der privaten Bürger lebt. Moralisch gesehen ist er unrechtmäßig und steht außerhalb des normalen liberalen Rechtssystems (wie es oben in Teil II umrissen wurde), das die Rechte und das gerechte Eigentum privater Bürger abgrenzt und sichert. Vom Standpunkt der Gerechtigkeit und Sittlichkeit kann der Staat daher kein Eigentum besitzen, keinen Gehorsam verlangen, keinen mit ihm abgeschlossenen Vertrag durchsetzen und, in der Tat, überhaupt nicht bestehen.

Einer weitverbreiteten Verteidigung des Staates zufolge ist der Mensch ein "soziales Tier", das in der Gesellschaft leben muß. Individualisten und Liberale würden dagegen an die Existenz "atomisierter Individuen" glauben, die unbeeinflußt von ihren Mitmenschen sind und beziehungslos neben diesen stehen. Doch kein Liberaler hat Individuen jemals für isolierte Atome gehalten. Im Gegenteil haben alle Liberalen die Notwendigkeit und die gewaltigen Vorteile des Lebens in der Gesellschaft und der Teilnahme an der gesellschaftlichen Arbeitsteilung anerkannt. Das große *non sequitur*, das die Verteidiger des Staates – einschließlich der klassisch-aristotelischen und der thomistischen Philosophen – begingen, ist der Sprung von der Notwendigkeit der *Gesellschaft* zur Notwendigkeit des *Staates*.[239] Im Gegenteil ist der Staat, wie von uns angedeutet, ein gesellschafts*feindliches* Instrument, das den freiwilligen Tausch, die individuelle Kreativität und die Arbeitsteilung behindert. "Gesellschaft" ist eine nützliche Bezeichnung für die freiwilligen Beziehungen von Individuen beim friedlichen Tausch auf dem Markt. Hier können wir auf Albert Jay Nocks treffliche Unterscheidung zwischen "gesellschaftlicher Macht" – den Früchten freiwilligen Austauschs in Wirtschaft und Zivilisation – und "Staatsmacht", dem nötigenden Eingriff und Ausbeutung jener Früchte, verweisen. Im Lichte dieser Unterscheidung zeigte Nock, daß die Geschichte der Menschheit im Grunde ein Wettrennen zwischen gesellschaftlicher Macht und Staatsmacht ist, zwischen einerseits den wohltätigen Früchten friedlicher und freiwilliger Produktion und Kreativität und andererseits dem lähmenden und parasitären Einfluß, den die Staatsmacht auf den freiwilligen und produktiven gesellschaftlichen Prozeß ausübt.[240] Alle Dienste, die nach der gemeinen Auffassung den Staat erforderlich machen – vom Münzprägen über Polizeischutz bis zur Rechtsfortbildung, um die Rechte an Person und Eigentum zu schützen – können weitaus effizienter und sicherlich moralischer von Privatleuten erbracht werden, und sie sind von diesen so erbracht worden. Der Staat ist in keinem Sinne ein Erfordernis der menschlichen Natur. Das Gegenteil ist richtig.

---

239 Siehe Rothbard, *Power and Market*, S. 237.

240 Siehe Albert Jay Nock, *Our Enemy the State*, New York, Free Life Editions, 1973, S. 3ff.

25 Über zwischenstaatliche Beziehungen

Jeder Staat hat ein angemaßtes Gewaltmonopol über ein bestimmtes Gebiet, wobei die Größe des Gebiets von den jeweiligen historischen Bedingungen abhängt. *Außenpolitik* oder *Außenbeziehungen* können als das Verhältnis zwischen irgendeinem Staat A und anderen Staaten B, C und D und der Bevölkerung, die unter diesen Staaten lebt, definiert werden. In der moralischen Idealwelt gäbe es keine Staaten, und folglich gäbe es natürlich keine Außenpolitik. Doch angesichts der Existenz von Staaten stellt sich die Frage, ob es irgendwelche moralischen Grundsätze gibt, die der Liberalismus als Maßstäbe der Außenpolitik bestimmen kann. Die Antwort auf diese Frage ist im großen und ganzen die gleiche wie bei den liberalen Moralmaßstäben, die für die "Innenpolitik" von Staaten bestimmt wurden, nämlich, das Ausmaß des von Staaten über individuelle Personen ausgeübten Zwangs so weit wie möglich zu verringern.

Bevor wir zwischenstaatliches Handeln näher betrachten, sollten wir uns für einen Moment der rein liberalen, staatenlosen Welt zuwenden, in der Individuen und die von ihnen beauftragten privaten Schutzunternehmen ihren Gewaltgebrauch strikt darauf begrenzen, Person und Eigentum vor Gewalt zu schützen. Angenommen, daß Meier, der in dieser Welt lebt, herausfindet, daß er oder sein Eigentum von Schmidt verletzt wird. Wie wir sahen, ist es rechtens, wenn Meier diesen Angriff durch den Gebrauch defensiver Gewalt zurückschlägt. Doch nun müssen wir fragen: Hat Meier auch das Recht, bei seiner berechtigten Verteidigung gegen Schmidt aggressive Gewalt gegen unschuldige Dritte zu begehen? Offensichtlich muß die Antwort nein lauten. Denn die Regel, die Gewalt gegen Person oder Eigentum unschuldiger Menschen verbietet, ist absolut. Sie gilt unabhängig von den subjektiven *Motiven* für die Rechtsverletzung. Es ist falsch und kriminell, das Eigentum oder die Person eines anderen zu verletzen, selbst wenn man ein Robin Hood ist oder wenn man verhungert oder wenn man sich gegen den Angriff eines Dritten verteidigt. In vielen dieser Fälle und Extremsituationen mögen wir die Motive verstehen und Sympathie für sie empfinden. Wir (bzw. vielmehr das Opfer oder seine Erben) mögen später die Schuld geringer bemessen, wenn der Kriminelle vor das Strafgericht kommt, doch wir können uns der Einsicht nicht verweigern, daß diese Rechtsverletzung immer noch eine kriminelle Handlung ist und daß das Opfer vollkommen im Recht ist, sie nötigenfalls gewaltsam zurückzuschlagen. Kurzum: A verletzt B's Rechte, weil C die Rechte A's verletzt oder dies androht. Wir mögen C's "höhere" Schuld in diesem ganzen Vorgang verstehen, und dennoch nennen wir die Rechtsverletzung durch A eine kriminelle Handlung, die B mit jedem Recht gewaltsam zurückschlagen darf.

Noch konkreter gesagt hat Meier, wenn er herausfindet, daß sein Eigentum von Schmidt gestohlen wird, das Recht, Schmidt zurückzuschlagen und seiner habhaft zu werden. Doch Meier hat *kein* Recht, ihn zurückzuschlagen, indem er ein Gebäude bombardiert und unschuldige Leute ermordet, oder seiner habhaft zu werden, indem er ein Maschinengewehrfeuer in eine unschuldige Menschenmenge entlädt. Wenn er das tut, ist er ein ebensolcher Verbrecher wie Schmidt oder sogar ein noch größerer.

Die gleichen Maßstäbe gelten, wenn Schmidt und Meier jeweils Leute auf ihrer Seite haben, d.h. wenn ein "Krieg" zwischen Schmidt und seinem Gefolge und Meier und seinen Leibwächtern ausbricht. Wenn Schmidt und eine Gruppe Gefolgsleute die Rechte von Meier verletzen und Meier und seine Leibgarde die Schmidt-Bande bis in ihr Lager verfolgen, so können wir Meier bei seinem Unterfangen bejubeln; und wir und andere, die daran Interesse finden, Rechtsverletzungen zurückzuschlagen, können finanziell oder persönlich zur Sache Meiers beitragen. Doch Meier und seine Leute haben ebenso wie Schmidt *kein* Recht, bei ihrem "gerechten Krieg" die Rechte irgendjemand anderes zu verletzen: das Eigentum anderer zu stehlen, um ihre Jagd zu finanzieren, andere gewaltsam in ihr Polizeiaufgebot einzuziehen oder andere bei ihrem Kampf mit den Schmidt-Leuten zu töten. Wenn Meier und seine Leute etwas derartiges tun sollten, werden sie genauso *unbeschränkt* zu Verbrechern wie Schmidt, und sie unterliegen dann allen Strafen für Kriminalität. In der Tat, wenn Schmidts Vergehen Diebstahl war und wenn Meier andere Leute gewaltsam in sein Aufgebot nehmen sollte, um Schmidt zu fangen, oder wenn er auf der Jagd unschuldige Menschen töten sollte, dann wird Meier zu einem *größeren* Verbrecher als Schmidt, denn Verbrechen wie Versklavung und Mord sind sicherlich weitaus schlimmer als Diebstahl.

Angenommen, daß Schmidt bei seinem "gerechten Krieg" gegen die von Schmidt angerichteten Verwüstungen ein paar unschuldige Menschen tötet; und angenommen, er würde in einer theatralischen Verteidigung dieses Mordes bekunden, er habe lediglich nach dem Motto "Gebt mir Freiheit oder gebt mir den Tod" gehandelt. Die Lächerlichkeit dieser "Verteidigung" sollte sofort offensichtlich sein, denn die Frage lautet nicht, ob Meier gewillt war, bei seinem defensiven Kampf gegen Schmidt den persönlichen Tod zu riskieren. Die Frage lautet, ob er willens war, in Verfolgung seines berechtigten Zieles andere unschuldige Menschen zu töten. Denn in Wahrheit handelte Meier nach dem vollkommen unhaltbaren Motto "Gebt mir Freiheit oder *anderen* den Tod" – sicherlich kein sehr nobler Schlachtruf.

Krieg, selbst ein gerechter Verteidigungskrieg, ist also nur dann angemessen, wenn die Ausübung der Gewalt streng auf die individuellen Kriminellen beschränkt wird. Wir können uns die Frage, wie viele Kriege oder Konflikte in der Geschichte dieses Kriterium erfüllt haben, selber beantworten.

Häufig wurde, insbesondere von Konservativen, behauptet, daß sich die schrecklichen modernen Massenvernichtungswaffen (Kernwaffen, Raketen, biologische Kriegsführung usw.) nur *graduell* und nicht *wesentlich* von den einfacheren Waffen früherer Zeiten unterscheiden. Eine Antwort darauf lautet natürlich, daß, wenn das Maß die Anzahl menschlicher Leben ist, der Unterschied ein sehr großer ist. Doch eine typisch liberale Antwort lautet, daß man mit Pfeil und Bogen und selbst mit einem Gewehr auf die eigentlichen Verbrecher zielen kann, wenn man nur will. Mit modernen Kernwaffen kann man das nicht. Hier liegt ein entscheidender Wesensunterschied. Natürlich könnten Pfeil und Bogen zu aggressiven Zwecken benutzt werden, aber sie könnten auch für den ausschließlichen Gebrauch gegen Rechtsverletzer bestimmt werden. Kernwaffen, selbst "konventionelle" Luftbomben, können das nicht. Diese Waffen sind *ipso facto* Maschinen unterschiedsloser Massenvernichtung. (Die einzige Ausnahme wäre der außergewöhnlich seltene Fall, daß eine große Menschenmenge, die *nur* aus Verbrechern besteht, ein riesiges geographisches Gebiet bewohnt.) Wir müssen daraus schließen, daß der Gebrauch von Kernwaffen u.ä. oder die Androhung desselben ein Verbrechen gegen die Menschheit ist, für das es keine Rechtfertigung geben kann.[241]

Darum stimmt das alte Klischee nicht mehr, daß nicht die Waffen, sondern der Wille zu ihrem Gebrauch entscheidend sind, um Fragen von Krieg und Frieden zu entscheiden. Denn das Kennzeichen moderner Waffen liegt gerade darin, daß sie *nicht* fallweise, nicht auf liberale Weise gebraucht werden können. Daher muß ihre bloße Existenz verurteilt werden, und die Abrüstung von Kernwaffen wird zu einem Ziel, das man um seiner selbst willen anstreben muß. Unter allen Gesichtspunkten der Freiheit ist eine solche Abrüstung in der Tat das höchste politische Ziel, das man in der modernen Welt verfolgen kann. Denn genau wie Mord ein scheußlicheres Verbrechen an einem anderen Menschen als Diebstahl ist, so ist Massenmord – in der Tat Mord, der so umfassend ist, daß er die menschliche Zivilisation und das menschliche Überleben an sich bedroht – das schlimmste Verbrechen, das ein Mensch überhaupt begehen könnte. Und heute ist dieses Verbrechen nur allzu möglich. Oder wäre es richtig, wenn Liberale sich über staatliche Preisfestsetzungen oder die Einkommensteuer empörten, über das Erzverbrechen des Massenmords aber die Schulter zuckten oder sogar aktiv dafür einträten?

Wenn ein Kernwaffenkrieg selbst für Individuen, die sich gegen kriminelle Übergriffe verteidigen, vollkommen unzulässig ist, um wieviel mehr muß das gleiche erst für einen nuklearen oder selbst einen "konventionellen" Krieg zwischen Staaten gelten!

Bringen wir nun den Staat in unsere Erörterung. Da sich jeder Staat – solange seine Raubzüge und Erpressungen nicht auf Widerstand stoßen – ein Gewaltmonopol über ein Territorium anmaßt, sagt man, in diesem Gebiet herrsche "Frieden", da die einzige Gewalt ständig und einseitig erfolgt und vom Staat gegen sein Volk ausgeübt wird. Offene Konflikte brechen im Staatsgebiet nur bei "Revolutionen" aus, in denen sich die Leute dem gegen sie gerichteten Gebrauch der Staatsmacht widersetzen. Sowohl der ruhige Fall des ungehinderten Staates, als auch der Fall offener Revolution können "vertikale Gewalt" genannt werden – Gewalt des Staates gegen sein Volk oder umgekehrt.

In der gegenwärtigen Welt wird jedes Gebiet von einer Staatsorganisation beherrscht. Dabei sind eine Reihe von Staaten über die Erde verstreut, von denen jeder über ein Gewaltmonopol in seinem Territorium verfügt. Es gibt keinen Superstaat

241 Eine klare Darlegung der moralischen Stichhaltigkeit der Unterscheidung zwischen Kämpfern und Nicht-Kämpfern findet sich bei G.E.M. Anscombe, *Mr. Truman's Degree*, Oxford, Selbstverlag, 1956. Diese Flugschrift wurde als ein Protest gegen die Verleihung der Ehrendoktorwürde der Universität Oxford an Präsident Truman veröffentlicht.

mit einem Geewaltmonopol über die ganze Welt, und somit besteht zwischen den verschiedenen Staaten ein Zustand der "Anarchie".[242] Mit Ausnahme von Revolutionen, die nur vereinzelt vorkommen, findet offene Gewalt und zweiseitiger Konflikt in der Welt daher *zwischen* zwei oder mehr Staaten statt. Das heißt dann "internationaler Krieg" oder "horizontale Gewalt".

Nun gibt es entscheidende und lebenswichtige Unterschiede zwischen Kriegen unter Staaten auf der einen Seite und Revolutionen gegen den Staat oder Knflikten zwischen privaten Individuen auf der anderen Seite. In einer Revolution findet der Konflikt *innerhalb* eines geographischen Gebietes statt. Sowohl die Günstlinge des Staates, als auch die Revolutionäre bewohnen dasselbe Territorium. Zwischenstaatlicher Krieg findet hingegen zwischen zwei Gruppen statt, von denen jede ein Monopol an ihrem eigenen Gebiet hat, d.h. er findet zwischen Einwohnern verschiedener Territorien statt. Aus diesem Unterschied ergeben sich mehrere wichtige Konsequenzen:

(1) In einem zwischenstaatlichen Krieg ist das Anwendungsgebiet von modernen Massenvernichtungswaffen weitaus größer. Denn wenn die Eskalation der Waffen in einer inner-territorialen Auseinandersetzung zu groß wird, wird sich jede Seite mit den Waffen, die auf die andere Seite gerichtet sind, selbst in die Luft sprengen. Weder eine revolutionäre Gruppe noch ein die Revolution bekämpfender Staat kann zum Beispiel Kernwaffen gegen den anderen benutzen. Doch wenn die kriegführenden Parteien verschiedene Territorien bewohnen, wird das Anwendungsgebiet für moderne Waffen gewaltig groß, und das gesamte Arsenal der Massenvernichtung kommt zum Einsatz.

Eine zweite, damit zusammenhängende Folge (2) ist, daß, obwohl die *Möglichkeit* besteht, daß Revolutionäre ihre Angriffsziele genau bestimmen und sie auf ihre staatlichen Feinde begrenzen, eine solche Bestimmung in einem zwischenstaatlichen Krieg sehr viel weniger möglich ist. Das trifft selbst bei älteren Waffen zu, und bei modernen Waffen kann es natürlich überhaupt keine Zielfestlegung geben.

Da zudem (3) jeder Staat alle Menschen und Ressourcen in seinem Territorium mobilisieren kann, betrachtet der andere Staat alle Bürger des Gegnerlandes zumindest zeitweilig als seine Feinde und behandelt sie entsprechend, indem er den Krieg auf sie ausdehnt. So machen es alle Konsequenzen eines Krieges zwischen verschiedenen Gebieten beinahe unvermeidbar, daß ein zwischenstaatlicher Krieg Angriffe von beiden Seiten auf die unschuldigen Zivilisten – die privaten Individuen – des anderen mit sich bringt. Diese Unausweichlichkeit wird durch die modernen Massenvernichtungswaffen absolut.

242 Es ist seltsam und widersprüchlich, daß konservative Fürsprecher eines "begrenzten Staates" jeden Vorschlag zugunsten der Abschaffung eines Gewaltmonopols über ein bestimmtes Territorium als sinnlos verurteilen, da es die privaten Individuen ohne Oberherrschaft lassen würde, und *gleichzeitig* darauf beharren, die National*staaten* ohne Oberherrschaft zur Schlichtung von Streitigkeiten zu belassen.

Wenn ein besonderes Kennzeichen zwischenstaatlicher Kriege darin besteht, daß sie Kriege zwischen Territorien sind, so entspringt ein weiteres einzigartiges Kennzeichen aus der Tatsache, daß jeder Staat von der Besteuerung seiner Untertanen lebt. Jeder Krieg gegen einen anderen Staat bringt daher eine Verstärkung und Erweiterung der Besteuerungs-Angriffe gegen das eigene Volk mit sich. Auseinandersetzungen zwischen privaten Individuen können von den beteiligten Parteien auf freiwilliger Basis geführt und finanziert werden, und gewöhnlich ist das auch der Fall. Revolutionen können durch freiwillige Beiträge der Öffentlichkeit finanziert und ausgefochten werden, und häufig ist das so. Doch staatliche Kriege können nur durch Übergriffe auf den Steuerzahler geführt werden.

Alle Kriege eines Staates bringen daher verstärkte Übergriffe auf die Steuerzahler dieses Staates mit sich, und beinahe alle staatlichen Kriege (*alle* im modernen Krieg) bringen den größtmöglichen Übergriff (Mord) auf die unschuldige Zivilbevölkerung des Feindstaates mit sich. Andererseits werden Revolutionen häufig auf freiwilliger Basis finanziert und *können* ihre Gewalt auf die staatlichen Herrscher begrenzen; und private Auseinandersetzungen können ihre Gewalt auf die tatsächlichen Verbrecher begrenzen. Wir müssen daher schlußfolgern, daß einige Revolutionen und einige private Auseinandersetzungen rechtmäßig sein *können*, während staatliche Kriege *immer* zu verurteilen sind.

Einige Liberale mögen folgendes einwenden: “Wir bedauern zwar Steuern für den Krieg und das staatliche Monopol an Schutzdiensten, aber wir müssen die Existenz dieser Bedingungen zur Kenntnis nehmen, und solange sie existieren, müssen wir den Staat bei gerechten Verteidigungskriegen unterstützen.” Im Lichte unserer obigen Erörterung würde die Antwort wie folgt lauten: “Richtig, Staaten existieren, und solange sie dies tun, sollte die liberale Haltung zum Staat in den Worten bestehen: ‚Na gut, Du existierst, aber *zumindest* solltest Du solange Dein Handeln auf den Bereich, den Du monopolisierst, begrenzen.‘” Kurzum ist der Liberale daran interessiert, den Bereich staatlicher Übergriffe gegen alle privaten Individuen – ob “Ausländer” oder “Inländer” – so weit wie möglich zu verringern. In internationalen Angelegenheiten ist dies nur dadurch möglich, daß die Menschen jedes Landes ihren eigenen Staat dazu zwingen, sein Handeln auf den von ihm monopolisierten Bereich zu beschränken und nicht auf andere Staatsmonopolisten – insbesondere nicht auf die *Menschen*, die der Herrschaft anderer Staaten unterliegen – überzugreifen. Kurz gesagt liegt das Ziel des Liberalen darin, jeden bestehenden Staat auf das geringstmögliche Maß an Verletzungen von Personen und Eigentum zu begrenzen. Und das bedeutet, Kriege vollkommen zu vermeiden. Die Menschen unter jedem Staat sollten “ihre” jeweiligen Staaten drängen, einander nicht anzugreifen und, sollten Konflikte ausbrechen, einen Frieden auszuhandeln oder einen Waffenstillstand zu erklären so schnell es physisch nur möglich ist.

Nehmen wir nun eine Seltenheit an – einen ungewöhnlich eindeutigen Fall, in dem der Staat tatsächlich versucht, daß Eigentum eines seiner Bürger zu schützen. Ein Bürger der Landes A bereist oder investiert in einem Land B, und dann verletzt der Staat B seine Person und beschlagnahmt sein Eigentum. Sicherlich – so könnte unser liberaler Kritiker nun argumentieren – liegt hier ein eindeutiger Fall vor, in dem der Staat A dem Staat B mit Krieg drohen bzw. begegnen sollte, um das Eigentum "seines" Bürgers zu schützen. Da der Staat – so das Argument – sich das Monopol am Schutz seiner Bürger auferlegt hat, ist er verpflichtet, für jeden Bürger in den Krieg zu ziehen, und Liberale müssen dies als einen gerechten Krieg unterstützen.

Doch der Punkt ist wiederum, daß jeder Staat *nur* in seinem eigenen Territorium ein Gewalt- und mithin ein Schutzmonopol hat. Er hat kein solches Monopol – in der Tat überhaupt keine Befugnisse – in irgend einem anderen Territorium. Wenn daher ein Einwohner des Landes A in das Land B reisen oder dort investieren sollte, so muß der Liberale argumentieren, daß er sich dabei mit dem Staatsmonopolisten des Landes B einläßt und daß es unsittlich und kriminell wäre, wenn der Staat A Menschen im Land A besteuerte *und* zahlreiche Unschuldige in Land B tötete, um das Eigentum des Reisenden bzw. des Investors zu schützen.[243]

Es sollte auch herausgestellt werden, daß es *keinen* Schutz vor Kernwaffen gibt (der einzige gegenwärtige "Schutz" ist die Drohung "sicherer gegenseitiger Vernichtung") und daß der Staat daher *keinen* internationalen Schutz gewähren kann, solange diese Waffen existieren.

Das liberale Ziel sollte es daher sein, die Staaten ohne Rücksicht auf die besonderen Ursachen eines Konfliktes dazu zu drängen, keinen Krieg gegen andere Staaten zu beginnen, und – sollte ein Krieg ausbrechen – sie dazu zu drängen, den Frieden zu suchen und Waffenstillstände und Friedensverträge zu verhandeln, so schnell es physisch nur möglich ist. Dieses Ziel war übrigens im altmodischen internationalen Recht des achtzehnten und neunzehnten Jahrhunderts verankert, in Form des Ideals, daß kein Staat das Territorium eines anderen verletzt – was man heute "friedliche Koexistenz" der Staaten nennt.

Angenommen jedoch, daß trotz liberaler Opposition ein Krieg begonnen wurde und daß die kriegführenden Parteien keinen Frieden verhandeln. Was sollte dann die liberale Position sein? Sie liegt eindeutig darin, den Umfang des Übergriffs auf unschuldige Zivilisten soweit wie möglich zu verringern. Das altmodische internationale Recht besaß zwei hervorragende Vorrichtungen zu diesem Zweck: das "Kriegsrecht" und das "Neutralitätsrecht" bzw. die "Rechte neutraler Staaten". Die Neutralitätsgesetze sollten jeden Krieg strikt auf die kriegführenden Parteien begrenzen, ohne daß die Staaten bzw. vor allem die Völker anderer Länder angegriffen wurden. Hierin lag die Bedeutung solcher alter und heute vergessener amerikanischer Grundsätze wie dem der "Freiheit der Seewege", d.h. der strengen Beschränkung der Rechte kriegführender Staaten, den neutralen Handel mit dem Feindesland zu unter-

243 Eine andere Überlegung bezieht sich eher auf den "inländischen" Schutz innerhalb eines Staatsgebietes: Je *weniger* der Staat die Einwohner seines Gebietes vor (nicht-staatlichen) Kriminellen schützen kann, umso *besser* könnten diese Einwohner die Ineffizienz staatlicher Betätigungen erkennen und umso stärker werden sie sich nicht-staatlichen Schutzmethoden zuwenden. Das Versagen des Staates bei seiner Schutzfunktion mag daher einen erzieherischen Wert für die Öffentlichkeit haben.

drücken. Kurzum liegt die liberale Position darin, die kriegführenden Staaten dazu anzuhalten, die Rechte neutraler Bürger uneingeschränkt zu beachten.

Was das "Kriegsrecht" anbelangt, so sollte es die von den kriegsführenden Staaten verübten Übergriffe auf die Zivilbevölkerung der jeweiligen Kriegsländer so weit wie möglich begrenzen. In den Worten des britischen Juristen F.J.P. Veale:

> Der Grundsatz dieses Gesetzes war, daß Feindlichkeiten zwischen zivilisierten Völkern auf die jeweils beteiligten Streitkräfte beschränkt werden müssen [...] Es unterschied zwischen Kämpfern und Nicht-Kämpfern, indem es die Regel aufstellte, daß die einzige Aufgabe von Kämpfern darin bestand, einander zu bekämpfen, und daß folglich Nicht-Kämpfer von militärischen Betätigungen ausgeschlossen sein müssen.[244]

Bei seiner Verurteilung aller Kriege ohne Rücksicht auf die jeweiligen Motive weiß der Liberale, daß die Staaten durchaus ein verschiedenes Maß an Schuld für einen bestimmten Krieg tragen können. Doch die für ihn ausschlaggebende Erwägung ist die Verurteilung jeglicher staatlichen Kriegsbeteiligung. Daher besteht seine Politik darin, auf alle Staaten Druck auszuüben, damit sie keinen Krieg beginnen bzw. sich an keinem beteiligen und damit sie einen begonnenen Krieg beenden und die Schädigung der Zivilbevölkerung durch anhaltende Kriege verringern.

Ein anderer Gesichtspunkt der liberalen Politik friedlicher Koexistenz und Nicht-Einmischung zwischen Staaten besteht darin, sich jeglicher Auslandshilfe – der Hilfe eines Staates für einen anderen – aufs Strengste zu enthalten. Denn jede Hilfe, die ein Staat A einem Staat B gewährt, verstärkt zum einen den Steuer-Übergriff auf das Volk des Landes A und verschlimmert zum anderen die Unterdrückung der Menschen in Land B durch ihren Staat.

Sehen wir nun, welche Anwendung die liberale Theorie auf das Problem des *Imperialismus* findet. Imperialismus kann als der Übergriff eines Staates A auf die Menschen des Landes B mit anschließender Erhaltung der ausländischen Herrschaft definiert werden. Diese Herrschaft könnte entweder direkt über Land B ausgeübt werden oder indirekt durch einen untergeordneten Vasallenstaat B. Eine Revolution der Menschen aus B gegen die imperialistische Herrschaft von A (entweder direkt oder gegen den Vasallenstaat B) ist sicherlich berechtigt – wieder vorausgesetzt, daß das Feuer der Revolutionäre sich nur gegen die Herrscher richtet. Konservative – und sogar einige Liberale – haben häufig behauptet, daß ein westlicher Imperialismus über unterentwickelte Länder unterstützt werden sollte, da er Eigentumsrechte wahrscheinlich mehr respektiere als die Nachfolgestaaten der Eingeborenen. Doch erstens ist die Beurteilung dessen, was auf den Status quo folgen mag, reine Spekulation, wohingegen die Unterdrückung der Menschen des Landes B durch die bestehende imperialistische Herrschaft nur allzu wirklich und sträflich ist. Und zweitens vernachlässigt diese Darlegung der Dinge den Schaden, den der Imperialismus den

244 F.J.P. Veale, *Advance to Barbarism*, Appleton / Wis., C.C. Nelson Pub. Co., 1953, S. 58.

westlichen Steuerzahlern zufügt, indem er ihnen die Rechnung für die Eroberungskriege und anschließend für die Erhaltung der imperialistischen Bürokratie aufbürdet. Aus diesem letzteren Grund allein muß der Liberale den Imperialismus verurteilen.[245]

Bedeutet die Gegnerschaft zu allen zwischenstaatlichen Kriegen, daß der Liberale niemals einen Wandel geographischer Grenzen unterstützen kann – daß er die Welt einem Einfrieren ungerechter territorialer Systeme ausliefert? Sicherlich nicht. Angenommen zum Beispiel, "Walldawien" habe "Ruritanien" angegriffen und den westlichen Teil dieses Landes annektiert. Die Westruritanier sehnen sich nun nach der Wiedervereinigung mit ihren ruritanischen Brüdern (vielleicht, weil sie ihre ruritanische Sprache ungestört sprechen wollen). Wie kann das bewerkstelligt werden? Natürlich gibt es den Weg friedlicher Verhandlungen zwischen den beiden Regierungen, aber nehmen wir an, daß die walldawischen Imperialisten sich unnachgiebig zeigen. Oder aber die walldawischen Liberalen drängen ihren Staat, seine Eroberung der Gerechtigkeit zuliebe aufzugeben – doch nehmen wir an, daß auch das nicht funktioniert. Was nun? Wir müssen weiterhin behaupten, daß es unrechtmäßig wäre, wenn der ruritanische Staat einen Krieg gegen Walldawien anfinge. Die rechtmäßigen Wege zu geographischen Veränderungen sind (1) revolutionäre Aufstände des unterdrückten ruritanischen Volkes und (2) Hilfe für die westlichen Rebellen von seiten privater ruritanischer Gruppen (bzw. von Freunden der ruritanischen Sache in anderen Ländern) in Form von Ausrüstungen oder in Form von Freiwilligenchors.

Schließlich müssen wir auf die Tyrannei im Inland zu sprechen kommen, die die unvermeidliche Begleiterscheinung zwischenstaatlicher Kriege ist, eine Tyrannei, die gewöhnlich noch lange nach Kriegsende anhält. Randolph Bourne war sich darüber im klaren, daß "Krieg der Jungbrunnen des Staates ist."[246] Im Krieg kommt der Staat erst zu sich selbst: Er gewinnt an Macht, an Zahlen, an Stolz, an absoluter Herrschaft über Wirtschaft und Gesellschaft. Die Ursprungslegende, die es dem Staat ermöglicht, sich am Krieg zu gesunden, ist das Ammenmärchen, daß Krieg eine Verteidigung *der* Untertanen *durch* den Staat ist. Die Tatsachen liegen genau an-

---

245 Zum westlichen Imperialismus lassen sich zwei weitere empirische Beobachtungen machen. Erstens wurden im wesentlichen nur die Eigentumsrechte der Europäer respektiert. Die *eingeborene* Bevölkerung sah sich häufig ihres besten Landes durch die Imperialisten beraubt, und ihre Arbeitskraft wurde gewaltsam in die gestohlenen Minen und auf das gestohlene Land gezwungen.

Zweitens ist es eine weitere Legende, daß die "Kanonenbootdiplomatie" der Wende zum zwanzigsten Jahrhundert letztlich ein Schutz der Eigentumsrechte westlicher Investoren in rückständigen Ländern war. Doch – ganz abgesehen von unseren obigen Einwänden gegen ein Überschreiten von bestehenden staatlichen Monopolterritorien – wird im allgemeinen übersehen, daß die meisten Kanonenbootaktionen *keine* privaten Investitionen, sondern die westlichen Inhaber von Staatsanleihen dieser Länder schützten. Die Westmächte zwangen die Landesregierungen zu verstärkten Steuerübergriffen auf ihr eigenes Volk, um ausländische Gläubiger auszuzahlen. Das war keine Aktion zugunsten privaten Eigentums – ganz im Gegenteil.

246 Randolph Bourne, *War and the Intellectuals*, C. Resek, Hg., New York, Harper & Row, 1964, S. 69.

dersherum. Denn wenn der Krieg der Jungbrunnendes Staates ist, so bedeutet er auch die größte Gefahr für ihn. Ein Staat kann nur durch Kriegsniederlagen oder Revolutionen "sterben". Im Krieg mobilisiert der Staat daher verzweifelt das Volk zum Kampf für *ihn* gegen einen anderen Staat – unter dem Vorwand, daß *er* für sie kämpft. Die Gesellschaft wird militarisiert und verstaatlicht, sie wird zu einer Herde, die darnach trachtet, ihre vermeintlichen Feinde zu töten, die jede Gegenstimme gegen die offiziellen Kriegsanstrengungen ausrottet und unterdrückt und die im angeblich öffentlichen Interesse begeisterten Verrat an der Wahrheit begeht. Die Gesellschaft wird zu einem Heereslager, mit den Werten und der Moral einer – wie Albert Jay Nock es einst ausdrückte – "Armee im Vormarsch."[247]

247 Eine frühere Version dieser Auffassung findet sich in Murray Rothbard, "War, Peace, and the State", in *Egalitarianism as a Revolt Against Nature, and Other Essays*, Washington D.C., Libertarian Review Press, 1974, S. 79f.

IV. TEIL
MODERNE ALTERNATIVE THEORIEN DER FREIHEIT

Nachdem wir nun unsere Theorie der Freiheit und der Eigentumsrechte vorgestellt und die charakteristische Rolle des Staates im Vergleich zur Freiheit erörtert haben, befassen wir uns in diesem Teil unserer Arbeit mit der Erörterung und Kritik einiger führender alternativer Theorien der Freiheit, die von modernen Autoren stammen, die mehr oder weniger in der Tradition marktwirtschaftlichen bzw. klassisch liberalen Denkens stehen. Welche Verdienste diese Theorien sonst auch haben mögen – wir werden sehen, daß sie eine fehlerhafte und unzureichende Grundlage für eine systematische Theorie der Freiheit und der Rechte des Individuums sind.

26 Die utilitaristische Theorie des freien Marktes

A. Einführung: die utilitaristische Sozialphilosophie

Die Wirtschaftswissenschaft entstand als unabhängige, selbstbewußte Wissenschaft bzw. Disziplin im neunzehnten Jahrhundert, und daher fiel diese Entwicklung unglücklicherweise mit der Vorherrschaft des Utilitarismus in der Philosophie zusammen. Die Sozialphilosophie von Ökonomen – der *Laissez-faire*-Glaube des neunzehnten wie die Staatsorientierung des zwanzigsten Jahrhunderts – gründete sich daher beinahe immer auf die utilitaristische Sozialphilosophie. Selbst heute ist die politische Ökonomie voller Diskussionen über die Abwägung von "sozialen Kosten" und "sozialem Nutzen", wenn es um Entscheidungen über öffentliche Maßnahmen geht.

Wir können uns an dieser Stelle nicht mit der Kritik des Utilitarismus als einer Ethik befassen.[248] Unser Anliegen ist die Analyse gewisser Versuche, mit einer utilitaristischen Ethik eine vertretbare Grundlage für eine liberale bzw. eine *Laissez-faire*-Ideologie zu schaffen. Unsere kurzen kritischen Anmerkungen werden sich

248 Anfänge einer Kritik des Utilitarismus im Zusammenhang mit der durch eine Naturrechtsethik gegebenen Alternative finden sich bei John Wild, *Plato's Modern Enemies and the Theory of Natural Law*, Chicago, University of Chicago Press, 1953; Henry B. Veatch, *For An Ontology of Morals: A Critique of Contemporary Ethical Theory*, Evanston / Ill., Northwestern University Press, 1971. Zur mangelnden Eignung des Utilitarismus als einer liberalen politischen Philosophie siehe Herbert Spencer, *Social Statics*, New York, Robert Schalkenbach Foundation, 1970, S. 3-16.

daher auf den Utilitarismus konzentrieren, insofern er als Grundlage für eine liberale oder quasi-liberale politische Philosophie verwendet wurde.[249]

Die utilitaristische Sozialphilosophie behauptet kurz gesagt, daß die "gute" Politik jene ist, die den "größten Nutzen für die größte Anzahl" bringt, wobei jede Person mit dem Faktor eins in die Berechnung der Anzahl eingeht und "der Nutzen" als die vollste Befriedigung der rein subjektiven Wünsche der Individuen in der Gesellschaft angesehen wird. Genau wie Ökonomen (siehe weiter unten) halten sich Utilitaristen gerne für "wissenschaftlich" und "wertfrei", und angeblich ermöglicht ihre Lehre es ihnen, einen praktisch wertfreien Standpunkt einzunehmen. Denn mutmaßlich zwingen sie niemandem ihre *eigenen* Werte auf, sondern sie empfehlen lediglich die größte mögliche Befriedigung der Wünsche und Bedürfnisse der Masse der Bevölkerung.

Doch ist diese Lehre wohl kaum wissenschaftlich, und keinesfalls ist sie wertfrei. Fragen wir zunächst einmal: *Warum* die "größte Zahl"? Warum ist es ethisch besser, den Wünschen der größeren statt denen der kleineren Zahl zu folgen? Was ist so gut an der "größten Zahl"?[250] Angenommen, eine gewaltige Mehrheit der Menschen in einer Gesellschaft würde Rothaarige hassen und verunglimpfen und sehr darnach trachten, sie zu ermorden. Nehmen wir weiter an, daß es stets nur wenige Rothaarige gibt. Müssen wir dann nicht sagen, daß es für die gewaltige Mehrheit "gut" wäre, Rothaarige abzuschlachten? Und wenn nicht, warum nicht? Der Utilitarismus ist daher zumindest nicht ausreichend, um die Sache der Freiheit und des *Laissez-faire* zu begründen. Wie Felix Adler es sarkastisch ausdrückte, erklären Utilitaristen

> das größte Glück der größten Zahl zum gesellschaftlichen Ziel, obwohl sie keine Erklärung dafür bieten, warum das Glück der größten Zahl ein überzeugendes Ziel für jene sein sollte, die zufälligerweise zu der kleineren Zahl zählen.[251]

Zweitens, was ist die Rechtfertigung dafür, daß jede Person als eins zählt. Warum gibt es nicht irgendein System der Gewichtung? Auch dies scheint ein ungeprüfter und daher unwissenschaftlicher Glaubenssatz des Utilitarismus zu sein.

Drittens, warum befriedigt "der Nutzen" nur die subjektiven emotionalen Wünsche jeder Person? Warum kann es keine über-subjektive Kritik dieser Wünsche geben? Vom Utilitarismus wird in der Tat stillschweigend unterstellt, daß diese subjektiven Wünsche letzte Gegebenheiten sind, die der Sozialtechniker zu befriedigen die Pflicht hat. Doch es ist eine alltägliche menschliche Erfahrung, daß individuelle Wünsche *nicht* absolut und unwandelbar sind. Sie sind nicht hermetisch abgeriegelt von rationalen oder anderen Überzeugungen. Eigene Erfahrungen und andere Indivi-

---

249 Eine Kritik utilitaristischer Ansätze findet sich auch oben, S. 28f.

250 Und was ist, wenn – selbst utilitaristisch gesehen – ein größerer Nutzen erzielt werden kann, indem man den Wünschen der *kleineren* Zahl Folge leistet? Eine Erörterung dieses Problems findet sich bei Peter Geach, *The Virtues*, S. 91ff.

251 Felix Adler, "The Relation of Ethics to Social Science", in H.J. Rogers, Hg., *Congress of Arts and Science*, Boston, Houghton Mifflin, 1906, VII, 673.

duen können Menschen dazu bewegen und sie davon überzeugen, ihre Werte zu ändern, und das tun sie auch. Doch wie könnte das sein, wenn alle individuellen Wünsche und Werte reine Gegebenheiten wären und daher keiner Wandlung durch die inter-subjektive Überzeugungskraft anderer Menschen unterlägen. Aber wenn diese Wünsche nicht einfach gegeben sind, und wenn sie durch die Überzeugungskraft moralischer Argumente geändert werden *können*, so scheint es inter-subjektive moralische Grundsätze zu geben, über die man argumentieren kann und die einen Einfluß auf andere Menschen ausüben.

Während der Utilitarismus einerseits unterstellt, daß die Sittlichkeit – das Gute – rein subjektiv für jedes Individuum ist, unterstellt er seltsamerweise anderseits, daß diese subjektiven Wünsche addiert, subtrahiert und über die verschiedenen Individuen der Gesellschaft hinweg gewogen werden können. Er unterstellt, daß individuelle, subjektive Nutzen und Kosten addiert, subtrahiert und gemessen werden können, um zu einem "gesellschaftlichen Netto-Nutzen" oder zu gesellschaftlichen "Kosten" zu gelangen, so daß der Utilitarist in die Lage versetzt wird, sich für oder gegen eine gesellschaftliche Politik auszusprechen.[252] Die moderne Wohlfahrtsökonomie ist besonders geschickt darin, Schätzungen (sogar vermeintlich genaue quantitative Schätzungen) über "soziale Kosten" und "sozialen Nutzen" zu entwickeln. Doch die Wirtschaftswissenschaft sagt uns nicht, daß *moralische Grundsätze* subjektiv sind. Vielmehr sagt sie richtigerweise, daß Nutzen und Kosten in der Tat subjektiv sind: Individuelle Nutzen sind rein subjektiv und ordinal, und daher ist es vollkommen unzulässig, sie zu addieren oder zu gewichten, um "gesellschaftliche" Nutzen und Kosten zu schätzen.

B. Die Grundsätze von Einstimmigkeit und Entschädigung

Utilitaristische Ökonomen sind noch mehr als ihre philosophischen Gesinnungsgenossen darauf versessen, "wissenschaftliche" und "wertfreie" Urteile über die Rechtsordnung abzugeben. Wie aber können Ökonomen, die glauben, daß Ethik rein willkürlich und subjektiv ist, eine politische Position beziehen? Dieses Kapitel wird untersuchen, auf welche Art utilitaristische Marktwirtschaftler es sich erlauben, einen freien Markt zu befürworten, während sie versuchen, sich ethischer Stellungnahmen zu enthalten.[253]

---

252 Überdies scheinen einige Vorlieben, wie etwa der Wunsch, eine unschuldige Person leiden zu sehen, objektiv unsittlich zu sein. Doch ein Utilitarist muß dafür eintreten, daß sie – ganz genau wie die harmlosesten und altruistischsten Vorlieben – in das quantitative Kalkül Eingang finden. Diesen Punkt verdanke ich Dr. David Gordon.

253 Eine ausführliche Untersuchung der Beziehung zwischen Wirtschaftswissenschaft, Werturteilen und staatlicher Politik findet sich bei Murray N. Rothbard, "Praxeology, Value Judgments, and Public Policy", in E. Dolan, Hg., *The Foundations of Modern Austrian Economics*, Mission / Kan., Sheed and Ward, 1976, S. 89-111.

Ein wichtiges utilitaristisches Verfahren ist der Einstimmigkeitsgrundsatz, der sich auf das Kriterium der "Pareto-Optimalität" gründet, demzufolge eine politische Maßnahme "gut" ist, wenn es zumindest einem Menschen infolge dieser Maßnahme "besser geht" (gemessen an befriedigendem Nutzen), während niemand "schlechter dran" ist. Eine strenge Version der Pareto-Optimaliät setzt Einstimmigkeit voraus – daß jeder einer bestimmten staatlichen Maßnahme zustimmt und folglich glaubt, daß sie seine Lage verbessert oder zumindest nicht verschlimmert. In den letzten Jahren wurde das Einstimmigkeitsprinzip als Grundlage eines freien Marktes freiwilliger und vertraglicher Übereinkünfte von Professor James Buchanan hervorgehoben. Das Einstimmigkeitsprinzip übt eine große Anziehungskraft auf "wertfreie" Ökonomen aus, denen an politischen Stellungnahmen gelegen ist. Denn sicherlich kann der Ökonom doch – weit mehr noch als im Fall bloßer Mehrheitsentscheidungen – gefahrlos eine Maßnahme befürworten, wenn *jeder* in der Gesellschaft sie befürwortet, oder etwa nicht? Das Einstimmigkeitsprinzip scheint bei oberflächlicher Betrachtung sehr attraktiv für Liberale zu sein, doch in seinem Kern trägt es einen entscheidenden und unverbesserlichen Fehler. Wie gut frei vereinbarte Verträge oder einstimmig angenommene, von der bestehenden Situation ausgehende Veränderungen sind, hängt vollkommen davon ab, wie gut bzw. gerecht diese bestehende Situation *selbst* ist. Doch weder die Pareto-Optimalität noch die Variante des Einstimmigkeitsprinzips können irgendetwas über die Güte oder Gerechtigkeit des bestehenden *Status quo* sagen, da sie sich einzig auf Veränderungen, die *von* dieser Situation – diesem Nullpunkt – ausgehen, konzentrieren.[254] Das ist noch nicht alles. Das Erfordernis einer einstimmigen Annahme von Veränderungen bringt den bestehenden *Status quo* notwendigerweise zum *erstarren*. Wenn der *Status quo* ungerecht ist oder die Freiheit unterdrückt, dann ist das Einstimmigkeitsprinzip eher eine große Behinderung von Gerechtigkeit und Freiheit als ein Bollwerk für sie. Der Ökonom, der den Grundsatz der Einstimmigkeit als ein scheinbar wertfreies Urteil für Freiheit verteidigt, fällt in der Tat ein massives und vollkommen haltloses Werturteil für das Einfrieren des *Status quo*.

Die allgemein akzeptierte, "Entschädigungsprinzip" genannte Variante der Pareto-Optimalität enthält alle Fehler des strikten Einstimmigkeitsprinzips, und sie fügt viele eigene Fehler hinzu. Dem Entschädigungsprinzip zufolge ist eine staatliche Maßnahme "gut", wenn diejenigen, die durch sie (an Nutzen) gewinnen, die Verlierer entschädigen und dennoch Netto-Gewinne verbuchen können. Somit *gibt es* zwar infolge dieser Maßnahme anfangs Nutzen-Verlierer, aber es gibt keine Verlierer mehr, nachdem die Entschädigung stattgefunden hat. Das Entschädigungsprinzip unterstellt jedoch, daß man sich einen Begriff von der Addition und Subtraktion interpersoneller Nutzeneinheiten und mithin von der Messung von Gewinnen und

254 Wie wir weiter unten noch zeigen werden, bewahrt das Einstimmigkeitsprinzip den Ökonomen auch nicht davor, seine eigenen Werturteile zu fällen und somit seine "Wertfreiheit" zu brechen. Denn selbst wenn der Ökonom nur das Werturteil *aller anderen* teilt, fällt er nichtsdestoweniger ein Werturteil.

Verlusten machen kann. Es unterstellt auch, daß die Gewinne und Verluste jedes Individuums genau abgeschätzt werden können. Doch die Wirtschaftswissenschaft sagt uns, daß "Nutzen" – und folglich Nutzengewinne und -verluste – rein subjekte und psychische Begriffe sind und daß sie unmöglich gemessen oder sogar von außenstehenden Beobachtern abgeschätzt werden können. Nutzengewinne und -verluste können mithin nicht addiert, subtrahiert oder gegeneinander abgewogen werden, und noch viel weniger ist es möglich, eine genaue Entschädigung zu bestimmen. Der gewöhnlichen Annahme von Ökonomen zufolge werden psychische Nutzenverluste durch den Geldpreis eines Gutes bemessen. Wenn etwa eine Eisenbahn das Land eines Bauern durch ihren Rauch beschädigt, so nehmen die Entschädigungsfreunde an, daß der Verlust des Bauern durch den Marktpreis des Landes beziffert werden kann. Doch diese Annahme mißachtet die Tatsache, daß der Bauer zu dem Land durchaus eine psychische Bindung, die weit größer als der Marktpreis ist, haben könnte und daß es ferner unmöglich ist, herauszufinden, welcher Art die psychische Bindung des Bauern zu dem Land sein mag. Den Bauern zu *fragen*, ist nutzlos, da er beispielsweise *sagen* könnte, daß seine Bindung zu dem Land weit größer als der Marktpreis ist, doch dabei könnte er ganz gut lügen. Der Staat oder andere außenstehende Betrachter, haben so oder so keine Möglichkeit, die Wahrheit herauszufinden.[255] Zudem würde es reichen, wenn es in der Gesellschaft auch nur *einen* streitbaren Anarchisten gäbe, dessen Abneigung gegen den Staat so groß ist, daß er für die psychische Pein, die er ob der Existenz bzw. der Betätigungen des Staates empfindet, nicht entschädigt werden *kann*, um den Gedanken an das Entschädigungsprinzip bei jeder staatlichen Maßnahme zu zerstören. Und sicherlich gibt es zumindest einen solchen Anarchisten.

Ein krasses, aber nicht untypisches Beispiel für die Irrtümer und ungerechte *Status-quo*-Treue des Entschädigungsprinzips war die Debatte, die im frühen neunzehnten Jahrhundert im britischen Parlament über die Abschaffung der Sklaverei geführt wurde. Frühe Anhänger des Entschädigungsprinzips vertraten damals die Auffassung, daß die Herren für den Verlust ihrer Investitionen in Sklaven entschädigt werden müssen. Daraufhin entgegnete Benjamin Pearson, ein Mitglied der liberalen Manchester-Schule, er hätte "gedacht, daß wohl eher die Sklaven zu entschädigen wären."[256] Ganz genau! Dies ist ein schlagendes Beispiel für die Notwendigkeit, zur

---

255 Individuen *beweisen* einen Teil ihres Nutzengefüges, wenn sie auf dem freien Markt tauschen, doch Handlungen der Regierung sind natürlich marktfremde Erscheinungen. Eine weitere Untersuchung dieser Frage findet sich bei Walter Block, "Coase and Demsetz on Private Property Rights", *Journal of Libertarian Studies*, 1, Frühling 1977, S. 111-115. Mehr zur bewiesenen Präferenz im Gegensatz zum Begriff des gesellschaftlichen Nutzens steht bei Rothbard, "Praxeology, Value Judgments, and Public Policy", a.a.O.; sowie Rothbard, *Toward A Reconstruction of Utility and Welfare Economics*, New York, Center for Libertarian Studies, September 1977.

256 Grampp, *The Manchester School of Economics*, S. 59. Siehe oben S. 76. Siehe auch Murray N. Rothbard, "Value Implications of Economic Theory", *The American Economist*, Frühling 1973, S. 38-39.

Begründung öffentlicher Maßnahmen ein ethisches System bzw. einen Gerechtigkeitsbegriff zu verwenden. Jene unter uns Ethikern, die die Sklaverei für kriminell und ungerecht halten, würden den Gedanken an die Entschädigung der Herren immer bekämpfen. Sie würden eher daran denken, von den Herren zu verlangen, daß sie die Sklaven für die Jahre in Unterdrückung entschädigen. Doch der "wertfreie" Ökonom, der auf den Prinzipien von Einstimmigkeit und Entschädigung verharrt, erteilt dagegen stillschweigend dem ungerechten *Status quo* eine haltlose, willkürliche und wertgeleitete Zustimmung.

In einem faszinierenden Schlagabtausch mit einem Kritiker des Einstimmigkeitsprinzips gibt Professor Buchanan zu: "Ich verteidige den Status quo [...] nicht, weil ich ihn mag, das tue ich nicht [...] Aber meine Verteidigung des Status quo entspringt meinem Unwillen – in der Tat meiner Unfähigkeit – andere als vertragliche Veränderungen zu erörtern. Ich kann natürlich meine eigenen Vorstellungen darlegen [...] Doch das scheint mir vergebliche Mühe zu sein [...]" Mit anderen Worten ist Buchanan – obwohl er zugibt, daß sein Begriff von Ethik aus rein subjektiven und willkürlichen "Vorstellungen" besteht – tragischerweise zur Verbreitung einer Lehre bereit, die *ihrerseits* nur genauso subjektiv und willkürlich sein kann – zur Verteidigung des Status quo. Buchanan gibt zu, daß ihm sein Vorgehen "erlaubt, einen kleinen Schritt auf normative Urteile oder Hypothesen zuzugehen, nämlich zu unterstellen, daß die Veränderungen potentiell für jeden annehmbar zu sein scheinen – pareto-effiziente Veränderungen, die natürlich Entschädigungen beinhalten müssen. Das Kriterium in meinem Modell ist die Übereinstimmung." Doch wie rechtfertigt sich dieser "kleine Schritt"? Was ist so toll an einer Übereinstimmung über Veränderungen, die von einem möglicherweise ungerechten *Status quo* ausgehen? Ist solch ein kleiner Schritt für Buchanan nicht auch eine willkürliche "Vorstellung"? Und wenn man zu einer solchen unbefriedigenden Veränderung bereit ist, warum sollte man nicht weitergehen und den *Status quo* in Frage stellen?

Buchanan behauptet weiter, daß

> unsere Aufgabe in Wirklichkeit [...] in dem Versuch besteht, Pläne zu entdecken, zu identifizieren, zu erfinden und vorzuschlagen, die auf einstimmige oder quasi-einstimmige Zustimmung treffen. [Was in aller Welt ist "Quasi-Einstimmigkeit"?] Da die Menschen über so vieles uneins sind, mag es nur sehr wenige solche Pläne geben, und das könnte einem nahelegen, daß nur wenige Veränderungen möglich sind. Daraus ergibt sich die indirekte Verteidigung des Status quo. Der Status quo empfiehlt sich nur wegen seiner Existenz, und er ist alles, was es gibt. Der Punkt, den ich immer betone, ist, daß wir hier und nicht irgendwo anders anfangen.[257]

---

257 James M. Buchanan, in Buchanan und Warren J. Samuels, "On Some Fundamental Issues in Political Economy: An Exchange of Correspondence", *Journal of Economic Issues*, März 1975, S. 27f.

Hier sehnt man sich nach Lord Actons edlem Wort "Der Liberalismus will, was sein soll, unabhängig von dem, was ist."[258] Buchanans Kritiker, der selber keineswegs ein Liberaler oder Marktwirtschaftler ist, hat hier angemessenerweise das letzte Wort: "Sicherlich bin ich nicht vollkommen dagegen, vertragliche Lösungen anzustreben. Doch ich denke, daß sie nicht in ein Vakuum hinein entworfen werden können, welches die bestehende Herrschaftsstruktur weder nennt noch prüft."[259]

C. Ludwig von Mises und "wertfreies" Laissez-faire[260]

Wenden wir uns nun dem Standpunkt zu, von dem aus Ludwig von Mises den ganzen Themenkomplex aus Praxeologie, Werturteilen und Verteidigung öffentlicher Maßnahmen beurteilt. Mises' Fall ist besonders interessant, da er von allen Ökonomen des zwanzigsten Jahrhunderts der unnachgiebigste und leidenschaftlichste Anhänger des *Laissez-faire*, gleichzeitig der strengste und unnachgiebigste Verteidiger einer wertfreien Nationalökonomie und Gegner jeder Art objektiver Ethik war. Wie also versuchte er, diese beiden Positionen miteinander zu vereinbaren?[261]

Im wesentlichen bot Mises zwei unabhängige und sehr verschiedene Lösungen dieses Problems an. Die erste ist eine Variante der Einstimmigkeitsprinzips. Ihrer Kernaussage zufolge können Ökonomen *an sich* nicht nicht sagen, daß eine bestimmte staatliche Politik "gut" oder "schlecht" ist. Wenn jedoch eine bestimmte Politik solche – von der Praxeologie erklärten – Folgen hat, die jeder Fürsprecher dieser Politik als schlecht ansieht, dann ist der wertfreie Ökonom berechtigt, die Politik "schlecht" zu nennen. So schreibt Mises:

> Ein Ökonom untersucht, ob eine Maßnahme *a* das Ergebnis *p* herbeiführt, zu dessen Herbeiführung sie empfohlen wird. Der Ökonom findet heraus, daß *a* nicht zu *p*, sondern zu *g* führt, zu einer Wirkung, die die Fürsprecher der Maßnahme *a* als unerwünscht ansehen. Wenn der Ökonom das Result seiner Untersuchung zusammenfaßt, indem er sagt, *a* sei eine schlechte Maßnahme, so fällt er kein Werturteil. Er sagt lediglich, daß die Maßnahme vom Standpunkt jener, die das Ziel *p* anstreben, unangemessen ist.[262]

---

258 Gertrude Himmelfarb, *Lord Acton*, Chicago, Chicago University Press, 1962, S. 204.

259 Samuels, in Buchanan und Samuals, "Some Fundamental Issues", S. 37.

260 Dieser Abschnitt ist eine Bearbeitung der entsprechenden Passage in meinem Aufsatz "Praxeology, Value Judgments, and Public Policy", in Dolan, Hg., *Foundations*, S. 100-109.

261 Diese Frage wird aufgeworfen von William E. Rappard, "On Reading von Mises", in M. Sennholz, Hg., *On Freedom and Free Enterprise*, Princeton / N.J., D. van Nostrand, 1956, S. 17-33.

262 Ludwig von Mises, *Human Action*, New Haven / Conn., Yale University Press, 1949, S. 879.

Und an anderer Stelle:

> Die Wirtschaftswissenschaft sagt nicht, daß [...] staatliche Eingriffe in die Preisbildung eines einzelnen Gutes [...] unfair, schlecht oder nicht machbar sind. Sie sagt, daß solche Eingriffe die Situation nicht bessern, sondern verschlechtern, und zwar *vom Standpunkt des Staates und jener, die seine Eingriffe unterstützen.*[263]

Nun ist das sicherlich ein einfallsreicher Versuch, Ökonomen Urteile über "gut" und "schlecht" zu ermöglichen, ohne Werturteile zu fällen. Denn der Ökonom soll lediglich ein Praxeologe sein, ein Techniker, der seiner Leser- oder Zuhörerschaft erklärt, daß *sie* eine Politik als "schlecht" ansehen werden, wenn er erst alle ihre Folgen aufdeckt. Doch so einfallsreich er auch ist, der Versuch mißlingt vollkommen. Denn wie weiß Mises, *was* die Fürsprecher der einzelnen Maßnahme als wünschenswert ansehen? Wie weiß er, was ihre heutigen Wertordnungen sind oder welches ihre Wertordnungen sein werden, wenn die Folgen der Maßnahme offensichtlich werden? Eine der großen Errungenschaften der praxeologischen Ökonomie besteht darin, daß der Ökonom erkennt, daß er nicht *weiß*, was irgendjemandes Wertordnung ist, außer wenn diese Wertordnung durch die konkreten Handlungen einer Person *bewiesen* wird. Mises selber betonte, daß "man nicht vergessen darf, daß die Werte- oder Bedürfnisordnung sich nur in der Wirklichkeit des Handelns erweist. Diese Ordnungen existieren nicht unabhängig von dem tatsächlichen Verhalten der Individuen. Die einzige Quelle, aus der wir unser Wissen über diese Ordnungen entnehmen, ist die Beobachtung der Handlungen eines Menschen. Jede Handlung befindet sich immer in vollkommener Übereinstimmung mit der Werte- oder Bedürfnisordnung, weil diese Ordnungen nichts anderes als ein Werkzeug zur Interpretation des menschlichen Handelns sind."[264] Wie kann ein Ökonom dann – angesichts von Mises' eigener Darlegung – *wissen*, was die Motive sind, aus denen verschiedene Maßnahmen in Wirklichkeit empfohlen werden, oder welche Einstellung die Leute zu den Folgen dieser Maßnahmen haben werden?

Als Ökonom mag Mises daher zeigen, daß Höchstpreise für ein Gut (um sein Beispiel aufzugreifen) zu unvorhergesehenen Versorgungsengpässen an diesem Gut führen. Doch wie weiß Mises, ob nicht einige Fürsprecher von Preisgrenzen solche Versorgungsengpässe *wollen*? Sie könnten beispielsweise Sozialisten sein, die über die Preiskontrollen zu einem allumfassenden Kollektivismus gelangen wollen. Einige könnten Egalitaristen sein, die die Versorgungsengpässe begrüßen, weil die Reichen nicht ihr Geld benutzen können, um mehr von dem Produkt zu kaufen als ärmere Leute. Einige könnten Nihilisten sein, die sich an Versorgungsengpässen erfreuen. Andere könnten zu der Heerschar zeitgenössischer Intellektueller zählen, die sich ständig über den "Überfluß" unserer Gesellschaft oder über die große "Verschwendung" von Energie beklagen; sie alle könnten über die Versorgungsengpässe

263 Mises, *Human Action*, S. 758 (Hervorhebung durch Mises).

264 Mises, *Human Action*, S. 95.

entzückt sein. Noch andere mögen Höchstpreise selbst dann noch begrüßen, wenn ihnen die Versorgungsengpässe bekannt werden, weil sie oder ihre politischen Verbündeten gutbezahlte Posten oder Einfluß in der mit der Preisfestsetzung befaßten Bürokratie haben. Alle diese Möglichkeiten bestehen, und *keine* von ihnen läßt sich mit der Behauptung vereinbaren, die Mises *als wertfreier Ökonom* aufstellt, daß alle Fürsprecher von Preisfestsetzungen – oder von irgendeinem anderen Staatseingriff – angesichts der Erkenntnisse der Wirtschaftswissenschaft zugeben müssen, daß die Maßnahme schlecht ist. Sobald Mises in der Tat zugesteht, daß es auch nur *einen einzigen* Fürsprecher von Preisfestsetzungen oder anderer interventionistischer Maßnahmen gibt, der deren ökonomischen Folgen erkennt und sie *dennoch – aus welchem Grund auch immer* – befürwortet, kann Mises als Praxeologe und Ökonom keine dieser Maßnahmen "schlecht" oder "gut" oder auch nur "zweckmäßig" oder "unzweckmäßig" nennen, ohne in seine Äußerungen zur Wirtschaftspolitik gerade jene Werturteile einfließen zu lassen, die er selber bei einem Theoretiker des menschlichen Handelns als unzulässig ansieht.[265] Denn dann agiert er nicht mehr als ein technischer Berichterstatter an alle Fürsprecher einer bestimmten Politik, sondern ergreift selber Partei für eine Seite des Wertekonflikts.

Außerdem gibt es eine weitere grundsätzliche Überlegung, aus der Fürsprecher "unzweckmäßiger" Maßnahmen sich weigern, ihre Meinung zu ändern, selbst nachdem sie die praxeologische Gedankenkette gehört und anerkannt haben. Denn die Praxeologie mag in der Tat zeigen, daß jede Art staatlicher Politik Konsequenzen nach sich zieht, die zumindest die *meisten* Leute tendenziell verabscheuen. Doch (und das ist eine entscheidende Einschränkung) die meisten dieser Konsequenzen ergeben sich erst nach einer gewissen *Zeit*, und einige erst nach sehr langer Zeit. Wie kein zweiter Ökonom hat Ludwig von Mises die Allgemeingültigkeit der *Zeitpräferenz* im menschlichen Handeln – des praxeologischen Gesetzes, daß jeder es vorzieht, eine bestimmte Befriedigung eher *früher* als *später* zu erzielen – erklärt. Und sicherlich könnte es sich Mises als wertfreier Ökonom niemals erlauben, das *Ausmaß* der Zeitpräferenz von irgendjemandem zu kritisieren, indem er sagt, daß A's Zeitpräferenz "zu hoch" oder B's "zu niedrig" ist. Doch wie steht es in diesem Fall mit den sehr gegenwartsbezogenen Leuten in der Gesellschaft, die dem Praxeologen erwidern: "Vielleicht führt diese Politik hoher Steuern und Subventionen zu einem Kapitalrückgang. Vielleicht führt sogar die Preisfestsetzung zu Versorgungsengpässen, aber das schert mich nicht. Da ich sehr gegenwartsorientiert bin, werte ich kurzfristige Subventionen bzw. den kurzfristigen Vorteil, heutige Güter zu geringeren Preisen zu kaufen, höher als die Aussicht, unter den künftigen Folgen zu leiden." Und als wertfreier Wissenschaftler und Gegner jedes Gedanken einer objektiven Ethik *kann* ihnen Mises nicht widersprechen. Es gibt für ihn keine Möglichkeit, für die Überlegenheit der langen Sicht über die kurze Sicht einzutreten,

265 Mises selber gibt an einer Stelle zu, daß eine Regierungspartei oder eine politische Partei für eine Politik aus "demagogischen", d.h. aus versteckten und geheimen Gründen eintreten könnte. Mises, *Human Action*, S. 104, Fußnote.

ohne die Werte der sehr gegenwartsorientierten Menschen zu überfahren; und das kann auf keine überzeugende Weise getan werden, ohne daß er seine eigene subjektivistische Ethik aufgibt.

In diesem Zusammenhang ist es eines von Mises‘ grundlegenden Argumenten für den freien Markt, daß es auf dem Markt eine "Harmonie der rechtverstandenen Interessen aller Mitglieder der Marktgesellschaft gibt." Aus seiner Darlegung geht klar hervor, daß er nicht bloße jene "Interessen" meint, die über die praxeologischen Konsequenzen von Marktbetätigungen bzw. von Regierungseingriffen informiert sind. Er meint auch und insbesondere die "langfristigen" Interessen der Leute – in seinen Worten: "Anstatt von ‚rechtverstandenen‘ Interessen können wir genauso gut Interessen ‚auf lange Sicht‘ sagen."[266] Doch was ist mit den sehr gegenwartsbezogenen Leuten, die es vorziehen, sich nach ihren kurzfristigen Interessen zu richten? Wie kann man sagen, die lange Sicht sei "besser" als die kurze Sicht? Warum muß sich das "rechte Verständnis" unbedingt auf die lange Sicht beziehen?[267] Wir sehen mithin, daß Mises‘ Versuch, ein *Laissez-faire* zu verteidigen und gleichzeitig wertfrei zu bleiben, indem er annimmt, daß alle Fürsprecher von Regierungseingriffen ihre Haltung aufgeben, sobald sie ihre Konsequenzen erkennen, vollkommen ins Wasser fällt.

Es gibt eine weitere und ganz andere Art und Weise, wie Mises seine leidenschaftliche Verteidigung des *Laissez-faire* mit der absoluten Wertfreiheit des Wissenschaftlers zu vereinbaren sucht. Diese geht von einer Position aus, die sich sehr viel besser mit der Praxeologie vereinbaren läßt: die Erkenntnis, daß der Ökonom *als* Ökonom nur Ursache- Wirkungsketten aufstellen kann und sich nicht in Werturteilen ergehen oder öffentliche Maßnahmen verteidigen darf. Bei dieser seiner Argumentation gibt Mises zu, daß der Wirtschaftswissenschaftler das *Laissez-faire* nicht verteidigen kann, fügt dann aber hinzu, daß er dies als ein *Bürger* tun kann. Als ein Bürger stellt Mises dann ein Wertesystem auf, doch dieses ist seltsam dürftig. Denn hier befindet er sich in einem Dilemma. Als Praxeologe weiß er, daß er (als Wirtschaftswissenschaftler) keine Werturteile fällen oder Maßnahmen verteidigen kann; dennoch bringt er es nicht über sich, einfach willkürliche Werturteile aufzustellen und einzuwerfen. Und so fällt er als Utilitarist (denn Mises ist genau wie die meisten Ökonomen im Bereich der Ethik ein Utilitarist, obwohl er im Bereich der Erkenntnistheorie ein Kantianer ist) *nur ein* eng begrenztes Werturteil: daß er wünscht, die Ziele der Bevölkerungsmehrheit zu verwirklichen (glücklicherweise maßt sich Mises in dieser Formulierung nicht an, die Ziele *aller* zu kennen).

Wie Mises darlegt, ist der Liberalismus in dieser zweiten Variante

> eine politische Theorie [...] Als politische Theorie steht der Liberalismus (im Gegensatz zur Wirtschaftswissenschaft) den Werten und letzten Zielen, die das

266 Mises, *Human Action*, S. 670 und S. 670, Fußnote.

267 Ein Einwand gegen die Auffassung, daß es irrational ist, die eigenen Wünsche entgegen den eigenen langfristigen Interessen zu verfolgen, findet sich bei Derek Parfit, "Personal Identity", *Philosophical Review*, 80, Januar 1971, S. 26.

menschliche Handeln verfolgt, nicht neutral gegenüber. Er nimmt an, daß alle Menschen oder zumindest die meisten unter ihnen bestimmte Ziele erreichen möchten. Er verschafft ihnen Informationen über die Mittel, die zur Verwirklichung ihrer Pläne geeignet sind. Die Verteidiger liberaler Theorien sind sich vollkommen der Tatsache bewußt, daß ihre Lehren nur für solche Menschen gelten, die sich auch ihren Wertgrundsätzen verbunden fühlen. Während die Praxeologie – und mithin auch die Nationalökonomie – die Begriffe Zufriedenheit und Verringerung der Unzufriedenheit in einem rein formalen Sinne verwendet, gibt der Liberalismus ihnen eine konkrete Bedeutung. Er unterstellt, daß die Menschen lieber lebendig als tot, lieber gesund als krank [...] lieber reich als arm sind. Er lehrt die Menschen, wie sie in Übereinstimmung mit diesen Wertungen handeln können.[268]

In dieser zweiten Variante hat Mises jenen inneren Widerspruch, der darin liegt, als wertfreier Praxeologe für *Laissez-faire* einzutreten, erfolgreich vermieden. Indem er in dieser Variante zugibt, daß der Ökonom keine solche Empfehlung abgeben kann, bezieht er Stellung als ein "Bürger", der zu Werturteile bereit ist. Doch er will nicht einfach ein Ad-hoc-Urteil fällen. Vermutlich hat er das Gefühl, daß ein wertender Intellektueller *irgend* eine Art ethisches System vorweisen muß, um solche Werturteile zu rechtfertigen. Doch als utilitaristisches System ist Mises' System seltsam blutleer. Selbst als wertender *Laissez-faire*-Liberaler ist er nur zu dem einen Werturteil bereit, daß er der Mehrheit der Bevölkerung in ihrer Vorliebe für allgemeinen Frieden, Wohlstand und Reichtum beipflichtet. Auf diese Weise fällt er – als Gegner einer objektiven Ethik und als jemand, dem alle Werturteile, selbst jene, die er als Bürger fällt, unangenehm sind – solche Urteile im geringstmöglichen Maß. Getreu seinem utilitaristischen Standpunkt besagt sein Werturteil, daß es wünschenswert ist, die subjektiv empfundenen Ziele der Bevölkerungsmehrheit zu verwirklichen.

Wir können an dieser Stelle ein paar kritische Bemerkungen machen. Zunächst einmal kann die Praxeologie zwar in der Tat zeigen, daß *Laissez-faire* zu Harmonie, Wohlstand und Reichtum führt, während staatliche Eingriffe Konflikte und Verarmung mit sich bringen,[269] und es stimmt wahrscheinlich auch, daß die meisten Menschen Harmonie, Wohlstand und Reichtum sehr hoch bewerten. Es stimmt jedoch *nicht*, daß dies ihre *einzigen* Ziele bzw. Werte sind. Der große Erforscher gereihter Wertordnungen und abnehmenden Grenznutzens sollte solchen konkurrierenden Werten und Zielen mehr Aufmerksamkeit geschenkt haben. Zum Beispiel könnten viele Menschen – ob nun infolge von Neid oder infolge einer unangebrachten Theorie der Gerechtigkeit – es vorziehen, wenn es eine größere Einkommensgleichheit gäbe als die, die auf dem freien Markt erzielt wird. Ohne den zuvor erwähnten Intellektuellen nahetreten zu wollen – viele Leute könnten weniger Reichtum wünschen, um unseren angeblich "übermäßigen" Reichtum herunterzustutzen.

268 Mises, *Human Action*, S. 153f.

269 Siehe Murray N. Rothbard, *Power and Market*, S. 262-266.

Andere könnten es, wie wir oben erwähnt haben, vorziehen, auf kurze Sicht das Kapital reicher Geschäftsleute zu plündern, während sie die negativen langfristigen Folgen zwar erkennen, aber abtun, weil sie eine hohe Zeitpräferenz haben. Doch eine Mehrheitskoalition solcher Leute könnte sich durchaus für eine *gewisse* Verringerung von Reichtum und Wohlstand zugunsten dieser anderen Werte entscheiden. Sie könnten durchaus entscheiden, daß es sich lohnt, ein klein wenig Reichtum und effiziente Produktion zu opfern, weil sonst hohe Opportunitätskosten entstünden: Sie könnten sich *nicht* einer Milderung des Neids erfreuen oder eines ledienschaftlichen Verlangens nach Herrschaft oder Unterwerfung oder auch des prickelnden Gefühls "nationaler Einheit", das sie bei einer (kurzlebigen) Wirtschaftskrise hätten.

Was kann Mises einer Mehrheit der Öffentlichkeit antworten, die in der Tat alle praxeologischen Konsequenzen *berücksichtigt* hat und dennoch eine kleine – bzw., was das betrifft, auch eine gewaltige – Menge staatlicher Eingriffe bevorzugt, um einige ihrer konkurrierenden Ziele zu erreichen? Als Utilitarist *kann er nicht* mit der ethischen Natur ihrer selbstgewählten Ziele hadern, denn als Utilitarist muß er sich auf das *eine* Werturteil beschränken, daß er es befürwortet, daß die Mehrheit ihre selbstgewählten Ziele verwirklicht. Im Rahmen seines eigenen Denkens kann Mises lediglich entgegnen, daß staatliche Eingriffe einen Anhäufungseffekt aufweisen – daß die Wirtschaft letztlich entweder zu einem freien Markt oder zu vollkommenem Sozialismus werden muß, wobei die Praxeologie zeigt, daß letzteres zumindest in Industriegesellschaften zu Chaos und gewaltiger Verarmung führt. Doch auch das ist keine ganz befriedigende Entgegnung. Während sich viele bzw. die meisten Programme staatlicher Eingriffe – insbesondere Preisfestsetzungen – in der Tat anhäufen, ist dies bei anderen nicht der Fall. Zudem dauert es lange, bis die Anhäufung Wirkung zeigt, so daß die Mehrheit infolge ihrer Zeitpräferenzen durchaus dazu verleitet werden könnte, in voller Kenntnis der Konsequenzen den Anhäufungseffekt nicht zu beachten. Und dann was?

Mises versuchte, mit dem Anhäufungsargument der Behauptung zu entgegnen, daß die Mehrheit der Öffentlichkeit egalitäre Maßnahmen befürwortet, selbst wenn sie weiß, daß dies zu Lasten eines Teils ihres eigenen Vermögens geht. Mises bemerkte darauf, daß die "Reserven" in Europa in Erschöpfung begriffen seien und daß daher weitere egalitäre Maßnahmen durch erhöhte Besteuerung direkt aus den Taschen der Massen finanziert werden müßten. Mises nahm an, daß, sobald dies offensichtlich würde, die Massen den staatlichen Eingriffen ihre Unterstützung entziehen würden.[270] Doch erstens ist das kein starkes Argument gegen die *vorherigen* egalitären Maßnahmen und auch nicht zugunsten ihrer Abschaffung. Zweitens *könnten* sich die Massen durchaus überzeugen lassen, doch dafür gibt es sicherlich keine Garantie. In der Vergangenheit haben die Massen wissentlich egalitäre und andere staatliche Maßnahmen zugunsten anderer ihrer Ziele unterstützt, obwohl sie wußten, daß ihr Einkommen und ihr Vermögen verringert würden, und vermutlich

270 Siehe Mises, *Human Action*, S. 851ff.

werden sie das auch in der Zukunft so halten. Darauf wies William Rappard in seiner gedankenvollen Kritik der Mises'schen Position hin:

> Befürwortet zum Beispiel der britische Wähler die konfiskatorische Besteuerung großer Einkommen in erster Linie in der Hoffnung, daß dies zu seinem materiellen Vorteil gereichen wird, oder in der Überzeugung, daß es unerwünschte und ärgerliche soziale Ungleichheiten verringert? Ist, allgemein gesagt, in unseren modernen Demokratien der Drang nach Gleichheit nicht häufig stärker als der Wunsch, das eigene materielle Los zu verbessern?

In seinem Heimatland, der Schweiz, habe die industrielle und kommerzielle Mehrheit in den Städten wiederholt, und häufig in Volksabstimmungen, Maßnahmen zur Subventionierung der bäuerlichen Minderheit unterstützt, um ganz bewußt die Industrialisierung und das Wachstum ihrer eigenen Einkommen zu verlangsamen.

Rappard bemerkte, daß die städtische Mehrheit dies nicht in dem "absurden Glauben [tat], daß sie dadurch ihr Realeinkommen erhöhte." Vielmehr "haben politische Parteien ganz bewußt und ausdrücklich den unmittelbar materiellen Wohlstand ihrer Mitglieder geopfert, um die vollkommene Industrialisierung des Landes zu verhindern oder zumindest etwas zu verlangsamen. Eine bäuerlichere – wenn auch ärmere – Schweiz ist heute der vorherrschende Wunsch der Schweizer."[271] Der springende Punkt liegt hier darin, daß Mises nicht nur als Praxeologe, sondern selbst als utilitaristischer Liberaler diesen staatlichen Eingriffen kein kritisches Wort mehr entgegensetzen kann, *sobald* die Bevölkerungsmehrheit ihre praxeologischen Konsequenzen berücksichtigt und sich dennoch – wegen anderer Ziele als Reichtum und Wohlstand – für sie entscheidet.

Desweiteren gibt es andere Arten staatlicher Eingriffe, denen offensichtlich nur ein geringer oder überhaupt kein Anhäufungseffekt innewohnt und die nur in sehr geringem Maße zu einer Verringerung von Produktion und Wohlstand führen. Nehmen wir wieder einmal an (und diese Annahme ist angesichts der Menschheitsgeschichte nicht sehr abwegig), daß die große Mehrheit der Bevölkerung rothaarige Menschen haßt und verunglimpft. Nehmen wir weiter an, daß es nur sehr wenige Rothaarige in der Gesellschaft gibt. Die große Mehrheit entscheidet dann, daß sie sehr gerne alle Rothaarigen ermorden würde. Hier haben wir es: Der Mord an den Rothaarigen ist auf den Wertordnungen der großen Bevölkerungsmehrheit hoch angesiedelt, und es gibt nur wenige Rothaarige, so daß es kaum Produktionseinbußen auf dem Markt gibt. Wie kann Mises diese Politik als Praxeologe oder utilitaristischer Liberaler zurückweisen? Ich behaupte, er kann es nicht.

Mises unternimmt einen weiteren Versuch, seine Haltung zu begründen, doch dieser ist noch weniger erfolgreich. Er kritisiert Argumente für staatliche Eingriffe zugunsten von Gleichheit oder anderen moralischen Anliegen, indem der sie als "emotionales Gerede" abtut. Zunächst versichert er erneut, daß "die Praxeologie und

271 Rappard, "On Reading von Mises", S. 32f.

die Nationalökonomie [...] jeglichen Moralgeboten gegenüber neutral sind", und erklärt, daß "die Tatsache, daß die überwältigende Mehrheit der Menschen eine bessere Versorgung mit materiellen Gütern einer geringeren Versorgung vorzieht, [...] eine geschichtliche Tatsache [ist]; sie hat keinen Platz in der ökonomischen Theorie." Dann schließt er mit der Forderung: "Wer mit den Lehren der Nationalökonomie nicht einverstanden ist, sollte sie durch eine diskursive Beweisführung widerlegen und nicht durch [...] die Berufung auf willkürliche, angeblich ethische Maßstäbe."[272]

Doch ich behaupte, daß das nicht funktioniert. Denn Mises muß zugeben, daß niemand ein Urteil über *irgendeine* Politik fällen kann, ohne ein grundlegendes ethisches Urteil bzw. Werturteil zu fällen. Wenn das aber so ist und wenn nach Mises *alle* grundlegenden Werturteile oder ethischen Maßstäbe willkürlich sind, wie kann er dann diese *besonderen* ethischen Urteile als "willkürlich" anprangern? Zudem ist Mises wohl kaum berechtigt, diese Urteile als "emotional" abzutun, da die Vernunft in den Augen eines Utilitaristen wie Mises keine obersten ethischen Grundsätze begründen kann. Diese können daher nur durch subjektive Emotionen begründet werden. Es ist sinnlos, daß Mises seine Kritiker zu einer "diskursiven Beweisführung" auffordert, da er selber bestreitet, daß auf diese Weise jemals höchste ethische Werte begründet werden könnten. Überdies sollte Mises diejenigen, die infolge ihrer höchsten ethischen Grundsätze den freien Markt befürworten, *auch* als genauso "willkürlich" und "emotional" abtun, selbst wenn sie die Gesetze der Praxeologie berücksichtigen, bevor sie ihre grundlegende ethische Entscheidung treffen. Und oben sahen wir, daß die Mehrheit der Öffentlichkeit sehr häufig andere Ziele hat, die sie zumindest in einem gewissen Maße höher wertet als ihr eigenes materielles Wohlergehen.

Während also die praxeologische Wirtschaftstheorie äußerst nützlich ist, um die Tatsachen und das Wissen für die Gestaltung einer Wirtschaftspolitik bereitzustellen, kann sie alleine nicht ausreichen, um dem Ökonomen irgendwelche Werturteile oder das Eintreten für irgendeine öffentliche Maßnahme zu erlauben. Ungeachtet der gegenteiligen Auffassung von Mises reicht weder die praxeologische Nationalökonomie *noch* der utilitaristische Liberalismus Mises'scher Prägung aus, um die Sache des *Laissez-faire* und der freien Marktwirtschaft zu begründen. Dazu muß man über die Ökonomie und den Utilitarismus hinausgehen, um eine objektive Ethik zu begründen, die den vorrangigen Wert der Freiheit bekräftigt und alle Formen staatlicher Eingriffe – vom Egalitarismus bis zur "Ermordung der Rothaarigen" – sowie solche Ziele wie die Befriedigung von Machtgier und Neid moralisch verurteilt. Um die Sache der Freiheit voll und ganz zu begründen, darf man nicht der methodologische Sklave jedes Zieles sein, das die Mehrheit der Öffentlichkeit gerade gutheißt.

272 Ludwig von Mises, "Epistemological Relativism in the Sciences of Human Action", in H. Schoeck und J.W. Wiggins, Hg., *Relativism and the Study of Man*, Princeton / N.J., D. van Nostrand, 1961, S. 133.

27 Isaiah Berlin über negative Freiheit

Zu den bekanntesten und einflußreichsten modernen Behandlungen der Freiheit zählt die von Sir Isaiah Berlin. In seinem Werk *Two Concepts of Liberty* (1958) unterstützte Berlin den Begriff der "negativen Freiheit" – der Abwesenheit von Eingriffen in die Handlungssphäre einer Person – gegenüber der "positiven Freiheit", die sich überhaupt nicht auf Freiheit bezieht, sondern auf die tatsächliche Macht oder Herrschaft eines Individuums über sich bzw. seine Umwelt. Oberflächlich gesehen scheint Berlins Begriff der negativen Freiheit der These des vorliegenden Werks zu ähneln: daß nämlich Freiheit die Abwesenheit von physischen Zwangsein- bzw. -übergriffen auf Person und Eigentum eines Individuums ist. Leider führt jedoch die Unbestimmtheit der Berlin'schen Begriffe zum Irrtum und zum Fehlen einer systematischen und begründeten liberalen Weltanschauung.

Einen seiner Fehler und Irrtümer erkannte Berlin selber später in einem Essay und bei der Neuausgabe seines ursprünglichen Buches an. In seinem *Two Concepts of Liberty* hatte er geschrieben, daß "ich normalerweise in dem Maße frei genannt werde, in dem kein Mensch in mein Handeln eingreift. Politische Freiheit in diesem Sinne ist einfach der Bereich, in dem ein Mensch tun kann, was er will."[273] Oder wie Berlin es später ausdrückte: "In der ursprünglichen Fassung von *Two Concepts of Liberty* habe ich Freiheit als die Abwesenheit von Hindernissen, die der Erfüllung der Wünsche eines Menschen im Wege stehen, bezeichnet."[274] Doch wie er später feststellte, liegt ein großes Problem bei dieser Formulierung darin, daß ein Mensch in dem Maße für "frei" gehalten werden kann, in dem seine Wünsche und Begierden ausgelöscht werden, zum Beispiel durch äußere Beeinflussung. Wie Berlin in seiner Berichtigung darlegt: "Wenn das Maß der Freiheit sich nach der Befriedigung von Wünschen richtete, könnte ich Freiheit genauso gut durch die Beseitigung von Wünschen wie durch ihre Befriedigung erhöhen. Ich könnte die Menschen (einschließlich meiner selbst) frei machen, indem ich sie so forme, daß sie die ursprünglichen Wünsche, die nicht zu befriedigen ich mich entschlossen habe, verlieren."[275]

Berlin hat die strittige Passage aus der späteren Fassung seines Werkes (1969) herausgestrichen, so daß sich die erste Erklärung nun wie folgt liest: "Politische

---

273 Isaiah Berlin, *Two Concepts of Liberty*, Oxford, Oxford University Press, 1958, S. 7.

274 Isaiah Berlin, "Einleitung", *Freiheit – Vier Versuche*, Frankfurt / M., S. Fischer Verlag, 1995, S. 40.

275 Ebd., S. 41. Siehe auch William A. Parent, "Some Recent Work on the Concept of Liberty", *American Philosophical Quarterly*, Juli 1974, S. 149-153. Professor Parent fügt den weiteren Kritikpunkt an, daß Berlin jene Fälle vernachlässigt, in denen Menschen so handeln, wie sie nicht "wirklich" handeln wollen oder möchten, so daß Berlin zugeben müßte, daß die Freiheit eines Menschen nicht beeinträchtigt wird, wenn er unter Zwang daran gehindert wird, etwas zu tun, was er "nicht mag". Berlin mag in dieser Frage jedoch gerettet werden, wenn wir "Wunsch" oder "Begehren" in dem formalen Sinne eines frei gewählten Zieles einer Person interpretieren und nicht im Sinne von etwas, das die Person emotional oder hedonistisch "mag" oder gerne tut oder erreicht. Ebd., S. 150-152.

Freiheit in diesem Sinne bezeichnet den Bereich, in dem sich ein Mensch ungehindert durch andere betätigen kann."[276] Doch auch dieser spätere Ansatz ist mit schwerwiegenden Problemen behaftet. Denn Berlin erklärt nun, daß er unter Freiheit "das Fehlen von Hindernissen, die nicht nur meinen aktuellen, sondern auch meinen potentiellen Wahlentscheidungen im Wege wären" versteht, d.h. Hindernisse, die durch "veränderbares menschliches Handeln"[277] entstehen. Doch wie Professor Parent beobachtet, kommt dies einer Verwechslung von "Freiheit" mit "Handlungsmöglichkeit" nahe – kurz gesagt ist es fast eine Aufgabe von Berlins eigenem Begriff der negativen Freiheit, an dessen Stelle dann der ungerechtfertigte Begriff der "positiven Freiheit" tritt. Nehmen wir etwa – Parent folgend – an, daß X sich weigert, Y einzustellen, weil Y ein Rotschopf ist und X keine Rothaarigen mag. X verringert dann sicherlich Y's Möglichkeitenbereich, aber man kann wohl kaum von ihm sagen, daß er Y's "Freiheit" verletze.[278] Parent legt in der Tat dar, daß der spätere Berlin wiederholt Freiheit mit Handlungsmöglichkeit verwechselt. So schreibt Berlin: "Die Freiheit, von der ich spreche, ist Chance zum Handeln." (44) und er setzt eine Vermehrung der Freiheit mit "Chancenmaximisierung" (51) gleich. Wie Parent darlegt, haben "die Begriffe ‚Freiheit' und ‚Handlungsmöglichkeit' verschiedene Bedeutungen". Zum Beispiel mag jemand aus zahlreichen Gründen (z.B. weil er zu beschäftigt ist) keine *Möglichkeit* haben, eine Eintrittskarte für ein Konzert zu kaufen. Dennoch ist er in jedem vernünftigen Sinne "frei", eine solche Karte zu kaufen.[279]

Berlins grundlegender Fehler bestand somit darin, negative Freiheit nicht als die Abwesenheit physischer Eingriffe in Person und Eigentum – die weitgefaßten gerechten Eigentumsrechte – eines Individuums zu definieren. Da er nicht auf diese Definition kam, verfiel Berlin in Irrtümer und endete damit, gerade jene negative Freiheit, die er zu begründen versucht hatte, praktisch aufzugeben und wohl oder übel ins Lager der "positiven Freiheit" zu wechseln. Mehr noch: Da ihn seine Kritiker mit der Beschuldigung geißelten, er unterstütze *Laissez-faire*, sah sich Berlin zu ausgelassenen und widersprüchlichen Angriffen auf *Laissez-faire* als etwas, das irgendwie der negativen Freiheit schadete, veranlaßt. Zum Beispiel schreibt er, daß die "Übel des ungehinderten *laissez-faire* [...] zu brutalen Verstößen gegen die ‚negative' Freiheit führten [...] auch gegen das Recht auf freie Meinungsäußerung und gegen die Versammlungsfreiheit [...]" Da *Laissez-faire* nichts anderes bedeutet als die vollkommene Freiheit von Person und Eigentum, natürlich einschließlich der

276 Berlin, *Freiheit – Vier Versuche*, S. 201.

277 Ebd., S. 42.

278 Wenn man zudem X verbieten sollte, sich zu weigern, Y wegen seiner roten Haare anzustellen, so hätte man die Handlung von X durch veränderbares menschliches Handeln behindert. Das *Aufheben* von Hindernissen kann daher nach Berlins korrigierter Freiheitsdefinition die Freiheit nicht erhöhen. Es kann lediglich die Freiheit einiger Leute zu Lasten anderer erhöhen. Diesen Punkt verdanke ich Dr. David Gordon.

279 Parent, "Some Recent Work", S. 152f.

Ausdrucks- und Versammlungsfreiheit als Untergruppe privater Eigentumsrechte, ist Berlin hier dem Unsinn verfallen. Ähnlich falsch schreibt Berlin "über das Schicksal der individuellen Freiheit unter der Vorherrschaft des ungehemmten ökonomischen Individualismus [...] – über das Elend der großen Mehrheit vor allem in den Städten, deren Kinder in Gruben und Fabriken zugrunde gerichtet wurden, während die Eltern in Armut, Krankheit und Unwissenheit lebten, in einer Lage, in der es bloßer Hohn war, wenn ihnen versichert wurde [...], sie hätten das Recht, ihr Geld nach eigenem Gutdünken auszugeben und sich nach Belieben zu bilden."[280] Es überrascht nicht, daß Berlin dann solche reinen und folgerichtigen *Laissez-faire*-Liberalen wie Cobden und Spencer für die Irrtümer und Widersprüche von klassischen Liberalen wie Mill und de Tocqueville angreift.

Es gibt einige schwerwiegende und grundlegende Probleme in Berlins Herumwettern. Eines ist die vollkommene Unkenntnis der modernen Historiker der industriellen Revolution wie Ashton, Hayek, Hutt und Hartwell, die gezeigt haben, daß die neue Industrie die vorherige Armut und Hungersnot der Arbeiter – einschließlich der arbeitenden Kinder – eher linderte als das Gegenteil zu bewirken.[281] Doch auch auf einer begrifflichen Ebene gibt es schwere Probleme. Erstens ist es unsinnig und widersprüchlich, zu behaupten, daß *Laissez-faire* bzw. wirtschaftlicher Individualismus der persönlichen *Freiheit* geschadet haben könnte; und zweitens gibt Berlin in der Tat den Begriff der "negativen" Freiheit zugunsten von Begriffen positiver Macht bzw. positiven Reichtums ausdrücklich auf.

Berlin erreicht den Höhepunkt (oder auch Tiefpunkt) dieses Ansatzes, wenn er die negative Freiheit unmittelbar dafür angreift, daß sie dazu diente "den Starken, Brutalen, Skrupellosen die Oberhand über die Menschenfreundlichen und Schwachen [zu geben] [...] Freiheit der Wölfe bedeutet oft genug den Tod der Schafe. Daß die Geschichte des ökonomischen Individualismus und der schrankenlosen kapitalistischen Konkurrenz eine blutige und gewaltsame war, muß [...] heute nicht eigens betont werden."[282] Berlins entscheidender Fehler besteht hier darin, Freiheit und die freie Marktwirtschaft hartnäckig mit ihrem Gegenteil, mit nötigenden Übergriffen gleichzusetzen. Man beachte den wiederholten Gebrauch solcher Ausdrücke wie "Oberhand", "brutal", "Wölfe und Schafe" und "blutig", die allesamt *nur* bei nötigenden Übergriffen, wie sie allgemein vom *Staat* ausgingen, Anwendung finden. Ungehemmter wirtschaftlicher Individualismus führte dagegen zu friedlichem und einträchtigem Tausch, der wohlweislich gerade den "Schwachen" und "Schafen" zugute kam. Letztere sind es, die unter dem Dschungelgesetz des Staates *nicht* überleben könnten, aber den größten Teil der Wohltaten der freien Konkurrenzwirt-

280 Berlin, *Freiheit – Vier Versuche*, S. 48f.

281 Siehe F.A. Hayek, Hg., *Capitalism and the Historians*, Chicago, University of Chicago Press, 1954; sowie R.M. Hartwell, *The Industrial Revolution and Economic Growth*, London, Methuen & Co., 1971.

282 Berlin, *Freiheit – Vier Versuche*, S. 48.

schaft auf sich vereinigen. Eine auch nur geringe Kenntnis der Wirtschaftswissenschaft und insbesondere des Ricardianischen Gesetzes der komparativen Vorteile hätte Sir Isaiahs Meinung über diese lebenswichtige Frage zurechtgerückt.[283]

28 F.A. Hayek und der Begriff des Zwangs[284]

In seinem monumentalen Werk *Die Verfassung der Freiheit* versucht F.A. Hayek, eine systematische politische Philosophie der individuellen Freiheit aufzustellen.[285] Er beginnt sehr gut, indem er Freiheit als Abwesenheit von Zwang definiert und somit die "negative Freiheit" überzeugender als Isaiah Berlin hochhält. Leider taucht ein grundlegender und schwerer Fehler in Hayeks System auf, wenn er sich daran macht, "Zwang" zu definieren. Denn anstatt Zwang wie im vorliegenden Werk zu definieren, nämlich als rechtsverletzenden Gebrauch – bzw. Androhung – physischer Gewalt gegen die Person oder das (gerechte) Eigentum eines anderen, definiert Hayek Zwang weitaus unschärfer und unvollständiger: z.B. als "eine solche Veränderung der Umgebung oder der Umstände eines Menschen durch jemand anderen [...], daß dieser, um größere Übel zu vermeiden, nicht nach seinem eigenen, zusammenhängenden Plan, sondern im Dienst der Zwecke des anderen handeln muß." (27); und wieder: "Von Zwang sprechen wir, wenn das Handeln eines Menschen dem Willen eines anderen unterworfen wird, und zwar nicht für seine eigenen Zwecke, sondern für die Zwecke des anderen." (161)

Für Hayek beinhaltet "Zwang" natürlich den aggressiven Gebrauch physischer Gewalt, doch leider beinhaltet der Ausdruck *auch* friedliche und nicht-aggressive Handlungen. So erklärt Hayek, daß "die Drohung mit Gewalttätigkeit die wichtigste Form des Zwangs darstellt. Aber sie [ist nicht gleichbedeutend mit] Zwang, denn die Androhung physischer Gewalt ist nicht die einzige Art, in der Zwang ausgeübt werden kann." (164)

Was sind dann die anderen, gewaltlosen "Arten", auf die – wie Hayek glaubt – Zwang ausgeübt werden kann? Dazu zählen solche rein freiwilligen Betragensweisen wie "ein übellauniger Mann" oder eine "nörgelnde Frau", die das "Leben unerträglich machen, wenn nicht jeder ihrer Launen nachgegeben wird." Hayek gibt zu, daß es unsinnig wäre, für ein gesetzliches Verbot von Düsterkeit und Nörgelei einzutreten. Doch das tut er aus dem falschen Grund, daß ein solches Verbot "noch schlimmeren Zwang" (167) beinhalten würde. Doch "Zwang" ist eigentlich keine Menge, die addiert werden könnte. Wie können wir verschiedene "Grade" des Zwangs quantitativ vergleichen, vor allem, wenn diese Grade Vergleiche zwischen verschiedenen Menschen mit sich bringen? Gibt es keinen grundlegenden qualitativen Unterschied, keinen Unterschied der *Art*, zwischen einer nörgelnden Ehefrau

283 Siehe auch Rothbard, "Back to the Jungle?", in *Power and Market*, S. 226-228.

284 Eine Version dieses Kapitels erschien in der 1980er Ausgabe von *Ordo* (Stuttgart).

285 F.A. Hayek, *Die Verfassung der Freiheit*, Tübingen, J.C.B. Mohr, 1971,

und dem Gebrauch des Apparates physischer Gewalt, um solches Nörgeln zu verbieten bzw. zu unterdrücken? Es scheint klar zu sein, daß das grundlegende Problem darin liegt, daß Hayek den Ausdruck "Zwang" als Kürzel nicht nur für physische Gewalt, sondern auch für freiwillige, gewaltfreie und nicht-rechtsverletzende Handlungen wie Nörgeln gebraucht. Der springende Punkt ist natürlich, daß es der Ehefrau bzw. dem Ehemann freisteht, den anstößigen Partner zu verlassen und daß es ihre bzw. seine freiwillige Entscheidung ist, wenn sie mit dem Partner zusammenbleiben. Nörglei mag moralisch oder ästhetisch gesehen bedauerlich sein, doch sie ist wohl kaum "nötigend" in irgendeinem Sinne, der dem Gebrauch physischer Gewalt ähnelt.

Es kann nur zu Verwirrung führen, wenn diese beiden Handlungstypen in einen Topf geworfen werden.

Aber nicht nur zu Verwirrung, sondern auch zu Widersprüchlichkeit. Denn Hayek faßt unter dem Begriff des "Zwangs" nicht nur rechtsverletzende physische Gewalt, d.h. eine erzwungene Handlung oder einen erzwungenen Tausch, sondern auch gewisse Formen der friedlichen und freiwilligen *Verweigerung* von Tauschgeschäften. Sicherlich *bedeutet* die Freiheit zu einem Tausch *notwendigerweise* die gleichrangige Freiheit, *keinen* Tausch vorzunehmen. Doch Hayek nennt gewisse Formen der friedlichen Verweigerung von Tauschgeschäften "zwingend" und schert sie daher mit erzwungenen Tauschgeschäften über einen Kamm. Konkret gesagt erklärt Hayek: "Zweifellos gibt es Umstände, unter denen das Beschäftigungsverhältnis Gelegenheit zu echtem Zwang bietet. In Zeiten ausgedehnter Arbeitslosigkeit mag die Drohung der Entlassung gebraucht werden, um einen Angestellten zu Handlungen zwingen, die der ursprüngliche Arbeitsvertrag nicht vorgesehen hat. Oder in Verhältnissen, wie in einer Bergwerkssiedlung, kann der Leiter, der über alle lokalen Beschäftigungsmöglichkeiten verfügt, wohl eine völlig willkürliche und trannische Gewalt über Menschen ausüben, die er aus irgend einem Grunde nicht mag." (165) Doch "Entlassung" ist lediglich die Weigerung des kapitalbesitzenden Arbeitgebers, weitere Geschäfte mit einer oder mehreren Personen zu machen. Ein Arbeitgeber kann solche Geschäfte aus vielen Gründen verweigern, und Hayek hat keine anderen als subjektive Kriterien, um den Ausdruck "willkürlich" zu gebrauchen. Warum ist ein Grund "willkürlicher" als ein anderer? Wenn Hayek meint, daß alle Gründe außer der Maximierung von Geldgewinnen "willkürlich" sind, so beachtet er nicht die Erkenntnis der Österreichischen Schule, daß Menschen – selbst im Geschäftsleben – nicht zur Maximisierung ihrer Geld-, sondern ihrer "psychischen" Gewinne handeln und daß solche psychischen Gewinne alle Arten von Werten umfassen, von denen keiner mehr oder weniger willkürlich als die anderen ist. Überdies scheint Hayek hier zu meinen, daß Angestellte eine Art "Recht" auf fortgesetzte Beschäftigung haben, ein Recht, das sich in offenem Widerspruch zu den Eigentumsrechten der Arbeitgeber an ihrem eigenen Geld befindet. Hayek gibt zu, daß Entlassungen gewöhnlich nicht "nötigend" sind. Warum dann bei "akuter Arbeitslosigkeit" (die sicherlich jedenfalls nicht dem Arbeitgeber zuzuschreiben ist) oder im Fall der Bergwerksstadt? Sagen wir es wieder: Die Bergarbeiter sind freiwillig in die Bergwerksstadt gezogen, und es steht ihnen frei, zu gehen, wann immer sie das wünschen.

Hayek begeht einen ähnlichen Irrtum, wenn er sich mit der Tauschweigerung eines "Monopolisten" (des einzigen Besitzers einer Ressource) befaßt. Er gibt zu: "Wenn ich mich zum Beispiel gern von einem berühmten Künstler malen lassen möchte, der es ablehnt, das anders zu tun als für ein sehr hohes Honorar [oder überhaupt?], so wäre es wohl absurd zu sagen, daß ich gezwungen werde." (164) Doch *andererseits* wendet er den Begriff des Zwangs auf einen Fall an, in dem ein Monopolist Wasser in einer Oase besitzt. Angenommen, so Hayek, daß "sich dort Menschen niedergelassen haben in der Annahme, daß Wasser immer zu einem annehmbaren Preis zu haben sein wird", daß die anderen Wasserquellen dann austrockneten und daß die Leute dann, "um Wasser zu bekommen, alles tun müssen, was immer der Besitzer der verbleibenden Quelle von ihnen verlangt, weil sie sonst verdursten müßten. Das wäre ein klarer Fall von Zwang" (165) da das betreffende Gut bzw. der fragliche Dienst für sie "unentbehrlich" sei. Doch da der Besitzer des Brunnens die konkurrierenden Brunnen nicht rechtsverletzend vergiftete, wendet er wohl kaum "Zwang" an. In der Tat liefert er einen lebenswichtigen Dienst und sollte das Recht haben, einen Verkauf zu verweigern bzw. alles zu fordern, was die Kunden zahlen wollen. Die Lage mag für die Kunden – wie so viele Lebenslagen – durchaus unglücklich sein. Doch der Lieferant eines besonders knappen und lebenswichtigen Dienstes handelt wohl kaum "nötigend", wenn er entweder den Verkauf verweigert oder einen Preis setzt, den die Kunden zu zahlen bereit sind. Zu beiden Handlungen hat er als freier Mensch und gerechter Eigentümer das Recht. Der Eigentümer der Oase ist nur für die Existenz seiner eigenen Handlungen und seines eigenen Eigentums verantwortlich. Er kann nicht für die Existenz der Wüste oder für den Umstand, daß die anderen Brunnen ausgetrocknet sind, zur Rechenschaft gezogen werden.[286]

---

286 Wie außerdem Professor Ronald Hamowy in einer glänzenden Kritik von Hayeks Begriff des Zwangs und der "Herrschaft des Gesetzes" darlegt, "stehen wir einem scheinbar unüberwindlichen Problem gegenüber: Was ist ein ‚annehmbarer' Preis? Mit ‚annehmbarem Preis' könnte Hayek den ‚Wettbewerbspreis' meinen. Doch wie kann man den Wettbewerbspreis ohne Wettbewerb bestimmen? Die Wirtschaftswissenschaft kann die kardinale Größe eines Marktpreises nicht ohne einen Markt bestimmen. Was können wir dann für einen ‚annehmbaren' Preis halten bzw. genauer gefragt: Bei welchem Preis ändert der Vertrag sein Wesen und wird zu einem Fall von ‚Zwang'? Bei einem Pfennig pro Liter, bei einer Mark pro Liter oder bei zehn Mark pro Liter? Was ist, wenn der Besitzer des Brunnens nichts mehr verlangt als die Freundschaft der Siedler? Ist ein solcher ‚Preis' nötigend? Nach welchem Grundsatz können wir entscheiden, wann die Übereinkunft ein bloßer Vertrag ist und wann nicht?"

Wie Hamowy zudem erklärt, "müssen wir noch eine weitere Schwierigkeit ins Auge fassen. Übt der Besitzer Zwang aus, wenn er sich weigert, sein Wasser zu *irgendeinem* Preis zu verkaufen? Angenommen, er halte seinen Brunnen für geweiht und dessen Wasser für heilig. Das Wasser den Siedlern anzubieten, würde seinen tiefsten religiösen Gefühlen widerstreben. Hier liegt eine Situation vor, die nicht unter Hayeks Definition des Zwangs fallen würde, da der Besitzer den Siedlern *keine* Handlung aufzwingt. Doch es würde scheinen, daß dies – nach Hayeks eigenen Standards – eine weitaus schlimmere Lage ist, da Verdursten nun die einzige ‚Wahl' ist, die den Siedlern noch offen steht." Ronald Hamowy, "Freedom and the Rule of Law in F.A.

Unterstellen wir eine andere Situation. Angenommen, es gebe in einer Gemeinschaft nur einen Arzt, und eine Epidemie breche aus. Nur *er* kann die Leben zahlreicher Mitmenschen retten – eine Handlung, die für sie sicherlich lebenswichtig ist. "Zwingt" er sie, wenn er (a) jedes Tätigwerden verweigert bzw. die Stadt verläßt oder (b) einen sehr hohen Preis für seine Heildienste verlangt? Sicherlich nicht. Zum einen ist nichts falsch daran, wenn ein Mensch das verlangt, was seine Dienste seinen Kunden wert sind, d.h. was diese zu zahlen bereit sind. Zum anderen hat er jedes Recht, ein Tätigwerden zu verweigern. Während man ihn vielleicht moralisch oder ästhetisch verurteilen mag, hat er als Selbstbesitzer seines Körpers jedes Recht, die Heilung zu verweigern bzw. sie zu einem hohen Preis vorzunehmen. Zu sagen, er übe "Zwang" aus, unterstellt zudem, daß es angemessen und *nicht* nötigend ist, wenn seine Kunden oder deren Beauftragte den Arzt *zwingen*, sie zu behandeln. Kurz gesagt rechtfertigt diese Redeweise seine Versklavung. Doch sicherlich muß Versklavung – erzwungene Arbeit – als "nötigend" in jeder sinnvollen Bedeutung dieses Ausdrucks angesehen werden.

All das zeigt deutlich, wie groß der Widerspruch ist, wenn eine erzwungene Handlung bzw. ein erzwungener Tausch unter dieselbe Rubrik "Zwang" gefaßt wird wie die friedliche *Weigerung* einer Person, einen Tausch vorzunehmen.

Wie ich an anderer Stelle schrieb:

> Ein wohlbekannter Typ "privaten Zwangs" ist die unbestimmte, aber unheilvoll klingende "wirtschaftliche Macht." Eine bevorzugte Veranschaulichung der Ausübung solcher "Macht" ist der Fall eines Arbeiters, der entlassen wird. [...]
>
> Betrachten wir diese Situation näher. Was genau hat der Arbeitgeber getan? Er *weigerte* sich, einen gewissen Tausch *fortzuführen*, den der Arbeiter gerne fortgeführt hätte. Genauer gesagt weigerte sich A, der Arbeitgeber, eine bestimmte Summe Geldes im Tausch gegen den Kauf von B's Diensten zu *verkaufen*. B würde gerne ein bestimmtes Tauschgeschäft machen, A nicht. Der gleiche Grundsatz kann von vorne bis hinten auf alle Tauschgeschäfte der Wirtschaft angewendet werden. [...]
>
> "Wirtschaftliche Macht" ist daher lediglich das Freiheitsrecht, ein Tauschgeschäft zu verweigern. Jeder Mensch hat diese Macht. Jeder Mensch hat das gleiche Recht, einen angebotenen Tausch vorzunehmen.
>
> Nun sollte klar sein, daß der "Mittelweg-Interventionist", der die Übel der Gewalt zwar zugibt, aber hinzufügt, daß staatliche Gewalt zuweilen notwendig ist, um dem "von wirtschaftlicher Macht ausgehenden privaten Zwang" entge-

---

Hayek", *Il Politico*, 1971/72, S. 355f. Siehe auch Hamowy, "Hayek's Concept of Freedom: A Critique", *New Individualist Review*, April 1961, S. 28-31.

Die letzten Arbeiten zu diesem Thema sind Hamowy, "Law and the Libertarian Society: F.A. Hayek's Constitution of Liberty", *Journal of Libertarian Studies*, 2, Winter 1978, S. 287-297; und John N. Gray, "F.A. Hayek on Liberty and Tradition", *Journal of Libertarian Studies*, 4, Herbst 1980.

genzuwirken, in einem unglaublichen Widerspruch befangen ist. A verweigert einen Tausch mit B. Was sollen wir sagen – bzw. was soll der Staat tun – wenn B mit einem Gewehr herumfuchtelt und A befiehlt, den Tausch vorzunehmen? Das ist die entscheidende Frage. Wir können in dieser Sache nur zwei Haltungen einnehmen: *Entweder* verübt B Gewalt und sollte sofort gestoppt werden *oder* B ist zu diesem Schritt vollkommen berechtigt, weil er lediglich dem "tückischen Zwang" der von A ausgeübten wirtschaftlichen Macht entgegenwirkt. Entweder muß das Schutzunternehmen zur Verteidigung von A eilen oder es weigert sich ganz bewußt, dies zu tun und hilft vielleicht B (oder nimmt ihm die Arbeit ab). *Es gibt keinen dritten Weg*!

B übt Gewalt aus. Daran besteht kein Zweifel. Beiden Theorien zufolge (nach den liberalen Argumenten und nach der "wirtschaftliche-Macht-Theorie") ist diese Gewalt entweder rechtsverletzend und daher ungerecht oder sie ist defensiver Natur und daher gerecht. Wenn wir uns das "Wirtschaftsmachtargument" zueigen machen, müssen wir die letztere Position wählen. Wenn wir es ablehnen, müssen wir uns zur ersteren Position bekennen. Wenn wir uns für die "wirtschaftliche-Macht-Theorie" entscheiden, müssen wir Gewalt gebrauchen, um jede Tausch*weigerung* zu bekämpfen. Wenn wir sie ablehnen, gebrauchen wir Gewalt, um jede gewaltsame Auferlegung eines Tauschs zu verhindern. Man kann dieser *entweder-oder*-Wahl nicht ausweichen. Der "Mittelweg-Interventionist" kann nicht logisch sagen, es gebe "viele Formen" unberechtigten Zwangs. Er muß sich für das eine oder für das andere entscheiden und seine Haltung darnach einnehmen. Entweder muß er sagen, daß es nur eine Form illegalen Zwangs gibt – offene physische Gewalt – oder er muß sagen, daß es nur eine Form illegalen Zwangs gibt – die Weigerung zu tauschen.[287]

Und eine Gesellschaft, in der Arbeitsverweigerungen verboten sind, ist natürlich eine Gesellschaft allgemeiner Sklaverei.

Betrachten wir ein anderes Beispiel, das Hayek schnell als *nicht* nötigend verwirft: "Wenn eine Gastgeberin einen Gast zu ihren Gesellschaften nur einlädt, wenn er in Kleidung und Benehmen gewisse Normen einhält [...] so ist dies gewiß nicht Zwang." (164) Doch wie Professor Hamowy gezeigt hat, kann dies nach Hayeks eigenen Maßstäben durchaus als ein Fall von "Zwang" angesehen werden. Denn "es könnte sein, daß ich gesellschaftlichen Dingen große Bedeutung zumesse und daß es meine gesellschaftliche Stellung sehr gefährden würde, wenn ich an dieser Party nicht teilnähme. Überdies ist mein Dinnerjacket in der Reiningung und wird nicht vor einer Woche fertig sein . . . aber die Party ist morgen. Könnte man sagen, daß das Verhalten meines Gastgebers, der von mir das Tragen formeller Kleidung als Eintrittspreis in sein Zuhause verlangt, unter diesen Bedingungen in der Tat nötigend *ist*, insofern es eindeutig den Erhalt eines der Dinge bedroht, die ich am höchsten schätze, nämlich mein gesellschaftliches Prestige?" Ferner legt Hamowy dar,

---

287 Rothbard, *Power and Market*, S. 228-230.

daß – wenn der Gastgeber als Preis für die Einladung zur Party verlangen sollte, "daß ich das ganze Silber und Porzellan, das bei der Party benutzt wird, abwasche" – Hayek einen solchen freiwilligen Vertrag noch umso eindeutiger als nach seinen eigenen Maßstäben "nötigend" bezeichnen müßte.[288]

Bei einem Versuch, Hamowys scharfe Kritik zu widerlegen, fügte Hayek später hinzu: "Damit Zwang gegeben ist, ist es auch erforderlich, daß die Handlung des Nötigers den Genötigten in eine Lage versetzt, die er als schlechter ansieht als diejenige, in der er sich ohne diese Handlung befunden hätte."[289] Doch wie Hamowy in seiner Antwort darlegt, rechtfertigt das nicht Hayeks widersprüchliche Weigerung, sich zu einem offenkundigen Unsinn zu bekennen, indem er eine bedingte Einladung zu einer Party als "Zwang" bezeichnet. Denn "der gerade beschriebene Fall scheint auch diese Bedingung zu erfüllen. Es stimmt zwar, daß mein eventueller Gastgeber in einem gewissen Sinne durch die Einladung meine Handlungsmöglichkeiten erweitert hat, aber die *ganze* Situation (zu der meine Unfähigkeit, mir formelle Kleidung zuzulegen, und die sich daraus ergebende Verzweiflung zu zählen sind) ist von meinem Standpunkt aus schlechter als die Lage, die sich vor der Einladung ergeben hatte und sicherlich schlechter als diejenige, die es gab, bevor mein eventueller Gastgeber sich entschlossen hatte, eine Party zu diesem besonderen Zeitpunkt zu geben."[290]

Hayek ist daher genau wie alle anderen in der Pflicht, eins von beiden zu tun: entweder den Begriff des "Zwangs" streng auf die Verletzung der Person oder des Eigentums eines anderen durch Gebrauch oder Androhung physischer Gewalt zu begrenzen; oder den Ausdruck "Zwang" ganz über Bord zu werfen und "Freiheit" einfach nicht als "Abwesenheit von Zwang", sondern als "Abwesenheit rechtsverletzender physischer Gewalt oder deren Androhung" zu definieren. Hayek gibt in der Tat zu, daß "Zwang so definiert werden kann, daß er eine allgegenwärtige und unvermeidbare Erscheinung wird." (139) Leider macht seine Mittelweg-Unterlassung, Zwang strikt auf Gewalt zu begrenzen, sein ganzes System politischer Philosophie durch und durch brüchig. Er kann dieses System nicht retten, indem er versucht, auf bloß quantitative Weise zwischen "milden" und "schwereren" Formen des Zwangs zu unterscheiden.

Ein weiterer grundlegender Fehler des Hayek'schen Systems liegt darin, daß Hayek nicht nur den Zwang so definiert, das er über den Bereich physischer Gewalt hinausragt, sondern daß er es auch unterläßt, zwischen "rechtsverletzender" und "defensiver" Nötigung oder Gewalt zu unterscheiden. Es gibt einen himmelweiten Wesensunterschied zwischen rechtsverletzender Gewalt – Übergriffe oder Diebstahl – und dem Gebrauch von Gewalt, um sich und sein Eigentum vor solchen Übergriffen

288 Hamowy, "Freedom and the Rule of Law", S. 353f.

289 F.A. Hayek, "Freedom and Coercion: Some Comments on a Critique by Mr. Ronald Hamowy", *Studies in Philosophy, Politics, and Economics*, Chicago, Chicago University Press, 1967, S. 349.

290 Hamowy, "Freedom and the Rule of Law", S. 354 Fußnote.

zu schützen. Rechtsverletzende Gewalt ist kriminell und ungerecht. Defensive Gewalt ist vollkommen gerecht und angemessen. Erstere verletzt die Rechte an Person und Eigentum, letztere schützt vor solchen Übergriffen. Doch wiederum unterläßt es Hayek, diese bedeutende qualitative Unterscheidung vorzunehmen. In seinen Augen gibt es nur relative Grade oder Mengen von "Zwang". So erklärt er: "Zwang kann jedoch nicht völlig vermieden werden, weil die einzige Methode, ihn zu verhindern, die Androhung von Zwang ist."[291] (28) Dann verschlimmert er den Irrtum noch, indem er hinzufügt: "Eine freie Gesellschaft hat dieses Problem gelöst, indem sie dem Staat das Monopol der Zwangsausübung überträgt und versucht, diese Gewalt des Staates auf jene Fälle zu beschränken, in denen sie zur Vermeidung von Zwang durch private Personen erforderlich ist." (28) Doch wir vergleichen hier nicht verschiedene Grade eines undifferenzierten Ganzen, das wir "Zwang" nennen können (selbst wenn wir dieses als "physische Gewalt" definieren). Denn wir *können rechtsverletzende* Gewalt völlig vermeiden, indem wir sie durch den Kauf der Dienste von Schutzunternehmen verhindern, von Unternehmen, die nur zum Gebrauch *defensiver* Gewalt berechtigt sind. Wir sind beim Ringen mit dem Begriff "Zwang" nicht hilflos, wenn wir einen solchen Zwang nur als *rechtsverletzenden* Zwang definieren (oder alternativ, indem wir den Ausdruck "Zwang" vollkommen aufgeben und die Unterscheidung zwischen rechtsverletzender und defensiver Gewalt beibehalten).

Hayeks entscheidender zweiter Satz im obigen Absatz verschlimmert seinen Irrtum um ein Vielfaches. Erstens hat "eine freie Gesellschaft" in keinem Fall der Geschichte dem Staat irgendein Zwangsmonopol "übertragen". Es gab nie irgendeine Form eines freiwilligen "Gesellschaftsvertrages". In allen historischen Fällen hat der Staat ein solches Gewaltmonopol durch den Gebrauch rechtsverletzender Gewalt und Eroberung ergriffen. Ferner hat der Staat nicht so sehr ein "Zwangsmonopol" als ein Monopol *rechtsverletzender* (wie auch defensiver) Gewalt, und dieses Monopol wird begründet und aufrechterhalten durch den systematischen Gebrauch zweier besonderer Formen rechtsverletzender Gewalt: durch Besteuerung zum Erwerb des Staatseinkommens und durch das Zwangsverbot konkurrierender Schutzunternehmen innerhalb des vom Staat erworbenen Territoriums. Da Freiheit die Beseitigung rechtsverletzender Gewalt in der Gesellschaft erfordert (während sie defensive Gewalt gegen mögliche Rechtsverletzer bejaht), ist der Staat daher nie und nimmer als Verteidiger der Freiheit zu rechtfertigen. Denn der Staat existiert gerade durch den zweifachen und fortwährenden Gebrauch rechtsverletzender Gewalt ge-

291 Einer von Hayeks Fehlern ist hier die Auffassung, daß, wenn ungerechter Zwang falsch ist, er minimiert werden sollte. Stattdessen sollte ungerechter Zwang als unmoralisch und kriminell ganz verboten werden. Mit anderen Worten geht es nicht darum, eine gewisse Quantität (ungerechter Zwang) mit allen Mitteln – einschließlich neuen ungerechten Zwangshandlungen – zu verringern. Es geht darum, allen Handlungen eine strenge Randbegrenzung aufzuerlegen. Zu dieser Unterscheidung siehe Robert Nozick, "Moral Complications and Moral Structures", *Natural Law Forum*, 1968, S. 1ff.

gen das, was er eigentlich schützen soll: gegen Freiheit und Eigentum der Individuen. Der Staat ist von seiner Natur aus ungerechtfertigt und nicht zu rechtfertigen.

Daher beruht Hayeks Rechtfertigung der Existenz des Staates – und dessen Gebrauch von Besteuerung und anderen Maßnahmen rechtsverletzender Gewalt – auf seiner unhaltbaren Vernachlässigung der Unterscheidung zwischen rechtsverletzender und defensiver Gewalt, wodurch er alle gewalttätigen Handlungen in die gleiche Rubrik verschiedener Grade von "Zwang" zusammenwirft.

Doch das ist nicht alles. Denn bei der Ausarbeitung seiner Verteidigung des Staates und staatlicher Handlungen erweitert Hayek nicht nur den Begriff des Zwangs über physische Gewalt hinaus. Er verengt diesen Begriff auch unbotmäßig, so daß er gewisse Formen rechtsverletzender physischer Gewalt *ausschließt*. Um staatlichen Zwang zu "begrenzen" (d.h. um staatliches Handeln *innerhalb* dieser Grenzen zu rechtfertigen), behauptet Hayek, daß Zwang entweder minimiert wird oder sogar *nicht* existiert, wenn die gewaltgestützten Erlässe nicht persönlich und willkürlich sind, sondern die Form allgemeiner, universeller Regeln, die allen im voraus bekannt sein können, haben (die "Herrschaft des Rechts"). So erklärt Hayek:

> Der Zwang, den der Staat immer noch ausüben muß, ist dadurch auf ein Minimum verringert und so unschädlich wie möglich gemacht, daß er durch bekannte allgemeine Regeln beschränkt ist, so daß der Einzelne in den meisten Fällen nie gezwungen zu werden braucht, wenn er sich nicht selbst in eine Lage versetzt hat, von der er weiß, daß er gezwungen wird. Selbst wo Zwang unvermeidlich ist, wird er seiner schädlichen Wirkungen dadurch benommen, daß er auf bestimmte und voraussehbare Pflichten beschränkt wird oder zumindest von der Willkür einer anderen Person unabhängig gemacht wird. Dadurch, daß sie unpersönlich und von allgemeinen abstrakten Regeln abhängig gemacht werden, deren Wirkung auf einzelne Individuen zur Zeit ihrer Festlegung nicht vorausgesehen werden kann, werden auch diese Zwangshandlungen des Staates Daten, auf die der Einzelne seine eigenen Pläne aufbauen kann. (28f)

Hayeks Vermeidbarkeitskriterium für angeblich "nicht-nötigende", aber gewaltsame Handlungen wird im folgenden deutlich:

> Wer im voraus weiß, daß er gezwungen werden wird, wenn er sich in eine bestimmte Situation begibt, es aber vermeiden kann, sich in diese Situation zu begeben, der braucht nie gezwungen zu werden. Zumindest sofern die Regeln, die Zwang vorsehen, nicht auf eine spezielle Person gemünzt sind, sondern so verfaßt sind, daß sie in gleicher Weise auf alle Menschen unter gleichen Umständen Anwendung finden, wirken sie nicht anders als irgend ein natürliches Hindernis, das menschlichen Absichten entgegensteht. (172)

Doch wie Professor Hamowy scharfsinnig darlegt: "Daraus folgt, daß, wenn Herr X mich warnt, er werde mich töten, falls ich irgendetwas von Herrn Y kaufe, und wenn die Produkte von Herrn Y auch woanders erhältlich sind (vermutlich bei Herrn X), eine solche Handlung von Herrn X nicht nötigend ist!" Denn der Kauf bei Herrn Y ist "vermeidbar". Hamowy setzt fort: "Vermeidbarkeit der Handlung reicht diesem Kriterium zufolge aus, um eine Situation zu schaffen, die theoretisch gesehen identisch mit einer ist, in der ein Zwang überhaupt nicht vorkommt. Die bedrohte Partei ist nicht *weniger* frei als sie es vor der Drohung war, wenn sie die Handlung des Drohenden vermeiden kann. Nach der logischen Struktur dieses Arguments ist "die Androhung von Zwang" keine nötigende Handlung. Wenn ich daher im vorhinein weiß, daß ich von Schlägern angegriffen werde, falls ich ein gewisses Stadtviertel betrete, und wenn ich dieses Viertel vermeiden kann, dann brauche ich von den Schlägern nie bedroht zu werden [...] Folglich sollte man das von Schlägern heimgesuchte Stadtviertel [...] genau wie einen pestverseuchten Sumpf betrachten: Beide sind vermeidbare Hindernisse, keines richtet sich gegen mich persönlich" – und folglich trägt nach Hayek keines den Charakter des "Zwangs".[292]

Hayeks Vermeidbarkeitskriterium für Nicht-Zwang führt daher zu einer offenkundig unsinnigen Schwächung des Begriffs "Zwang" und dazu, daß auch rechtsverletzende und offenkundig nötigende Handlungen unter eine gutartige, nichtnötigende Rubrik fallen. Doch ist Hayek sogar willens, seine eigene, schwache Vermeidbarkeitsbegrenzung des Staates aufzugeben. Denn er gibt zu, daß Steuern und Wehrpflicht zum Beispiel nicht – und auch der Absicht nach nicht – "vermeidbar" sind. Doch auch diese werden "nicht-zwingend", weil "sie doch wenigstens voraussehbar [sind] und [...] ohne Rücksicht darauf [erzwungen werden], wie der Einzelne sonst seine Kräfte verwenden würde; das nimmt ihnen viel von der üblen Natur des Zwanges. Wenn die Kenntnis der Notwendigkeit, einen bestimmten Steuerbetrag zu bezahlen, die Grundlage aller Pläne wird, oder wenn eine Zeit Militärdienst ein voraussehbarer Teil eines Lebenslaufes ist, kann jedermann immer noch seinem eigenen Lebensplan folgen, und ist vom Willen einer anderen Person so unabhängig, als es die Menschen in der Gesellschaft zu sein gelernt haben." (172)

Der Unsinn, sich auf allgemeine, universelle ("gleichermaßen anwendbare"), vorhersehbare Regeln als Kriterium – bzw. als Verteidigung – individueller Freiheit

---

292 Hamowy, "Freedom and the Rule of Law", S. 356f, 356 Fußnote. In der Tat erklärt Hayek ausdrücklich: "Die Zwangsandrohung hat eine ganz andere Wirkung als tatsächlicher und unvermeidbarer Zwang, sofern sie sich nur auf bekannte Umstände bezieht, die von dem potentiellen Gegenstand des Zwanges vermieden werden können. Die meisten Zwangsandrohungen, deren auch eine freie Gesellschaft nicht entbehren kann, sind von dieser vermeidbaren Art." Hayek, *Verfassung der Freiheit*, S. 171f.

Wie Professor Watkins darlegt, könnte sich eine Person nach Hayeks Vermeidbarkeitskriterium für "Nicht-Zwang" mit einer ",allgemeinen, abstrakten Regel, die für jeden gleichermaßen gilt', [konfrontiert sehen,] welche Auslandsreisen verbietet; und angenommen, diese Person habe einen kränkelnden Vater im Ausland, die sie vor seinem Tod besuchen möchte. Nach Hayeks Argument liegt hier kein Zwang oder Verlust von Freiheit vor. Dieser Handelnde ist niemandes Willen unterworfen. Er ist nur mit der Tatsache konfrontiert, daß, sollte er versuchen, ins Ausland zu gehen, er ergriffen und bestraft wird." J.W.N. Watkins, "Philosophy" in A. Seldon, Hg., *Agenda for a Free Society: Essays on Hayek's The Constitution of Liberty*, London, Institute for Economic Affairs, 1961, S. 39f.

zu stützen, ist kaum jemals so deutlich geworden.[293] Denn das bedeutet zum Beispiel, daß, wenn es eine allgemeine staatliche Regel gibt, der zufolge *jede* Person alle drei Jahre ein Jahr lang versklavt wird, eine solche universelle Sklaverei nicht "nötigend" ist. In welchem Sinne sind dann Hayek'sche allgemeine Regeln *irgendeinem beliebigen* Fall von Willkürherrschaft überlegen oder liberaler als diese? Unterstellen wir beispielsweise zwei denkbare Gesellschaften. Eine wird von einem gewaltigen Netz Hayek'scher allgemeiner Regeln beherrscht, die auf alle gleichermaßen anwendbar sind, zum Beispiel solche Regeln wie: jeder muß alle drei Jahre ein Jahr lang versklavt werden; niemand darf unter Todesstrafe die Regierung kritisieren; niemand darf alkoholische Getränke zu sich nehmen; jeder muß sich dreimal am Tag zu bestimmten Stunden gen Mekka neigen; jeder muß eine bestimmte grüne Uniform tragen usw. Es ist offensichtlich, daß eine solche Gesellschaft – obgleich sie alle Hayek'schen Kriterien für eine Herrschaft des Gesetzes ohne Zwang erfüllt – zutiefst despotisch und totalitär ist. Unterstellen wir als Gegensatz eine zweite Gesellschaft, die vollkommen frei ist, in der es jeder Person frei steht, ihre Person und ihr Eigentum zu gebrauchen, Tauschgeschäfte usw. vorzunehmen, wie sie es als richtig ansieht – *außer* daß der Monarch (der den Rest des Jahres buchstäblich nichts tut) einmal im Jahr eine willkürliche, rechtsverletzende Handlung gegen ein von ihm ausgesuchtes Individuum begeht. *Welche* Gesellschaft ist als freier, als liberaler anzusehen?[294]

Somit sehen wir, daß Hayeks *Verfassung der Freiheit* in keinem Sinne die Kriterien oder die Grundlage für ein System individueller Freiheit liefert. Neben den zutiefst verfehlten Definitionen von "Zwang", liegt – wie Hamowy darlegt – ein grundlegender Fehler von Hayeks Theorie individueller Rechte darin, daß letztere keiner Moraltheorie oder "einer unabhängigen, nicht-staatlichen gesellschaftlichen Übereinkunft" entspringen, sondern vielmehr aus dem Staat selbst. In Hayeks Augen werden Rechte vom Staat und seiner Herrschaft des Gesetzes eher *geschaffen* als bestätigt oder geschützt.[295] Es ist kein Wunder, daß Hayek in seinem Buch eine lange Liste von staatlichen Handlungen unterstützt, die die Rechte und Freiheiten der individuellen Bürger eindeutig verletzen.[296]

---

293 Zu dem Problem, daß sich universelle Regeln wandeln, wenn ihnen immer mehr Arten von besonderen Umständen hinzugefügt werden, siehe G.E.M. Anscombe, "Modern Moral Philosophy", *Philosophy*, 33, 1958, S. 2.

294 Eine gründliche Kritik der Kriterien von Hayeks Herrschaft des Gesetzes (Allgemeinheit, gleichmäßige Anwendbarkeit und Vorhersehbarkeit) und der von Hayek selbst eingestandenen Abweichungen von seinen eigenen Kriterien findet sich bei Hamowy, "Freedom and the Rule of Law", S. 359-376. Das schließt Bruno Leonis grundsätzliche Kritik ein, daß angesichts der (von Hayek akzeptierten) Existenz einer Gesetzgebung, die die Gesetze täglich ändert, kein Gesetz über einen gegebenen Moment hinaus vorhersehbar oder "gewiß" sein kann. Es gibt keine Sicherheit *über die Zeit hinweg*. Siehe Bruno Leoni, *Freedom and the Law*, Princeton, New Jersey, van Nostrand, 1961, S. 76.

295 Siehe Hamowy, "Freedom and the Rule of Law", S. 358.

296 In seiner neueren Abhandlung befaßt sich Hayek nicht mit dem Problem von Zwang und Freiheit. Er versucht jedoch, der Kritik von Hamowy und anderen beiläufig zu begegnen,

29 Robert Nozick und die unbefleckte Empfängnis des Staates[297]

Robert Nozicks Buch *Anarchie, Staat, Utopia* (München, Moderne Verlags Gesellschaft, 1979)* ist eine "unsichtbare-Hand-Variante" des Locke'schen vertragstheoretischen Versuchs, den Staat oder zumindest einen auf Schutzfunktionen beschränkten Minimalstaat zu rechtfertigen. In Nozicks Darstellung geht der Staat aus einem anarchistischen Naturzustand des freien Marktes hervor, und zwar durch einen unsichtbare-Hand-Prozeß, der niemandes Rechte verletzt. Anfangs ist der Staat ein vorherrschendes Schutzunternehmen, dann ein "Ultraminimalstaat", bevor er schließlich zu einem Minimalstaat wird.

Bevor wir uns an eine eingehende Kritik der verschiedenen Nozick'schen Entwicklungsstufen machen, wollen wir einige schwere Fehler in Nozicks Entwurf an sich betrachten, *von denen jeder für sich* bereits genügen würde, um seinen Versuch der Staatsrechtfertigung zu widerlegen.

Erstens ist es trotz Nozicks Versuch, diese Frage zu vermeiden (21-24), von größtem Belang, ob sich seine einfallsreiche logische Konstruktion jemals in der geschichtlichen Wirklichkeit ereignet hat – ob sich nämlich irgendein Staat, die meisten Staaten oder alle Staaten *tatsächlich* auf die Nozick'sche Art entwickelt hat bzw. haben. Es ist ein schwerer Mangel an sich, daß Nozick es bei der Erörterung einer Institution, die nur allzu sehr in geschichtlicher Wirklichkeit verwurzelt ist, un-

---

indem er seinen Begriff allgemeiner und sicherer Regeln dadurch ergänzt, daß er isolierte Handlungen und Tätigkeiten, die "andere nicht berühren", von einer möglichen Regelung ausschließt. Zwar mag das Problem religiöser Regeln dadurch vermieden werden, doch die meisten der oben erörterten Probleme schließen zwischenmenschliche Handlungen ein und verhindern daher, daß Hayeks Herrschaft des Gesetzes ein befriedigendes Bollwerk der individuellen Freiheit ist. F.A. Hayek, *Recht, Gesetzgebung und Freiheit*, Bd. I, München, Verlag Moderne Industrie, 1980, S. 141, 217 Fußnote. Im allgemeinen ist dieses neue Werk eine willkommene Abkehr von Hayeks vorherigem Vertrauen auf die Gesetzgebung und eine Hinwendung zu den Verfahren des richterlichen *Common Law*. Die Untersuchung ist jedoch dadurch sehr beeinträchtigt, daß eine Betonung des Zwecks von Gesetzen vorherrscht, der zufolge sie "Erwartungen erfüllen" sollen. Diese Betonung konzentriert sich weiterhin auf gesellschaftliche Zielsetzungen statt auf die Gerechtigkeit von Eigentumsrechten. Hierzu ist die obige Erörterung der Vertragstheorie der "Anspruchsübertragungen" gegenüber der Vertragstheorie der Erwartungen relevant. Siehe oben, Kap. 19.

297 Eine Version dieses Kapitels erschien in Murray N. Rothbard, "Robert Nozick and the Immcaulate Conception of the State ", *Journal of Libertarian Studies*, 1, Winter 1977, S. 45-57. Andere kritische Arbeiten zu Nozick finden sich bei Randy E. Barnett, "Whither Anarchy? Has Robert Nozick Justified the State?", ebd., S. 15-21; Roy A. Childs Jr., "The Invisible Hand Strikes Back", ebd., S. 23-33; John T. Sanders, "The Free Market Model Versus Government: A Reply to Nozick", ebd., S. 35-44; Jeffrey Paul, "Nozick, Anarchism, and Procedural Rights", *Journal of Libertarian Studies*, 1, Herbst 1977, S. 337-340; sowie James Dale Davidson, "Note on Anarchy, State, and Utopia", ebd., S. 341-348.

* Die vorliegende Übersetzung der Stellen, die Rothbard aus diesem Werk zitiert, weicht teilweise von der deutschen Ausgabe ab. Sie orientiert sich an dem amerikanischen Original *Anarchy, State, and Utopia*, New York, Basic Books, 1974. Anm. d. Übers.

terläßt, die Geschichte wirklicher Staaten mit auch nur einem Wort zu erwähnen o-der auf sie hinzuweisen. In der Tat gibt es keinerlei Beweis, daß irgendein Staat auf die Nozick'sche Art gegründet wurde bzw. sich so entwickelt hat. Die historische Beweislage zeigt vielmehr das genaue Gegenteil. Denn jeder Staat, dessen Daten verfügbar sind, entstand durch einen Prozeß von Gewalt, Eroberung und Ausbeutung, kurzum auf eine Art, von der Nozick selber zugeben müßte, daß sie individuelle Rechte verletzte. Wie Thomas Paine in *Common Sense* über den Ursprung von Königen und Staaten schrieb:

> Könnten wir das Dunkel entfernen, das die Antike umhüllt, und sie bis zu ihrem Aufkommen zurückverfolgen, so würden wir sehen, daß der erste von ihnen nicht besser als der größte Schläger irgendeiner ruhelosen Bande war, dessen wilde Manieren oder überlegene Schlauheit ihm den Titel des Räuberhauptmanns brachten und der durch Vermehrung seiner Macht und Ausweitung seiner Raubzüge die Ruhigen und Schutzlosen zum Kauf ihrer Sicherheit durch häufige Zahlungen einschüchterte.[298]

Man beachte, daß der "Vertrag", um den es in Paines Darstellung geht, das Wesen einer "Schutzgelderpressung" hat und nichts, daß den Liberalen an eine freiwillige Übereinkunft erinnert.

Da Nozicks Rechtfertigung bestehender Staaten – vorausgesetzt, sie sind minimal oder werden minimal – darauf beruht, daß diese vermeintlich unbefleckt entstanden sind, und da es keinen solchen Staat gibt, ist keiner von ihnen zu rechtfertigen, *selbst wenn* sie später minimal werden sollten. Weitergehend können wir sagen, daß Nozicks Modell *bestenfalls* nur einen solchen Staat rechtfertigen kann, der sich tatsächlich nach seiner unsichtbare-Hand-Methode entwickelte. Daher obliegt es Nozick, in die Forderung der Anarchisten nach Abschaffung aller bestehenden Staaten einzustimmen und sich *dann* zurückzulehnen und darauf zu warten, daß seine vermeintliche unsichtbare Hand sich rührt. Der einzige Minimalstaat, den Nozick daher *bestenfalls* rechtfertigen kann, ist einer, der sich aus einer künftigen anarchokapitalistischen Gesellschaft entwickeln wird.

Zweitens, *selbst wenn* ein bestehender Staat unbefleckt entstanden wäre, würde dies *immer noch nicht* sein gegenwärtiges Bestehen rechtfertigen. Allen Gesellschaftsvertragstheorien wohnt ein grundlegender Fehler inne, nämlich die Auffassung, daß *jeder* auf ein Versprechen gegründete Vertrag bindend und vollstreckbar ist. Wenn daher *jeder* in einem Naturzustand einige oder alle seine Rechte an den Staat abtritt – was natürlich an sich bereits eine heroische Annahme ist – so hält der Gesellschaftsvertragstheoretiker dieses Versprechen für ewig bindend. Eine korrekte Vertragstheorie – von Williamson Evers die "Anspruchsübertragungstheorie" genannt – behauptet jedoch, daß Verträge nur dann gültig (und daher bindend) sind, wenn in ihnen etwas, das in der Tat philosophisch gesehen *veräußerlich* ist, abge-

298 *The Complete Writings of Thomas Paine*, hg. von P. Foner, New York, Citadel Press, 1945, I, 13.

treten wird, und daß nur *einige* Ansprüche auf Eigentum auf diese Weise veräußerlich sind, so daß der Besitz an ihnen an jemand anderen abgetreten werden kann. Dagegen sind *andere* Eigenheiten des Menschen – insbesondere sein Selbstbesitz an seinem eigenen Willen und Körper und die *Rechte* auf Person und Eigentum, die diesem Selbstbesitz entspringen – "unveräußerlich", und mithin können sie mit keinem verbindlichen Vertrag abgetreten werden. Wenn daher niemand seinen eigenen Willen, seinen Körper oder seine Rechte in einem verbindlichen Vertrag abtreten kann, so kann er *erst recht nicht* die Personen oder Rechte seiner Nachkommen abtreten. Das meinten die amerikanischen Gründerväter mit der "Unveräußerlichkeit" der Rechte. Wie George Mason es in seiner Menschrechtserklärung von Virginia ausdrückte:

> [...] Alle Menschen sind von Natur aus gleichermaßen frei und unabhängig, und sie haben gewisse eingeborene natürliche Rechte, die sie, wenn sie sich zu einer Gesellschaft zusammenfinden, ihren Nachkommen durch keinen Vertrag vorenthalten oder nehmen können.[299]

Somit haben wir gesehen, daß (1) kein bestehender Staat unbefleckt entstand – ganz im Gegenteil – und daß daher (2) der einzige Minimalstaat, der überhaupt gerechtfertigt werden *kann*, ein Staat ist, der entstehen würde, *nachdem* eine anarchistische Welt des freien Marktes geschaffen worden wäre; daß Nozick deshalb (3) nach seinen eigenen Maßstäben ein Anarchist werden sollte, um dann darauf zu warten, daß die nozick'sche unsichtbare Hand tätig wird, und daß schließlich (4), *selbst wenn* irgendein Staat unbefleckt gegründet worden wäre, die Fehler der Gesellschaftsvertragstheorie bedeuten würden, daß kein gegenwärtiger Staat – noch nicht einmal ein minimaler – zu rechtfertigen wäre.

Untersuchen wir nun die Nozick'schen Entwicklungsstufen und insbesondere die angebliche Notwendigkeit und die Sittlichkeit der Art und Weise, wie die verschiedenen Stufen sich aus den vorhergehenden entwickeln. Nozick beginnt mit der Annahme, daß jedes anarchistische Schutzunternehmen moralisch und ohne Rechtsbruch agiert, d.h. "in gutem Glauben versucht, innerhalb der Grenzen des Locke'schen Naturrechts zu handeln." (30)

---

299 Abgedruckt in Robert A. Rutland, *George Mason*, Williamsburg / Va., Colonial Williamsburg, 1961, S. 111.

Zur Irrigkeit der Auffassung, daß der menschliche Wille veräußerlich sei, siehe das obige Kapitel 19, Fußnote 18.

Richard Overton, der große Führer der englischen Leveller aus dem 17. Jahrhundert, schrieb: "Jedem Individuum in der Natur gibt die Natur ein individuelles Eigentum, das niemand verletzten oder sich widerrechtlich aneignen darf: Denn jeder hat – so, wie er ist – einen Selbstbesitz, ohne welchen er nicht er selber sein könnte [...] Mein und Dein können nur folgendes bedeuten: Kein Mensch hat Befugnisse über meine Rechte und Freiheiten, und ich über keine eines anderen. Möge ich nur ein Individuum sein und mich meiner selbst und meines Selbstbesitzes erfreuen." Zit.n. Sylvester Petro, "Feudalism, Property, and Praxeology", in S. Blumenfield, Hg., *Property in a Humane Economy*, LaSalle / Ill., Open Court, 1974, S. 162.

Zuerst nimmt Nozick an, daß jedes Schutzunternehmen die Bedingung stellen würde, daß jeder ihrer Kunden auf das Recht zu privater Vergeltung von Rechtsbrüchen verzichtet, und sich andernfalls weigern würde, sie vor Gegenvergeltung zu schützen. (28f) Vielleicht, vielleicht auch nicht. Das hinge von den verschiedenen auf dem Markt tätigen Schutzunternehmen ab, und es ist sicherlich nicht selbstersichtlich. Es ist gewiß möglich, wenn nicht sogar wahrscheinlich, daß sie von anderen Unternehmen, die ihre Kunden nicht auf diese Weise einschränken, aus dem Markt verdrängt werden.

Nozick macht sich anschließend daran, Streitigkeiten zwischen Kunden verschiedener Schutzunternehmen zu erörtern. Er bietet drei Szenarien an, wie sie vorgehen könnten. Doch zwei dieser Szenarien (und das dritte zum Teil) beinhalten physische Kämpfe zwischen den Unternehmen. Erstens widersprechen diese Szenarien Nozicks eigener Annahme, daß *jedes* seiner Unternehmen gutgläubig und ohne Rechtsbruch agiert, da in jeder Schlacht zumindest eines der Unternehmen offensichtlich einen Rechtsbruch begeht. Ökonomisch gesehen wäre es außerdem unsinnig, zu erwarten, daß die Schutzunternehmen einander physisch bekämpften. Ein solcher Krieg würde Kunden abspenstig machen und wäre obendrein sehr teuer. Es ist unsinnig, zu glauben, daß auf dem Markt agierende Schutzunternehmen es unterlassen würden, sich im vorhinein auf private Berufungsgerichte oder Schlichter zu einigen, an die sie sich wenden würden, um Streitigkeiten beizulegen. In der Tat *wäre* es ein wichtiger Bestandteil der Schutz- bzw. Rechtsdienste, die ein privates Unternehmen oder Gericht seinen Kunden anbieten würde, daß es Abkommen hat, um Streitfälle an bestimmte Berufungsgerichte oder an einen bestimmten Schlichter oder an eine bestimmte Gruppe von Schlichtern zu übergeben.

Wenden wir uns daher Nozicks entscheidendem Szenario 3 zu, in dem er schreibt, daß

> sich die beiden Unternehmen [...] darauf [einigen], Streitfälle, in denen sie zu verschiedenen Urteilen kommen, gütlich zu schlichten. Für diese Fälle einigen sie sich darauf, einen Dritten als Richter oder Gerichtshof einzusetzen, sich an ihn zu wenden und sich seinen Entscheidungen zu unterwerfen. (Oder sie stellen Regeln auf, welches Unternehmen unter welchen Umständen das Entscheidungsrecht hat.) (30)

So weit, so gut. Doch dann kommt ein gewaltiger Sprung: "So entsteht ein System von Berufungsgerichten und anerkannten Regeln [...] Es sind zwar verschiedene Unternehmen tätig, doch alle sind Teil eines einheitlichen zentralen Rechtsprechungssystems." Ich behaupte, daß das "so" vollkommen unberechtigt und der Rest ein *non sequitur* ist.[300] Die Tatsache, daß jedes Schutzunternehmen Abkommen mit allen anderen haben wird, um Streitfälle besonderen Berufungsgerichten oder Schlichtern vorzulegen, bringt *nicht* "ein einheitliches zentrales Rechtssystem" mit

300 Eine ähnliche Kritik an Nozick findet sich in der Buchbesprechung von Hillel Steiner in *Mind*, 86, 1977, S. 120-129.

sich. Ganz im Gegenteil könnte und würde man wahrscheinlich auf hunderte und selbst tausende von Schlichtern und Berufungsrichtern zurückgreifen, und es gibt keine Veranlassung, sie als Teil eines "Rechtssystems" anzusehen. Es gibt zum Beispiel keine Veranlassung, für die Entscheidung über Streitfälle einen einheitlichen Obersten Gerichtshof ins Auge zu fassen oder einzurichten. Da bei jedem Streit zwei und nur zwei Parteien beteiligt sind, braucht man nur eine dritte Partei – Richter oder Schlichter. In den Vereinigten Staaten zum Beispiel gibt es gegenwärtig* mehr als 23.000 Berufsschlichter, und wahrscheinlich gäbe es noch viele tausend mehr, wenn das gegenwärtige staatliche Gerichtssystem abgeschafft werden sollte. Jeder dieser Schlichter könnte die Aufgabe einer Berufungs- oder Schlichtungsinstanz erfüllen.

Nozick behauptet, daß aus der Anarchie – wie durch eine unsichtbare Hand geführt – zwangsläufig ein *vorherrschendes* Schutzunternehmen in jedem Gebiet hervorgehen würde, wobei ein Gebiet "beinahe alle Personen" dieses Gebietes einschließt. Doch wir sahen, daß sein wichtigster Beweis für diese Schlußfolgerung vollkommen nichtig ist. Nozicks andere Argumente für diese Aussage sind ebenfalls nicht triftig. Er schreibt etwa: "Im Unterschied zu anderen Gütern, die vergleichend bewertet werden, können maximale Schutzdienstleistungen nicht in Konkurrenz nebeneinander bestehen". (30) Das ist sicherlich ein starkes Wort. Warum *können* sie es nicht? Erstens, weil "die Art dieses Dienstes zwischen verschiedenen Unternehmen [...] gewaltsame Konflikte [schafft]" und nicht bloß einen Wettbewerb um Kunden. Doch wir haben gesehen, daß diese Konfliktannahme unrichtig ist: zum einen nach Nozicks eigener Annahme, daß jedes Unternehmen ohne Rechtsbrüche agiert, und zum anderen nach seinem eigenen Szenario 3, daß jedes mit den anderen Abkommen zur friedlichen Beilegung von Streitfällen eingeht. Nozicks zweites Argument für seine Behauptung lautet: "da der Wert des nichtmaximalen Gutes unverhältnismäßig stark mit der Anzahl derer, die das maximale Gut kaufen, fällt, werden sich die Kunden nicht auf die Dauer mit dem geringeren Gut zufriedengeben, und die konkurrierenden Firmen werden in einen Abwärtssog hineingerissen." Aber *warum*? Nozick ergeht sich hier in Behauptungen über die ökonomischen Gesetzmäßigkeiten eines Schutzmarktes, die jeder Grundlage entbehren. *Warum* gibt es einen solchen "Größenvorteil" im Schutzgeschäft, der nach Nozicks Eindruck zwangsläufig zu einem natürlichen Quasi-Monopol in jedem geographischen Gebiet führen wird? Das ist wohl kaum selbstersichtlich. Im Gegenteil weisen alle Fakten – und hier sind wiederum die empirischen Fakten der zeitgenössischen und früheren Geschichte von unmittelbarem Belang – genau in die andere Richtung. Wie oben erwähnt wurde, gibt es zehntausende von Berufsschlichtern in den Vereinigten Staaten von Amerika. Es gibt auch zehntausende von Rechtsanwälten und Richtern und eine große Zahl privater Schutzunternehmen, die Wachen, Nachtwächter usw. liefern – ohne jedes Anzeichen für ein geographisches natürliches Monopol in irgendeinem dieser Bereiche. Warum dann bei Schutzunternehmen im Anarchismus?

---

* D.h. im Jahre 1980; Anm. d. Übers.

Wenn wir geschichtliche Gerichts- und Schutzsysteme betrachten, die denen im Anarchismus nahekommen, sehen wir wiederum vielfache Beweise für die Falschheit von Nozicks Behauptung. Jahrhundertelang waren die Messen der Champagne der wichtigste internationale Handelsplatz in Europa. Eine Anzahl von Gerichten – geführt von Kaufleuten, Adligen, der Kirche usw. – konkurrierten um die Kunden. Niemals ging daraus ein vorherrschendes Unternehmen hervor, und obendrein empfanden sie noch nicht einmal einen Bedarf an Berufungsgerichten. Vor der Eroberung durch Cromwell erfreute sich das alte Irland tausend Jahre lang eines Systems zahlreicher Juristen und Rechtsschulen und zahlreicher Schutzunternehmen, die innerhalb geographischer Gebiete miteinander konkurrierten, ohne daß es zu irgendeiner Vorherrschaft kam. Nach dem Fall von Rom entschieden zahlreiche koexistierende Barbarenstämme friedlich über ihre Streitigkeiten *innerhalb* jedes Gebiets. Dabei fiel jedes Stammesmitglied unter sein eigenes Gesetz, und es gab vereinbarte, friedliche Entscheidungen zwischen diesen Gerichten und Gesetzen. Überdies wäre es in unseren Tagen moderner Technologie und kostengünstiger Transport- und Kommunikationsmöglichkeiten noch leichter, über geographische Grenzen hinweg zu konkurrieren. Zum Beispiel könnten die Schutzunternehmen "Allianz", "Herold" und "Securitas" sehr leicht Zweigstellen in einem großen Gebiet unterhalten.

Sehr viel besser als das Schutzgeschäft läßt sich in der Tat das *Versicherungsgeschäft* als natürliches Monopol hinstellen, da ein größerer Versicherungstopf die Prämien tendenziell verringern würde. Dennoch herrscht unter Versicherern offensichtlich großer Wettbewerb, und dieser wäre noch größer, wenn er nicht durch staatliche Reglementierungen beschränkt wäre.

Nozicks Behauptung, daß es in jedem Gebiet zu einem vorherrschenden Unternehmen kommen würde, ist daher ein Beispiel für einen unberechtigten Versuch, *a priori* zu entscheiden, was der freie Markt tun würde, und es ist ein Versuch, der konkretem historischen und geschichtlichen Wissen widerspricht. Gewiß ist es *denkbar*, daß ein dominantes Schutzunternehmen in einem bestimmten geographischen Gebiet entstehen *könnte*, aber das ist nicht sehr wahrscheinlich. Und wie Roy Childs in seiner Kritik an Nozick darlegt, wäre es selbst in diesem Fall wahrscheinlich kein "einheitliches, zentrales System." Childs weist auch richtigerweise darauf hin, daß keine größere Berechtigung darin liegt, alle Schutzdienste in einen Topf zu schmeißen und das ein einheitliches Monopol zu nennen, als alle Nahrungsmittelproduzenten des Marktes in einen Topf zu schmeißen und zu sagen, sie hätten ein kollektives "System" oder "Monopol" der Nahrungsmittelproduktion.[301]

Zudem sind Gesetz und Staat sowohl begrifflich, als auch geschichtlich trennbar, und das Gesetz würde sich in einer anarchistischen Marktgesellschaft ohne jede Form eines Staates entwickeln. Insbesondere würde die konkrete *Form* anarchistischer Rechtsinstitutionen – Richter, Schlichter, Verfahren zur Beilegung von Streitfällen usw. – in der Tat durch einen Marktprozeß der unsichtbaren Hand wachsen, während das Grundgesetz (das fordert, daß niemand die Person und das Eigentum

301 Roy Childs, "Invisible Hand", S. 25.

eines anderen verletzt) von allen Rechtsunternehmen gutgeheißen werden müßten, genau wie sich einst alle konkurrierenden Richter darüber einig waren, die Grundsätze des Gewohnheitsrechts bzw. des *Common Law* anzuwenden und auszuformen.[302] Doch letzteres würde, um es nochmals zu sagen, nicht bedeuten, daß es ein einheitliches Rechtssystem oder ein vorherrschendes Schutzunternehmen gibt. Alle Unternehmen, die das liberale Grundgesetz überschritten, wären Geächtete und Rechtsbrecher, und Nozick selber gibt zu, daß es solchen vogelfreien Unternehmen in einer anarchistischen Gesellschaft wahrscheinlich nicht sehr gut ginge. (30f)

Nehmen wir nun an, daß ein vorherrschendes Schutzunternehmen entstanden ist, wie unwahrscheinlich das auch sein mag. Wie gelangen wir dann – ohne die Rechte von irgendjemandem zu verletzen – zu Nozicks Ultra-Minimalstaat? Auf den Seiten 62-63 schreibt Nozick über die mißliche Lage des dominierenden Schutzunternehmens, das sieht, wie die Unabhängigen mit ihren unzuverlässigen Verfahren vorschnell und unzuverlässig Vergeltung an den Kunden des vorherrschenden Schutzunternehmens üben. Sollte dieses nicht das Recht haben, seine Kunden vor diesen vorschnellen Handlungen zu schützen? Nozick behauptet, das vorherrschende Unternehmen *habe* ein Recht, risikoreiche Verfahren gegen seine Kunden zu verhindern. Durch dieses Verbot würde der "Ultra-Minimalstaat" begründet, in dem ein Unternehmen alle anderen Unternehmen unter Zwang daran hindert, die Rechte von Individuen durchzusetzen.

Hier gibt es gleich zu Anfang zwei Probleme. Erstens, was geschah mit der friedlichen Auflösung von Streitigkeiten, die das Szenario 3 charakterisierte? Warum können das vorherrschende Unternehmen und die Unabhängigen nicht übereinkommen, ihre Streitigkeiten – am besten im voraus – zu schlichten oder beizulegen? Ach, aber hier treffen wir auf Nozicks seltsame "so"- Klausel, die solche freiwilligen Übereinkünfte mit einem "einheitlichen, zentralen Rechtssystem" verbindet. Kurzum, wenn Nozick jedesmal, wenn das vorherrschende Unternehmen und die Unabhängigen ihre Streitigkeiten im voraus beilegen, *das* dann "ein einziges Unternehmen" *nennt*, so hat er es *per definitionem* ausgeschlossen, daß Streitigkeiten beigelegt werden können, *ohne* daß man sich auf das Zwangsmonopol des Ultra-Minimalstaats zubewegt.

Doch nehmen wir an, um die Überlegung fortzuführen, daß wir Nozicks fragwürdige Definition "eines einzigen Unternehmens" hinnehmen. Wäre das vorherrschende Unternehmen dann auch berechtigt, konkurrierende Unternehmen zu verbieten? Sicherlich nicht – selbst wenn es Kämpfe verhindern wollte. Denn wie steht es mit den vielen Fällen, in denen die Unabhängigen das Recht ihrer *eigenen* Kunden zur Geltung bringen und nichts mit den Kunden des vorherrschenden Unternehmens zu tun haben? Mit welchem denkbaren Recht greift das vorherrschende Unternehmen ein, um die friedliche Schlichtung und Rechtssprechung unter den Kunden der Unabhängigen, die keinen Einfluß auf ihre eigenen Kunden hat, zu verbieten? Die

302 Vgl. Bruno Leoni, *Freedom and the Law*, Los Angeles, Nash Publishing, 1972 und F.A. Hayek, *Recht, Gesetzgebung und Freiheit*, Bd.I, München, Verlag Moderne Industrie, 1980.

Antwort lautet: überhaupt kein Recht. Das vorherrschende Unternehmen verletzt daher durch das Verbot von Wettbewerbern deren Rechte, sowie die Rechte ihrer momentanen und potentiellen Kunden. Wie Roy Childs zudem betont, ist diese Entscheidung zur Erzwingung ihres Monopols keineswegs eine Handlung der unsichtbaren Hand. Es ist eine *bewußte*, höchst sichtbare Entscheidung, mit der man entsprechend verfahren muß.[303]

Das vorherrschende Unternehmen, behauptet Nozick, hat das Recht, "risikoreiche" Betätigungen der Unabhängigen zu verhindern. Aber wie steht es dann mit den Unabhängigen? Haben *sie* das Recht, die risikoreichen Betätigungen der Nummer eins zu verhindern? Und muß es dann nicht zu einem Krieg aller gegen alle kommen – und in dessen Verlauf auch zwangsläufig zu bestimmten Rechtsverletzungen? Wo bleibt dann das moralische Handeln des Naturzustandes, wie es von Nozick die ganze Zeit unterstellt wird? Wie steht es ferner mit dem von Roy Childs dargelegten Risiko, das in der Existenz eines zwangsmonopolistischen Schutzunternehmens begründet ist? Wie Childs schreibt: "Was hält seine Macht in Grenzen? Was geschieht, falls es noch mehr Befugnisse an sich reißen sollte? Da es über ein Monopol verfügt, regelt und entscheidet es alle Meinungsverschiedenheiten über seine Aufgaben ganz alleine. Da umsichtige Rechtsverfahren teuer sind, besteht jeder Grund zu der Annahme, daß es ohne Wettbewerb weniger umsichtig werden wird, und wie Nozick ausdrücklich sagt, kann nur das Monopolunternehmen über die Rechtmäßigkeit seiner eigenen Verfahren entscheiden."[304] Im Vergleich zu einem Zwangsmonopol sorgen konkurrierende Unternehmen – egal, ob die Konkurrenz nun wirklich oder potentiell vorliegt – nicht nur für qualitativ hochwertigen Schutz zu geringsten Kosten, sondern auch für die wahren Begrenzungen und Gegengewichte des Marktes gegen jedes Unternehmen, das der Versuchung nachgibt, sich außerhalb des Gesetzes zu stellen, d.h. Person und Eigentum seiner Kunden und Nicht-Kunden zu verletzen. Wenn sich eines unter vielen Unternehmen außerhalb des Gesetzes stellt, gibt es andere, die es im Namen der Rechte ihrer Kunden bekämpfen. Doch wer ist da, um irgendjemanden gegen den Staat – ob er nun ultra-minimal oder minimal ist – zu schützen? Wenn es erlaubt ist, daß wir uns nochmals den geschichtlichen Fakten zuwenden: Die schauerlichen Annalen der Verbrechen und Morde, die der Staat im Verlauf der Geschichte beging, lassen einen wenig auf die risikofreie Natur *seiner* Betätigungen vertrauen. Ich behaupte, daß die Risiken der Staatstyrannei weitaus größer sind als das Risiko, daß man sich über ein oder zwei unzuverlässige Verfahren konkurrierender Schutzunternehmen Gedanken machen müßte.

Doch das ist bei weitem nicht alles. Denn sobald es erlaubt ist, über den Schutz vor einer offenen, wirklichen Rechtsverletzung hinauszugehen, sobald man gegen jemanden wegen seiner "risikoreichen" Betätigungen Gewalt anwenden darf, begrenzt uns der Himmel allein, und die Rechte anderer können praktisch unbegrenzt verletzt werden. Man erlaube nur, daß jemandes "Furcht" vor den "risikoreichen"

---

303 Childs, "Invisible Hand", S. 32.

304 Ebd., S. 27f.

Betätigungen anderer zum Gebrauch von Zwang führt, und jede Tyrannei findet ihre Berechtigung. Nozicks "Minimalstaat" wird dann schnell zum "Maximalstaat". Ich behaupte in der Tat, daß es keinen Nozick'schen Haltepunkt zwischen seinem Ultra-Minimalstaat und dem maximalen, totalitären Staat gibt. Dem sogenannten Vorbeugegewahrsam bzw. der Vorbeugehaft ist keine Grenze gesetzt. Sicherlich reicht Nozicks recht grotesker Vorschlag einer "Entschädigung" in Form von "Vorbeuge-Haftanstalten in Erholungsgebieten" kaum aus, um das Schreckgespenst des Totalitarismus zu verscheuchen (135ff). Ein paar Beispiele: Die vielleicht größte kriminelle Gruppe in den heutigen Vereinigten Staaten sind männliche schwarze Jugendliche. Das Verbrechensrisiko dieser Gruppe ist weitaus größer als in irgendeiner anderen Alters-, Geschlechts- oder Hautfarbenklasse. Warum sperrt man dann nicht alle männlichen schwarzen Teenager ein, bis sie so alt sind, daß sich das Risiko verringert? Vermutlich könnten wir sie dann "entschädigen", indem wir ihnen gesunde Nahrung, Kleidung, Spielplätze und eine nützliche Berufsausbildung in den Haftlagern der "Erholungsgebiete" geben. Wenn nicht, warum nicht? Ein weiteres Beispiel: Das wichtigste Argument für die Prohibition war die unbezweifelte Tatsache, daß Menschen unter Alkoholeinfluß deutlich mehr Verbrechen begehen und weniger aufmerksam Auto fahren, als wenn sie stocknüchtern sind. Warum verbietet man also nicht den Alkohol und verringert dadurch Risiko und Furcht, wobei die glücklosen Opfer dieses Gesetzes vielleicht durch kostenlose, steuerfinanzierte Lieferungen von Traubensaft "entschädigt" werden? Oder wie steht es mit dem berüchtigten Plan von Dr. Arnold Hutschneker, vermeintliche zukünftige Verbrecher bereits in der Schule zu "identifizieren" und sie dann einer entsprechenden Gehirnwäsche zu unterziehen? Wenn nicht, warum nicht? Ich behaupte, daß es in jedem dieser Fälle nur *ein* Warum-nicht gibt, und dieses sollte für Liberale, die vermutlich an unveräußerliche individuelle Rechte glauben, nichts Neues sein: daß nämlich niemand das *Recht* hat, irgendjemanden, der nicht unmittelbar an einer *offenen* Rechtsverletzung beteiligt ist, zu nötigen. Jede Aufweichung dieses Kriteriums, um Zwang zur Vermeidung eventueller "Risiken" zu ermöglichen, kommt einer Billigung unzulässiger Übergriffe auf die Rechte anderer gleich. Ferner ist jede Aufweichung dieses Kriteriums ein Freibrief für unbegrenzte Willkürherrschaft. Jeder auf diesen Grundsätzen beruhende Staat ist nicht unbefleckt (d.h. ohne Eingriffe in irgendjemandes Rechte), sondern durch brutale Notzucht ins Leben getreten.

Selbst wenn daher Risiken meßbar wären, selbst wenn Nozick uns einen Scheidepunkt benennen könnte, ab dem Handlungen "zu" riskoreich werden, wäre sein Übergangsritus vom vorherrschenden Unternehmen zum Ultra-Minimalstaat immer noch aggressiv, rechtsverletzend und ungerechtfertigt. Doch wie zudem Childs dargelegt hat, ist es unmöglich, die Wahrscheinlichkeit solcher "Risiken", geschweige denn von Furcht zu messen (beide sind rein subjektive Größen).[305] Das einzige meßbare Risiko ist in solchen seltenen Situationen zu finden, in denen – wie bei einer Lotterie oder einem Glücksrad – die individuellen Ereignisse zufällig und voll-

305 Ebd., S. 28f.

kommen homogen sind und in großer Zahl wiederholt werden. In beinahe allen Fällen wirklichen menschlichen Handelns sind diese Bedingungen nicht gegeben, und daher gibt es keinen meßbaren Scheidepunkt des Risikos.

Das führt uns zu Williamson M. Evers äußerst hilfreichem Begriff der "angemessenen Risikoübernahme". Wir leben in einer Welt unvermeidbarer und nicht meßbarer Abarten von Unsicherheit und Risiko. In einer freien Gesellschaft, in der individuelle Rechte zur Gänze gegeben sind, bezieht sich die angemessene Risikoübernahme jedes Individuums auf seine eigene Person und auf sein rechtmäßig besessenes Eigentum. Niemand kann daher das Recht haben, jemand anderen dazu zu zwingen, *seine* Risiken zu vermindern. Eine solche erzwungene Risikoübernahme bedeutet einen Übergriff und Eingriff, der vom Rechtssystem richtigerweise gestoppt und bestraft werden sollte. Natürlich darf in einer freien Gesellschaft jeder solche Schritte zur Risikoverringerung unternehmen, die nicht die Rechte und das Eigentum eines anderen verletzen, zum Beispiel durch Abschluß eines Versicherungsvertrags, durch Sicherungsgeschäfte, Schuldverschreibungen usw. Doch all dies ist freiwillig und hat weder etwas mit Besteuerung noch mit einem Zwangsmonopol zu tun. Wie Roy Childs zudem bemerkt, entfernt jeder Zwangseingriff in die Risikovorsorge des Marktes die gesellschaftliche Risikovorsorge von ihrem Optimum und erhöht das Risiko für die Gesellschaft.[306]

Ein Beispiel für Nozicks Billigung von Verletzungen von Eigentumsrechten ist sein Interesse für den privaten Landbesitzer, der von feindlichen Landbesitzern umgeben ist, die in nicht fortlassen wollen (61 Fußnote). Der liberalen Erwiderung, daß jeder rationale Landbesitzer zunächst einmal Zugangsrechte von den ihn umgebenden Eigentümern gekauft haben würde, hält Nozick das Problem entgegen, daß er von so zahlreichen Feinden umgeben sein könnte, daß er *immer noch nicht* woanders hingehen könnte. Doch der Punkt ist, daß es sich hier nicht bloß um ein Problem des Landbesitzes handelt. Angenommen, daß ein Mensch – nicht bloß in der freien Gesellschaft, sondern sogar heute – in der ganzen Welt dermaßen verhaßt ist, daß niemand mit ihm verkehren will oder ihn auf seinem Grundstück duldet. Nun, die einzige Anwort lautet dann, daß das seine eigene angemessene Risikoübernahme ist. Jeder Versuch, diesen freiwilligen Boykott durch physischen Zwang zu brechen, ist eine unberechtigte Verletzung der Rechte der Boykotteure. Dieser Mensch sollte zusehen, daß er so schnell wie möglich ein paar Freunde findet oder sich zumindest Verbündete kauft.

Wie also gelangt Nozick von seinem "ultra-minimalen" zu seinem "minimalen" Staat? Er behauptet, der Ultra-Minimalstaat sei moralisch verpflichtet, die verhinderten Kunden der Unabhängigen zu "entschädigen", indem er ihnen Schutzdienste leistet – und *folglich* als "Nachtwächter" bzw. Minimalstaat auftritt.[307] Zunächst

306 Ebd., S. 29.

307 Zudem ist angeblich jede Stufe der Nozick'schen Ableitung des Staates moralisch, da die Stufen vermeintlich ohne die Verletzung von irgendjemandes moralischen Rechten aufeinanderfolgen. In diesem Fall ist der Ultra-Minimalstaat angeblich moralisch. Doch wie kann No-

einmal fällt diese Entscheidung bewußt und sichtbar und rührt daher keineswegs von einer unsichtbaren Hand. Vor allem jedoch ist Nozicks Entschädigungsprinzip philosophisch gesehen noch minderwertiger – wenn das überhaupt möglich ist – als seine Risikotheorie. Denn erstens ist Entschädigung in der Theorie der Strafe lediglich eine Methode, mit der versucht wird, das Opfer des Verbrechens zu entschädigen. Sie darf keineswegs für eine moralische Billigung des Verbrechens selbst gehalten werden. Nozick fragt (63), ob Eigentumsrechte bedeuten, daß Menschen rechtsverletzende Handlungen ausführen dürfen, "falls sie den [von Rechtsverletzungen] Betroffenen entschädigen?" Gegen Nozick muß die Antwort nein lauten, und zwar in jedem Fall. Wie Randy Barnett in seiner Kritik an Nozick erklärt: "Anders als es Nozicks Entschädigungsgrundsatz vorsieht, sollten alle Rechtsverletzungen verboten sein. Das ist es, was Recht bedeutet." Und "während die freiwillige Zahlung eines Kaufpreises einen Tausch zulässig macht, macht Entschädigung keine Rechtsverletzung zulässig oder gerechtfertigt."[308] Rechte dürfen nicht verletzt werden. Punkt. Entschädigung ist lediglich ein Verfahren zur Rückerstattung oder Bestrafung nach der Tat. Es darf mir nicht erlaubt sein, rücksichtslos in das Haus eines anderen einzubrechen und seine Möbel zu zertrümmern, nur weil ich bereit bin, ihn hinterher zu "entschädigen".[309]

Zweitens gibt es in keinem Fall die Möglichkeit, zu wissen, worin die Entschädigung bestehen sollte. Nozicks Theorie beruht darauf, daß menschliche Nutzenordnungen konstant und meßbar und von Außenstehenden erkannt werden können. Nichts davon ist der Fall.[310] Die subjektive Werttheorie der Österreichischen Schule zeigt uns, daß die menschlichen Nutzenordnungen stets dem Wandel unterliegen und daß sie weder gemessen noch von Außenstehenden erkannt werden können. Wenn ich eine Zeitung für 50 Pfennige kaufe, dann ist *alles*, was wir über meine Nutzenordnung sagen können, daß die Zeitung im Augenblick des Kaufs für mich mehr wert ist als die 50 Pfennige, und das ist alles. Diese Wertung kann sich morgen ändern, und kein anderer Teil meiner Nutzenordnung kann von anderen überhaupt erkannt werden. (Ein weniger wichtiger Punkt: Nozicks protzige Verwendung des Begriffs der "Indifferenzkurve" ist für sein Anliegen nicht einmal erforderlich und führt zu weiteren Fehlern. Denn definitionsgemäß zeigt sich Indifferenz *niemals* im Handeln und ist daher unerkennbar und objektiv gesehen bedeutungslos. Zudem setzt eine Indifferenzkurve zwei Güterachsen voraus – *was* aber sind die Achsen von

---

zick dann behaupten, der Ultra-Minimalstaat sei *moralisch verpflichtet*, sich zum Minimalstaat weiterzuentwickeln? Denn wenn der Ultra-Minimalstaat das nicht tut, scheint er unmoralisch zu sein – was Nozicks ursprünglicher Annahme widerspricht. Zu diesem Problem siehe R.L. Holmes, "Nozick on Anarchism", *Political Theory*, 5, 1977, S. 247ff.

308 Barnett, "Whither Anarchy?", S. 20.

309 Nozick erhöht zudem die Lasten des Opfers, indem er es nur für Handlungen entschädigt, die "zweckmäßig" auf die Rechtsverletzung antworten (64).

310 Nozick unterstellt ausdrücklich die Meßbarkeit des Nutzens (64).

Nozicks vermeintlicher Kurve?)[311] Doch wenn auf keine Weise festgestellt werden kann, wodurch eine Person so gut gestellt wird, wie sie vor irgendeiner Änderung dastand, dann gibt es für Außenstehende wie den Minimalstaat keine Möglichkeit, den erforderlichen Umfang der Entschädigung zu identifizieren. Die Chicago Schule versucht dieses Problem durch die einfache Annahme zu lösen, daß der Nutzenverlust einer Person durch den Geldpreis des Verlustes zu ermessen ist. Wenn etwa jemand mein Gemälde aufschlitzt und außenstehende Gutachter festlegen, daß ich es für DM 5.000 hätte verkaufen können, so ist daß meine angemessene Entschädigung. Doch erstens weiß niemand wirklich, was der Marktpreis gewesen wäre, da der morgige Marktpreis leicht vom gestrigen abweichen kann; und zweitens und insbesondere könnte meine psychische Bindung an das Gemälde für mich sehr viel mehr wert sein als der Geldpreis, und *niemand* kann irgendwie feststellen, was die psychische Bindung wert sein mag. Mich zu *fragen* ist unzulässig, da mich nichts davon abhält, zu lügen, um die "Entschädigung" hochzutreiben.[312]

Desweiteren sagt Nozick nicht, wie das vorherrschende Unternehmen *seine* Kunden dafür entschädigt, daß es *ihren* Möglichkeiten, die Dienste konkurrierender Unternehmen nachzufragen, ein Ende bereitet. Doch diese Möglichkeiten werden ihnen unter Zwang genommen, und außerdem könnten sie sich durchaus für die Nutznießer der Grenzen halten, die der Wettbewerb den möglichen tyrannischen Neigungen des vorherrschenden Unternehmens setzt. Doch *wie* soll der Umfang einer solchen Entschädigung bestimmt werden? Ferner, wenn Nozick schon die benachteiligten Kunden des vorherrschenden Unternehmens vergißt, wie steht es dann mit den entschiedenen Anarchisten im anarchistischen Naturzustand? Was ist mit ihrem Trauma, wenn sie der keineswegs unbefleckten Entstehung des Staates beiwohnen? Sollen *sie* für ihr Grauen vor dem entstehenden Staat entschädigt werden? Und *wie viel* muß man ihnen zahlen? In der Tat reicht die Existenz eines *einzigen* leidenschaftlichen Anarchisten, der für das psychische Trauma, das er durch die Entstehung des Staates erleidet, nicht entschädigt werden *könnte*, um Nozicks angeblich übergiffsfreies Modell des Ursprung des Minimalstaates aufzugeben. Für diesen Anarchisten würde keine Entschädigung reichen, um sein Leid zu lindern.

Das führt uns zu einem weiteren Mangel des Nozick'schen Plans – zu der seltsamen Tatsache, daß die von dem vorherrschenden Unternehmen gezahlte Entschädigung nicht bar bezahlt wird, sondern in Form einer Ausweitung seiner zuweilen zweifelhaften Dienste auf die Kunden anderer Unternehmen. Doch Verteidiger des Entschädigungsgrundsatzes haben bewiesen, daß *Bargeld* – das den Empfängern die Freiheit läßt, das zu kaufen, was sie möchten – von deren Standpunkt aus viel

311 Diesen letzteren Punkt verdanke ich Professor Roger Garrison von der Fakultät für Wirtschaftswissenschaften der Universität Auburn.

312 Nozick verwendet auch den Begriff der "Transaktionskosten" und anderer Kosten, um die Betätigungen zu identifizieren, die gegen Entschädigung verboten werden dürfen. Doch das ist aus dem gleichen Grund nicht triftig, weil nämlich Transaktions- und andere Kosten für jedes Individuum subjektiv und nicht objektiv sind. Daher kann kein Außenstehender sie erkennen.

besser ist als irgendeine Entschädigung in natura. Aber Nozick, der die Ausweitung des Schutzes als Entschädigungsform voraussetzt, setzt sich niemals mit der Bargeld-Alternative auseinander. Für einen Anarchisten ist diese Form der "Entschädigung" – die Einsetzung des Staates selbst – in der Tat schauerlich und ironisch. Wie Childs überzeugend darlegt: Nozick "möchte uns verbieten, daß wir uns an irgendein anderes als an das vorherrschende Unternehmen wenden. Zu welcher *Entschädigung* für dieses Verbot ist er bereit? Er ist allzu großzügig. Er will uns nichts weniger als *den Staat* geben. Lassen Sie mich der erste sein, der dieses zugegebenermaßen großzügige Angebot öffentlich ablehnt. Doch [...] der springende Punkt ist, daß wir es nicht ablehnen *können*. Man halst es uns auf, ob wir es mögen oder nicht und ob wir den Staat als Entschädigung annehmen oder nicht."[313]

Ferner gibt es selbst nach Nozicks eigenen Worten keine wie auch immer geartete Garantie, daß der Minimalstaat – wie von ihm vorausgesetzt – jeden gleichermaßen entschädigt. Sicherlich ist es nicht wahrscheinlich, daß die Wertordnungen aller Menschen identisch sind. Doch *wie* sollen dann die Unterschiede entdeckt und die verschiedenen Entschädigungen bezahlt werden?

Selbst wenn wir uns auf Nozicks entschädigte Menschen – die früheren oder gegenwärtig potentiellen Kunden konkurrierender Unternehmen – beschränken, stellt sich die Frage: *Wer* sind sie? Wie können sie gefunden werden? Denn Nozick zufolge brauchen *nur* solche gegenwärtigen oder potentiellen Kunden konkurrierender Unternehmen eine Entschädigung. Doch wie unterscheidet man – wie es bei einer angemessenen Entschädigung der Fall sein muß – zwischen jenen, denen die von ihnen gewünschten unabhängigen Unternehmen genommen wurden und die daher Entschädigung verdienen, und jenen, die sowieso nicht Kunden der Unabhängigen geworden wären und daher keiner Entschädigung bedürfen? Da diese Unterscheidungen nicht getroffen werden, leistet Nozicks Minimalstaat noch nicht einmal angemessene Entschädigung nach Nozicks eigenen Standards.

Childs bringt ein anderes wichtiges Problem der von Nozick selbst empfohlenen Entschädigungsform zur Sprache – die tödlichen Folgen, die sich für den Minimalstaat aus der Tatsache ergeben, daß die Zahlung einer solchen Entschädigung notwendigerweise die vom vorherrschenden Unternehmen zu tragenden Kosten und daher die von ihm zu fordernden Preise erhöht. Wie Childs ausführt:

> Wenn der Minimalstaat jeden schützen soll, selbst diejenigen, die nicht zahlen können, und wenn er jene anderen dafür entschädigt, daß er ihre risikoreichen Handlungen verbietet, dann muß das bedeuten, daß er seinen ursprünglichen Kunden *mehr* in Rechnung stellt als im Fall des Ultra-Minimalstaats. Doch das würde, ipso facto, die Anzahl jener erhöhen, die sich wegen ihrer Nachfragekurven für nicht-vorherrschende Unternehmen [...] statt für das vorherrschende Unternehmen, das sich in einen Ultra-Minimalstaat und schließlich in einen Minimalstaat gewandelt hat, *entschieden haben würden*. Muß der Minimalstaat

313 Childs, "Invisible Hand", S. 27.

dann auch *sie* kostenlos beschützen oder dafür entschädigen, daß er ihnen die Inanspruchnahme anderer Unternehmen verbat?

Wenn das so ist, dann muß er entweder von seinen verbleibenden Kunden einen höheren Preis fordern oder seine Leistungen einschränken. In beiden Fällen bringt das *wieder* solche hervor, die angesichts der Natur und der Form ihrer Nachfragekurven die nicht-vorherrschenden Unternehmen dem vorherrschenden Unternehmen *vorgezogen haben würden*. Müssen *diese* dann entschädigt werden? Wenn das so ist, dann geht der Prozeß weiter, bis nur noch ein paar reiche Fanatiker, die einem Minimalstaat das Wort reden, für stark verringerte Leistungen zu zahlen bereit wären. Wenn das geschähe, gäbe es Anlaß zu glauben, daß der Minimalstaat sehr bald in den unsichtbaren Mülleimer der Geschichte geworfen würde, was er, wie ich meine, mehr als verdient.[314]

Ein weiteres Problem, das die Entschädigung nur am Rande berührt, aber dennoch wichtig ist: Indem er sich Lockes unglücklichen "Vorbehalt" hinsichtlich des Erwerbs von Eigenstumsrechten an unbenutztem Land zu eigen macht, erklärt Nozick, daß niemand sich unbenutztes Land aneignen darf, wenn die verbleibende Bevölkerung, die Zugang zu Land wünscht, dadurch "schlechter gestellt" wird (167ff). Doch wieder gesagt: Wie wissen wir, ob sie schlechter gestellt sind oder nicht? In der Tat kann Lockes Vorbehalt zum Verbot *jeglichen* privaten Landeigentums führen, da man immer sagen kann, daß die Verringerung der Menge verfügbaren Landes alle anderen, die das Land auch hätten in Besitz nehmen können, schlechter stellt. Tatsächlich gibt es keine Möglichkeit, zu ermessen oder zu wissen, wann sie schlechter gestellt sind. Und selbst wenn sie es sind, behaupte ich, daß das ihre angemessene Übernahme von Risiken ist. Jeder sollte das Recht haben, zuvor unbesessenes Land oder andere Ressourcen als sein Eigentum zu erwerben. Wenn Späterkommende schlechter gestellt werden – nun, dann ist das ihre angemessene Übernahme von Risiken in dieser freien und ungewissen Welt. Es gibt in den Vereinigten Staaten von Amerika kein riesiges Gebiet jenseits der Siedlungsgrenze mehr, und es ist sinnlos, darüber zu klagen. In der Tat können wir im allgemeinen soviel "Zugang" wie wir wollen zu diesen Ressourcen erlangen, indem wir einen Marktpreis für sie bezahlen. Aber selbst wenn die Eigentümer den Verkauf oder die Vermietung verweigerten, so sollte das in einer freien Gesellschaft ihr Recht sein. Auch Locke kann sich einmal geirrt haben.[315]

Wir gelangen nun zu einem anderen entscheidenden Problem: Nozicks Unterstellung, daß er risikoreiche Betätigungen gegen Entschädigung gesetzlich verbieten kann, beruht auf seiner Behauptung, daß niemand das Recht habe, "nichtproduktiven" (einschließlich risikoreichen) Betätigungen oder Geschäften nachzu-

---

314 Ebd., S. 31.

315 Nozick macht sich auch Hayeks Auffassung zur Bezahlung des einsamen Wasserlochs zueigen (168f). Siehe oben, S. 222f.

gehen, und daß diese mithin rechtmäßigerweise verboten werden können.[316] Denn Nozick gibt zu, daß, wenn die risikoreichen Betätigungen anderer berechtigt wären, deren Verbot und Entschädigung dann unzulässig wäre und daß wir dann "mit ihnen einen Vertrag aushandeln [müßten], in dem sie auf ihre risikoreiche Handlung verzichten [...] Warum sollten wir ihnen dann keinen Anreiz bieten oder sie einstellen oder bestechen müssen, um sie von der Handlung abzuhalten?" (86) Kurzum, ohne seine falsche Theorie unberechtigter, "nicht-produktiver" Betätigungen würde Nozick das Recht der Menschen, solchen Betätigungen nachzugehen, billigen müssen. Der Grundsatz des Risikoverbots und der Entschädigung würde zusammenbrechen, und weder Nozicks ultra-minimaler noch sein minimaler Staat wären zu rechtfertigen.

Und hier kommen wir zu dem, was wir Nozicks "tot-umfallen-Prinzip" nennen könnten. Denn sein Kriterium für einen produktiven Tausch ist, daß jede Partei besser dasteht als wenn es die andere Partei überhaupt nicht gäbe. Wohingegen bei einem "nicht-produktiven" Tausch eine Partei besser dastehen würde, wenn die andere tot umfiele.[317] So sagt er: "[...] wenn ich jemandem etwas dafür bezahle, daß er mir keinen Schaden antut, erlange ich nichts von ihm, was ich nicht hätte, wenn er gar nicht oder ohne jede Beziehung zu mir existierte." (86) Nozicks "Entschädigungsgrundsatz" behauptet, daß eine "nicht-produktive" Betätigung verboten werden kann, wenn die Person durch den Nutzen entschädigt wird, der ihr infolge des Verbots entging.

Sehen wir also, wie Nozick seine Kriterien der "Nicht-Produktivität" und der Entschädigung auf das Problem der Erpressung anwendet.[318] Nozick versucht, das Verbot der Erspressung durch die Behauptung zu rechtfertigen, daß "nicht-produktive" Verträge nicht erlaubt sein sollten und daß ein Erpressungsvertrag nicht-produktiv ist, da der Erpreßte infolge der bloßen Existenz des Erpressers schlechter gestellt wird (86-88). Kurz gesagt, wenn der Erpresser Schmidt tot umfiele, stünde Meier (der Erpreßte) besser da. Anders gesagt zahlt Meier nicht dafür, daß Schmidt seine Lage verbessert, sondern dafür, daß er sie *nicht verschlechtert*. Doch sicherlich ist letzteres *ebenfalls* ein produktiver Vertrag, da Meier durch den Tausch immer noch besser dasteht, als er *dagestanden hätte*, wenn es nicht zu dem Tausch gekommen wäre.

---

316 Siehe Barnett, "Whither Anarchy?", S. 19.

317 Wenden wir Nozicks eigenen Begriff "nicht-produktiver Tausch" auf den Prozeß an, mit dem er den Staat ableitet. Wenn es das vorherrschende Schutzunternehmen nicht gäbe, dann stünden die Kunden der anderen, nicht-vorherrschenden Unternehmen besser da, weil sie es vorziehen, mit diesen unabhängigen Unternehmen zu verkehren. Doch damit werden diese Kunden – wie Nozick mit seinem eigenen "tot-umfallen-Prinzip" selbst zeigte – zu den Opfern eines nicht-produktiven Tauschs mit dem vorherrschenden Schutzunternehmen. Sie sind daher berechtigt, die Betätigungen des vorherrschenden Unternehmens zu untersagen. Dieses brillante Argument verdanke ich Dr. David Gordon.

318 Unsere eigene Theorie der Zulässigkeit von Erpressungsverträgen findet sich oben, S. 134-136.

Doch diese Theorie führt Nozick in wahrlich sehr trübe Gewässer, was er zum Teil (wenn auch bei weitem nicht zur Gänze) anerkennt. Er gibt zum Beispiel zu, daß seine Begründung der Ächtung von Erpressungen ihn auch zur Ächtung des folgenden Vertrags zwingen würde. Braun tritt mit dem folgenden Vorschlag an Grün, seinen unmittelbaren Nachbarn heran: Ich beabsichtige, ein so und so aussehendes rosafarbenes Gebäude auf meinem Grundstück zu errichten (was Grün, wie er weiß, verabscheut). Ich werde dieses Gebäude jedoch *nicht* errichten, wenn Du mir die Summe X zahlst. Nozick gibt zu, daß auch das nach seinem Modell unerlaubt wäre, da Grün Braun dafür bezahlen würde, daß er nicht schlechter dastünde, weshalb der Vertrag "nicht-produktiv" wäre. Letztlich stünde Grün besser da, wenn Braun tot umfiele. Für einen Liberalen ist es jedoch schwierig, eine solche Ächtung mit irgendeiner glaubwürdigen Theorie von Eigentumsrechten – geschweige denn mit der im vorliegenden Werk dargestellten – in Einklang zu bringen. In Analogie zu dem obigen Erpressungsbeispiel gibt Nozick außerdem zu, daß es nach seinem Entwurf erlaubt *wäre*, wenn Grün, nachdem er von Brauns geplantem rosa Gebäude erfährt, auf diesen zutritt und ihm eine Zahlung dafür anbietet, daß er auf die Ausführung verzichtet. Aber warum wäre ein *solcher* Tausch "produktiv", nur weil Grün das Angebot macht?[319] Welchen Unterschied macht es, *wer* in dieser Situation das Angebot unterbreitet? Stünde Grün nicht *immer noch* besser da, wenn Braun tot umfiele? Und wenn wir der Analogie folgen: Würde Nozick es gesetzlich verbieten wollen, daß Braun Grüns Angebot ablehnt und *dann* mehr Geld fordert? Warum? Oder würde Nozick es gesetzlich verbieten wollen, daß Braun Grün auf geschickte Weise von dem geplanten rosa Gebäude wissen läßt und dann den Dingen ihren Lauf läßt – sagen wir, indem er eine Zeitungsanzeige über das Gebäude aufgibt und Grün den Ausschnitt zusendet? Könnte das nicht als eine Geste der Höflichkeit angesehen werden? Und warum sollte eine bloße *Anzeige* verboten sein? Offensichtlich wird Nozicks Sache immer fadenscheiniger, wenn wir uns ihre Folgen vor Augen führen.

Ferner hat Nozick die mannigfachen Folgen seines "tot-umfallen-Prinzips" nicht beachtet. Wenn er, wie es scheint, sagt, daß A einen unberechtigten "Zwang" gegen B ausübt, wenn B besser dasteht, falls A tot umfiele, so betrachte man die folgenden Fall: Braun und Grün konkurrieren in einer Auktion um dasselbe Gemälde. Sie sind die beiden letzten Bieter. Stünde Grün nicht besser da, wenn Braun tot umfiele? Übt Braun daher nicht irgendwie einen unberechtigte Zwang gegen Grün aus, und sollte daher nicht Brauns Teilnahme an der Auktion verboten werden? Oder im Gegenzug: Übt Grün nicht irgendwie einen unberechtigte Zwang gegen Braun aus, und sollte

319 Auf diese entscheidende Frage antwortet Nozick nicht. Er behauptet einfach, daß dies "ein produktives Tauschgeschäft" ist (87 u. Fußnote 16). Ironischerweise war Nozick zu diesem Rückzug – Anerkennung der "Produktivität" des Tausches, wenn Grün das Angebot unterbreitet – scheinbar durch die Argumente Professor Ronald Hamowys gezwungen; ironischerweise, weil Hamowy, wie wir oben sahen, auch eine vernichtende Kritik einer recht ähnlichen Definition von Zwang durch Professor Hayek lieferte.

nicht *Grüns* Teilnahme an der Auktion verboten werden? Wenn nicht, warum nicht? Oder angenommen, daß Braun und Grün um die Hand desselben Mädchens anhalten. Stünde nicht jeder von beiden besser da, wenn der andere tot umfiele, und sollte daher nicht die Teilnahme des einen oder anderen – oder beider – an dem Handanhalten verboten werden? Die Verästelungen dieses Prinzips sind praktisch unendlich.

Nozick bringt sich überdies in einen noch tieferen Morast, wenn er hinzufügt, daß ein Erpressungsvertrag nicht "produktiv" ist, weil die Ächtung des Geschäftes eine Partei (den Erpreßten) nicht schlechter dastehen läßt. Doch das stimmt natürlich nicht. Wie Professor Block dargelegt hat, bedeutet das Verbot des Erpressungsvertrages, daß der Erpresser keinen weiteren Anreiz hat, die unerwünschte, bislang geheime Information über die erspreßte Partei *nicht* zu verbreiten. Direkt nachdem Nozick zweimal versichert, daß das Opfer infolge des Verbots des Erpressungsvertrags "nicht schlechter daran wäre", gibt er jedoch in widersprüchlicher Weise zu, daß "jemandem das Schweigen eines Erpressers wertvoll ist und er dafür bezahlt." Wenn es dem Erpresser in diesem Fall verboten ist, für sein Schweigen Geld zu nehmen, braucht er es nicht aufrechtzuerhalten, und folglich stünde der Zahler des Erspressungsgeldes infolge des Verbots tatsächlich schlechter da! Nozick fügt – ohne diese Behauptung zu stützen – hinzu, daß "[dieses Schweigen] nichts Produktives" ist. Warum nicht? Scheinbar, weil "die Opfer ebensogut daran [wären], wenn der Erpresser gar nicht existierte [...]" Damit sind wir wieder beim "tot-umfallen-Prinzip". Aber dann fügt Nozick in einer weiteren Wendung – und im Widerspruch zu seiner eigenen Behauptung, daß das Schweigen des Erpressers nicht produktiv ist – hinzu, daß nach "der hier vertretenen Auffassung [...] ein Verkäufer derartigen Schweigens nur für das eine Bezahlung verlangen [könnte], was ihm durch das Schweigen entginge. Und dazu gehör[en] [...] die Zahlungen, die er von anderen für die Enthüllung bekommen könnte." Nozick bemerkt obendrein, daß, während ein Erpresser den Geldbetrag, den er für die Enthüllung der Information erhalten hätte, annehmen darf, er "nicht aber den höchsten Preis [verlangen] darf, den er vom Käufer seines Schweigens erzielen könnte." (87)

Indem Nozick somit widersprüchlich zwischen dem Verbot der Erpressung und der Erlaubnis des Preises, den der Erpresser durch den Verkauf der Information hätte erzielen können, herumschwafelt, bringt er sich selber mit einem unhaltbaren Begriff eines "gerechten Preises" in die Klemme. *Warum* ist es nur statthaft, die entgangene Zahlung zu fordern? Warum sollte man nicht alles nehmen, was der Erpreßte zu zahlen bereit ist? Erstens sind beide Geschäfte freiwillig und vollziehen sich im Geltungsbereich der Eigentumsrechte beider Parteien. Zweitens *weiß niemand* – weder theoretisch noch praktisch – welchen Preis der Erpresser für sein Geheimnis auf dem Markt erzielt haben würde. Niemand kann einen Marktpreis vor dem eigentlichen Tausch vorhersagen. Drittens könnte der Erpresser aus dem Geschäft nicht nur einen Geldgewinn ziehen. Er gewinnt möglicherweise auch psychische Befriedigungen: Vielleicht mag er den Erpreßten nicht oder vielleicht freut er sich daran, Geheimnisse zu verkaufen, und "gewinnt" daher aus dem Verkauf an Dritte mehr als nur eine Geldzahlung. In diesem Zusammenhang verrät Nozick in der Tat seine Sache, wenn er zugibt, daß ein Erpresser, "dem es *Spaß* macht, Geheimnisse aufzudecken, [...] eine andere Rechnung aufmachen [kann]." (87 Fußnote) Doch welches außenstehendes Rechtsvollstreckungsunternehmen wird in diesem Fall jemals in der Lage sein, zu bestimmen, *in welchem Maße* der Erpresser die Enthüllung von Geheimnissen genießt und welchen Preis er von dem "Opfer" daher rechtmäßigerweise fordern darf? Allgemeiner gesagt ist es theoretisch unmöglich, jemals die Existenz oder das Ausmaß seines subjektiven Genusses oder irgendwelcher anderer psychischer Faktoren, die seine Wertordnung und mithin sein Tauschgebaren beeinflussen, zu bestimmen.

Unterstellen wir viertens den für Nozick schlimmsten Fall: einen Erpresser, der keinen Geldpreis für sein Geheimnis finden könnte. Doch wenn Erpressung entweder vollkommen verboten oder nur in Nozicks Version des "gerechten Preises" erlaubt wäre, würde der verhinderte Erpresser die Geheimnisse einfach umsonst verraten – würde die Information *verschenken* (Blocks "Klatsch- oder Plappermaul"). Dabei würde er lediglich sein Recht auf den Gebrauch seines Körpers ausüben, in diesem Fall in Form seiner Redefreiheit. Es kann keinen "gerechten Preis" zur Begrenzung dieses Rechtes geben, da es keinen objektive meßbaren Wert hat.[320] Sein Wert ist subjektiv, er bezieht sich auf den Erpresser, und sein Recht darf gerechterweise nicht beschränkt werden. Überdies steht in diesem Fall das "beschützte" Opfer infolge des Verbots von Erpressungen sicherlich schlechter da.[321]

Wir müssen daher im Sinne der modernen, nach-mittelalterlichen Wirtschaftstheorie schlußfolgern, daß der *einzige* "gerechte Preis" für jedes Geschäft derjenige Preis ist, dem beide Parteien freiwillig zustimmmen. Außerdem und noch allgemeiner gesagt, müssen wir der modernen Wirtschaftstheorie zustimmen, die *alle* freiwilligen Geschäfte "produktiv" nennt und sie als für beide Tauschparteien vorteilhaft erkennt. Jedes Gut und jeder Dienst, der von einem Benutzer oder Verbraucher freiwillig gekauft wird, nützt diesem und ist daher von seinem Standpunkt aus "produktiv". Folglich brechen alle Versuche Nozicks, entweder Erpressungen zu verbieten oder eine Art gerechten Preis für Erpressungen (wie auch für alle anderen Verträge, in denen jemandes Untätigkeit verkauft wird) vorzuschreiben, vollkommen

---

320 Siehe Barnett, "Whither Anarchy?", S. 4f.

321 Nozick verschlimmert seine Fehler, indem er den Erpresser einem "Schutzgelderpresser" gleichstellt und darauf hinweist, daß Schutz zwar produktiv ist, nicht aber der Verkauf des bloßen "Verzichts eines Erpressers darauf, extra Schaden zu stiften." (88) Doch der "Schaden", den der Schutzgelderpresser androht, ist nicht die Ausübung der Redefreiheit, sondern rechtsbrechende Gewalt, und die Androhung rechtsbrechender Gewalt ist selber rechtsverletzend. Der Unterschied liegt hier nicht zwischen den irreführenden Begriffen "produktiv" und "nicht-produktiv", sondern zwischen "freiwillig" und "erzwungen" bzw. "rechtsverletzend" – den Kernbegriffen der liberalen Philosophie. Wie Professor Block darlegt: "Was bei einer Rechtsverletzung angedroht wird, ist rechtsverletzende Gewalt, etwas, das zu tun der Rechtsbrecher kein Recht hat. Bei Erpressungen wird jedoch etwas ‚angedroht', das zu tun der Erpresser ganz sicherlich ein Recht *hat* – die Ausübung seines Rechts auf freie Rede, das Ausplappern unserer Geheimnisse [...]" Block, "The Blackmailer as Hero", S. 3.

zusammen. Das bedeutet aber, daß auch sein Versuch, das Verbot *jeglicher* "nicht-produktiver" Betätigungen – die Risiken beinhalten – zu rechtfertigen, fehlschägt. Folglich scheitert *aus diesem Grund alleine schon* Nozicks Versuch, seinen ultraminimalen (wie auch seinen minimalen) Staat zu rechtfertigen.

Bei der Anwendung seiner Theorie auf die risikobehafteten, furchteinflößenden, "nicht-produktiven" Betätigungen unabhängiger Unternehmen, die angeblich die Auferlegung des minimalstaatlichen Zwangsmonopols rechtfertigen, konzentriert sich Nozick auf die von ihm behaupteten "Verfahrensrechte" jedes Individuums, womit er das Recht meint, "daß die eigene Schuld durch das gefahrloseste der bekannten Verfahren zur Schuldfeststellung bestimmt wird, d.h. durch dasjenige Verfahren, bei dem die Wahrscheinlichkeit der Verurteilung einer unschuldigen Partei am geringsten ist." (96) Hier stellt Nozick neben die üblichen *materiellen* Naturrechte – auf den von keiner Gewalt beeinträchtigten Gebrauch der eigenen Person und des gerecht erworbenen Eigentums – vermeintliche "Verfahrensrechte" bzw. Rechte auf gewisse Verfahren, mit denen Unschuld oder Schuld bestimmt werden. Doch ein entscheidender Unterschied zwischen einem echten und einem falschen "Recht" besteht darin, daß ersteres keine positive Handlung irgendeiner Person – außer sich Eingriffen zu enthalten – erfordert. Folglich hängt ein Recht auf Person und Eigentum nicht von Zeit, Raum oder von Anzahl oder Vermögen anderer Menschen in der Gesellschaft ab. Robinson kann ein solches Recht gegenüber Freitag haben, wie jeder in einer fortgeschrittenen Industriegesellschaft. Andererseits ist ein behauptetes Recht auf "einen Lohn, der die Lebenshaltung deckt" ein falsches, da seine Verwirklichung positive Handlungen anderer Leute voraussetzt – und die Existenz von genügend Menschen mit einem genügend großen Vermögen oder Einkommen, um einen solchen Anspruch zu befriedigen. Folglich kann ein solches "Recht" nicht unabhängig von Zeit, Raum oder von der Anzahl oder den Vermögensverhältnissen anderer Menschen in der Gesellschaft sein. Doch sicherlich erfordert ein "Recht" auf ein weniger risikoreiches Verfahren die positiven Handlungen von ausreichend vielen spezialisierten Menschen, um einen solchen Anspruch zu verwirklichen. Folglich ist es kein wirkliches Recht. Ferner kann ein solches Recht nicht aus dem grundlegenden Recht auf Selbstbesitz abgeleitet werden. Dagegen hat jeder das absolute Recht, seine Person und sein Eigentum vor Übergriffen zu schützen. Der Kriminelle hat andererseits kein Recht, seinen unrechtmäßig erworbenen Gewinn zu verteidigen. Doch welches *Verfahrens* sich irgendeine Gruppe zum Schutz ihrer Rechte bedient – ob etwa persönliche Selbstverteidigung oder der Gebrauch von Gerichten oder Schiedsunternehmen zur Anwendung kommt – hängt von den Kenntnissen und Fähigkeiten der betroffenen Individuen ab. Vermutlich wird ein freier Markt tendenziell dazu führen, daß die meisten Leute sich entscheiden, für ihren Schutz die Hilfe jener privaten Institutionen und Schutzunternehmen in Anspruch zu nehmen, deren Verfahren in der Gesellschaft auf die größte Zustimmung treffen. Kurz gesagt werden sich die Leute ihren Entscheidungen fügen wollen, da sie die praktischste Art und Weise sind, auf die sich annähernd bestimmen läßt, *wer* im Einzelfall die Unschuldigen und wer die Schuldigen sind. Doch diese Fragen betreffen die nutzenorientierte Identifizierung der effizientesten auf dem Markt verfügbaren Mittel für den Selbstschutz und beruhen nicht auf irreführenden Begriffen wie "Verfahrensrechte".[322]

Kommen wir schließlich und endlich zu dem glänzenden Kraftakt, mit dem Roy Childs Nozick auf den Kopf stellt. Nachdem er zeigt, daß jede der Nozick'schen Entwicklungsstufen zum Staat durch eine sichtbare Entscheidung und nicht durch eine "unsichtbare Hand" vollendet wird, zeigt Childs, daß die unsichtbare Hand *nach Nozicks eigenen Maßstäben* direkt von seinem Minimalstaat zurück zum Anarchismus führen würde. Childs schreibt:

> Nehmen wir an, daß der Minimalstaat existiert. Ein Unternehmen taucht auf, das die Verfahren des Minimalstaats nachahmt und das dem Staat erlaubt, bei seinen Verhandlungen, Verfahren usw. mitzumachen. Unter diesen Umständen kann man nicht behaupten, daß dieses Unternehmen "riskoreicher" als der Staat ist. Wenn es immer noch zu risikobehaftet ist, dann sind wir auch berechtigt, den Staat als zu risikobehaftet zu bezeichnen und seine Betätigungen zu verbieten, vorausgesetzt, daß wir jene entschädigen, die durch ein solches Verbot benachteiligt werden.
>
> Wenn nicht, dann befindet sich das zum Minimalstaat gewandelte vorherrschende Unternehmen im Wettbewerb mit einem zugegebenermaßen beaufsichtigten Unternehmen. Aber warte: Das konkurrierende, ausspionierte und unterdrückte zweite Unternehmen entdeckt, daß es seine Dienste zu einem geringeren Preis anbieten kann, da der Minimalstaat diejenigen entschädigen muß, die die Dienste von Unternehmen mit risikoreichen Verfahren beansprucht haben würden. Er muß auch die Kosten für das Ausspionieren des neuen Unternehmens tragen.
>
> Da er nur moralisch zu einer solchen Entschädigung verpflichtet ist, wird er das unter großem wirtschaftlichen Druck wahrscheinlich nicht mehr tun. Das löst zwei Prozesse aus: Diejenigen, die zuvor entschädigt wurden, weil sie andere Unternehmen dem Staat vorgezogen haben würden, beeilen sich, einen Vertrag mit dem abtrünnigen Unternehmen zu schließen, und bringen dadurch wieder ihre alten Präferenzen zur Geltung. Auch ein anderer schicksalhafter Schritt wurde vollzogen: Der einst so stolze Minimalstaat wird nach der Einstellung der Entschädigungszahlungen wieder zu einem bescheidenen Ultra-Minimalstaat.
>
> Doch der Prozeß kann nicht angehalten werden. Das abtrünnige Unternehmen muß gute Ergebnisse vorweisen, um Kunden vom Ultra-Minimalstaat wegzuziehen, und das tut es auch. Es bietet eine größere Vielfalt von Diensten

322 Eine hervorragende und detaillierte Kritik an Nozicks Begriff der "Verfahrensrechte" findet sich bei Barnett, "Whither Anarchy?", S. 16-19. Professor Jeffrey Paul hat auch gezeigt, daß jeder Begriff von "Verfahrensrechten" ein "Recht" auf irgendein anderes Verfahren mit sich bringt, mit dem solche Verfahren identifiziert werden. Das wiederum unterstellt weitere "Rechte" auf Verfahren, um über *jene* Verfahren zu entscheiden – und so geht es unendlich weiter zurück. Paul, "Nozick, Anarchism, and Procedural Rights", a.a.O.

und Sonderleistungen zu verschiedenen Preisen an und wird im allgemeinen eine attraktivere Alternative, wobei es sich die ganze Zeit vom Staat ausspionieren und seine Geschäftsabläufe und Verfahren von ihm überprüfen läßt. Andere vortreffliche Unternehmer folgen nach. Bald wird der einst bescheidene Ultra-Minimalstaat ein bloßes vorherrschendes Unternehmen, das entdeckt, das die anderen Unternehmen bemerkenswerte Ergebnisse erzielt haben, mit sicheren, risikoarmen Verfahren. Es hört auf, sie auszuspionieren, da es stattdessen weniger teure Abkommen bevorzugt. Seine leitenden Angestellten sind durch den mangelnden Wettbewerb – leider, leider – fett und bequem geworden. Ihre Berechnungen, wer, wie, mit welcher Faktorkombination und zu welchen Zwecken beschützt werden soll [...] sind dadurch beeinträchtigt, daß sie sich selber zuvor aus einem wirklich wettbewerblichen Marktpreissystem entfernt haben. Das vorherrschende Unternehmen wird im Vergleich zu den neuen, dynamischen und verbesserten Unternehmen immer ineffizienter.

Siehe da! – und bald wird das vorherrschende Unternehmen einfach ein Unternehmen unter vielen anderen in einem marktwirtschaftlichen Rechtsnetzwerk. Der finstere Minimalstaat wird durch eine Reihe moralisch zulässiger Schritte, die niemandes Rechte verletzen, zu bloß einem Unternehmen unter vielen. Kurzum: Die unsichtbare Hand schlägt zurück.[323]

Ein paar kurze, aber wichtige Anmerkungen zum Schluß. Wie alle anderen *Laissez-faire*-Theoretiker des begrenzten Staates hat Nozick keine Theorie der Besteuerung – wie hoch sie sein soll, wer sie zahlen soll, welcher Art sie sein sollte usw. In der Tat werden Steuern bei Nozicks Stufenfolge zu seinem Minimalstaat kaum einmal erwähnt. Man sollte meinen, daß Nozicks Minimalstaat nur denjenigen Kunden, die er gehabt *hätte*, bevor er ein Staat wurde, Steuern auferlegen kann – und nicht den verhinderten Kunden konkurrierender Unternehmen. Doch der bestehende Staat besteuert offensichtlich *jeden*, ohne Rücksicht darauf, wessen Dienste die Betreffenden nachgefragt *hätten*, und es ist in der Tat schwierig zu sehen, wie er versuchen könnte, diese verschiedenen hypothetischen Gruppen zu finden und zu trennen.

Genau wie seine Kollegen aus der Fraktion des begrenzten Staates behandelt Nozick auch "Schutz" – zumindest wenn er von seinem Minimalstaat angeboten wird – als eine einzige kollektive Größe. Doch *wieviel* Schutz sollte geliefert werden und zu welchen Kosten in Form von Ressourcen? Und welche Kriterien sollen darüber entscheiden? Denn schließlich können wir uns *vorstellen*, daß beinahe das gesamte Sozialprodukt dazu verwendet wird, um jede Person mit einem Panzer und einem bewaffneten Wächter zu versehen. Wir können uns auch nur einen Polizisten und einen Richter in einem ganzen Land vorstellen. Wer entscheidet über das Ausmaß des Schutzes und nach welchem Kriterium? Denn im Gegensatz dazu werden alle Güter und Dienste des *privaten* Marktes auf der Grundlage der relativen Nachfrage und Kosten, mit denen die Konsumenten auf dem Markt konfrontiert sind, produziert.

---

323 Childs, "Invisible Hand", S. 32f.

Doch es gibt kein solches Kriterium für Schutz im minimalen oder irgendeinem anderen Staat.

Wie Childs überdies darlegt, ist der Minimalstaat, den Nozick zu rechtfertigen sucht, ein Staat, der sich im *Besitz* einer privaten, vorherrschenden Firma befindet. Es gibt bei Nozick immer noch keine Erklärung oder Rechtfertigung für die moderne Form von Abstimmungen, für Demokratie, Gewaltenteilung und Gegengewichte usw.[324]

Schließlich durchzieht ein schwerer Mangel die gesamte Erörterung von Rechten und Staat in Nozicks Buch: daß er – als kantianischer Intuitionist – über *keine* Theorie der Rechte verfügt. Rechte entspringen der gefühlsmäßigen Anschauung, ohne im Naturrecht – in der Natur des Menschen und des Universums – begründet zu sein. Im Grunde hat Nozick kein wirkliches Argument für die Existenz von Rechten.

Fassen wir zusammen: (1) Kein bestehender Staat ist unbefleckt entstanden, und daher sollte Nozick seinen eigenen Maßstäben folgen, den Anarchismus verteidigen und dann warten, daß sich sein Staat entwickelt. (2) Selbst wenn irgendein Staat so entstanden *wäre*, bleiben individuelle Rechte unveräußerlich, und daher ist kein bestehender Staat zu rechtfertigen. (3) Kein Schritt in Nozicks unsichtbare-Hand-Prozeß ist stichhaltig: Der Prozeß ist allzu bewußt und sichtbar, und die Risiko- und Entschädigungs-Grundsätze sind sowohl falsch, als auch Freibriefe für eine unbegrenzte Willkürherrschaft. (4) Selbst nach Nozicks eigenen Maßstäben ist das vorherrschende Schutzunternehmen unbefugt, solche Rechtsverfahren von Unabhängigen, die seinen eigenen Kunden nicht schaden, zu verbieten, und daher kann es kein Ultra-Minimalstaat werden. (5) Nozicks Theorie "nicht-produktiver" Geschäfte ist nicht stichhaltig, so daß das Verbot risikoreicher Betätigungen und mithin der Ultra-Minimalstaat allein aus diesem Grunde nichtig ist. (6) Anders als von Nozick behauptet gibt es keine "Verfahrensrechte" und daher keine Möglichkeit, von seiner Risikotheorie und Theorie nicht-produktiver Geschäfte zu dem Zwangsmonopol des Ultra-Minimalstaats zu gelangen. (7) Selbst nach Nozicks eigenen Maßstäben hat der Minimalstaat kein Recht, Steuern aufzuerlegen. (8) Nozicks Theorie bietet keine Möglichkeit, die Abstimmungs- bzw. demokratischen Verfahren irgendeines Staates zu rechtfertigen. (9) Ein Minimalstaat in Nozicks Sinne würde auch einen Maximalstaat rechtfertigen, und (10) würde der einzige "unsichtbare-Hand-Prozeß" nach Nozicks eigenen Maßstäben die Gesellschaft von seinem Minimalstaat zurück zum Anarchismus führen.

Somit scheitert der wichtigste Versuch, der in diesem Jahrhundert unternommen wurde, um den Anarchismus zu widerlegen und den Staat zu rechtfertigen, voll und ganz und in jedem seiner Teile.

---

324 Ebd., S. 27.

V. TEIL
AUF DEM WEG ZU EINER STRATEGIETHEORIE DER FREIHEIT

Eine systematische Theorie der Freiheit ist selten genug ausgearbeitet worden. Praktisch überhaupt noch nicht wurde jedoch eine Strategie*theorie* der Freiheit dargelegt. Diese Unterlassung bezieht sich in der Tat nicht nur auf die Freiheit. Strategien zum Erreichen jeder Art erwünschter gesellschaftlicher Ziele folgten im allgemeinen dem Motto "schnapp's-Dir-wie-Du's-kriegen-kannst". Man hielt sie für eine Angelegenheit von Treffer-oder-Niete-Experimenten, von Versuch und Irrtum. Wenn die Philosophie aber irgendwelche theoretischen Richtlinien für eine Strategie der Freiheit aufstellen kann, so steht sie sicherlich in der Verantwortung, nach diesen zu suchen. Der Leser sei jedoch gewarnt, daß wir uns in unbekannte Gewässer begeben.

Die Verantwortung der Philosophie, sich mit Strategie – mit dem Problem, wie man sich vom gegenwärtigen (von *irgendeinem* gegenwärtigen) verwirrten Zustand zum Ziel folgerichtiger Freiheit bewegen sollte – auseinanderzusetzen, ist besonders für einen im Naturgesetz verankerten Liberalismus wichtig. Denn wie der liberale Historiker Lord Acton erkannte, liefert die Theorie des Naturgesetzes und der Naturrechte einen ehernen Maßstab, anhand dessen jede vorhandene Staatsart zu beurteilen – und für mangelhaft zu befinden – ist. Im Gegensatz zum Rechtspositivismus oder zu verschiedenen Abarten des Historizismus, liefert das Naturgesetz ein moralisch und politisch "höheres Gesetz", anhand dessen die Erlasse des Staates beurteilt werden können. Wie wir oben sahen[325] ist das Naturgesetz bei richtiger Auslegung eher "radikal" als konservativ. Ihm wohnt ein Streben nach der Herrschaft des idealen Grundsatzes inne. Wie Acton schrieb: "Der [klassische] Liberalismus will, was sein soll, ohne Rücksicht auf das, was ist." Wie daher Himmelfarb über Acton schrieb, "wurde der Vergangenheit keine Autorität zugestanden, außer wenn sie der Sittlichkeit entsprechen sollte." Und so unterschied Acton zwischen Whiggismus und Liberalismus – letztlich zwischen dem konservativen Festhalten am *Status quo* und radikalem Liberalismus:

> Der Whig regierte mit Kompromissen. Der Liberale eröffnet die Herrschaft der Ideen.
>
> Wie unterscheidet man den Whig vom Liberalen? Der eine hat das Praktische im Sinn, verändert Dinge nur langsam und ist kompromißbereit. Der an-

325 Siehe oben, S. 34ff.

dere arbeitet einen Grundsatz philosophisch aus. Whiggismus ist eine Politik auf der Suche nach einer Philosophie. Liberalismus ist eine Philosophie auf der Suche nach einer Politik.[326]

Der Liberalismus ist also eine Philosophie auf der Suche nach einer Politik. Doch was kann eine liberale Philosophie sonst noch über Strategie, über "Politik" sagen? Erstens muß sie sicherlich – wiederum mit Acton – sagen, daß die Freiheit das "höchste politische Ziel", das Hauptziel der liberalen Philosophie ist. Höchstes *politisches* Ziel bedeutet natürlich nicht das "höchste Ziel" für den Menschen im allgemeinen. In der Tat hat jedes Individuum viele verschiedene persönliche Ziele, und in seiner persönlichen Wertordnung haben diese Ziele eine andere Hierarchie und Gewichtung als bei anderen Individuen. Die politische Philosophie ist der Zweig der ethischen Philosophie, der sich insbesondere mit *Politik*, d.h. mit der angemessenen Rolle von *Gewalt* im menschlichen Leben befaßt (und folglich mit der Erklärung solcher Begriffe wie Verbrechen und Eigentum). In einer liberalen Welt stünde es jedem Individuum in der Tat zumindest frei, seine eigenen Ziele zu verfolgen – "nach Glück zu streben", wie es in Jeffersons glücklichen Worten heißt.

Man mag denken, daß der *Liberale* – die Person, die sich dem "natürlichen System der Freiheit" (nach Adam Smiths Worten) verbunden fühlt – beinahe definitionsmäßig das Ziel der Freiheit für das höchste politische Ziel hält. Doch häufig stimmt das nicht. Für viele Liberale ist der Wunsch nach Ausdruck der eigenen Persönlichkeit bzw. nach Bezeugung der Vortrefflichkeit der Freiheit wichtiger als das Ziel, die Freiheit in der wirklichen Welt siegen zu sehen. Doch wie wir im folgenden noch sehen werden, wird sich der Triumph der Freiheit niemals einstellen, wenn nicht das Ziel des Sieges in der wirklichen Welt den Vorrang vor eher ästhetischen und passiven Betrachtungen gewinnt.

Wenn die Freiheit das höchste politische Ziel ist, worin besteht dann die Grundlage dieses Zieles? Aus dem vorliegenden Werk sollte hervorgegangen sein, daß die Freiheit zuerst und vor allem ein *moralischer Grundsatz* ist, der in der Natur des Menschen wurzelt. Insbesondere ist sie ein Grundsatz der *Gerechtigkeit* – der Abschaffung rechtswidriger Gewalt in den Angelegenheiten der Menschen. Damit das liberale Ziel richtig begründet und verfolgt wird, muß es daher im Geist einer vorrangigen Gerechtigkeitsliebe verfolgt werden. Doch um sich eine solche Hingabe auf einem eventuell langen und steinigen Weg zu erhalten, muß der Liberale von einer Leidenschaft für Gerechtigkeit – von einer Emotion, die sich aus seiner rationalen Einsicht in die Erfordernisse der natürlichen Gerechtigkeit ableitet und von die-

326 Gertrude Himmelfarb, *Lord Acton*, Chicago, University of Chicago Press, 1962, S. 204f, 209.

ser geführt wird – besessen sein.[327] Gerechtigkeit – nicht der dünne Grashalm bloßer Nützlichkeit – muß die Triebkraft sein, wenn die Freiheit Wirklichkeit werden soll.[328]

Wenn Freiheit das höchste politische Ziel sein soll, so bringt dies mit sich, daß die Freiheit mit den *effizientesten Mitteln*, d.h. mit jenen Mitteln, die das Ziel am schnellsten und gründlichsten verwirklichen, angestrebt werden sollte. Das bedeutet, daß der Liberale ein "Abschaffer" sein muß, d.h. er muß das Ziel der Freiheit so schnell wie möglich zu verwirklichen wünschen. Wenn er vor dem Abolitionismus zurückschreckt, hält er die Freiheit nicht mehr für das höchste politische Ziel. Der Liberale sollte daher ein Abolitionist sein, der, wenn er es könnte, unverzüglich alle Verletzungen der Freiheit abschaffen würde. Nach dem Beispiel des klassischen Liberalen Leonard Read, der nach dem Zweiten Weltkrieg die sofortige und vollkommene Abschaffung der Preis- und Lohnvorschriften forderte, können wir hierbei von dem "Knopfdruck-Kriterium" sprechen. So erklärte Read: "Wenn es auf diesem Rednerpult einen Knopf gäbe, mit dem man alle Lohn- und Preisvorschriften unverzüglich aufheben könnte, indem man ihn drückt, so würde ich meinen Finger auf ihn legen und drücken!" Der Liberale sollte also eine Person sein, die einen Knopf zur unverzüglichen Abschaffung aller Verletzungen der Freiheit drücken würde, wenn dieser Knopf nur existierte – was ein Utilitarist im übrigen wahrscheinlich kaum jemals tun würde.[329]

Gegner der Liberalen – und Gegner der Radikalen im allgemeinen – argumentieren typischerweise, daß ein solches Abschaffertum "unrealistisch" sei. Indem sie diesen Vorwurf vorbringen, verwechseln sie in hoffnungsloser Weise das erstrebte Ziel mit der strategischen Beurteilung des erfolgversprechenden Wegs zu diesem Ziel. Es ist von entscheidender Bedeutung, zwischen dem letztlichen Ziel an sich und der strategischen Beurteilung, wie dieses Ziel zu erreichen ist, klar zu unterscheiden. Kurz gesagt muß das Ziel formuliert werden, bevor stragische oder "realistische" Fragen hinzukommen. Die Tatsache, daß es einen solchen magischen Knopf nicht gibt und wahrscheinlich auch nicht geben wird, macht den Abolitionismus an sich nicht weniger wünschenswert. Wir können beispielsweise dem Ziel der Freiheit und der Erwünschtheit eines freiheitsorientierten Abolitionismus zustimmen. Doch das heißt nicht, daß wir glauben, daß es *tatsächlich* in naher oder weiterer Zukunft zu Abschaffungen kommen kann. Die liberalen Ziele – einschließlich der unverzüglichen Abschaffung von Freiheitsverletzungen – sind in dem Sinne "realistisch", daß

327 In einem erhellenden Essay legt der Naturgesetzphilosoph John Wild dar, daß unser subjektives Pflichtgefühl – unser Gefühl eines Seinsollens, welches subjektive emotionale Wünsche auf eine höhere, bindende Ebene hebt – einer rationalen Erfassung der Erfordernisse unserer Menschennatur entspringt. John Wild, "Natural Law and Modern Ethical Theory", *Ethics*, Oktober 1952, S. 5-10.

328 Zur Verwurzelung des Liberalismus in einer Leidenschaft für Gerechtigkeit siehe Murray N. Rothbard, "Why Be Libertarian?", in Rothbard, *Egalitarianism as a Revolt Against Nature, and Other Essays*, Washington, Libertarian Review Press, 1974, S. 147f.

329 Leonard E. Read, *I'd Push the Button*, New York, Joseph D. McGuire, 1946, S. 3.

sie erreicht werden *könnten*, wenn genügend Menschen sie billigten, und daß, *wenn* sie erreicht wären, das sich daraus ergebende liberale System lebensfähig wäre. Das Ziel unmittelbarer Freiheit ist nicht unrealistisch oder "utopisch", denn seine Verwirklichung hängt – im Gegensatz zu solchen Zielen wie "Beseitigung der Armut" – vollkommen vom menschlichen Willen ab. Wenn zum Beispiel *jeder* plötzlich und sofort der vorrangigen Erwünschtheit der Freiheit zustimmte, dann *wäre* sofort vollkommene Freiheit erreicht.[330] Die strategische Beurteilung, *wie* der Weg zur Freiheit wahrscheinlich eingeschlagen wird, ist natürlich ein ganz anderes Problem.[331]

William Lloyd Garrison, der liberale Abolitionist der Sklaverei, war beispielsweise nicht "unrealistisch", als er in den 1830er Jahren das Ziel der sofortigen Emanzipation der Sklaven zum Maßstab erhob. Sein Ziel war moralisch und liberal gesehen richtig, und es hatte nichts mit "Realismus" oder mit der Wahrscheinlichkeit seiner Verwirklichung zu tun. In der Tat zeigte sich Garrisons strategischer Realismus in dem Umstand, daß er nicht *erwartete*, daß die Sklaverei sofort bzw. mit einem Handstreich enden würde. Wie er sorgsam unterschied: "Fordern wir die sofortige Abschaffung mit allem Ernst – letztlich wird es, leider!, eine schrittweise Abschaffung sein. Wir haben niemals gesagt, daß die Sklaverei mit einem Streich beseitigt werden würde. Das das so sein sollte, werden wir immer behaupten."[332] Im übrigen

330 An anderer Stelle schrieb ich: "Andere traditionelle radikale Ziele – wie die ‚Abschaffung der Armut' – sind, anders als dieses [die Freiheit], wirklich utopisch. Denn der Mensch kann die Armut nicht durch einen bloßen Willensakt abschafffen. Die Armut kann nur durch das Wirksamwerden gewisser ökonomischer Faktoren [...] die nur durch eine zeitaufwendige Umwandlung der Natur wirken können [...] überwunden werden. Doch *Ungerechtigkeiten* sind Taten, die eine Gruppe von Menschen an einer anderen verübt. Sie sind menschliche Handlungen, und folglich unterliegen sie und ihre Beseitigung dem sofort wirksamen Willen eines Menschen. [...] Die Tatsache, daß solche Entscheidungen natürlich nicht sofort erfolgen, ist ohne Belang. Der springende Punkt ist, daß gerade diese Unterlassung eine Ungerechtigkeit ist, die von den Übeltätern beschlossen und begangen wurde [...] Im Bereich der Gerechtigkeit ist der menschliche Wille alles, was zählt; Menschen *können* Berge versetzen, wenn Menschen dies nur wollen. Eine Leidenschaft für unverzügliche Gerechtigkeit – kurzum eine radikale Leidenschaft – ist daher *nicht* utopisch, wie es der Wunsch nach der unverzüglichen Beseitigung der Armut oder nach der sofortigen Verwandlung eines jeden in einen Konzertpianisten wäre. Denn sofortige Gerechtigkeit könnte verwirklicht werden, wenn nur genügend Leute dies wollten." Rothbard, *Egalitarianism*, S. 148f.

331 Im Schlußwort einer glänzenden philosophischen Kritik an der Auffassung, unmittelbare Freiheit sei "unrealistisch", und an der in dieser Auffassung zum Ausdruck kommenden Verwechslung des *Guten* mit dem *gegenwärtig Wahrscheinlichen* erklärt Clarence Philbrook: " Ökonomen und alle anderen können eine Maßnahme nur auf eine Art ernsthaft verteidigen – durch die Behauptung, daß die Maßnahme gut sei. Wirklicher ‚Realismus' ist das, was die Menschen stets unter Weisheit verstanden haben: über das Sofortige im Licht des Letztlichen zu entscheiden." Clarence Philbrook, "Realism in Policy Espousal", *American Economic Review*, Dezember 1953, S. 859.

332 Zit. n. William H. und Jane H. Pease, Hg., *The Antislavery Argument*, Indianapolis, Bobbs-Merrill, 1965, S. xxxv.

warnte Garrison energisch: “Allmählichkeit in der Theorie bedeutet Unaufhörlichkeit in der Praxis.”

In der Tat unterhöhlt Allmählichkeit in der Theorie das vorrangige Ziel der Freiheit an sich. Daher ist sie nicht einfach nur von strategischer Bedeutung, sondern sie steht in einem Gegensatz zu dem Ziel an sich und ist mithin als Teil einer Freiheitsstrategie unzulässig. Denn sobald das Ziel unverzüglicher Abschaffung aufgegeben wird, gibt man zu, daß dieses Ziel im Vergleich zu anderen, anti-liberalen Erwägungen zweit- oder drittrangig ist, da diese Erwägungen nun höher als die Freiheit angesiedelt sind. Angenommen etwa, daß ein Befürworter der Abschaffung der Sklaverei sagt: “Ich befürworte ein Ende der Sklaverei – aber erst in fünf Jahren.” Doch das hieße, daß eine Abschaffung in vier oder drei Jahren, und erst recht eine sofortige Abschaffung, *falsch* wäre und daß daher die Sklaverei *besser* noch ein wenig anhalten sollte. Aber das würde bedeuten, daß Gerechtigkeitserwägungen aufgegeben werden und daß das Ziel selber nicht mehr den höchsten Platz in der politischen Wertordnung des Abolitionisten (oder Liberalen) innehat. In der Tat würde es bedeuten, daß der Liberale eine *Verlängerung* von Verbrechen und Unrecht befürwortet.

Folglich darf eine Freiheitstrategie keine Mittel umfassen, die das Ziel selber unterhöhlen oder ihm widersprechen – wie es bei Allmählichkeit-in-der-Theorie eindeutig der Fall ist. Sagen wir also, daß “der Zweck die Mittel heiligt”? Das ist ein üblicher, aber vollkommen falscher Einwand, der häufig gegen jedwede Gruppe vorgebracht wird, die für grundlegenden bzw. radikalen gesellschaftlichen Wandel eintritt. Denn *was sonst noch* außer einem *Zweck* könnte irgendein Mittel überhaupt rechtfertigen? Der Begriff “Mittel” bringt es an sich bereits mit sich, daß diese Handlung nur ein Werkzeug ist, um einem Zweck zu dienen. Wenn jemand hungrig ist und ein Sandwich ißt, um seinen Hunger zu stillen, so ist die Handlung “Sandwich essen” nur ein Mittel zu einem Zweck. Seine einzige Rechtfertigung entspringt aus seinem zielgerichteten Gebrauch durch den Konsumenten. Warum sollte man das Sandwich sonst essen bzw. es selbst oder seine Zutaten kaufen? Daß der Zweck die Mittel heiligt, ist bei weitem keine finstere Doktrin, sondern eine einfache philosophische Wahrheit, die sich bereits aus dem Verhältnis von “Mittel” und “Zweck” ergibt.

Was meinen dann die Kritiker der Auffassung, daß der Zweck die Mittel heiligt, wenn sie sagen, daß “schlechte Mittel” zu “schlechten Resultaten” führen können oder werden? *In Wirklichkeit* sagen sie, daß die fraglichen Mittel *andere* Ziele verletzen, die die Kritiker für wichtiger bzw. wertvoller als das Ziel der kritisierten Gruppe halten. Angenommen etwa, Kommunisten behaupten, daß Mord gerechtfertigt sei, wenn er zu einer Diktatur der proletarischen Avantgarde-Partei führe. Die Kritiker solchen Mordes (bzw. einer solchen Verteidigung von Mord) behaupten in Wirklichkeit *nicht*, daß “Zwecke nicht die Mittel heiligen”, sondern vielmehr, daß Mord einen (gelinde gesagt) *wertvolleren* Zweck verletzt, nämlich den Zweck des “Nicht-Mordens” bzw. der Gewaltfreiheit gegen Personen. Und vom liberalen Standpunkt aus gesehen hätten die Kritiker natürlich recht.

Folglich rechtfertigt das liberale Ziel – der Sieg der Freiheit – die schnellstmöglichen Mittel zur Verwirklichung dieses Zieles, doch diese Mittel *können nicht* solche sein, die dem Ziel selber widersprechen bzw. es unterhöhlen. Wir sahen bereits, daß Allmählichkeit-in-der-Theorie ein solches widersprüchliches Mittel ist. Ein anderes widersprüchliches Mittel wären Übergriffe (z.B. Mord oder Diebstahl) auf Personen oder gerechtes Eigentum, um das liberale Ziel der Gewaltfreiheit zu verwirklichen. Auch das wäre ein Mittel, das das genaue Gegenteil bewirken würde und unzulässig wäre. Denn der Gebrauch solcher Übergriffe würde das Ziel der Gewaltfreiheit selber direkt verletzen.

Wenn der Liberale daher die unverzügliche Abschaffung des Staates als einer organisierten Gewaltmaschine fordern muß und wenn Allmählichkeit-in-der-Theorie dem vorrangigen Ziel widerspricht (und daher unzulässig ist) – welche *weitere* strategische Position sollte ein Liberaler in einer Welt beziehen, in der Staaten nur allzu offensichtlich weiter existieren? Muß sich der Liberale darauf *beschränken*, für sofortige die Abschaffung einzutreten? Sind Übergangsforderungen, praktische Schritte zur Freiheit daher unberechtigt? Sicherlich nicht, da sonst bei realistischer Betrachtung keine Hoffnung bestünde, daß Endziel zu erreichen. Deshalb obliegt es dem Liberalen, der sein Ziel so schnell wie möglich verwirklichen will, das Gemeinwesen immer weiter in die *Richtung* dieses Ziels zu drängen. Offensichtlich ist dies ein schwieriger Weg, denn es besteht immer die Gefahr, das letztliche Ziel der Freiheit aus den Augen zu verlieren oder zu unterhöhlen. Doch angesichts der Lage der Welt in Vergangenheit, Gegenwart und Zukunft ist ein solcher Weg entscheidend, wenn der Sieg der Freiheit jemals gelingen soll. Die Übergangsforderungen müssen daher formuliert werden, während man gleichzeitig (a) *stets* das letztliche Ziel der Freiheit als das erwünschte Ergebnis des Übergangsprozesses hochhält und (b) niemals Schritte unternimmt oder Mittel gebraucht, die diesem Ziel ausdrücklich oder stillschweigend widersprechen.

Betrachten wir beispielsweise eine Übergangsforderung, die von verschiedenen Liberalen aufgestellt wird: daß nämlich der Staatshaushalt zehn Jahre lang jährlich um 10% gekürzt wird, wonach der Staat verschwunden sein wird. Ein solcher Vorschlag mag einen heuristischen oder strategischen Wert haben, *vorausgesetzt*, daß diejenigen, die ihn vorbringen, es stets glasklar machen, daß dies *Mindest*forderungen sind und daß es in der Tat nicht falsch wäre, sondern zum Besten gereichen würde, wenn das Tempo vergrößert und der Haushalt vier Jahre lang um 25% gekürzt würde – oder am besten sofort um 100%. Gefahr entsteht durch die direkte oder indirekte Andeutung, daß ein *schnelleres* Tempo als 10% falsch oder unerwünscht wäre.

Eine ähnliche, aber noch größere Gefahr liegt in der von vielen Liberalen geteilten Idee, ein umfassendes und geplantes Programm des Übergangs zu vollkommener Freiheit aufzustellen – z.B. daß in Jahr 1 das Gesetz A abgeschafft, das Gesetz B abgeändert, die Steuer C um 20% gekürzt werden sollte usw; in Jahr 2 sollte das Gesetz D abgeschafft und die Steuer C um weitere 10% gekürzt werden usw. Der umfassende Plan führt noch weitaus mehr in die Irre als die einfache Haushaltskürzung, da er die Auffassung nahelegt, daß beispielsweise das Gesetz D *nicht* vor dem zweiten Planjahr abgeschafft werden sollte. Damit würde man dem philosophischen Schritt-für-Schritt bzw. der Allmählichkeit-in-der-Theorie im großen Maßstab in die Falle gehen. Die vermeintlich liberalen Planer würden praktisch – oder zumindest dem *Anschein* nach – dazu gelangen, *gegen* ein schnelleres Tempo zur Freiheit einzutreten.

Es gibt in der Tat noch einen weiteren schweren Fehler in der Idee eines umfassenden, geplanten Programms zur Freiheit. Denn gerade die Sorgfalt und das ausgesuchte Tempo, gerade das allumfassende Wesen des Programms unterstellt, daß der Staat nicht wirklich der Feind der Menschheit ist, daß es möglich und wünschenswert ist, den Staat zu *gebrauchen*, um geplanten und abgemessenen Schrittes zur Freiheit zu gelangen. Dagegen führt die Einsicht, daß der Staat der ständige Feind der Menschheit ist, zu einer ganz anderen strategischen Sichtweise: daß Liberale nämlich an allen Fronten auf *jede* Verringerung der Macht bzw. der Betätigungen des Staates drängen und diese bereitwillig hinnehmen. Jede solche Verringerung – wann auch immer sie sich einstellt – bedeutet eine Verringerung von Verbrechen und Rechtsverletzungen, und sie bedeutet eine Verringerung der parasitären Schädlichkeit, mit der die Staatsmacht über die gesellschaftliche Macht herrscht und diese in Beschlag nimmt.

Zum Beispiel können Liberale gut und gern auf eine drastische Verringerung oder Abschaffung der Einkommensteuer drängen. Doch sie sollten niemals gleichzeitig dafür eintreten, diese durch eine Verkaufssteuer oder irgendeine andere Steuer zu ersetzen. Eine Steuer zu verringern bzw. besser noch abzuschaffen, ist stets eine widerspruchsfreie Verringerung der Staatsmacht und ein Schritt zur Freiheit. Doch sie durch eine neue oder an anderer Stelle erhöhte Steuer zu ersetzen, bewirkt genau das Gegenteil, denn dies bedeutet ein neues und zusätzliches Sichaufdrängen des Staates an einer anderen Front. Die Auferlegung einer neuen Steuer ist ein Mittel, das dem liberalen Ziel selber widerspricht.

In ähnlicher Weise sind wir in unserem Zeitalter ständiger Haushaltsdefizite mit der Frage konfrontiert, ob wir einer Steuerkürzung zustimmen sollten, selbst wenn das mitunter eine Erhöhung des Defizits bedeuten könnte. Konservative treten infolge ihrer eigenartigen Sichtweise, derzufolge der Ausgleich des Haushalts ein höheres Ziel ist, ständig gegen Steuerkürzungen ein, die nicht von einer genauso großen oder noch größeren Kürzung des Staatsausgaben begleitet werden. Doch da das Eintreiben von Steuern eine unmoralische Gewalthandlung ist, kommt eine fehlende Bereitschaft zu Steuerkürzungen einer Unterhöhlung und einem Widerspruch gegen das liberale Ziel gleich. Staatsausgaben sind dann zu bekämpfen, wenn über den Haushalt gesprochen oder abgestimmt wird. Dann sollte der Liberale auch drastische Einschnitte bei den Ausgaben fordern. Staatliche Betätigungen müssen verringert werden, wann immer und wo immer das möglich ist. Jede Gegnerschaft gegen die Kürzung einer einzelnen Steuer – oder Ausgabe – ist unzulässig, da dies liberalen Grundsätzen und dem liberalen Ziel widerspricht.

Heißt das, daß der Liberale niemals Prioritäten setzen darf – daß er seine Energie nicht auf politische Fragen konzentrieren darf, denen er die höchste Bedeutung zumißt? Eindeutig nicht, denn da jedermanns Zeit und Energie notwendigerweise begrenzt ist, kann niemand jedem Einzelaspekt der umfassenden liberalen Überzeugung gleichviel Zeit widmen. Wer über politische Probleme spricht oder schreibt, *muß* zwangsläufig Proiritäten setzen – Prioritäten, die zumindest teilweise von den konkreten Problemen und Gegebenheiten des Tages abhängen. Obwohl etwa ein Liberaler in der heutigen Welt sicherlich für die Entstaatlichung der Leuchttürme eintreten würde, ist es sehr zweifelhaft, daß er der Leuchtturmfrage eine höhere Priorität geben würde als der Wehrpflicht oder der Abschaffung der Einkommensteuer. Der Liberale muß seine strategische Einsicht und Kenntnis der Tagesprobleme nutzen, um seine politischen Prioritäten zu setzen. Wenn man andererseits auf einer kleinen und sehr nebelreichen Insel lebte, die vom Schiffsverkehr abhängt, so wäre es natürlich durchaus möglich, daß die Leuchtturmfrage eine hohe Priorität auf einer liberalen politischen Agenda hätte. Und wenn sich im übrigen aus irgendwelchen Gründen die Gelegenheit bieten würde, die Leuchttürme auch im heutigen Deutschland zu entstaatlichen, so sollte ein Liberaler dies sicherlich nicht verschmähen.

Wir schließen daher diesen Teil unserer strategischen Erörterung, indem wir bekräftigen: daß der Sieg vollkommener Freiheit das höchste politische Ziel ist; daß das passende Fundament für dieses Ziel eine moralische Leidenschaft für Gerechtigkeit ist; daß das Ziel mit den schnellsten und effizientesten Mitteln verfolgt werden sollte; daß das Ziel stets im Auge behalten und so schnell wie möglich angestrebt werden muß; und daß die verwendeten Mittel niemals dem Ziel widersprechen dürfen – ob durch die Verteidigung allmählicher Schritte, durch den Gebrauch oder die Verteidigung irgendwelcher Verletzungen der Freiheit, durch die Verteidigung geplanter Programme, durch die Unterlassung, jede Gelegenheit zur Verringerung der Staatsmacht zu ergreifen oder durch deren Vermehrung in irgendeinem Bereich.

Die Welt wird – zumindest langfristig – durch Ideen regiert, und der Liberalismus wird offensichtlich nur dann triumphieren können, wenn seine Ideen unter einer ausreichend großen Zahl von Menschen verbreitet und von diesen angenommen werden. Und daher wird "Bildung" zu einer notwendigen Bedingung für den Sieg der Freiheit – alle Arten von Bildung, von den abstraktesten systematischen Theorien bis zu Blickfängern, die das Interesse potentieller Anhänger auf sich ziehen. Bildung ist in der Tat die charakteristische Strategietheorie des klassischen Liberalismus. Doch es sollte betont werden, daß Ideen sich nicht von selbst wie in einem luftleeren Raum bewegen. Sie üben nur insofern Einfluß aus, als *Menschen* sie sich zu eigen machen und sie vorbringen. Damit die Idee der Freiheit siegt, muß es daher eine aktive Gruppe von einsatzfreudigen *Liberalen* geben – von Menschen, die über die Freiheit unterrichtet und willens sind, die Botschaft unter anderen Menschen zu verbeiten. Kurzum muß es eine aktive und selbstbewußte liberale *Bewegung* geben. Das scheint offensichtlich zu sein, aber es gab einen seltsamen Widerwillen seitens vieler Liberaler, sich selber als Teil einer bewußten und aktiven Bewegung anzusehen oder sich an Aktivitäten der Bewegung zu beteiligen. Doch halte man sich folgendes vor Augen: Ist es in der Vergangenheit *irgendeiner* Disziplin oder Idee – sei es der Buddhismus oder die moderne Physik – gelungen, sich ohne die Existenz einsatzfreudiger "Kader" von Buddhisten oder Physikern selbst voranzubringen und Akzeptanz zu gewinnen?

Die Erwähnung von Physikern weist auf ein weiteres Erfordernis einer erfolgreichen Bewegung: die Existenz von Profis, von Personen, die ihren beruflichen Weg auf Vollzeit in der betreffenden Bewegung oder Disziplin durchlaufen. Im siebzenten und achtzehnten Jahrhundert, als die moderne Physik als eine neue Wissenschaft entstand, gab es in der Tat wissenschaftliche Gesellschaften, die sich hauptsächlich aus interessierten Amateuren – "Freunden der Physik", wie wir sie nennen würden – zusammensetzten und die eine Atmosphäre schafften, in der die neue Disziplin Ermutigung und Unterstützung fand. Doch sicherlich wäre die Physik nicht sehr weit gekommen, wenn es keine *berufsmäßigen* Physiker gegeben hätte – Leute, die Physiker auf Vollzeit waren und daher alle ihre Energien in die Disziplin setzen und diese voranbringen konnten. Sicherlich wäre die Physik immer noch ein bloßes Vergnügen für Amateure, wenn sich nicht der *Beruf* des Physikers entwickelt hätte. Dennoch gibt es trotz des spektakulären Wachstums, das die liberalen Ideen und die liberale Bewegung in den letzten Jahren erfuhren, nur wenige Liberale, die den enormen Bedarf an einer Entwicklung der Freiheit als Beruf – als ein Herzstück des weiteren Fortschritts sowohl der Theorie, als auch der Lage der Freiheit in der wirklichen Welt – erkennen.

Jede neue Idee und jede neue Disziplin beginnt notwendigerweise mit einem oder wenigen Menschen und verbreitet sich dann weiter nach außen auf einen größeren Kern von Konvertiten und Anhängern. Selbst wenn sie zu voller Größe gelangt, gibt es infolge der großen Vielfalt von Interessen und Fähigkeiten unter den Menschen zwangsläufig nur eine Minderheit im professionellen Kern oder Kader der Liberalen. Daher liegt nichts Unheilvolles oder "Undemokratisches" darin, eine liberale "Avantgarde" zu fordern, genau wie es auch nicht böse und undemokratisch ist, von einer Avantgarde der Buddhisten oder Physiker zu sprechen. Hoffentlich wird diese Avantgarde dazu beitragen, daß eine Mehrheit oder eine große und einflußreiche Minderheit zu Anhängern der liberalen Ideologie gemacht wird (oder sie sogar in den Mittelpunkt ihres Interesses stellt). Die Existenz einer liberalen Mehrheit unter den amerikanischen Revolutionären und im England des neunzehnten Jahrhunderts beweist, daß dieses Kunststück nicht unmöglich ist.

In der Zwischenzeit, da wir auf dem Weg zu diesem Ziel sind, können wir uns die Verbreitung des Liberalismus wie eine Leiter oder Pyramide vorstellen, mit zahlreichen Individuen und Gruppen auf verschiedenen Sprossen der Leiter, die von vollkommenem Kollektivismus bzw. totaler Staatsorientierung zu reiner Freiheit führt. Wenn der Liberale das Bewußtsein der Leute nicht bis zur höchsten Sprosse reiner Freiheit "heben" kann, so kann er ein geringeres, aber immer noch wichtiges Ziel verwirklichen, indem er ihnen hilft, ein paar Sprossen weit auf der Leiter emporzukommen. Zu diesem Zweck mag es der Liberale durchaus hilfreich finden, sich mit Nicht-Liberalen in Koalitionen zusammenzufinden, die der Förderung von einzelnen, auf bestimmte Fälle begrenzten Aktivitäten dienen. So mag sich der Liberale – je nach seinen Prioritäten angesichts der jeweiligen Lage der Gesellschaft – an bestimmten "Einheitsfrontaktivitäten" beteiligen: mit einigen Konservativen, um die Einkommensteuer abzuschaffen, oder mit Linksliberalen zur Abschaffung der Wehrpflicht, des Pornographieverbots oder des Verbots "umstürzlerischer" Reden.

Durch die Beteiligung an solchen Einheitsfronten zu Einzelproblemen kann der Liberale ein zweifaches Ziel erreichen: (a) Er kann bei seiner Hinarbeit auf ein bestimmtes liberales Ziel seinen eigenen Einfluß vervielfachen, da viele Nicht-Liberale zur Teilnahme an solchen Aktionen mobilisiert werden; und (b) kann er das Bewußtsein seiner Koalitionskollegen "heben", indem er ihnen zeigt, daß der Liberalismus ein einziges, zusammenhängendes System ist und daß eine *umfassende* Verfolgung ihres besonderen Ziels es erforderlich macht, daß sie sich das ganze liberale Modell zu eigen machen. So kann der Liberale dem Konservativen gegenüber darlegen, daß Eigentumsrechte bzw. der freie Markt nur dann maximiert und wirklich gesichert werden können, wenn bürgerliche Freiheiten verteidigt oder wiederhergestellt werden; und dem Linksliberalen kann er das Gegenteil zeigen. Es ist zu hoffen, daß diese Veranschaulichung einige jener Einzelfall-Verbündeten auf der liberalen Leiter deutlich emporführt.

In der Entwicklung jeder Bewegung, die sich für radikalen gesellschaftlichen Wandel – d.h. für die Umwandlung der gesellschaftlichen Realität in Richtung auf ein ideales System – einsetzt, entstehen, wie die Marxisten entdeckt haben, zwei entgegengesetzte Typen von "Abweichungen" von der richtigen strategischen Linie: der von den Marxisten so genannte "rechte Opportunismus" und das "linke Sektierertum". Diese bei oberflächlicher Betrachtung häufig attraktiven Abweichungen sind so grundlegend, daß wir von einer theoretischen Regel sprechen können, daß eine von beiden oder sogar beide vorkommen werden, um eine Bewegung zu verschiedenen Zeitpunkten ihrer Entwicklung zu plagen. Welche Tendenz in einer Bewegung jedoch die Oberhand gewinnen wird, kann durch unsere Theorie nicht bestimmt werden. Das Ergebnis wird von dem subjektiven strategischen Verständnis der Leute, aus denen sich die Bewegung zusammensetzt, abhängen. Das Ergebnis ist daher eine Sache des freien Willens und der Überzeugung.

Der rechte Opportunismus ist bei seinem Streben nach direkten Erfolgen bereit, vom höchsten gesellschaftlichen Ziel abzulassen und sich ausschließlich mit der Erzielung kleinerer und kurzfistiger Erfolge, die sich zuweilen im Widerspruch zum letztlichen Ziel befinden, zu befassen. In der liberalen Bewegung ist der Opportunist bereit, in die Reihen des staatlichen Establishments einzutreten anstatt es zu bekämpfen, und er ist bereit, das letztliche Ziel zugunsten kurzfristiger Erfolge zu verneinen, beispielsweise durch die Erklärung "Zwar weiß jeder, daß wir Steuern brauchen, aber die Wirtschaftslage erfordert eine zweiprozentige Steuerkürzung." Der linke Sektierer hingegen wittert "Unmoral" und "Verrat der Grundsätze" bei jedem Gebrauch strategischen Verstandes, um Übergangsforderungen auf dem Weg zur Freiheit zu verfolgen – auch bei solchen Forderungen, die das letztliche Ziel hochhalten und ihm nicht widersprechen. Der Sektierer sieht überall – selbst in rein strategischen, taktischen oder organisatorischen Belangen – "moralische Grundsätze" und "liberale Grundsätze". In der Tat greift der Sektierer gewöhnlich *jeden* Versuch, über die bloße ständige Wiederholung des gesellschaftlichen Ziels hinauszugehen und politische Einzelprobleme von dringendster Priorität aufzugreifen und zu untersuchen, als eine Aufgabe von Prinzipien an. In der marxistischen Bewegung der USA ist die *Socialist Labor Party* (Sozialistische Arbeiterpartei), die auf jedes politische Problem *ausschließlich* mit einer Wiederholung der Ansicht "Sozialismus und nur Sozialismus wird das Problem lösen" antwortet, ein klassisches Beispiel für Ultra-Sektierertum in der Praxis. Entsprechend mag der sektiererische Liberale einen Fernsehsprecher oder einen politischen Kandidaten schlechtmachen, der – unter dem Zwang, sich für vorrangige Probleme zu entscheiden – die Abschaffung der Einkommensteuer oder der Wehrpflicht betont, während er die Entstaatlichung der Leuchttürme "vernachlässigt".

Es sollte klar sein, daß rechter Opportunismus genau wie linkes Sektierertum der Verwirklichung des gesellschaftlichen Endziels abträglich sind: Denn der rechte Opportunist gibt dieses Ziel auf, während er kurzfristige Erfolge erzielt, und dadurch nimmt er diesen Erfolgen ihre Wirkung. Der linke Sektierer hingegen kleidet sich in das Mäntelchen der "Reinheit" und macht durch diese Verurteilung aller notwendigen strategischen Schritte zum letztlichen Ziel sein eigenes höchstes Ziel zunichte.

Seltsamerweise wechselt ein und dasselbe Individuum bisweilen von einer Abweichung zur anderen und verschmäht jeweils den einzig richtigen Weg. Der linke Sektierer mag sich etwa – in Verzweiflung über die jahrelange nutzlose Wiederholung seiner Reinheit, während der er in der wirklichen Welt keine Fortschritte gemacht hat – in das berauschende Dickicht des rechten Opportunismus stürzen, um *irgendeinen* kurzfristigen Fortschritt zu erzielen, selbst zu Lasten des Endzieles. Dagegen mag der rechte Opportunist – der zunehmend darüber Abscheu empfindet, daß er und seine Kollegen ihre intellektuelle Rechtschaffenheit und ihre eigentlichen Ziele als Verhandlungsmasse behandeln – zu linkem Sektierertum überspringen und *jedes* Setzen von Prioritäten auf dem Weg zu diesen Zielen heruntermachen. Auf diese Weise nähren und stärken sich die beiden entgegengesetzten Abweichungen gegenseitig, und beide schaden der Hauptaufgabe: das liberale Ziel erfolgreich zu verwirklichen.

Die Marxisten haben richtig erkannt, daß zwei Arten von Bedingungen für den Sieg eines jeden Programms radikalen sozialen Wandels notwendig sind. Sie unterscheiden zwischen der "objektiven" und der "subjektiven" Bedingung. Die "subjektive" Bedingung ist die Existenz einer selbstbewußten Bewegung, die sich für den Triumph des jeweiligen gesellschaftlichen Ideals einsetzt – wir haben diese Bedingung oben diskutiert. Die objektive Bedingung ist die objektive Tatsache einer "Krisensituation" im bestehenden System, einer Krisensituation, die groß genug ist, um allgemein wahrgenommen zu werden *und* um als Fehler des Systems selbst wahrgenommen zu werden. Denn die Menschen sind so beschaffen, daß sie sich nicht dafür *interessieren*, die Mängel eines bestehenden Systems zu untersuchen, solange es ausreichend gut zu funktionieren scheint. Und selbst wenn einige wenige anfangen, sich dafür zu interessieren, werden sie dazu neigen, daß ganze Problem für so abstrakt zu halten, daß es unerheblich für ihr tägliches Leben ist und mithin kein Handeln erforderlich macht – *bis* zur Wahrnehmung des krisenhaften Zusammenbruchs. Es sind solche Zusammenbrüche, die ein plötzliches Suchen nach neuen gesellschaftlichen Alternativen anregen – und dann müssen die Kader der Alternativ-Bewegung (die "subjektive Bedingung") verfügbar sein, um diese Alternative zu liefern: um die Krise in einen Zusammenhang mit den Fehlern des Systems zu stellen und um darzulegen, wie das alternative System die bestehende Krise lösen und ähnliche Zusammenbrüche in der Zukunft verhindern würde. Es ist zu hoffen, daß die alternativen Kader die aktuelle Krise in der Vergangenheit vorhergesagt und vor ihr gewarnt haben.

Wenn wir in der Tat die Revolutionen der Moderne untersuchen, so finden wir, daß jede von ihnen (a) von einem vorhandenen Kader scheinbar prophetischer Ideologen des alternativen Systems genutzt wurde und (b) durch einen Zusammenbruch des Systems selbst heraufbeschworen wurde. In der amerikanischen Revolution war ein großer Kader und eine Unmenge einsatzfreudiger Liberaler bereit, den Übergriffen Großbritanniens zu widerstehen, als die Briten das System der "zuträglichen Vernachlässigung" beenden und die Ketten des britischen Empire wieder straffen wollten. In der französischen Revolution hatten die liberalen *Philosophes* die Ideologie vorbereitet, mit der das Land einer scharfen, durch die Fiskalkrise der Regierung verursachten Erhöhung absolutistischer Lasten begegnen konnte. In Rußland führte 1917 ein aussichtsloser Krieg zum inneren Verfall des zaristischen Systems, worauf radikale Ideologen vorbereitet waren. Nach dem Ersten Weltkrieg schufen Nachkriegskrisen bzw. die Kriegsniederlage in Italien und Deutschland die Bedingungen für den Triumph der faschistischen und nationalsozialistischen Alternativen. In China ermöglichte 1949 die Kombination aus einem langwierigen und lähmenden Krieg und einer durch Hyper-Inflation und Preisfestsetzungen verursachten Krise den Sieg der kommunistischen Rebellen.

Marxisten wie Liberale glauben auf ihre jeweils ganz andere und entgegengesetzte Art und Weise, daß die inneren Widersprüche des bestehenden Systems (bei den einen: der "Kapitalismus", bei den anderen: Staatsorientierung und staatliche Interventionen) zwangsläufig zu seinem langfristigen Zusammenbruch führen werden. Im Gegensatz zu den Konservativen, die angesichts des seit unbestimmter Zeit anhaltenden Niedergangs "westlicher Werte" nichts als langfristige Verzweiflung sehen, sind daher der Marxismus wie auch der Liberalismus höchst optimistische Überzeugungen, zumindest auf lange Sicht. Die Frage aller Lebenden lautet natürlich, wie lange sie warten müssen, bis die lange Sicht kommt. Die Marxisten mußten zumindest in der westlichen Welt den unbestimmten Aufschub der von ihnen erhofften langen Sicht hinnehmen.* Die Liberalen mußten sich einem zwanzigsten Jahrhundert stellen, das sich vom quasi-liberalen System des neunzehnten Jahrhunderts zu einem sehr viel mehr staatsorientierten und kollektivistischen System gewandelt hat – und in vieler Hinsicht zu der despotischen Welt zurückkehrte, wie sie vor den klassisch-liberalen Revolutionen des siebzehnten und achtzehnten Jahrhunderts bestand.

Es gibt jedoch gute und hinreichende Gründe, aus denen Liberale auf kurze Sicht genauso optimistisch sein können wie auf lange Sicht – aus denen man in der Tat glauben kann, daß der Sieg der Freiheit nah ist.

---

* Man beachte, daß dieses Buch im Jahre 1982 erschien. Anm. d. Übers.

Doch fragen wir zunächst, warum Liberale *überhaupt auf lange Sicht* optimistisch sein sollten. Schließlich sind die Annalen der uns bekannten Geschichte eine Aufzeichnung von Jahrhunderten, in denen in einer Zivilisation nach der anderen verschiedene Formen des Despotismus, der Stagnation und des Totalitarismus herrschten. Ist es nicht möglich, daß der nach dem siebzehnten Jahrhundert einsetzende Vorstoß zu Freiheit nur ein großes Strohfeuer war, nach dem ein Zurücksinken in grauen und immerwährenden Despotismus folgen sollte? Doch eine solche auf den ersten Blick plausible Verzweiflung übersieht einen entscheidenden Punkt: die neuen und unumkehrbaren Bedingungen, die durch die industrielle Revolution des späten achtzehnten und neunzehnten Jahrhunderts geschaffen wurden, durch eine Revolution, die ihrerseits eine Folge der klassisch-liberalen politischen Revolutionen war. Denn bäuerliche Gesellschaften einer vor-industriellen Zeit können in der Tat unbegrenzt auf einem Subsistenzniveau verweilen. Despotische Könige, Adlige und Staaten können die Landbevölkerung oberhalb des Subsistenzniveaus besteuern und vom Überschuß ein elegantes Leben führen, während die Bauern weiter jahrhundertelang für das äußerste Minimum schuften. Ein solches System ist zutiefst unmoralisch und ausbeuterisch, aber es "funktioniert" in dem Sinn, daß es unbegrenzt anhalten kann (vorausgesetzt, daß der Staat nicht *zu* gierig wird und die Gans, die die goldenen Eier legt, tötet).

Doch die Sache der Freiheit hat das Glück, daß die Wirtschaftswissenschaft gezeigt hat, daß eine moderne Industriegesellschaft unter solchen drakonischen Bedingungen nicht unbegrenzt überleben *kann*. Eine moderne Industrie erfordert ein großes Netzwerk marktwirtschaftlicher Tauschbeziehungen und eine Arbeitsteilung – ein Netzwerk, das nur in Freiheit blühen kann. Angesichts der *Tatsache*, daß die Masse der Menschheit an einer industriellen Wirtschaftsweise und am modernen Lebensstandard, der eine solche Industrie erfordert, festhält, wird der Triumph einer Marktwirtschaft und ein Ende der Staatsorientierung auf lange Sicht somit unvermeidlich.

Das späte neunzehnte und insbesondere das zwanzigste Jahrhundert haben viele Formen der Rückwendung zur Staatsorientierung der vor-industriellen Zeit gesehen. Diese Formen (vor allem der Sozialismus und verschiedene Sorten des "Staatskapitalismus") haben im Gegensatz zum offen industriefeindlichen und reaktionären europäischen Konservatismus des frühen neunzehnten Jahrhunderts versucht, die industrielle Wirtschaftsweise zu bewahren und sogar noch auszuweiten, während sie gleichzeitig gerade jene politischen Erfordernisse, die auf lange Sicht für ihr Überleben notwendig sind (Freiheit und der freie Markt), aufgaben.[333] Staatliche Planung, staatliche Betriebe und staatliche Wirtschaftslenkung, hohe und lähmende Steuern sowie Papiergeldinflation müssen unvermeidlich zum Zusammenbruch des staatsorientierten Wirtschaftssystems führen.

333 Eine weitergefaßte historische Analyse dieses Problems findet sich bei Murray N. Rothbard, *Left and Right: The Prospects for Liberty*, San Francisco, Cato Institute, 1979.

Wenn die Welt also unumkehrbar auf den Industrialismus und die mit ihm einhergehenden Lebensstandards festgelegt ist und wenn der Industrialismus Freiheit erfordert, dann muß der Liberale in der Tat auf lange Sicht ein Optimist sein. Denn der liberale Triumph muß sich früher oder später einstellen. Doch warum sollte man heute optimistisch für die kurze Sicht sein? Weil es glücklicherweise zutrifft, daß die verschiedenen Formen der Staatsorientierung, die der westlichen Welt in der ersten Hälfte des zwanzigsten Jahrhunderts aufgehalst wurden, nunmehr kurz vor ih rem Zusammenbruch stehen. Die lange Sicht ist nun gekommen. Ein halbes Jahrhundert lang konnten staatsorientierte Interventionen ihre Plünderungen vornehmen, ohne klare und *offensichtliche* Krisen und Erschütterungen zu verursachen, weil die unter quasi-*laissez-faire*-Bedingungen erfolgte Industrialisierung des neunzehnten Jahrhunderts ein riesiges Polster gegen solche Plünderungen geschaffen hatte. Der Staat konnte dem System Steuern oder Inflation auferlegen, ohne offensichtlich schlechte Wirkungen zu ernten. Doch nun hat die Staatsorientierung so lange geherrscht und es ist mit ihr so weit gekommen, daß das Fettpolster aufgebraucht wurde. Wie der Ökonom Ludwig von Mises darlegte, ist die vom *Laissez-faire* geschaffene "Reserve" nun "erschöpft". *Was auch immer* der Staat nun tut, hat unmittelbare negative Folgen, die für die vormals Gleichgültigen und selbst für viele der glühendsten Staatsfans offensichtlich sind.

In den kommunistischen Ländern Osteuropas haben die Kommunisten selber zunehmend bemerkt, daß sozialistische Zentralplanung einfach nicht funktioniert, insbesondere nicht in einer industriellen Wirtschaft. Daher die rasche Abkehr von der Zentralplanung zu freien Märkten, die in den letzten Jahren überall in Osteuropa und insbesondere in Jugoslawien zu beobachten war. Auch in der westlichen Welt ist der Staatskapitalismus überall in einer Krisenzeit, da man zur Kenntnis nimmt, daß dem Staat im wahrsten Sinne des Wortes das Geld ausgeht: daß steigende Steuern die Industrie und die Anreize in irreparabler Weise lähmen, während das zunehmende Drucken von Geld (entweder direkt oder durch das staatlich kontrollierte Bankensystem) zu einer verheerenden Hyper-Inflation führt. Und so hören wir mehr und mehr über die "Notwendigkeit einer geringeren Erwartungshaltung an den Staat", selbst von seiten der einstmals glühendsten Verteidiger des Staates. In West-Deutschland hat es die SPD schon vor langem aufgegeben, den Sozialismus zu fordern. In Großbritannien, das unter einer steuergelähmten Wirtschaft und hoher Inflation leidet, ist die *Tory*-Partei, die sich jahrelang in den Händen engagierter Staatsfans befand, nun von ihrer marktwirtschaftlich orientierten Fraktion übernommen worden. Gleichzeitig hat selbst die *Labor*-Partei begonnen, vom geplanten Chaos galloppierender Staatsorientierung Abstand zu nehmen.*

In den Vereinigten Staaten von Amerika ist die Lage besonders hoffnungsvoll. Denn dort ereignete sich in den letzten Jahren gleichzeitig (a) ein systematischer Zusammenbruch der Staatsorientierung in allen Bereichen, in der Wirtschafts-, Außen-, Sozial- und Sittenpolitik und (b) ein großes und wachsendes Aufkommen einer libe-

* Auch dieser Rückblick erfolgte vom Standpunkt des Jahres 1982. Anm. d. Übers.

ralen Bewegung und die Verbreitung von liberalen Ideen unter der ganzen Bevölkerung, unter Meinungsbildnern genau wie unter durchschnittlichen Bürgern. Untersuchen wir nun die beiden notwendigen Bedingungen für einen liberalen Triumph.

Überraschenderweise kann der systematische Zusammenbruch der Staatsorientierung in den Vereinigten Staaten ziemlich genau datiert werden: auf die Jahre 1973-74. Der Zusammenbruch war besonders kraß im Bereich der Wirtschaft. Von Ende 1973 bis 1975 erlebte Amerika eine inflationäre Depression, in der die schlimmste Rezession der Nachkriegswelt mit einer erschwerten Preisinflation zusammentraf. Nach vierzig Jahren keynesianischer Politik, die die Wirtschaft zur Vermeidung des Konjunkturzyklus' aus Inflation und Depression angeblich "feinsteuerte", gelang es den Vereinigten Staaten, beides gleichzeitig zu erleben – ein Ereignis, das durch die orthodoxe ökonomische Theorie nicht erklärt werden kann. Die orthodoxe Ökonomie geriet durcheinander, und Ökonomen wie Laien sind zunehmend bereit, sich der "österreichischen" Alternative des freien Marktes zuzuwenden, und zwar sowohl im Bereich der Theorie, als auch in dem der praktischen Politik. Daß 1974 der Nobelpreis für Wirtschaftswissenschaften an F.A. Hayek für seine seit langem vergessene Österreichische Konjunkturtheorie vergeben wurde, ist nur ein Zeichen dafür, daß diese neuen Strömungen an die Oberfläche treten, nachdem sie jahrzehntelang vernachlässigt wurden. Und obgleich sich die Wirtschaft von der Depression erholte, ist die Wirtschaftskrise noch nicht beendet, da sich die Inflation nur immer weiter beschleunigte, während die Arbeitslosigkeit groß blieb. Nur ein marktwirtschaftliches Programm, das auf die Geldinflation verzichtet und die Staatsausgaben drastisch kürzt, kann die Krise beheben.

Der Zahlungsverzug der Stadt New York im Jahre 1975 und der Sieg der *Proposition 13* in Kalifornien 1978 haben dem ganzen Land die Tatsache bewußt gemacht, daß die kommunalen und staatlichen Reserven erschöpft sind und daß der Staat endlich anfangen muß, seine Betätigungen und Ausgaben drastisch einzuschränken. Denn höhere Steuern verdrängen die Betriebe und die Mittelklasse aus allen Bereichen, und daher besteht der einzige Weg zur Vermeidung von Zahlungsverzügen darin, die Ausgaben radikal zu kürzen. (Wenn es zum Zahlungsverzug kommt, ist das Ergebnis das gleiche, nur noch drastischer, da sich ein Zugang der staatlichen und kommunalen Regierungen zu den Anleihemärkten dann in der Zukunft als unmöglich erweisen wird.)

Es ist auch immer deutlicher geworden, daß jahrzehntelange hohe und lähmende Steuern auf Einkommen, Ersparnisse und Investititionen im Zusammenspiel mit inflationären Verzerrungen der Investitionsrechnungen zu einer zunehmenden Kapitalknappheit und zur unmittelbaren Gefahr, daß Amerikas lebenswichtiger Bestand an Kapitalgütern aufgebraucht wird, geführt haben. Daher werden niedrigere Steuern immer mehr als eine ökonomische Notwendigkeit angesehen. Auch geringere Staatsausgeben sind offensichtlich erforderlich, um zu vermeiden, daß private Kredite und Investitionen durch verschwenderische bundesstaatliche Defizite aus den Kapitalmärkten "herausgedrängt" werden.

Es gibt eine Tatsache, die besonderen Anlaß zu der Hoffnung gibt, daß die Öffentlichkeit und die Meinungsbildner zu der richtigen liberalen Lösung für diese schwere und anhaltende Wirtschaftskrise greifen: die Tasache, daß jeder weiß, daß der Staat die Wirtschaft während der letzten vierzig Jahre gesteuert und manipuliert hat. Als die staatliche Kredit- und Interventionspolitik die große Wirtschaftskrise der 1930er Jahre verursachte, herrschte noch der Mythos, daß die 1920er Jahre eine Ära des *Lassiez-faire* waren, und daher schien die Behauptung, daß der "Kapitalismus versagt" habe und daß für wirtschaftliches Wohlergehen und Fortschritt sehr viel mehr Staatsorientierung und staatliche Lenkung erforderlich sei, plausibel zu sein. Doch die heutige Krise kommt nach vielen Jahrzehnten der Staatsorientierung, und sie ist so beschaffen, daß die Öffentlichkeit jetzt klar sehen kann, daß der Fehler beim Großen Staat liegt.

Zudem sind nunmehr die ganzen verschiedenen Formen der Staatsorientierung ausprobiert worden, und sie haben alle versagt. Mit der Wende zum zwanzigsten Jahrhundert fingen Geschäftsleute, Politiker und Intellektuelle in der ganzen westlichen Welt an, sich einem "neuen" System der gemischten Wirtschaft bzw. der Staatsherrschaft zuzuwenden, um das relative *Laissez-faire* des vorhergehenden Jahrhunderts abzulösen. Neue und scheinbar aufregende Allheilmittel wie der Sozialismus, der korporative Staat, der Wohlfahrts-und-Eroberungsstaat usw. wurden ausprobiert und sind eindeutig gescheitert. Heute ist der Ruf nach Sozialismus oder staatlicher Planung ein Ruf nach einem alten, kraftlosen und gescheiterten System. Was bleibt noch zu probieren außer der Freiheit?

Auf der sozialen Ebene hat sich in den letzten Jahren eine ähnliche Krise ereignet. Das öffentliche Schulsystem, einst ein sakrosankter Teil des amerikanischen Erbes, ist heute schwerer und zunehmender Kritik von Leuten aus dem ganzen ideologischen Spektrum ausgesetzt. Es wird nun deutlich, (a) daß die öffentlichen Schulen ihre Schützlinge nicht richtig ausbilden; (b) daß sie teuer und verschwenderisch sind und hohe Steuern erfordern; (c) daß die Einheitlichkeit des öffentlichen Schulsystems tiefe und unlösbare soziale Konflikte über entscheidende Erziehungsfragen schafft – über Fragen wie Zusammenführung oder Trennung, fortschrittliche oder traditionelle Methoden, Religion oder Weltlichkeit, Sexualkunde und den ideologische Inhalt des Lernstoffes. Welche Entscheidung die öffentliche Schule in irgendeinem dieser Bereiche auch immer trifft – im Ergebnis wird entweder eine Mehrheit oder eine große Minderheit von Eltern und Schülern irreparabel geschädigt. Außerdem nimmt man immer deutlicher wahr, daß Schulpflichtgesetze unglückliche oder uninteressierte Kinder in ein Gefängnis zwingen, das weder sie noch ihre Eltern wünschen.

Im Bereich der Sittenpolitik wird man sich zunehmend der Tatsache bewußt, daß der wuchernde staatliche Prohibitionismus – nicht nur beim Alkohol, sondern auch in solchen Bereichen wie Pornographie, Prostitution, Sexualpraktiken zwischen "einverstandenen Erwachsenen", Drogen und Abtreibung – einen unsittlichen und unberechtigten Eingriff in das Recht jedes Individuums, seine *eigenen* moralischen Entscheidungen zu treffen, darstellt und auch *praktisch* nicht durchzusetzen ist. Der Versuch zu seiner Durchsetzung führt nur zu Härten und zum Polizeistaat. Die Zeit naht, da erkannt wird, daß der Prohibitionismus in diesen Bereichen der persönlichen Moralität genauso ungerecht und unwirksam ist wie im Fall des Alkohols.

Infolge der Watergate-Affaire herrscht auch ein größeres Bewußtsein um die Gefahren, die von gewöhnlichen staatlichen Handlungen und Aktivitäten für die individuelle Freiheit und Privatsphäre, sowie für die Freiheit, in Abweichung vom Staat zu denken und zu handeln, ausgehen. Auch hier dürfen wir erwarten, daß der Druck der Öffentlichkeit den Staat an der Erfüllung seines uralten Wunsches hindert: in die Privatsphären einzudringen und Abweichler zu unterdrücken.

Das vielleicht beste Zeichen, das günstigste Zeichen für den Zusammenbruch des Staatsnimbus' waren die Enthüllungen über Watergate in den Jahren 1973-74. Denn Watergate setzte eine radikale Veränderung in der Haltung *aller* – egal, welcher Ideologie sie sonst anhingen – zum Staat in Gang. Watergate sensibilisierte die Öffentlichkeit in der Tat für die Verletzungen der persönlichen Freiheit durch den Staat. Wichtiger noch: Da es zur Klage auf Amtsenthebung des Präsidenten führte, nahm es einem Amt, das von der amerikanischen Öffentlichkeit beinahe als souverän angesehen wurde, für immer seinen Heiligenschein. Doch am wichtigsten war, daß dem Staat *selbst* in großem Maß sein Heiligenschein genommen wurde. Niemand traut noch einem Politiker oder Beamten. Der ganze Staat wird ständig mit Feindseligkeit und Mißtrauen betrachtet – eine Rückkehr zu jenem gesunden Mißtrauen gegenüber dem Staat, das so typisch für die amerikanische Öffentlichkeit und die amerikanischen Revolutionäre des achtzehnten Jahrhunderts war. Als Folge von Watergate würde heute niemand von sich geben, daß "wir der Staat sind" und daß mithin alles, was gewählte Funktionäre tun, berechtigt und richtig ist. Die allerwichtigste Bedingung für den Erfolg der Freiheit ist die Entheiligung, die Delegitimation des Staates in den Augen der Öffentlichkeit; und das wurde durch Watergate erreicht.

Die objektiven Bedingungen für den Triumph der Freiheit haben also in den letzten Jahren begonnen hervorzutreten, zumindest in den Vereinigten Staaten. Außerdem ist diese Systemkrise so beschaffen, daß der Staat nun als der Schuldige wahrgenommen wird. Abhilfe ist nur durch eine scharfe Wendung zur Freiheit möglich. Woran es heute im wesentlichen fehlt, ist daher das Wachsen der "subjektiven Bedingungen" – das Wachsen liberaler Ideen und insbesondere einer einsatzfreudigen liberalen Bewegung, um diese Ideen im Forum der Öffentlichkeit zu verbreiten. Es ist sicherlich kein Zufall, daß ausgerechnet in den letzten Jahren – seit 1971 und vor allem seit 1973 – diese subjektiven Bedingungen die größten Fortschritte in diesem Jahrhundert erzielt haben. Denn der Zusammenbruch der Staatsorientierung hat zweifellos noch viel mehr Menschen dazu bewogen, zum Teil oder zur Gänze Liberale zu werden, und folglich helfen die objektiven Bedingungen, die subjektiven zu erzeugen. Zudem ist zumindest in den Vereinigten Staaten von Amerika das prächtige Erbe aus Freiheit und liberalen Ideen, das in vor-revolutionäre Zeiten zurückreicht, niemals völlig verloren gegangen. Heutige Liberale fußen daher auf festem historischem Grund, auf dem sie bauen können.

Das rapide Wachstum liberaler Ideen und Bewegungen in den letzten Jahren vollzog sich in vielen Bildungsbereichen und war besonders ausgeprägt unter jüngeren Gelehrten und im Journalismus, in den Medien, in der Geschäftswelt und in der Politik. Wegen der weiter anhaltenden objektiven Bedingungen ist es offensichtlich, daß dieser Ausbruch des Liberalismus an vielen neuen und unerwarteten Orten nicht bloß eine von den Medien ersonnene Modeerscheinung ist, sondern eine unvermeidliche, wachsende Antwort auf die Bedingungen, die in der objektiven Realität wahrgenommen werden. Da der menschliche Wille frei ist, kann niemand mit Sicherheit sagen, ob sich die wachsende liberale Stimmung in Amerika in Kürze verfestigen und dann ohne Zögern bis zum Erfolg des gesamten liberalen Programms weiterdrängen wird. Doch sicherlich führen sowohl die Theorie, als auch die Analyse der gegenwärtigen historischen Bedingungen zu der Schlußfolgerung, daß die heutigen Aussichten für die Freiheit selbst auf kurze Sicht sehr ermutigend sind.

Register

Zeitfracht Medien GmbH
Ferdinand-Jühlke-Straße 7
99095 Erfurt, Deutschland
produktsicherheit@kolibri360.de